Die Operationen im Ostfeldzug
vom 22.6. – 20.8.1941

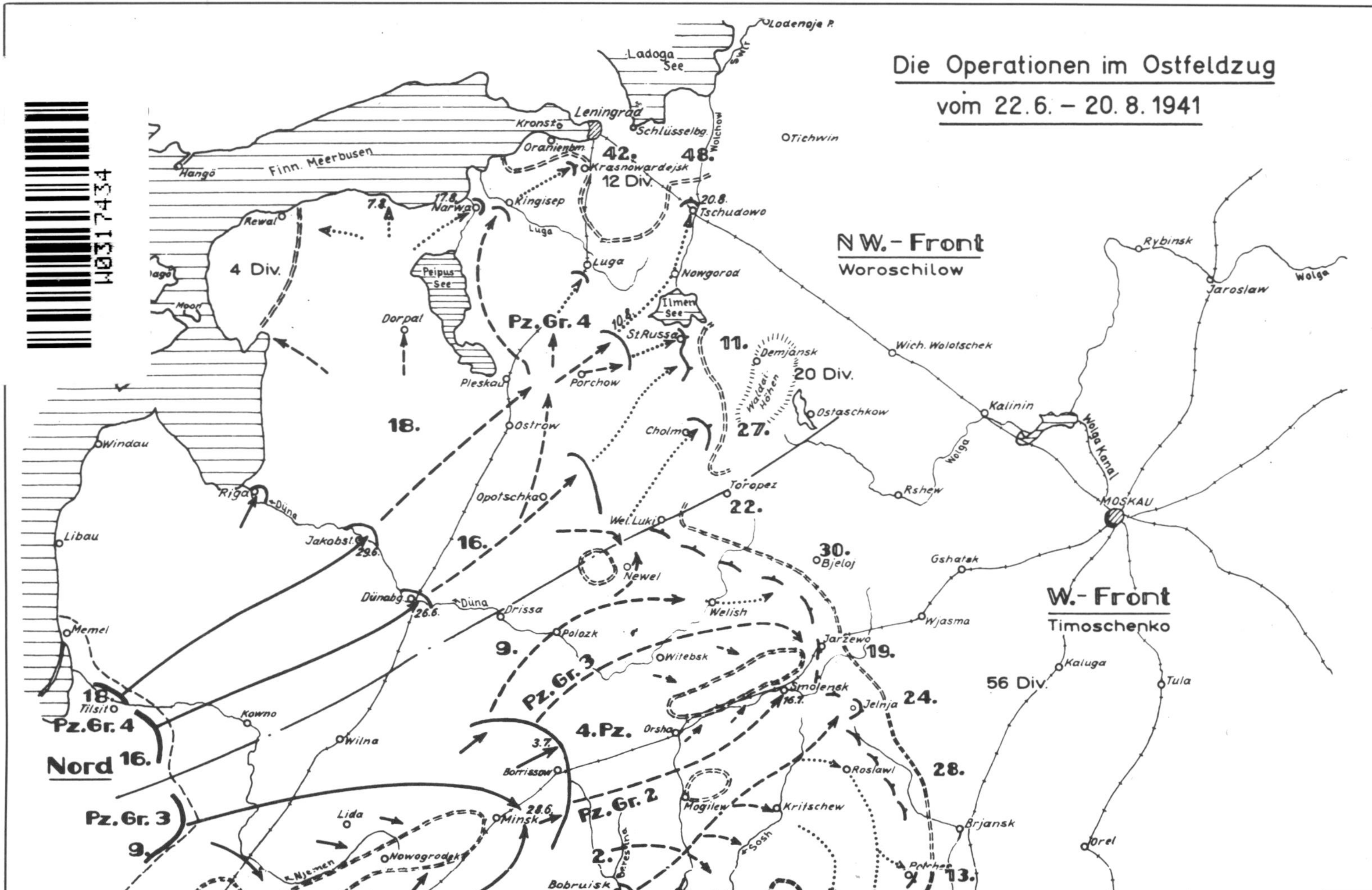

KALTENEGGER / „BERGSCHUH“-DIVISION

Stocker

Roland Kaltenegger

Schicksalsweg und Kampf der „Bergschuh"-Division

Die Kriegschronik der 7. Gebirgs-Division, vormals 99. leichte Infanterie-Division

Leopold Stocker Verlag
Graz – Stuttgart

Umschlaggestaltung: Paul Mangold, Graz
Abbildungsnachweis:
Archiv des Autors, Bundesarchiv Koblenz, von Paumgartten, Schuler, Stein, Volksbund, Deutsche Kriegsgräberfürsorge
Herzlichen Dank Frau Thilde Schuler für die Druckerlaubnis wichtiger Gefechtsskizzen

CIP-Kurztitelaufnahme der Deutschen Bibliothek

Kaltenegger, Roland:
Schicksalsweg und Kampf der „Bergschuh"-Division : d. Kriegschronik d. 7. Gebirgs-Division, vormals 99. leichte Infanterie-Division / Roland Kaltenegger. - Graz: Stocker, 1985
ISBN 3-7020-0499-8

ISBN 3-7020-0499-8

Printed in Austria
Druck: M. Theiss, Ges. m. b. H., 9400 Wolfsberg

Inhaltsverzeichnis

Dieses Gedenkbuch widme ich den
deutschen, österreichischen und Südtiroler Soldaten,
die einst der 7. Gebirgs-Division,
vormals 99. leichte Infanterie-Division,
angehört haben;
insbesondere dem hervorragenden
österreichischen Gebirgsartilleristen

General der Artillerie
Robert Martinek,

dem langjährigen Divisionskommandeur

Generalleutnant
August Krakau

sowie dem ehemaligen
Kommandeur des Gebirgs-Jäger-Regiments 218
und Vorsitzenden des Kameradenkreises der 7. Geb.-Div.

Oberst
Emil Schuler

und allen ungenannten Gebirgssoldaten,
die während des zweiten Weltkrieges
auf dem russischen
und skandinavischen Kriegsschauplatz
für ihr Vaterland gekämpft, gelitten und ihr Leben
gegeben haben.

VORWORT

In der Reihe „Gebirgsdivisionen" des Leopold Stocker Verlages sind bisher folgende Gedenkbücher über den Einsatz und Kampf der deutschen Gebirgsdivisionen während des zweiten Weltkrieges erschienen:

Roland Kaltenegger, Die Stammdivision der deutschen Gebirgstruppe. Weg und Kampf der 1. Gebirgs-Division 1935—1945; Kräutler/Springenschmid, Es war ein Edelweiß. Schicksal und Weg der 2. Gebirgs-Division; Karl Ruef, Odyssee einer Gebirgsdivision. Die 3. Gebirgs-Division im Einsatz; Roland Kaltenegger, Gebirgssoldaten unter dem Zeichen des ‚Enzian'. Schicksalsweg und Kampf der 4. Gebirgs-Division, 1940—1945; Julius Ringel, Hurra, die Gams! Die 5. Gebirgs-Division im Einsatz; Karl Ruef, Gebirgsjäger zwischen Kreta und Murmansk. Die Schicksale der 6. Gebirgs-Division.

Diese in vielerlei Hinsicht einmalige und ungewöhnliche Reihe wird nun durch das vorliegende Gedenkbuch, die Kriegschronik der 7. Gebirgs-Division, fortgesetzt.

Weg und Kampf der 7. Gebirgs-Division im Kriegsjahr 1941 sind gleichbedeutend mit dem der 99. leichten Infanterie-Division, die Ende 1940 im Raum Würzburg — Hammelburg — Bad Kissingen aus den dritten Bataillonen der Infanterie-Regimenter 21, 55 und 95 der 17. Infanterie-Division, dem I./Grenzjäger-Regiment 128 und Teilen der 46. Infanterie-Division aufgestellt wurde.

Zu Beginn des Rußlandfeldzuges kam die der 6. Armee unterstellte 99. leichte Infanterie-Division im Südabschnitt der Ostfront zum Einsatz. Ihr Schicksalsweg führte sie über Luck, Rowno, Zwiahel, Shitomir und Fastow bis an den Dnjepr. Nach der Einnahme der ukrainischen Hauptstadt Kiew wurde die Division aus der Heeresgruppe Süd herausgezogen und erreichte im November 1941 den Truppenübungsplatz Grafenwöhr, wo sie unter der zielstrebigen Führung des österreichischen Gebirgsartilleristen Generalleutnant Robert Martinek im Winter 1941/42 zur 7. Gebirgs-Division umgegliedert wurde.

Die beabsichtigte Überschiffung der „Bergschuh"-Division nach Finnland scheiterte im Januar 1942 an der zugefrorenen Ostsee. So wurden Teile der Division — Gebirgs-Jäger-Regiment 206, III./Gebirgs-Jäger-Regiment 218 und I./Gebirgs-Artillerie-Regiment 82 — im Februar der am Ilmensee stehenden „Stoßtruppe Seydlitz", die aus dem Raume Staraja Russa die Verbindung mit dem eingekesselten II. Armee-Korps herzustellen hatte, zugeführt. Dieser Kampfauftrag konnte im April nach ungewöhnlich harten Kämpfen erfolgreich abgeschlossen werden. Die Masse des Gebirgs-Jäger-Regiments 218 und des Gebirgs-Artillerie-Regiments 82 war zwischenzeitlich mit den übrigen Teilen der Division nach Finnland abtransportiert und zunächst bei Uchtua (= Uthua oder Uhtua) in Karelien eingesetzt worden.

Hier übernahm Generalmajor August Krakau die 7. Gebirgs-Division.

Mitte Juli 1942 wurden die am Ilmensee eingesetzten Teile der „Bergschuh"-Division abgelöst und ebenfalls nach Finnland verlegt. So kam die „Siebte" an der Louchi-(= Louhi)Front im Kiestinki-Abschnitt zwischen dem Top- und Pja-See zum ersten Male geschlossen zum Einsatz. Die ungewohnten Lebensbedingungen und Kampfverhältnisse im karelischen Urwald westlich der Murman-Bahn bedeuteten sowohl für die Führung als auch für die Truppe eine außerordentliche physische und psychische Belastung. Wiederholte Angriffe und großangelegte Spähtruppunternehmungen der Russen erforderten allzeit eine hohe Kampfbereitschaft. Zu besonders harten Abwehrkämpfen kam es dabei mehrmals am Kangaswara und Njatowara.

Im August 1943 nahm die 7. Gebirgs-Division mit der „Kampfgruppe Schuler" den sogenannten Bunkerrücken — eine stark befestigte Urwaldhöhe — und hielt ihn gegen mehrtägige heftigste russische Gegenangriffe. Im Frühjahr 1944 löste die Division finnische Einheiten bei Uchtua ab. Wiederholte Versuche der Russen, zwischen Turisthöhe und Hufeisen in die eigenen Stellungen einzubrechen, wurden erfolgreich zurückgewiesen.

Nach dem finnisch-sowjetischen Waffenstillstand am 3./4. September 1944 löste sich die 7. Gebirgs-Division in der Nacht vom 11./12. September vom Feind, überschritt die finnische Grenze und zog sich über Jutusranta — Pudasjärvi — Ylimaa in Richtung Rovaniemi zurück.

Zu ersten Kampfhandlungen mit finnischen Einheiten kam es bei Ranua; verlustreiche Nachhutgefechte entwickelten sich bei Ylimaa und Taipalo zwischen dem Gebirgs-Jäger-Regiment 218 und der finnischen Brigade Puruma. Gleichzeitig wehrten Teile der Division die an der schwedischen Grenze vorrückenden Finnen ab.

Ende Oktober 1944 erreichte die „Bergschuh"-Division das Dreiländereck Schweden — Norwegen — Finnland und bezog dort die „Sturmbock-Stellung", die dann ohne nennenswerte Kampfhandlungen bis Ende Januar 1945 gehalten werden konnte.

Als letzter deutscher Truppenteil verließ die Division schließlich Finnland und wurde Mitte Februar 1945 im Raum um Narvik versammelt. Von hier aus marschierte sie Anfang März über Drontheim in Richtung Oslo, um dort in die Verteidigung Südnorwegens einbezogen zu werden. Am 8. Mai 1945 kam dann für die Soldaten der 7. Gebirgs-Division bei Lillehammer das Ende.

Auch in meiner dritten Gebirgsdivisions-Chronik habe ich wiederum zahlreiche Historiker und Gebirgssoldaten aller Dienstgrade befragt, um ihre Eindrücke, Erlebnisse und Taten in besonders eindringlicher Weise in die Erinnerung zurückzurufen. Wie in meinen früheren Publikationen über die deutsche Gebirgstruppe, mußten auch dieses Mal aus räumlichen Gründen manche Gefechtsberichte und Kriegserlebnisse unberücksichtigt bleiben — was sich jedoch keineswegs nachteilig auswirkte.

Gedankt sei all den Institutionen, Damen und Herren, die Verbindungen hergestellt, beratend mitgewirkt oder Unterlagen in Wort und Bild zur Verfügung gestellt haben — insbesondere danke ich dem Bundesarchiv in Koblenz, dem Bundesarchiv/Militärarchiv in Freiburg i. Br.; dem Volksbund Deutsche Kriegsgräberfürsorge in Kassel; Herrn Triglav Bauer, Mannheim; Herrn Fachinspektor i. R. Alfred Birnstingl, Graz; Herrn Oberst a. D. Josef Brandl, Gilching b. München; Herrn Brigadegeneral a. D. Dipl.-Ing. Werner Daumiller, Prien am Chiemsee; Herrn Josef Edelbluth, Düsseldorf; Herrn Wilhelm Gottenströter, Oestrich-Winkel; Herrn Theodor Hahn, Oberammergau; Herrn Generalmajor a. D. Wilhelm Heß, München; Herrn Major a. D. Wolfgang Freiherr von Kellersperg, Meerbusch; Frau Luise Kempinger, Bad Tölz; Herrn Friedrich Leven, Düsseldorf; Herrn Archivamtsrat Brün Meyer, Freiburg i. Br.; Herrn Karl Pölzl, Graz; Herrn Major a. D. Agrar-Dipl.-Ing. Ahti Riskut (†), Tornio/Finnland; Herrn Leutnant a. D. Erwin Schlüter, Stuttgart; Frau Thilde Schuler, Aschau/Chiemgau; Herrn Brigadegeneral a. D. Paul-Friedrich Strauß, Bad Meinberg; Herrn Hofrat Dr. Othmar Tuider, Wien; Herrn Heinz Wrohel, Remscheid; Herrn General der Infanterie i. R. Dipl.-Vw. Dr. Zdenko von Paumgartten (†), Salzburg; sowie last not least Herrn Oberst a. D. Werner Stein und dem Schriftsteller, Militärhistoriker und Clausewitz-Biographen Dr. Wilhelm Ritter von Schramm (†) für die unvergeßlichen Stunden gemeinsamer Diskussion in Bernau am Chiemsee.

Oberammergau — Kolbermoor/Obb.,
im Spätsommer 1985
Roland Kaltenegger

PROLOG

Sie lagen auf der sandigen Kuppe einer Düne und suchten mit ihren Ferngläsern die Kanalküste ab. Es war Abend geworden; es war ein Übungstag wie die Tage zuvor, als die Vorbereitungen für das Unternehmen „Seelöwe", wie man die geplante deutsche Landung auf den britischen Inseln nannte, angelaufen waren.

Alles war wie gestern, vorgestern oder gar wie vor ein paar Tagen: Zur Vorbereitung auf das Landeunternehmen übten die für diese kühne Operation vorgesehenen Verbände immer und immer wieder das Verladen von Fahrzeugen und Karretten, von Geschützen und Pak, das rasche Ein- und Auslaufen der Kähne und Prähme, das Fahren auf offener See und schließlich das Anlanden und In-Besitz-Nehmen eines Küstenstreifens in breiter Front.

Die Sonne stand bereits tief am westlichen Himmel und spiegelte sich im Wasser des Ärmelkanals. Ein Sturmboot durchschnitt die Wasseroberfläche und warf Wellen an das Ufer, wo die Kähne, Prähme und andere Wasserfahrzeuge lagen. Diese waren getarnt, um von der feindlichen Luftaufklärung nicht entdeckt zu werden.

Eine Fahrzeugkolonne der 17. Infanterie-Division näherte sich dem Strand und wirbelte den Dünensand auf.

„Die schlagen sich die Nacht auf dem Wasser um die Ohren", sagte der Leutnant zum Obergefreiten und folgte mit seinem Fernglas, das er dicht vor die Augen hielt, der Kolonne. Und während er die Fahrzeuge beobachtete, gingen seine Gedanken zurück — zum Ausgangspunkt des Unternehmens „Seelöwe" ...

Frankreich, Belgien, die Niederlande und Luxemburg waren im Kriegsjahr 1940 von der Deutschen Wehrmacht zwar rasch besiegt und besetzt worden, aber noch lag jenseits des Kanals unbesiegt das Königreich Großbritanien, das sich, von Sir Winston Churchill mit eiserner Hand regiert, auf keinen Verständigungsfrieden mit dem Großdeutschen Reich einlassen wollte. Mitte Juli 1940 gab Hitler in der „Weisung Nr. 16" den Befehl zur militärischen Invasion Großbritanniens, zum Unternehmen „Seelöwe". Unter dem Schild der Luftwaffe sollte die deutsche Invasionsflotte den Kanal überqueren. Die völlige Niederringung der Royal Air Force und der Royal Navy war unbedingte Voraussetzung eines künftigen Erfolges.

Erster OKH-Plan für das Unternehmen „Seelöwe“

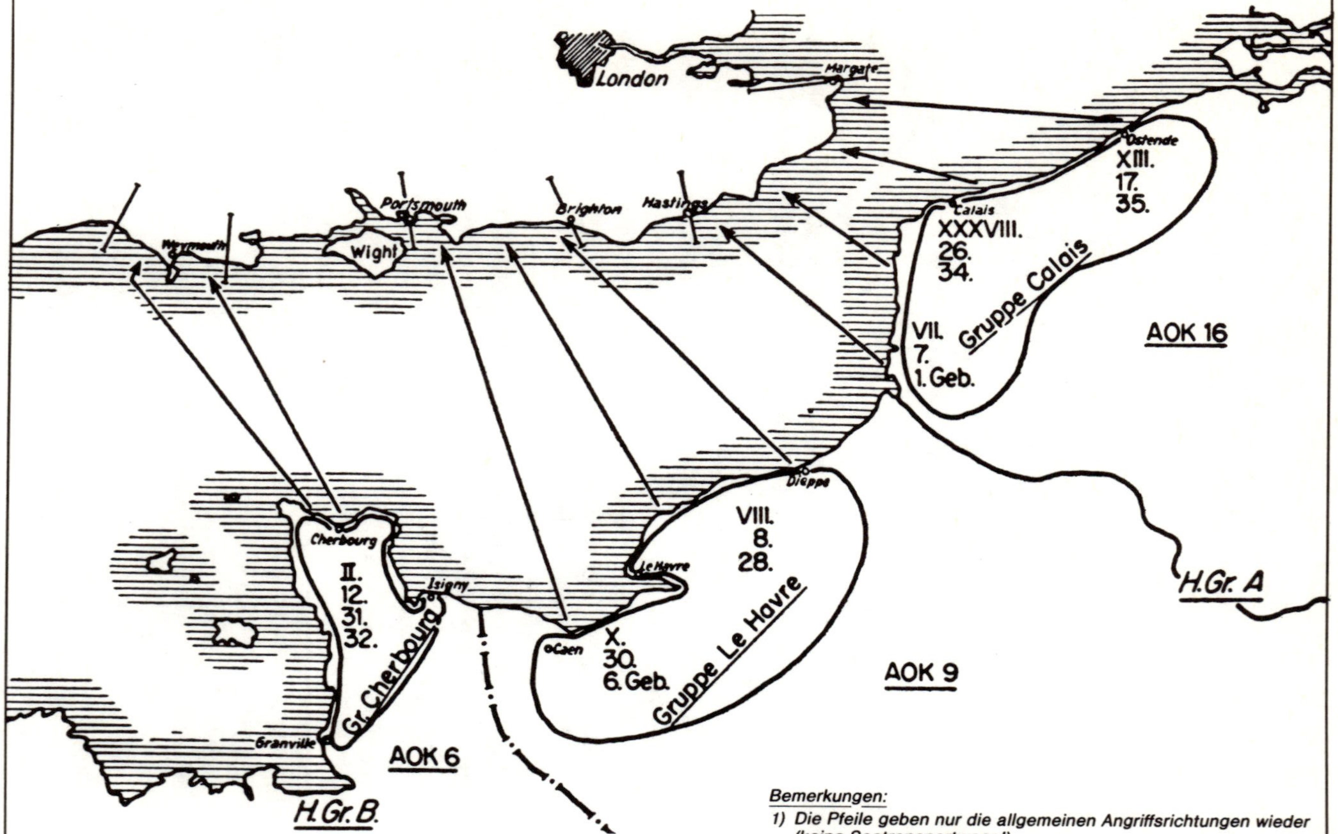

Bemerkungen:

1) Die Pfeile geben nur die allgemeinen Angriffsrichtungen wieder (keine Seetransportwege!)
2) In den Versammlungsräumen sind nur die Verbände des 1. Treffens eingezeichnet

Die Vorbereitung der Landungsoperation gegen die britischen Inseln wurde in der „Weisung Nr. 16" vom 15. Juli 1940 befohlen, ohne daß allerdings ein fester Termin für die Landung angegeben worden wäre.

Die hierin dargelegten Angriffsabsichten waren auf dem Papier viel leichter formuliert, als praktisch durchzuführen. Bereits bei der operativen und taktischen Planung, mehr aber noch bei den Planspielen und Übungen stand man immer wieder neuen, oft unlösbar scheinenden Problemen gegenüber: wie dem im Kanal meist unkalkulierbaren Wetter, der Gezeitenströmung, der Gefährdung der Truppe durch die Royal Air Force und die mächtige englische Kriegsflotte, die den Kanal nach wie vor beherrschte.

Das Unternehmen „Seelöwe" sollte in der ersten Phase von Gebirgsjägern und Infanteristen, die die britischen Steilküsten bezwingen sollten, ausgeführt werden. Im Frühsommer 1940 begannen — obwohl das Vorhaben innerhalb der Deutschen Wehrmacht keine einhellige Zustimmung fand — die Vorbereitungen für die Landung. Anfangs war geplant, mit 40 Divisionen der Heeresgruppe A und B, darunter die 1. und 6. Gebirgs-Division sowie die 17. Infanterie-Division, auf einer Breite von 300 Kilometern die Invasion westlich der Isle of Wight bis zur Themsemündung durchzuführen. Schließlich einigte man sich darauf, 13 Divisionen auf einer Frontbreite von ca. 140 Kilometern zwischen Folkestone und Eastbourne einzusetzen.

Um neue, geeignete, das heißt spezielle Wasserfahrzeuge, wie sie einmal die Alliierten bei ihrer Landung 1944 in der Normandie gebrauchen sollten, zu konstruieren und zu bauen, war die Zeit zwischen der Planung und der beabsichtigten Landung bereits zu kurz. Als Ersatz wurden daher beschlagnahmte Frachtschiffe, Kohlen- und Rheinkähne umgebaut. Vielfach schweißte man den Schiffen das Heck ab, um die landenden Fahrzeuge aller Art an Land setzen zu können. Die auf diese Weise entstandenen „Landungsfahrzeuge" wurden dann in eigens für das Unternehmen „Seelöwe" festgelegten kontinentalen Kanalhäfen konzentriert, um hier auf den Tag X, den Beginn der Landung, zu warten. Die Anzahl dieser „Landungsfahrzeuge" betrug 168 Transportschiffe verschiedener Tonnage mit zusammen 700.000 BRT, 1910 Kähne und Prähme, 419 Schlepper und Fischerboote, 1600 Motorboote verschiedener Bauart und rund 100 Küstensegler.[1])

Der englischen Aufklärung waren diese massiven Schiffskonzentrationen aber nicht verborgen geblieben und so fügte sie — zumal es der deutschen Luftwaffe trotz gewaltiger Anstrengung nie gelang, die Luftherrschaft über dem Kanal zu erkämpfen — durch gezielte Angriffe ihrer Royal Air Force dem Landungsunternehmen bereits in den Häfen Verluste zu, die die an diesem Abenteuer beteiligten Offiziere, Unteroffiziere und Mannschaften nicht selten sehr nachdenklich stimmten.

... Die Straße, auf der die Fahrzeugkolonne der 17. Infanterie-Division zum Strand gefahren war, war wieder frei. Der aufgewirbelte Sand fiel zur Erde zurück und bedeckte die Blätter der spärlichen Bäume mit einer grauen Schicht. Die Sonne versank wie ein blutroter Ball im aufgewühlten Wasser des Ärmelkanals. Leichter Nebel stieg aus den Niederungen auf. Die Dörfer lagen wie Lichter verstreut an der Kanalküste. Der Leutnant sah abermals durch sein Fernglas und sagte nach einer Weile:

„Die Tarnung wird von den Landungsfahrzeugen entfernt."

„Ich sehe", antwortete der Obergefreite.

Sie sahen, wie sich unten, an der Küste, ein Landungsfahrzeug nach dem anderen vom Strand löste. Auf dem Wasser leuchteten vereinzelt Lichter auf: rote, grüne und weiße. Motorengeräusch und abgehackte Kommandos drangen an ihre Ohren, das war alles, was jetzt noch zu sehen und zu hören war. Es war Nacht geworden. Die Landungsfahrzeuge strebten, nachdem sie sich weit genug vom Ufer entfernt hatten, wieder der Küste zu. Die ersten Fahrzeuge rollten über die ausgefahrenen Rampen und bezogen hinter den Dünen ihre neuen Unterziehräume ...

Eine, ja wenn nicht sogar die Hauptvoraussetzung für eine erfolgversprechende Durchführung des Unternehmens „Seelöwe" war nach Meinung des OKW/OKH sowie nach den Erfahrungen der Truppenführer die Erringung der deutschen Luftherrschaft über dem Kanal und Südengland. Das kam auch in der „Weisung Nr. 17", die am 1. August 1940 ausgegeben wurde, zum Ausdruck. Sie forderte unmißverständlich, daß die „Führung des Luft- und Seekrieges gegen England" zu verstärken sei. Von Mitte Juli bis Mitte Oktober 1940 versuchte die deutsche Luftwaffe zwar immer wieder, mit über 2500 Jagd- und Bombenflugzeugen die süd- und mittelenglischen Flugplätze zu zerstören und die englischen Jäger ganz auszuschalten, aber bereits Mitte Oktober mußten die deutschen Anstrengungen in dieser Richtung als gescheitert angesehen werden. Die eigenen Verluste (1733 Maschinen) waren viel zu hoch — wozu nicht zuletzt der für die Deutschen überraschende Einsatz eines modernen Radar-Warnsystems durch die Briten beigetragen hatte. Von Mitte Oktober 1940 an richtete die deutsche Luftwaffe ihre Angriffe daher in erster Linie nicht mehr auf die englischen Flugplätze, sondern auf die britischen Industriestädte wie Coventry und andere mehr sowie auf die Hauptstadt des Vereinigten Königreiches: London. Vom Sommer 1941

Generalleutnant Kurt von der Chevallerie, der erste Kommandeur der 99. leichten Infanterie-Division

V.45

an ließen dann auch diese Angriffe sukzessive nach, da die Luftwaffe einerseits vermehrt in Nordafrika und in Rußland, wo neue Kriegsschauplätze entstanden waren, eingesetzt werden mußte, und da andererseits die englische Abwehr immer mehr erstarkte, so daß die deutschen Erfolge letztlich in keinem vertretbaren Maße mehr zu den erheblichen Verlusten standen.

Mehrmals war das Unternehmen „Seelöwe" verschoben — u. a. vom August 1940 auf den September, vom 21. September auf den 12. Oktober 1940 und dann wiederum auf das Frühjahr 1941 — und schließlich — zur sichtbaren Erleichterung der dafür vorgesehenen Truppenteile — ganz abgebrochen worden. Die deutsche Führung hatte noch rechtzeitig erkannt, daß ohne die absolute Luftherrschaft über dem Kanal die Landung auf den britischen Inseln ein zu großes Wagnis bedeutet hätte.

Die Armeekorps, Divisionen, Regimenter, Bataillone und Abteilungen, die den „Seelöwen" mit Leben hätten erfüllen sollen, wurden nach und nach abgezogen und zu anderweitiger Verwendung herangezogen. Unter ihnen befand sich auch die 17. Infanterie-Division, die, nachdem sie ihre Unterziehräume an der Kanalküste um Ostende und an der Rhein-Maas-Mündung verlassen und nach einem kombinierten Landmarsch und Eisenbahntransport den Raum um die belgische Hauptstadt Brüssel erreicht hatte, noch vor der beabsichtigten Ausbildungsphase bewährte Einheiten für die Aufstellung der 99. leichten Infanterie-Division abgeben mußte.

Verladeübungen für „Seelöwe" – das Unternehmen, das nie stattfand

Erster Teil

Die 99. leichte Infanterie-Division

Chronik des Kriegsjahres 1940

12. März: Ende des finnisch-russischen Winterkrieges, Friedensvertrag zwischen der Sowjetunion und Finnland

28. März: Britisch-französisches Militärbündnis

8. April: Die Westmächte teilen Norwegen mit, daß sie in den norwegischen Gewässern Minen verlegt haben

9. April: Beginn des deutschen Angriffs auf Dänemark und Norwegen. Während Dänemark nach wenigen Stunden kapituliert, kommt es in Norwegen nach britisch-französischen Landungen in Mittel- und Nordnorwegen zu harten Kämpfen

10. Mai: Beginn des deutschen Angriffs auf Holland, Belgien, Luxemburg und Frankreich (Westfeldzug). Winston Churchill wird englischer Premierminister

15. Mai: Kapitulation der holländischen Armee

28. Mai: Kapitulation der belgischen Armee. Belgische Exilregierung in London

9. Juni: Kapitulation Norwegens

10. Juni: Italien erklärt Frankreich den Krieg, als dessen Niederlage bereits offenkundig ist

22. Juni: Unterzeichnung des deutsch-französischen Waffenstillstands im Wald von Compiègne. Besetzung des größten Teils von Frankreich (Norden und Westen) mit der gesamten Atlantikküste. Bildung einer deutschfreundlichen französischen Regierung in Vichy. Organisierung des französischen Widerstandes durch General de Gaulle als „Führer aller freien Franzosen" in London

19. Juli: Hitler unterbreitet vor dem Reichstag England ein „großzügiges Friedensangebot"

8. August: Beginn der deutschen Luftangriffe auf Großbritannien

6. September: König Carol von Rumänien dankt zugunsten seines Sohnes Michael ab

13. September: Beginn der italienischen Offensive über die libysch-italienische Grenze gegen Ägypten (britisch).

18. September: Die italienische Offensive in Westägypten kommt östlich von Sidi Barani wegen Nachschubschwierigkeiten zum Stehen

27. September: Dreierpakt zwischen Deutschland, Italien und Japan mit dem Ziel, ein Eingreifen der USA in den Krieg zu verhindern und eine „neue Ordnung" in Europa und Ostasien herzustellen. Im November Beitritt Rumäniens und der Slowakei

4. Oktober: Hitler und Mussolini treffen sich am Brenner

22.—28. Oktober: Gespräche Hitlers mit Laval in Montoire, mit Franco in Hendaye, mit Pétain in Montoire und mit Mussolini in Florenz. Am gleichen Vormittag italienischer Angriff von Albanien aus auf

Griechenland. Erfolgreiche griechische Abwehr und anschließende Eroberung eines Teiles von Albanien

5. November: Franklin D. Roosevelt wird zum dritten Male zum Präsidenten der USA gewählt

9. Dezember: Beginn der ersten britischen Gegenoffensive gegen die 10. italienische Armee (Gen. Garibaldi) in der Cyrenaika. Italienische Bitte um deutsche Hilfe

28. Dezember: Die deutsche Luftwaffe verliert die „Luftschlacht über England". Italien bittet um deutsche Unterstützung in Albanien

Aufstellung, Gliederung und Bewaffnung

Ein flüchtiger Blick auf die Chronik des Kriegsjahres 1940 veranschaulicht recht deutlich, daß an ein Ende des Krieges in Europa in absehbarer Zeit gar nicht zu denken war. Ja es mehrten sich die Indizien, daß sich der europäische Krieg, als den man ihn gerade noch bezeichnen konnte, durch neu eingegangene Bündnisverpflichtungen der Achse gegen die Alliierten und neu eröffnete Kriegsschauplätze letztlich aber vor allem durch den sich bereits abzeichnenden Eintritt der USA in den militärischen Konflikt vollends zu einem zweiten Weltkrieg ausweiten würde. Die Eigendynamik, die dieser Krieg von nun an entwickelte, war vor allem dadurch gekennzeichnet, daß er mit einem bisher noch nicht gekannten Aufwand an neuen modernen Waffen, Geräten und Material ausgefochten wurde und daher auch immer mehr Divisionen forderte.

Gewissermaßen als zweite Rate der geplanten Neuaufstellung des Jahres 1940 wurden im November/Dezember zehn weitere Infanteriedivisionen (12. Welle) — davon 4 leichte — gebildet, die allesamt für den Einsatz im Osten vorgesehen waren und bis spätestens Anfang April 1941 verwendungsbereit sein sollten: die 97. (Generalmajor Fretter-Pico), die 99. (Generalmajor von der Chevallerie), die 100. (Generalmajor Sanne) und die 101. (Generalmajor Marcks) leichte Infanterie-Division; sowie die 102., 106., 110., 111., 112. und 113. Infanterie-Division.[2])

Für diese Neuaufstellungen wurden, in ähnlicher Form wie bei der 11. Welle, je $^1/_3$ des Personals von zwei — bei den leichten Infanteriedivisionen meist nur von einer — bestehenden Division herangezogen — und zwar fast ausschließlich von Divisionen der 1. Welle. Hinzu kamen einzelne Truppenteile oder Einheiten von aufgelösten Divisionen, Grenz-, Festungs- oder Wacheinheiten sowie — vor allem bei den Spezialwaffengattungen — von Divisionen der 2., 4., 6. und 8. Welle. Die Truppenteile der neuen Divisionen wurden dann vorwiegend durch das Ersatzheer mit Angehörigen des Geburtsjahrganges 1920 aufgefüllt.

Die 99. leichte Infanterie-Division setzte sich nach der Aufstellung aus folgenden Regimentern und Einheiten zusammen:[3])

99. lei. I. D. (Bad Kissingen, Würzburg, Hammelburg): I. R. 206, 218; A. R. 82; Sonst. 98.

Wie aus der Gliewderung der Division zu ersehen ist, waren die „leichten Infanteriedivisionen" sogenannte „zweigleisige" Divisionen, was besagt, daß ihr Kern — neben dem Artillerieregiment — nur aus zwei Infanterieregimentern (im Gegensatz zu den üblichen Infanteriedivisionen, die ja drei Infanterieregimenter besaßen) bestand. So gesehen, hatte eine leichte Infanteriedivision die Struktur von Gebirgsdivisionen. Wie diese, waren auch sie dazu bestimmt, im wegearmen Gelände — also im Mittelgebirge oder in den ausgedehnten Sümpfen Rußlands — eingesetzt zu werden. Daß sich diese Zweier-Gliederung später einmal — vor allem in der Verteidigung mit weit überdehnten Abschnitten — nachteilig auswirken würde, da ja das dritte Regiment als Reserve fehlte, lag auf der Hand.

Einen Vorgeschmack von ihrem zukünftigen Einsatzgelände bekamen die für die Aufstellung der 99. leichten Infanterie-Division herangezogenen Regimenter, Bataillone und Abteilungen bereits in ihrem zugewiesenen Raum um Hammelburg, Würzburg und Bad Kissingen mit seinem Mittelgebirgscharakter.

Ein Drittel des Personals der 17. Infanterie-Division diente als Stamm für die Neuaufstellung der 99. lei. Inf.-Div. — und zwar wurden gebildet: das Infanterie-Regiment 206 (I.-III. Bataillon) aus dem Stab Infanterie-Regiment 21 (Nürnberg), dem III./Infanterie-Regiment 21 (Erlangen) und dem III./Infanterie-Regiment 95 (Coburg); das Infanterie-Regiment 218 (I.-III. Bataillon) aus dem III./Infanterie-Regiment 55 (Mergentheim) und dem I./Grenz-Infanterie-Regiment 128 (Pirmasens). Das Artillerie-Regiment 82 (I.-IV. Abteilung) entstand aus dem Stab und der III./Artillerie-Regiment 17 (Nürnberg), der I./46 (Amberg) und der III./114 (der 46. Infanterie-Division).[4]) Um diese drei Regiments-Säulen der 99. leichten Infanterie-Division, nämlich um die Infanterie-Regimenter 206 und 218 sowie um das Artillerie-Regiment 82, gruppierten sich dann die anderen Einheiten der Division, die von der 17. und 46. Infanterie-Division kommend, ab nun die Nummer 99 trugen: wie zum Beispiel das Pionier-Bataillon 99, die Nachrichten-Abteilung 99, die Aufklärungs-Abteilung 99, sowie die Panzerjäger-Abteilung 99.

Diese Truppenteile, vor allem aber die 17. und 46. Infanterie-Division und die betreffenden Infanterie- und Artillerie-Regimenter hatten sich bereits während des Westfeldzuges ausgezeichnet bewährt. Ihre Offiziere und Unteroffiziere sorgten zufolge ihrer gewonnenen Erfahrungen und ihrer intensiven Ausbildung rasch für einen hohen Leistungsstand der 99. leichten Infanterie-Division. Zunächst aber wollen wir uns im folgenden die Gliederung, Standorte und Stellenbesetzung nach dem Stand vom 3. Januar 1939 ansehen:[5])

17. Division
Nürnberg

Divisionskommandeur:
Gen.-Lt. **Friderici**

Generalstab

Maj. **Rasp** (Gen.-St. XIII. A. K.)
Hptm. **Einbeck** (Kr. Akad.)
(U. A. R. 56), z. Dienstl. kdt.

Stab

Maj. (WE) **Worzer**
Maj. **Preu** (U. I. R. 20) Adj
Maj. (E) Dr. **Gruber**
Hptm. (E) **Weller**

Divisionsarzt: Oberst-A. Dr. **Scherpf,**
zugl. Kdr. d. S. 17

Ob. A. Dr. **Taubmann** (S. 17), Adj
zugl. S. 17

Divisionsveterinär:
Ob. Feld-Vet. Dr. **Gackstatter**

Infanterieregimenter 21, 55 und 95
Maschinengewehrbataillone 6 und 47
Panzerabwehrabteilung 17
Pionierbataillon 17
Nachrichtenabteilung 17
Sanitätsabteilung 17

Artilleriekommandeur 17
Nürnberg

Artilleriekommandeur: Oberst **Moser**
(U. A. R. 25)

Generalstab

Stab

Hptm. (E) **Ritter und Edler von Dall'Armi**
Oblt. **Klein** (U. A. R. 10) — Adj

Artillerieregiment 17 mit I. Abt. Art.-Rgt. 53
II. Abteilung Artillerieregiment 53
II. Abteilung Artillerieregiment 93
Beobachtungsabteilung 17

46. Division
Karlsbad

Divisionskommandeur:
Gen.-Maj. **Freiherr von Waldenfels**
(Kdr. H. Dienststelle 5)

Generalstab

Maj. **Reuß** (I. R. 110)
Hptm. **von Zawadzky** (Kr. Akad.)
(kdt. z. Gen. St. d. H. [6. Abt.])
(U. I. R. 30), z. Dienstl. kdt.

Stab

Maj. (E) Dr. **Furtner**
Maj. **von Wiese und Kaiserswaldau** — Adj
(I. R. 13) (U. I. R. 13)
Hptm. (E) **Goth**
Oblt. (W) **Mühlberg**
(H. Za. Ingolstadt)

Divisionsarzt: Oberst-A. Dr. **Deubner**
(Div.-A. 14 Div., zugl. Kdr. S. 14),
zugl. Kdr. d. S. 56

Ob.-A. Dr. **Heine** (S, 6), zugl. S. 56 — Adj

Divisionsveterinär: Ob. St. Vet.
Dr. **Vollert** (Rgt.-Vet. A. R. 30)

Infanterieregimenter 42 und 72
Artillerieregiment 115 mit I. u. II. Abt. Art.-Rgt. 114
1. und 2. Kompanie Panzerabwehrabteilung 52 (unterstellt Pz.-Abw. Abt. 10)
2. und 3. Kompanie Pionierbataillon 88 (unterstellt Pi.-Btl. 10)
Nachrichtenabteilung 76
Sanitätsabteilung 56

Infanterieregiment 21

H. Gru. 3; XIII. A. K.; 17. Div.

R. St., II. Btl., E. Btl., 13. (IG) Kp., 14. (PzAbw) Kp. u. 15. (E-R) Kp.: Nürnberg,
I. Btl.: Fürth (Bay), III. Btl.: Erlangen

Kommandeur: Oberst **Körbitz**

Oberst **Hellrigl** (St. 44. Div.)	RSt
Obstlt. **Böhlke**	II
Obstlt. **Freiherr Vogt von Hunoltstein genannt Stein-Kallenfels**	I
Maj. **Schröder** (I. R. 95)	III
Maj. **Mantel** (I. R. 36)	E
Maj. **Loibl**	8(MG)
Hptm. **Bischoff** (I. R. 95)	12(MG)
Hptm. **Görner**	5
Hptm. (E) **Scherber**	2(E)
Hptm. (E) **Baumann**	7
Hptm. **Schilling**	2
Hptm. **Schuler**	4(MG)
Hptm. **Bentel**	13(IG)
Hptm. **Schriefer**	14 (PzAbw)
Hptm. (E) **Mayer**	3
Hptm. **Gaudig** (I. R. 95)	9
Oblt. **Ströhlein**	1(E)

Oblt. **Pickel**	RAdj
Oblt. **Zander**	10
Oblt. **Kokott**	6
Oblt. **Hieber**	4 (EMG)
Lt. **Flierl**	1
Lt. **Dittrich**	RSt
Lt. **Jaeger**	15(EN)
Lt. **Schauer**	Adj II
Lt. **Voggenauer** (I. R. 95)	11
Lt. **Dittmar**	Adj E
Lt. **Schack** (I. R. 95)	Adj III
Lt. **Kelch**	Adj I
Lt. **Kaiser**	RSt
Lt. **Pattberg**	7
Lt. **Schönecker**	4(MG)
Lt. **Zahneisen**	6
Lt. **Zunckert** (I. R. 95)	11
Lt. **Hoffmann**	13(IG)
Lt. **Meier**	1
Lt. **Fischer** (I. R. 95)	12(MG)
Lt. **Hahn**	14 (PzAbw)
Lt. **Prechtl**	1(E)
Lt. **Neidhardt**	10
Lt. **Schmidt**	4(MG)
Lt. **Fuhrmann**	8 (MG)
Lt. **Ehrlicher**	5
Lt. **Hanusch**	2
Lt. **Kaeppel**	10
Lt. **Metz**	3
Lt. **Marsching**	9
Lt. **Godron**	1
Lt. **Geiger**	14 (PzAbw)

Kommandiert zur Dienstleistung:

Lt. **Feder** d. Res. d. R.	15(EN)
Lt. **Söllner** d. Res. d. R.	2(E)

Rgt.-Vet.: St. Vet. **Wahl**	RSt

Infanterieregiment 55

H. Gru. 3; XIII. A. K.; 17. Div.

R. St., I. Btl., II. Btl., E. Btl., 13. (IG) Kp. u. 14. (PzAbw) Kp.: Würzburg, III. Btl.: Bad Mergentheim

Kommandeur: Oberst **Siebert**

Oberst **Straßer** (I. R. 95)	RSt
Obstlt. **Kühlwein**	II
Obstlt. **Schnarrenberger**	III
Maj. **Full**	I
Maj. **Reinhardt**	E
Hptm. (E) **Schell** (W. Bz. Kdv. Mergentheim)	4(EMG)
Hptm. **Frischling**	12(MG)
Hptm. **Marbach**	4(MG)
Hptm. **Simon**	13(IG)
Hptm. **Claaßen**	7
Hptm. **Liwa** (I. R. 134)	2(E)
Hptm. **Brandt**	R Adj
Hptm. **Brekle**	10
Hptm. **Günthör**	14 (PzAbw)
Hptm. **Herbarth**	6
Hptm. **Weingärtner**	11
Hptm. **Schulze** (St. H. Dienststelle 6)	1
Oblt. **Pfautsch**	8(MG)
Oblt. **Grüneisen**	RSt
Oblt. **Wiedemann**	2
Oblt. **Singer**, kdt. Kdtr. Tr. Üb. Pl. Grafenwöhr	12(MG)
Oblt. **Henkel**	9
Oblt. **Krapf**	5
Oblt. **Püttmann**	1(E)
Lt. **Kremnitz**	3
Lt. **Wiesel**	13(IG)
Lt. **Jörn**	Adj III
Lt. **Wenzl**	13(IG)
Lt. **Gauer**	14 (PzAbw)
Lt. **Niederhöfer**	RSt
Lt. **Streitel**	4(EMG)

Lt. **Plein** (I. R. 21)	Adj E
Lt. **Kling**	4(MG)
Lt. **Fischer**	Adj II
Lt. **Hofmann**	12(MG)
Lt. **Noe**	10
Lt. **Hopf**	Adj I
Lt. **Gießler**	8(MG)
Lt. **Wallis**	2(E)
Lt. **Ringleb**	1(E)
Rgt.-Vet.: Ob. St. Vet. Dr. **Schmidt** (Wilhelm I)	RSt

Infanterieregiment 95

H. Gru. 3; XIII. A. K.; 17. Div.

Coburg

Kommandeur: Gen.-Maj. **Freiherr von Schacky auf Schönfeld**	
Obstlt. **Meyerhöfer** (St. 10. Div.)	II
Maj. **Härder** (Kr. Schule Dresden)	I
Hptm. **Schneider**	14 (PzAbw)
Hptm. **Teistler**	4(MG)
Hptm. **Kaudewitz**	7
Hptm. **Schacke** (I. R. 55)	3
Hptm. **Deinhardt** (Gen. St. d. H.)	5
Hptm. **von Haeften**	8(MG)
Hptm. **Kohlmann**	13(IG)
Hptm. **von Tein**	16 (E PzAbw)
Hptm. **Hartmann**	RAdj
Oblt. **Rittmann**	1
Oblt. **Volpert**	15(EIG)
Lt. **Beck**	2
Lt. **Erbe**	RSt
Lt. **Ottmann** (I. R. 95) (Geb.-Jäg.-R. 139)	15 (EIG)
Lt. **Grimm**	6

Lt. **Rießner**	Adj II
Lt. **Ransmayer**	8(MG)
Lt. **Brein**	13(IG)
Lt. **Hofmiller**	RSt
Lt. **Neuroth**	4(MG)
Lt. **Fontana**	14 (PzAbw)
Lt. **Günthör**	Adj I
Lt. **Reinhard**	5
Lt. **Probst**	2
Lt. **Schmidt**	16 (E PzAbw)
Lt. **Neuland**	13(IG)
Lt. **Hähnge**	6
Lt. **Hinkel**	1
Rgt. Vet.: St. Vet. Dr. **Hofmeister**	RSt

Artillerieregiment 17

H. Gru. 3; XIII, A. K.; 17. Div.; Art. Kdr. 17

R. St. u. III. Abt.: Nürnberg, I. Abt. u. II. Abt. m. 10. (E) Battr.: Erlangen

Dem Regiment unterstellt:

I. Abt. Rgt. 53
Ansbach

Kommandeur: Oberst **Hiepe**	
Maj. **Richtmann**	II
Maj. **von Oppen**	III
Maj. **Barth**	I
Maj. **Wüstenhagen**	9
Hptm. **Pierer von Esch**	10(E)
Hptm. **Simon**	6
Hptm. Dr. **Goettgens**	2
Hptm. **Freiherr Ebner von Eschenbach**	7
Hptm. **Dressler**	4
Hptm. **Theysohn**	3
Hptm. **Beckert**	8

Hptm. **Praust**	1
Oblt. **Engels**	5
Oblt. **Baumann**	RAdj
Oblt. **Baron von Freytag-Loringhoven** (Kdtr. Schießpl. Hillersleben)	6
Lt. **Thomschke**	RSt
Lt. **Reither**	Adj I
Lt. **Wilhelm**	St I
Lt. **Sartorius**	RSt
Lt. **Hans**	RSt
Lt. **Trambauer**	St III
Lt. **Lüschow**	St II
Lt. **Hoffmann**	Adj II
Lt. **Dorr**	Adj III
Lt. **Seeger**	1
Lt. **Eichhorn**	2
Lt. **Krahn**	9
Lt. **Herold**	St III
Lt. **Bischoff**	St I
Lt. **Ketteler**	1
Lt. **Brauer,** kdt. H. Reit- u. Fahrschule	9
Lt. **Mühlfriedel**	3
Lt. **Frank**	5
Lt. **Meßerer**	7
Lt. **Güppel**	4
Lt. **Waldrab**	2
Lt. **Jilke**	8
Lt. **Waldhausen**	6
Lt. **Trepper**	10(E)
Lt. **Heinemann**	7

Kommandiert zur Dienstleistung:

Lt. **Kraus** d. Res. d. R.	8

Artillerieregiment 115

H. Gru. 3; XIII. A. K.; 46. Div.

R. St.: Bayreuth (vorläufig Eger), II. Abt.: Bayreuth (vorläufig Tr. Üb. Pl. Grafenwöhr), 1. Battr.: Bayreuth (vorläufig Oldenburg [Oldb])

Dem Regiment unterstellt:

I. Abt. m. 7. (E) Battr. Art.-Rgt. 114
Eger (vorläufig Tr. Üb. Pl. Grafenwöhr)

II. Abt. Art.-Rgt. 114
Eger

Kommandeur: Obstlt. **Lancelle** (A. R. 7) (Kdr. A. R. 43)	
Maj. **Walther** (Kdr. II./A. R. 44)	II
Hptm. **Tietze** (II./A. R. 39) (II./A. R. 55)	4
Hptm. **Freiherr Ebner von Eschenbach** (I./A. R. 43) (A. R. 43)	RSt
Hptm. **Ackemann** (II./A. R. 58)	5
Hptm. **Mohr** (I./A. R. 58)	1
Oblt. **Wolf** (A. R. 17)	Adj II
Lt. **Orth** (I./A. R. 55) (A. R. 19)	2
Lt. **Köhler** (A. R. 7) (A. R. 43)	RAdj
Lt. **Kastellitz** (A. R. 7) (A. R. 43)	5
Lt. **Heyd** (A. R. 7)	RSt
Lt. **Behrens** (II./A. R. 58)	5
Lt. **Paschen** (II./A. R. 58)	5
Lt. **Koch** (I./A. R. 58)	1
Lt. **Jaep** (I./A. R. 55)	2
Lt. **Salz** (II./A. R. 67) (II./A. R. 55)	4
Lt. **Huppelsberg** (A. R. 17)	St II
Lt. **Albers** (I./A. R. 58)	1

I. u. II. Abt. Art.-Rgt. 114

Obstlt. **Steyrer** (A. R. 7)	I
Maj. **Wagner** (A. R. 25)	II
Hptm. **Friedl** (A. R. 7)	3
Hptm. Dr. **Mayer** (A. R. 7)	2

Sie bahnen der Truppe den Weg – zu unbekannten Ufern

Hptm. Dr. **Scholz** (A. R. 25)	5
Hptm. **Knittel** (A. R. 25)	4
Oblt. **Barth** (A. R. 7)	7(E)
Oblt. **Gemmrig** (A. R. 25)	6
Lt. **Bühring** (A. R. 7)	Adj I
Lt. **Buck** (A. R. 25)	Adj II
Lt. **Abbaß** (A. R. 25)	6
Lt. **Adam** (A. R. 25)	1
Lt. **Liebau** (A. R. 7)	St I
Lt. **Carp** (A. R. 25)	St II
Lt. **Wendt** (A. R. 25)	5
Lt. **Zeileis** (A. R. 7)	4
Lt. **Schmid** (A. R. 7)	3
Lt. **Geisbe** (A. R. 7)	1
Lt. **Graser** (A. R. 25)	4
Lt. **Buchrucker** (A. R. 25)	7(E)
Lt. **Fisch** (A. R. 7)	2

Artillerieregiment 115

Kommandiert zur Dienstleistung:

Lt. Dr. **Dumrath** (A. R. 7) d. Res. d. I. Abt.	3
Rgt.-Vet.: St. Vet. Dr. **Hauffe** (Rgt.-Vet. K. R. 14)	RSt
Ob. Vet. Dr. **Ruthardt** (A. R. 31)	II
Ob. Vet. Dr. **Sturm** (A. R. 25)	II./A. R. 114
Vet. **Freyse** (I./A. R. 43) (A. R. 7)	I./A. R. 114

Grenzinfanterieregiment 127

H. Gru. 2; Gen. Kdo. d. Grz. Tr. Saarpfalz

Zweibrücken

Oben: Vormarsch in Rußland

Unten: Erste Spuren des Krieges

Dem Regiment unterstellt:

I. Btl. Grz. Inf.-Rgt. 128
Pirmasens

I. Btl. Grz. Inf.-Rgt. 129
Bergzabern

Kommandeur: Oberst **Schaefer** (I. R. 118)	
Obstlt. **Schwarz** (I. R. 118)	I
Maj. **Kabrda** (I. R. 133)	RSt
Hptm. **von Bose** (I. R. 118)	1
Hptm. **Lohmann** (I. R. 118)	4(MG)
Oblt. **Oestreicher** (I. R. 118)	2
Lt. **Albrecht** (M. G. Btl. 10)	3
Lt. **Raeder** (I. R. 118)	RAdj
Lt. **Schiller** (I. R. 118)	Adj I
Lt. **Storm** (I. R. 118)	2
Lt. **Bisinger** (I. R. 118)	3
Lt. **Hahn** (I./Grz. I. R. 129)	2
Lt. **Borberg** (I. R. 118)	1

I. Bataillon Grenzinfanterieregiment 128

Maj. **Wentrup** (I. R. 107)	I
Hptm. Dr. **Schenkel** (I. R. 19)	3
Oblt. **Weisel** (I. R. 61)	2
Oblt. **Kraß** (I. R. 63)	4(MG)
Oblt. **Freiherr von Waldenfels** (I. R. 63)	1
Lt. **Herlein** (I. R. 62)	Adj
Lt. **Wietfeldt-Haltenhoff** (I. R. 107)	4(MG)
Lt. **Schröder** (Grz. I. R. 127)	1
Lt. **Sittler** (I. R. 118)	3

Sehen wir uns in diesem Zusammenhang auch kurz die erste Stellenbesetzung der 99. leichten Infanterie-Division an:[6])

Divisionskommandeur:	Generalmajor von der Chevallerie
Ia (1. Generalstabsoffizier):	Major i. G. Walter Schmidt
Ib (2. Generalstabsoffizier):	Hauptmann i. G. Poggendorf
Ic (3. Generalstabsoffizier):	Hauptmann Wening
IIa (Adjitant):	Hauptmann von Göhler
Divisions-Arzt:	Oberfeldarzt Dr. Diehl
Infanterie-Regiment 206:	Oberst Hoffmeister
Infanterie-Regiment 218:	Oberstleutnant Full
Artillerie-Regiment 82:	Oberstleutnant von Oppen
Pionier-Bataillon 99:	Oberstleutnant Blumentritt
Aufklärungs-Abteilung 99:	Rittmeister von Hasse
Panzerjäger-Abteilung 99:	Major von Tluck
Nachrichten-Abteilung 99:	Major Logsch
Feldlazarett 99:	Oberfeldarzt Dr. Silzer
San.-Kompanie:	Stabsarzt Dr. Busch
Vet.-Kompanie:	Stabsvetr. Dr. Köhler

Nach diesem Blick auf die erste Stellenbesetzung der 99. leichten Infanterie-Division scheint es angezeigt, auch etwas über ihre Gliederung und Bewaffnung zu erfahren. Hierzu sei noch einmal bemerkt, daß die leichten Infanteriedivisionen der Deutschen Wehrmacht ähnlich gegliedert waren wie die Gebirgs- und Jägerdivisionen; genauer gesagt: Sie stellten gliederungs- und ausrüstungsmäßig eine Mischung zwischen einer Infanterie- und Gebirgsdivision dar. Das heißt: Die leichten Infanteriedivisionen besaßen gegenüber den „normalen" Infanteriedivisionen eine geringere personelle Stärke und eine leichtere Ausstattung und Ausrüstung an Waffen und Gerät, um ihren Auftrag im wegearmen und sumpfigen Gelände besser — weil beweglicher — erfüllen zu können. Die Gliederung und Bewaffnung einer leichten Infanteriedivision der 12. Welle sah nun im einzelnen folgendermaßen aus:[7])

Divisionsstab
mit Kartenstelle (mot.) und Musikkorps (2 le. MG)

2 Infanterie-Regimenter jeweils mit
— Regiments-Stab mit
Nachrichtenzug,
Radfahrzug;
— 3 Infanterie-Bataillone, jeweils mit
Stab,
3 Schützen-Kompanien (je 12 MG, 3 le. GraW),
1 schwere Kompanie (6 m. GraW, 2 le. IG),
1 MG-Kompanie (8 s. MG) mit Pionier-Zug (4 le. MG),
Infanterie-Panzerjäger-Kompanie (mot. Z) (12 Pak 3,7 cm, 4 le. MG)

Aufklärungs-Abteilung (teilmotorisiert) mit
— Stab und Nachrichtenzug (mot.),
— 2 Radfahr-Schwadronen (je 9 le. MG, 2 s. MG, 3 le. GraW),
— Panzerjäger-Zug (mot. Z) (3 Pak 3,7 cm, 1 le. MG)

Panzerjäger-Abteilung (motorisiert) mit
— Stab und Nachrichtenzug,
— 2 Panzerjäger-Kompanien (mot. Z) (je 10 Pak 3,7 cm, 6 le. MG, 2 s. Pz-Büchsen)

Artillerie-Regiment mit
— Stab mit Nachrichtenzug[8])
Wettertrupp (mot.),
Druckereitrupp (mot.),
— 2 leichte Artillerie-Abteilungen, jeweils mit
Stab, Nachrichtenzug, Art. Vermess. Trupp,
2 le. Batterien (je 4 le. FH 10,5 cm, 2 l. MG),
— 1 le. Artillerie-Abteilung (wie zuvor) mit
3 le. Batterien (je 4 le. FH 10,5 cm, 2 l. MG),
— 1 s. Artillerie-Abteilung (mot.) mit
Stab, Nachrichtenzug, Art. Vermess. Trupp (mot.),
2 s. FH-Battr. (mot. Z) (je 4 s. FH 15 cm [mot. Z], 2 le. MG)

Pionier-Bataillon (teilmotorisiert) mit
— Stab,
— 3 Pionier-Kompanien (davon eine auf Fahrrad) (je 9 le. MG),
— leichte Pionier-Kolonne (mot.),
— Brüko B (mot.)

Divisions-Nachrichten-Abteilung (teilmotorisiert) mit
— Stab,
— Fernsprech-Kompanie (teilmotorisiert),
— Funk-Kompanie (mot.),
— leichte Nachrichten-Kolonne (mot.)

Rückwärtige Dienste unter anderem
— Sanitäts-Kompanie (teilmotorisiert),
— 1 Krankenkraftwagenzug.

Aber nicht nur die Gliederung und Bewaffnung der 99. leichten Infanterie-Division entsprachen weitgehend der der Gebirgsdivisionen, auch hinsichtlich der Ausrüstung an Fahrzeugen und Geräten gab es viele Gemeinsamkeiten. So bestand zum Beispiel die Masse der Gefechtsfahrzeuge — sofern sie nicht Beständen französischer oder anderer Beutekraftfahrzeuge entstammte — aus einspännigen, zweirädrigen Karren. Die beliebte Bergmütze, die Schnürschuhe und Gamaschen sowie der kleine Rucksack wurden am Mann getragen; der große Rucksack gehörte zum Gepäcktroß. Kurzum, die gesamte Ausrüstung war dem Kampfauftrag entsprechend auf die „leichte Infanterie" abgestimmt.

Die Kragenspiegel und Ärmelpatten der Angehörigen der leichten Infanteriedivisionen waren weiß. Die Artilleristen hatten hochrote, die Soldaten der Nachrichtentruppe zitronengelbe und die Pioniere schwarze Kragenspiegel und Ärmelpatten. Das taktische Zeichen, das sich die 99. leichte Infanterie-Division sinnigerweise gegeben hatte, war der „Bergschuh". Unter diesem Divisionsabzeichen marschierten dann später, nach der Umgliederung, auch die Angehörigen der 7. Gebirgs-Division durch die endlosen Weiten Rußlands und Finnlands, die heißumkämpften Kriegsschauplätze der „Siebten", vormals 99. leichten Infanterie-Division.

Zeit der Ausbildung

General Kurt von der Chevallerie war der erste Kommandeur der 99. leichten Infanterie-Division. Er erteilte, nachdem die Regimenter, Abteilungen und Bataillone der Division weitgehend personell und auch materiell aufgefüllt waren, die Richtlinien für die Ausbildung in Theorie und Praxis, um aus seiner Division in der ihm zur Verfügung stehenden kurzen Zeit einen homogenen und schlagkräftigen Verband zu formen.

Von der Chevallerie wurde am 23. Dezember 1891 in Berlin geboren. Im Frühjahr 1910 begann er seine soldatische Laufbahn. Nach seiner Beförderung zum Leutnant (G. Gr. R. 5) am 18. 8. 1911 scheinen sich seine Spuren — so spärlich sind die uns überlieferten Daten — zu verlieren, bis sie dann im 100.000-Mann-Heer der Reichswehr, diesem personell und ausbildungsmäßig hochqualifizierten Eliteheer Seeckt'scher Schöpfung, in folgenden Funktionen und Dienststellungen wieder sichtbar werden: Kommandeur Infanterie-Regiment 82; Chef der 10. Abteilung im Generalstab des Heeres ab 28. 1. 1938. Dazwischen lagen die Beförderungen zum Oberstleutnant (1. 7. 1933), zum Oberst (1. 7. 1935); zum Generalmajor (1. 3. 1939), zum Generalleutnant (1. 1. 1941) und zum General der Infanterie (1. 2. 1942).

Den Zweiten Weltkrieg erlebte General von der Chevallerie in folgenden Verwendungen: Kommandeur der 83. Infanterie-Division ab 1. 9. 1939 und der 99. leichten Infanterie-Division vom 10. 12.1940 bis 30. 11. 1941; Kommandierender General des LIX. Armeekorps vom 28. 12. 1941 bis 4. 2. 1944; dann 1. Armee (m. d. F. b.) vom 2. 6. 1944 bis 5. 9. 1944; verabschiedet am 31. 1. 1945.

General der Infanterie Kurt von der Chevallerie, der für seine soldatische Pflichterfüllung mit dem Eichenlaub zum Ritterkreuz des Eisernen Kreuzes ausgezeichnet wurde, ist seit 1945 bei Kolberg vermißt.

Doch eilen wir den Ereignissen nicht zu sehr voraus. Mit dem bekannten „Westerwald-Lied" auf den vor Kälte aufgesprungenen Lippen zogen die Soldaten der 99. leichten Infanterie-Division in jenen bitterkalten Wochen des Winters 1940/41 über den verschneiten Truppenübungsplatz Hammelburg, um für die kommenden Aufgaben — nicht selten unter den kritischen Augen von Generaloberst Freiherr von Weichs und General von Lindemann, die die Truppe wiederholt besichtigten — entsprechend ausgebildet zu werden. Dabei orientierten sich die Truppenführer einerseits nach Rommels Handbuch „Infanterie greift an", vor allem aber nach der „Heeresdienstvorschrift 300/1 Truppenführung", abgekürzt H.Dv. 300/1 (T. F.), kurz „Tante Frieda" genannt.

Wie aber sah nun die Ausbildung des Infanteristen im Detail aus? Der Waffen- und Einzelausbildung folgten die Gruppen- und Zugausbildung im Gefechtsdienst sowie Übungen im Bataillons- und Regimentsrahmen. Im Mittelpunkt der Ausbildung stand dabei die gründliche Einzel- und Gruppenausbildung; ergänzt durch Leistungsmärsche, die unabhängig von der Witterung durchzuführen waren, denn die Infanteristen der Deutschen Wehrmacht kämpften überwiegend zu Fuß und mußten daher besonders mit dem Gelände vertraut sein. Ihnen, den „Landsern" schlechthin, wurden bereits während der Ausbildung — erst recht aber später auf den zahlreichen Schlachtfeldern des Zweiten Weltkrieges — ungewöhnlich hohe physische und psychische Leistungen abverlangt, um die Soldaten auf ihre schwierigen Einsätze vorzubereiten und zu schulen.

Informieren wir uns im folgenden über die Ausbildungsziele der 99. leichten Infanterie-Division, die neben der Gefechtstaktik im wegearmen Gelände vor allem auch auf den infanteristischen Kampf im Flachland ausgerichtet waren. Die allgemeine infanteristische Ausbildung — hier stand selbstverständlich der Gefechts-, Sicherungs- und Aufklärungsdienst mit den Schwerpunkten Geländekunde, das Leben im Felde, Beobachten und Melden, Zielauffassen, Schanzen, Tarnen und Täuschen, geöffnete Ordnung, Feuertätigkeit, Feldposten und Spähtrupp, Angriff und Verteidigung im Vordergrund, wurde durch theoretischen Unterricht über den Kampf und das Leben im unübersichtlichen und stark bewaldeten Gelände ergänzt, neben der Pflege von Waffen, Gerät und Ausrüstung wurden die Soldaten in ihren speziellen Aufgaben innerhalb ihrer Einheiten geschult.

Die Artilleristen erhielten als Beobachter, Funker oder Fernsprecher eine spezielle Ausbildung, um eine sichere Feuerleitung zu gewährleisten. Die „schießende Artillerie“ war mit ihren Haubitzen und Kanonen der wesentliche Träger der Feuerkämpfe. Die „aufklärende Artillerie“ klärte dagegen mit optischen oder akustischen Spezialgeräten die feindlichen Stellungen und Truppenbewegungen auf und lenkte das Feuer der „schießenden Artillerie“ auf die erkannten Ziele des Gegners. Man unterschied ferner zwischen der „bespannten Artillerie“, einer „leichten“ und „mittleren Artillerie“ sowie der „motorisierten Artillerie“, die weitreichend für mittleres und schweres Kaliber eingesetzt werden konnte.

Die Soldaten der Nachrichtentruppe lernten, mit ihren Funkstellen Funkverbindungen herzustellen — und zwar sowohl zum übergeordneten Armeekorps als auch zu den Abteilungen und Regimentern der eigenen oder der Nachbardivision. Mit den Fernsprech-, Funk- und Blinkgeräten der Nachrichten-Abteilung und dem ausgesuchten Personal konnten selbst weitreichende Führungsaufgaben bewältigt werden: zwischen der Artillerie und den Infanteristen, zwischen den Beobachtern und der Feuerstellung, zwischen dem Spähtrupp und dem Bataillon.

Die vielseitigsten Männer innerhalb der 99. leichten Infanterie-Division waren zweifellos die Pioniere. Wo es galt, mit geringsten technischen Mitteln und relativ wenigen Soldaten entscheidende Durchbrüche zu erzielen oder eingerissene Dämme zu stopfen, da wurden sie, die Pioniere, verlangt: beim Sperrdienst und Minenkampf, beim Behelfsbrücken-, Stege- und feldmäßigen Straßen- und Behelfswegebau, denn zur Erhöhung und Erhaltung der Leistungsfähigkeit des Verkehrsnetzes sind die Pioniere bestimmt. Die Ausführung und Schnelligkeit des Wegebaues wurde dabei weitgehend durch die eingesetzten technischen Mittel — wie Planierraupen und Erdhobel — erleichtert.

In den Gefechten des Zweiten Weltkrieges mit ihren weiträumigen Bewegungen und rasch wechselnden Lagen waren die Kämpfe um Gewässer eine fast alltägliche Erscheinung. Die Wasserbeweglichkeit einer Truppe auf Übersetzmittel war daher von allergrößter Bedeutung. Überall dort, wo diese Beweglichkeit der Truppe nicht ausreichte, schufen die Pioniere die Voraussetzungen für die Uferwechsel; insbesondere für die Räder- und Kettenfahrzeuge.

Zum Übersetzen über breite Gewässer mit schwierigen Grund- und Uferverhältnissen führten die Pioniere vorbereitetes Kriegsbrückengerät mit. Hierzu gehörten kleine und große Schlauch- und Motorboote als Einzelfahrzeuge sowie Fähren, die aus einzelnen, zusammengefügten Teilen des Brückengerätes zusammengebaut wurden. Schwere Fähren erlaubten sogar das Übersetzen gepanzerter Fahrzeuge. Die Kriegsbrücken wurden aus vorgefertigtem Material, das zur Ausstattung bestimmter Pioniertruppenteile gehörte oder nachgeschoben und in erster Linie zur unmittelbaren Unterstützung der kämpfenden Truppe eingesetzt wurde, gebaut. Diese Brücken bestanden dann aus zwei oder mehreren aneinandergekoppelten Einzelfahrzeugen mit einer Fahrbahn als Überbau. Durch das Einfahren der letzten Fähre in die Brückenlinie und durch das Aneinanderkoppeln der Fähren erhielt man auf diese Weise eine geschlossene Schwimm- oder Kriegsbrücke.

Mit gemischten Gefühlen verließ so mancher junge Pionier den Truppenübungsplatz Hammelburg, wenn er zu denen gehörte, die den Kriegsbrückenbau am Main zu üben hatten. Fleißig auf- und abgebaut hatte er die einzelnen Brückenteile bereits anderswo, aber zwischen einem kleinen, ruhigen Übungsweiher und dem Main gab es doch enorme Unterschiede. Dort zeigten sich dann die Tücken, die der Fährenbau im tiefen, bei Hochwasser schnellfließendem Wasser bei teilweise hoher Uferböschung mit sich bringen konnte. Da war das Zusammenbauen, Ankoppeln und Abrüsten der einzelnen Fähren alles andere als ein Kinderspiel. Oft wurden in aller Frühe die Fähren der Divisionspioniertruppen am Main bei Würzburg aufgebaut und zur Kriegsbrücke eingefahren. Gut und schnell funktionierte das Tarnen der Fähren am Ufer, so daß die von der Luftwaffe eingesetzten Aufklärer die Fähren meistens nicht ausmachen konnten. Der Brückenschlag, der im Morgengrauen durchgeführt wurde, klappte dann dank der ausgezeichneten Vorübungen genauso gut, so daß die Pioniere der 99. leichten Infanterie-Division bald einen hohen Ausbildungsstand in der Handhabung des Brückengerätes erreicht hatten.

Die Ausbildung der Pioniertruppe der Deutschen Wehrmacht war zweifellos am vielseitigsten. Charakteristisch war neben dem sicheren pioniertechnischen Können die Fähigkeit, dieses gefechtsverbunden bei jedem Wetter erfolgreich anzuwenden. Die Unbilden der Witterung erschwerten nicht selten die Arbeit der Pioniere. Wurden Kleinigkeiten bei den Vorbereitungen übersehen, so konnte das für den einzelnen wie für den Verband zeitraubende Folgen haben.

Die Ausbildung zielte daher bei den Pionieren neben einer soliden Waffen- und Geräteausbildung auf ein vorausschauendes Denken, auf Ausdauer und Abhärtung ab. Überall dort, wo während der zahlreichen Kampfhandlungen der 99. leichten Infanterie-Division und der späteren 7. Gebirgs-Division im zweiten Weltkrieg entscheidende Angriffe angesetzt wurden, waren die Pioniere mit ihren Sturm- und Schlauchbooten, mit den Fähren und behelfsmäßigen Übersetzmitteln, mit geballten Ladungen und Flammenwerfern in vorderster Linie und räumten unzählige feindliche Minen beiseite. Über breite Flußläufe und durch sumpfiges Gelände bauten sie Brücken, Stege, Knüppeldämme und feldmäßige Wege und Straßen.

Am Ende dieser Ausführungen über die Ausbildung der 99. leichten Infanterie-Division sei aber auch daran erinnert, daß die Kampf- und

Kampfunterstützungstruppen auf dem Gefechts- und Schlachtfeld nur dann optimale Leistungen vollbringen konnten, wenn die Versorgung sichergestellt war und reibungslos lief. Daraus ergab sich unter anderem eine differenzierte Ausbildung für die Dienstgrade und Mannschaften, die den Versorgungsdiensten zugeteilt waren. Hierzu zählten die Funktionen beim Nachschub, Kraftfahrzeugpark, Feldzeug- und Verwaltungstrupp, bei den Sanitätern, im Veterinärtrupp, beim Transportwesen, bei der Feldpost und den Feldküchen, wo schon bald folgende Anekdote die Runde machte, nachdem der Bataillonskommandeur die Feldküche der „Zwoten" besichtigt und das Essen für gut befunden hatte.

„Was sind Sie von Beruf?" fragte der Major den ersten Koch vom Feldküchentrupp.

„Koch, Herr Major!" meldete dieser in soldatisch strammer Haltung.

„Und Sie?" wandte sich der Bataillonskommandeur an den nächsten Soldaten.

„Metzger", antwortete dieser.

„Na, und Sie?" fragte der Major den Dritten.

„Schmied", antwortete er und knallte die Hacken zusammen.

„Aber was machen Sie denn bloß als Schmied bei der Feldküche?" wollte nun der Kommandeur wissen.

„Herr Major, ich verwalte die eiserne Ration."

Daß es trotz der festumrissenen Ausbildungsziele nicht immer so tierisch ernst zuging, das hat uns die soeben erzählte Anekdote bewiesen. Drei weitere sollen uns abschließend noch das Allzu-Menschliche, das trotz — oder gerade wegen — der harten Ausbildungszeit nicht restlos zu verdrängen war, vor Augen führen:

„Schon wieder Urlaub?" forschte der Kompaniechef den Obergefreiten an: „Nun bin ich aber wirklich neugierig, was Sie diesmal für einen Grund haben, nachdem Sie bereits zweimal zum Begräbnis Ihres Großvaters gefahren sind."

„Die Großmutter heiratet wieder", kam die trockene Antwort.

Beim II. Zug war Schießunterricht. Der Feldwebel wollte wissen, warum der Lauf vor dem Scharfschießen entölt wird. Ein Soldat meldete sich und antwortete:

„Damit kein Fettfleck auf die Scheibe kommt."

Anfrage des Gefreiten Huber an seine Heimatzeitung:

„Weshalb machen die Mädels immer die Augen zu, wenn man sie küßt."

Antwort des Briefkastenonkels:

„Schicken Sie uns doch Ihr Bild ein, dann können wir Ihnen sicherlich den Grund nennen."

Nun, von den Mädchen, aber auch von den Eltern, den Geschwistern, den Freunden und allen Verwandten und Bekannten, die einem lieb und teuer waren, hieß es bald, nachdem die Aufstellungs-und Ausbildungsphase der 99. leichten Infanterie-Division Ende April 1941 abgeschlossen war, für längere Zeit Abschied zu nehmen. Schon rollten die ersten Transporte am 25. Mai von Würzburg aus in Richtung Osten...

„Wenn ‚Barbarossa' steigt..."

„Wenn ‚Barbarossa' steigt", hatte Adolf Hitler am 3. Februar 1941 verkündet, „hält die Welt den Atem an und", so die Prophezeiung des Führers und Obersten Befehlshabers der Deutschen Wehrmacht, „verhält sich still."

So war es in der Tat. Vor allem aber hielten die deutschen Soldaten, die in diesen schicksalsschweren Feldzug gegen das gewaltige sowjetrussische Reich geschickt wurden, den Atem, der ihnen später, im klirrenden Winter 1941/42 zu Rauhreif gefrieren sollte, für eine Weile an.

Wie war es, so fragten sich viele Soldaten, auch die der 99. leichten Infanterie-Division, die im Ostfeldzug eingesetzt wurden, dazu gekommen, daß Hitler, ihr Oberster Befehlshaber, den Befehl gegeben hat, die Sowjetunion anzugreifen? Welches waren die Gründe, die Motive, die auslösenden Faktoren für dieses gigantische Unternehmen?

Es gab dafür — wir nennen im folgenden kurz die wichtigsten — verschiedene: Da war einmal Großbritannien. England blieb für Hitler auch nach den siegreichen Feldzügen in Polen und Skandinavien, im Westen und auf dem Balkan der größte Gegner. Solange das britische Weltreich nicht niedergerungen war, konnte es nach Ansicht Hitlers keinen Frieden geben. Churchills kompromißlose Haltung und die Sorge vor einem späteren Zusammengehen der Sowjetunion mit England verleiteten Hitler schließlich zum Präventivkrieg gegen Rußland. Und hier sind wir schon auf einen weiteren Grund für Hitlers Rußlandfeldzug gestoßen: Der unverhohlene expansive Drang der UdSSR in Richtung Westen. Generaloberst Franz Halder, der Chef des Generalstabes des Heeres (1938—1942), der später auch als „Widerständler" gegen Hitler von sich reden gemacht hatte, bestätigte, daß dieser auf Grund von Stalins wahren Kriegszielen und der Gefahr eines Zweifrontenkrieges durch den befürchteten Kriegseintritt der USA auf Seiten der Alliierten geradezu zum Präventivkrieg gegen Rußland gezwungen gewesen sei.[9])

Dr. Henry Picker hat in seinem vielbeachteten Dokumentarwerk

„Hitlers Tischgespräche im Führerhauptquartier" Stalins wahre Absichten gegenüber dem Deutschen Reich wie folgt beschrieben:

„Stalins politisches Ziel war laut seiner eigenen Erklärung vor dem Politbüro vom 19. August 1939 die Herbeiführung eines Erschöpfungskrieges zwischen Deutschland und dem anglo-französischen Block. Er selbst wollte in diesen Krieg erst nach entsprechendem Ausbluten beider Seiten — sozusagen als ‚lachender Dritter' — eingreifen. Den Beginn seiner — für die Dauer als unvermeidbar angesehenen — Auseinandersetzung mit NS-Deutschland konzipierte er auf frühestens 1942. Vorher war die Umorganisation der Roten Armee auf modernste, weitgehend genormte, in der Handhabung primitiv einfache und in der Wirkung äußerst brisante Waffen nicht möglich. Man denke an den Ersatz der alten russischen Panzer durch den winterfesten T 34, der alten Feldgeschütze durch die Katjuscha-Viel-Raketen-Geschütze (Stalinorgel) und der alten Militärflugzeuge durch die Allzweck-Kampfflugzeuge Il-2..."[10])

Beim Rußlandfeldzug spielten aber auch ideologisch-weltanschauliche Gründe — wie die Vernichtung des „jüdisch-bolschewistischen Todfeindes", sprich Sowjetkommunismus — eine wichtige Rolle. Die im „Kreuzzug gegen den Bolschewismus" zu erobernden weiten russischen Gebiete mit den für das rohstoffarme Großdeutsche Reich äußerst wertvollen Rohstoffvorkommen waren auf lange Sicht dazu bestimmt, die Erweiterung des „germanischen Lebensraumes" — nämlich vom Großdeutschen zum Großgermanischen Reich — zu verwirklichen.

Wie war es nun zu dieser besorgniserregenden, ja geradezu hochexplosiven militärpolitischen Lage zwischen Deutschland und Sowjetrußland gekommen, wo doch beide Staaten erst am 23. August 1939 einen Nichtangriffspakt abgeschlossen hatten?

Seit dem Hochsommer des Jahres 1940 bestand für Deutschland auf Grund der russischen Expansionspolitik auf dem Balkan — noch während des Westfeldzuges hatte Stalin Rumänien ultimativ zur Herausgabe der Nordbukowina und Bessarabiens genötigt — ständig die Gefahr, von den für die deutsche Kriegswirtschaft unentbehrlichen rumänischen Erdöllieferungen aus Ploesti abgeschnitten zu werden. Ende 1940 wurden überdies die baltischen Länder Estland, Lettland und Litauen entgegen dem deutsch-sowjetischen Freundschafts- und Nichtangriffspakt als Sowjetrepubliken der UdSSR angegliedert. Damit hatte sich der russische Machtbereich wieder ein bedrohliches Stück in Richtung Westen ausgebreitet. Um nun weiteren sowjetischen Annexionsgelüsten einen Riegel vorzuschieben, sandte das Deutsche Reich seinerseits „Lehrtruppen" nach Rumänien. Mit Finnland, das nach dem harten und verlustreichen sowjetisch-finnischen Winterkrieg an die UdSSR die Karelische Landenge und Teile von Ostkarelien abtreten und den strategisch bedeutsamen

Flottenstützpunkt Hangö verpachten mußte, schloß Hitler ein Bündnis ab. Doch damit nicht genug: Zahlreiche „diplomatische Verstimmungen", die es bereits seit dem Sommer 1940 zwischen Deutschland und Rußland gegeben hatte, und Stalins steigende Forderungen im Jahre 1941 führten zu einer weiteren dramatischen Verschärfung der militärpolitischen Lage, so daß sich schließlich beide Seiten — das nationalsozialistische Großdeutsche Reich und die kommunstische Sowjetunion — unausweichlich zur Entscheidungsschlacht gegenüberstanden.

Nachdem sich diese unüberbrückbaren Gegensätze, die im Rahmen dieser Divisionsgeschichte nur knapp umrissen werden konnten, zwischen Deutschland und Rußland schon seit geraumer Zeit abgezeichnet hatten und schließlich immer stärker zutage getreten waren, was lag da näher, als daß sich die deutsche Führung immer intensiver damit befaßte, einen Angriffsplan für einen Feldzug gegen die UdSSR auszuarbeiten? Studien, Pläne und erste Operationsentwürfe wurden unter anderem von den Generalstabsoffizieren Oberst Hans von Greiffenberg, Oberstleutnant Gerhard Feyerabend und Oberstleutnant Bernhard von Loßberg vom OKW sowie von den Generalen Erich Marcks und Friedrich Paulus vom OKH erarbeitet. Wie die Generale von Brauchitsch, Halder, Keitel, Jodl und Göring und der Admiral Raeder rechneten auch sie, die Bearbeiter, im Osten mit einem „Blitzkrieg" à la Westfeldzug. Dementsprechend knapp war die Zeit für die äußerste Linie, die der deutsche Vormarsch in Rußland erreichen sollte, bemessen. Allgemein, so können wir dem „Kriegstagebuch des Oberkommandos der Wehrmacht" entnehmen, rechnete die deutsche Wehrmachtführung mit einem Feldzug von 3 bis 5 Monaten.[11]) Dieser Zeitmangel wirkte sich später — vor allem mit dem Fortschreiten der Jahreszeit vom Spätsommer über den Herbst zum allzu früh hereinbrechenden russischen Winter — verhängnisvoll, ja man muß wohl sagen kriegsentscheidend, aus.

Zunächst einmal wurde der junge Generalmajor Marcks, „Sohn eines großen Gelehrten, der in der strengen Schule des Generalstabs die großen Vorbilder der Kriegsgeschichte nie vergaß"[12]), von Generaloberst Halder mit einer Studie über den Rußlandfeldzug beauftragt. Nach diesem Operationsentwurf lag der Schwerpunkt eines Waffengangs gegen Rußland — einschließlich Moskaus! — eindeutig im Nord- und Mittelabschnitt der Ostfront. Der Marcks-Plan wurde jedoch später in wesentlichen — vielleicht kriegsentscheidenden Punkten, wie nicht wenige Militärhistoriker meinen — abgeändert. Eine weitere interessante Studie war bekanntlich von General Paulus, einem der besten deutschen militärischen Führer, verfaßt worden. Auf diesen beiden Studien — vor allem aber auf dem „Operationsentwurf Ost" des Generalmajors Marcks — fußend, erhielt Hitler vom Chef des Generalstabes des Heeres, Halder, am 5. Dezember den Entwurf für den Operationsplan im Osten. Bereits

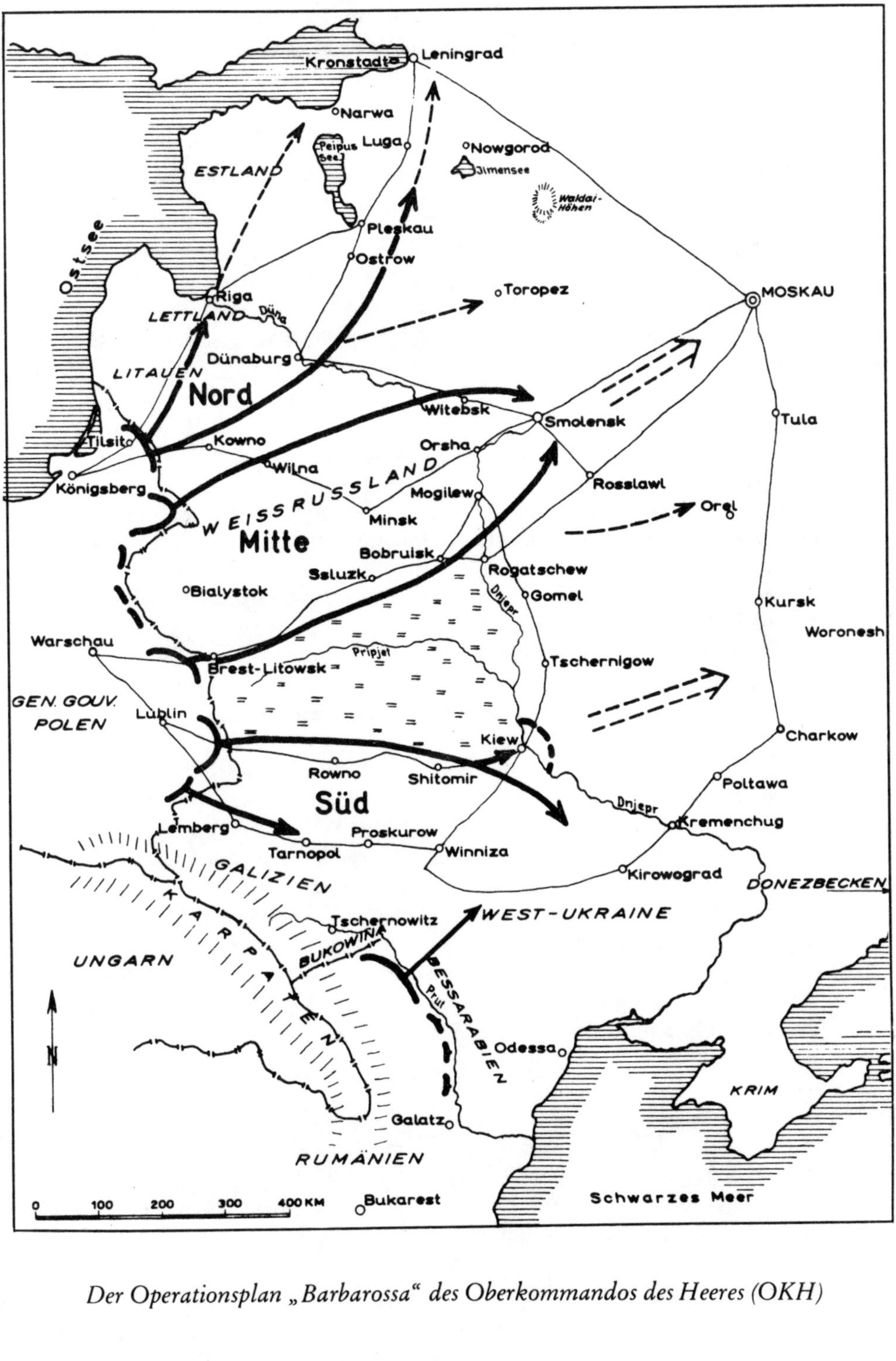

Der Operationsplan „Barbarossa" des Oberkommandos des Heeres (OKH)

am 18. Dezember 1940, einen Tag nach der Verkündung von Roosevelts Englandhilfe, hatte Hitler die „Weisung Nr. 21 ‚Fall Barbarossa'", die Vorbereitung des schicksalsschweren Angriffs auf die Sowjetunion, erlassen.

Mit der „Weisung Nr. 21 ‚Fall Barbarossa'" war der Befehl zum Rußlandfeldzug gegeben. In seinem „unerschütterlichen Glauben" an die Schlagkraft der Deutschen Wehrmacht und an die Richtigkeit seiner Entscheidung befahl Hitler am 30. April 1941, daß der Angriff auf die Sowjetunion am 22. Juni 1941, um 3.15 Uhr früh, zu erfolgen habe.

Wie stark war nun vor Beginn dieser größten militärischen Auseinandersetzung, an der die 99. leichte Infanterie-Divison 1941 im Rahmen der Heeresgruppe Süd beteiligt war, das deutsch-russische Kräftepotential?

Deutsche und verbündete Truppen

Deutsches Heer: 145 Divisionen (110 Infanterie-, 19 Panzer- und 15 motorisierte Divisionen sowie eine Kavallerie-Division), zusammen rund 3 Millionen Mann;

Rumänien: 12 Infanterie-Divisionen, 10 Brigaden (darunter 3 Gebirgs-Brigaden);

Italien: 3 Infanterie-Divisionen;

Finnland: 11 Infanterie-Divisionen und 5 Gebirgs-Brigaden (Ski);

Ungarn: 2 Infanterie-Divisionen und 1 Kavallerie-Brigade;

Slowakei: 2 Infanterie-Divisionen.

Im einzelnen vollzog sich der deutsche Aufmarsch im Osten in folgenden Etappen: Bis zum 20. Juli 1940 waren 23 Divisionen vorhanden; am 7. Oktober waren es 30 Divisionen. Am 26. Oktober erfolgte die Neugliederung des Heeres. Am 21. Dezember waren 34 Divisionen einsatzbereit; im Februar/April 1941 (1. bis 2. Aufmarschstaffel) 103 Divisionen und bis zum 20. Mai 1941 (3. Aufmarschstaffel) 120 Divisionen. Mitte Mai begann die Verlegung der deutschen Luftstreitkräfte vom Westen nach dem Osten. Bis zum 2. Juni 1941 waren an der Ostfront 129 Divisionen aufmarschiert. Vom 3. bis 23. Juni 41 erfolgte die Zuführung von 12 Panzer- und 12 motorisierten Divisionen; das entsprach 75 Prozent des Feldheeres.

Sowjetische Truppen

185 Divisionen — davon 133 Schützen-, 10 Panzer-, 24 Kavallerie-Divisionen sowie 36 Panzer- und motorisierte Brigaden — mit zusammen

rund 4,2 Millionen Mann. Waffen und Material waren reichlich — jedoch vielfach veraltet — vorhanden. Die Rote Armee befand sich am Vorabend des deutsch-sowjetischen Krieges noch in einer Reorganisationsphase. Sie besaß etwa 24.000 Panzer, davon 1 : 3 des modernen Typs; zahlreiche und gute Artillerie; vor allem aber große Menschenreserven, darunter über 12 Millionen ausgebildete Reservisten.

Drei Verteidigungslinien — zwar von unterschiedlichem militärischen Wert — sollten einen deutschen Angriff in Rußland aufhalten: die erste entlang der „Demarkations-Linie", die zweite entlang der alten russisch-polnischen Grenze an der „Stalin-Linie" und die dritte hinter dem Dnjepr und der Düna.

Doch die Sowjetunion stand nicht lange allein in ihrem gigantischen Kampf gegen das Großdeutsche Reich. Bereits am 23. Juni 1941, einen Tag nach dem deutschen Überraschungsangriff auf die UdSSR, hatte die amerikanische Regierung den Russen jede mögliche Hilfe zugesagt. So wurde die Sowjetunion nicht zuletzt auf Grund des amerikanischen Leih- und Pachtgesetzes mit gewaltigen Mengen an kriegswichtigem Material von den USA — aber auch von Großbritannien — beliefert: unter anderem mit 21.866 Flugzeugen, 12.218 Panzern, 5035 Panzerabwehrkanonen, 8200 Flakgeschützen, 135.000 Maschinengewehren und 343.000 Tonnen Sprengladungen; ferner mit 2.680.000 Tonnen Stahl, 3.000.000 Tonnen Erdölprodukten, 3.786.000 Autoreifen, 461.780 Motorfahrzeugen, 1981 Eisenbahnlokomotiven, 11.155 Eisenbahngüterwagen und mit 90 Frachtschiffen sowie mit 5.000.000 Tonnen Nahrungsmitteln, 57.509.000 Meter Wolltuchen, 97.841.000 Meter Baumwolltuchen, 15.417.000 Paar Schuhen und 49.000 Tonnen Leder.[13])

Im Rahmen unserer Divisionsgeschichte über die 7. Gebirgs-Division, vormals 99. leichte Infanterie-Division, interessiert uns speziell der Aufmarsch der deutschen und russischen Truppen im Süd- und Nordabschnitt der Ostfront, wo die 99. leichte Infanterie-Division bzw. die 7. Gebirgs-Division im Jahre 1941 bzw. in der ersten Hälfte des Kriegsjahres 1942 eingesetzt war.

Darüber hinaus werfen wir auch einen Blick auf das Kräfteverhältnis im Mittelabschnitt der Ostfront, um die Operationen der Heeresgruppe Süd bzw. Nord in Verbindung mit der mittleren Heeresgruppe besser verfolgen zu können.

Beginnen wir zunächst mit dem Angriffs- und Aufmarschplan der Heeresgruppe Süd. Dieser sah bei den Deutschen und ihren Verbündeten folgendermaßen aus:

Die Heersgruppe Süd stand unter dem Oberbefehl von Generalfeldmarschall von Rundstedt — und zwar mit der 11. Armee (Generaloberst Ritter von Schobert), der 17. Armee (General der Infanterie von Stülp-

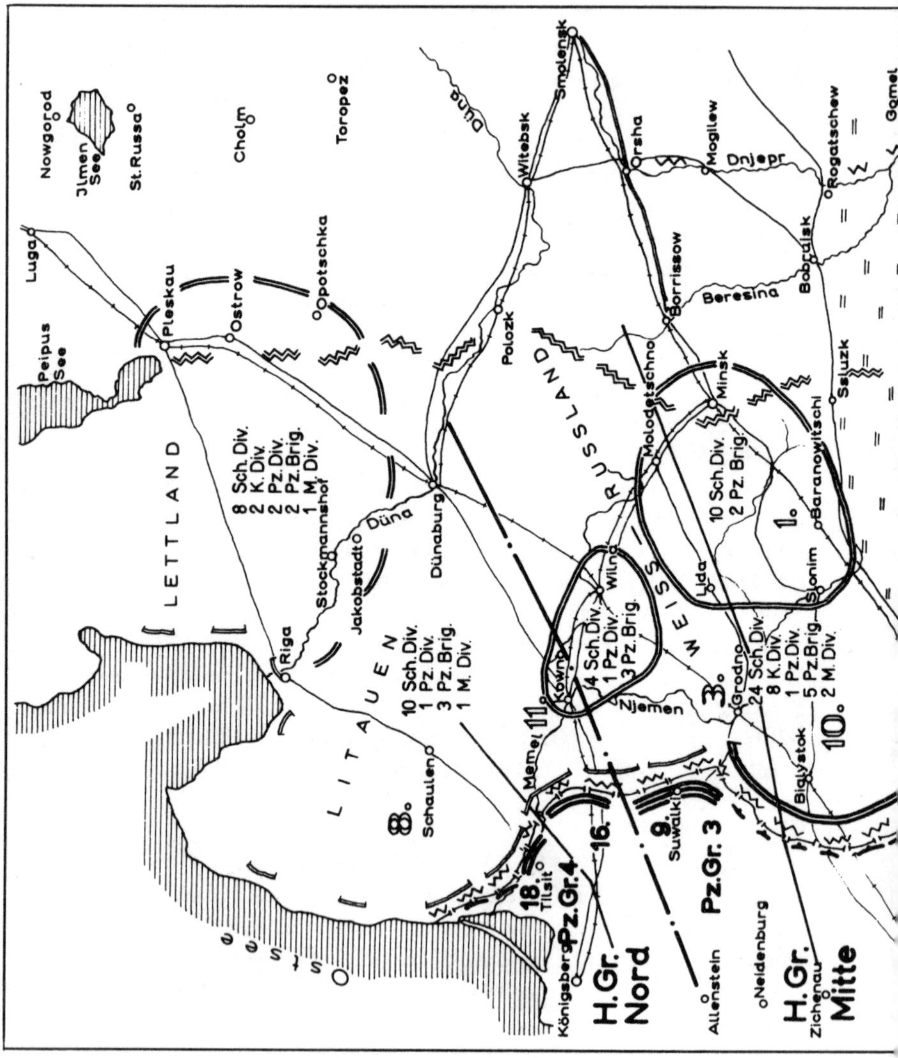

Deutscher und russischer Aufmarsch am 21. Juni 1941

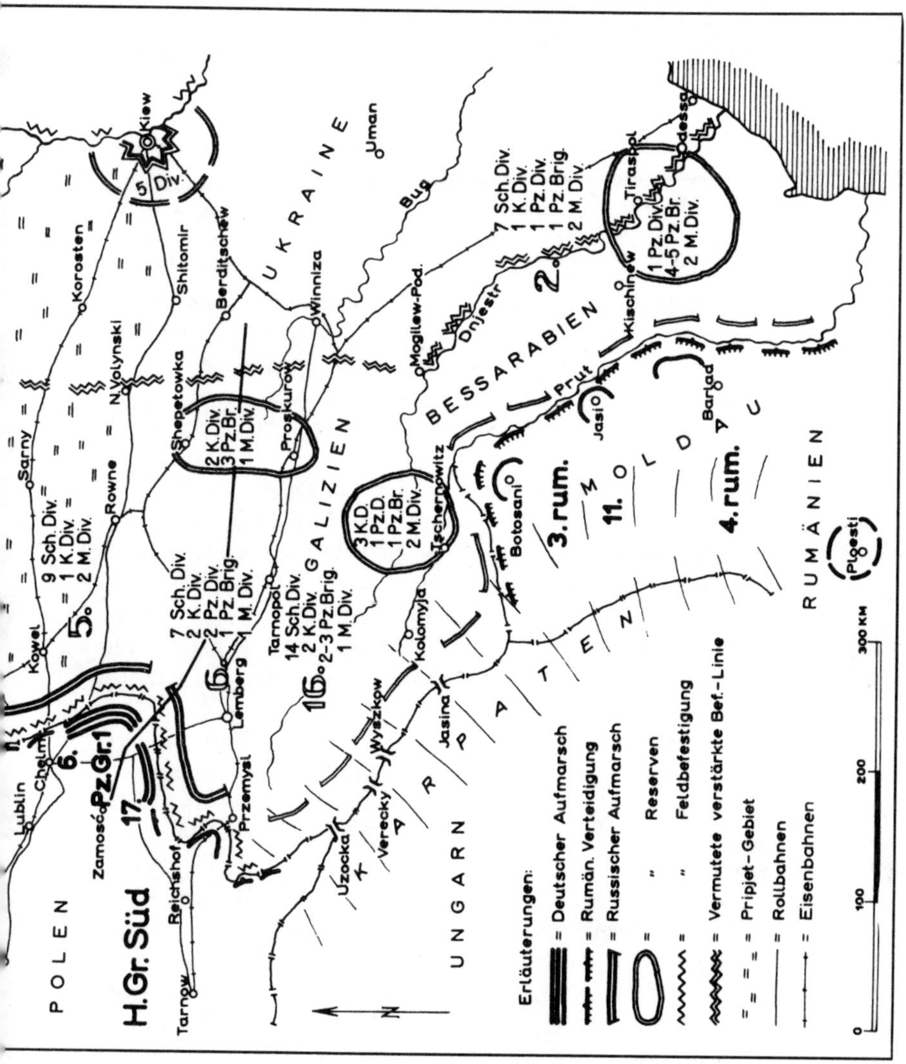

nagel), der 6. Armee (Feldmarschall von Reichenau), der Panzergruppe 1 (Generaloberst von Kleist) sowie der 2. und 4. rumänischen Armee, mit 32 Infanterie-, 5 Panzer und 4 motorisierten Divisionen, dazu 16 rumänische Divisionen.

Die Heeresgruppe Süd, die durch die Luftflotte 4 (Generaloberst Löhr) unterstützt wurde, hatte den Auftrag, den Schutz der rechten Heeresflanke mit der 11. Armee und rumänischen Truppen sicherzustellen und den Angriff aus dem Raum Lublin und Richtung Kiew mit der 17. und 6. Armee vorzutragen. Dabei sollten Panzerkeile der Panzergruppe 1 vorauseilen, um den Feind abzuschneiden, einzukesseln und entlang des Dnjepr aufzurollen.

Die Heeresgruppe Mitte stand unter dem Oberbefehl von Generalfeldmarschall von Bock — und zwar mit der erst später unterstellten 2. Armee (Generaloberst Freiherr von Weichs), der 4. Armee (Generalfeldmarschall von Kluge), der 9. Armee (Generaloberst Strauß), sowie den Panzergruppen 2 (Generaloberst Guderian) und 3 (Generaloberst Hoth), mit 31 Infanterie-, 1 Kavallerie-, 9 Panzer- und 7 motorisierten Divisionen. Die Heeresgruppe Mitte, die durch die Luftflotte 2 (Generalfeldmarschall Kesselring) unterstützt wurde, hatten den Auftrag, aus dem Raum Warschau vorzubrechen, den Feind in Weißrußland zu zersprengen, um anschließend gemeinsam mit der Heeresgruppe Nord gegen Leningrad zu operieren.

Die Heeresgruppe Nord stand unter dem Oberbefehl des Generalfeldmarschalls Ritter von Leeb — und zwar mit der 16. Armee (Generaloberst Busch) und 18. Armee (Generaloberst von Küchler) sowie der Panzergruppe 4 (Generaloberst Hoepner), mit 20 Infanterie-, 3 Panzer- und 3 motorisierten Divisionen. Die finnischen Verbände, die an diesen Kämpfen teilnahmen, unterstanden nicht dem deutschen Kommando. Die deutsche Heeresreserve bestand aus 22 Infanterie-, 2 Panzer-, 2 motorisierten und 1 Polizei-Division.

Die Heeresgruppe Nord, die durch die Luftflotte 1 (Generaloberst Keller) unterstützt wurde, hatte den Auftrag, von Ostpreußen aus vorzustoßen, die Feindkräfte im Baltikum zu vernichten, um dann — im Zusammenwirken mit schnellen Truppen der Heeresgruppe Mitte — Leningrad und Kronstadt zu nehmen.

Wechseln wir einmal kurz die Fronten und gehen in das Lager des Gegners, um uns über den Aufmarsch der Russen zu informieren. Wir beginnen auch hier im Südabschnitt der Ostfront:

Die Heeresfront „Südwest" stand unter dem Oberbefehl von Marschall Budjonny mit einer Gruppe von 11 Schützen-, 1 Kavallerie-, 2 Panzer-und 7 motorisierten Divisionen zwischen Pruth und Dnjestr; mit einer zweiten Gruppe von 27 Schützen-, 17 Kavallerie-, 3 Panzer- und 4 motorisierten Divisionen dahinter gruppiert bis zum Slutsch; sowie mit einer dritten Gruppe von 12 Schützen-, 3 Kavallerie-, 1 Panzer- und 3 motorisierten Divisionen zwischen Slutsch und Bug. Der Auftrag für die Heeresfront „Südwest" lautete: Zunächst Abwehr. Weitere Maßnahmen waren dann entsprechend den sich ergebenden operativen Lagen zu treffen.

Der deutschen Heeresgruppe Mitte lag die sowjetische Heeresfront „West" unter Marschall Timoschenko mit 36 Schützen-, 8 Kavallerie-, 2 Panzer- und 9 motorisierten Divisionen gegenüber. Zwei Drittel dieser

Verbände lagen im Raum Bialystok, ein Drittel bei Minsk. Der Auftrag für die Heeresfront „West" lautete: Zunächst Abwehr, dann Ausweichen.

Die Heeresfront „Nordwest", auch „Baltikum" genannt, stand unter dem Oberbefehl von Marschall Woroschilow. Sie lag mit 7 Schützen-Divisionen ostwärts und südlich von Ostpreußen; mit 22 Schützen-, 2 Kavallerie-, 2 Panzer- und 6 motorisierten Divisionen bzw. Brigaden tiefgestaffelt im Raum Wilna — Kowno — Pleskau. Ihr Auftrag lautete: Zunächst Abwehr, dann Ausweichen.

Die Rote Armee sollte sich also zunächst defensiv verhalten. Das Prinzip der russischen Verteidigung bestand nämlich darin, Raum aufzugeben, um erstens Zeit zu gewinnen und zweitens die deutschen Truppen immer tiefer in die gewaltige, unbegrenzte russische Landmasse hineinzuziehen. Die Weite und Tiefe des Raumes sollte — wie einst die Franzosen im napoleonischen Rußlandfeldzug — die Deutschen zermürben, aufsaugen und schließlich verschlingen. Ziel des deutschen Angriffsplanes war es dagegen, „Sowjetrußland in einem schnellen Feldzug niederzuwerfen"[14]), um den Krieg noch vor Einbruch des russischen Winters und vor dem Wirksamwerden der umfangreichen alliierten Pacht- und Leihgesetz-Lieferungen zugunsten des Großdeutschen Reiches zu beenden.

Man wird im folgenden sehen, ja erleben, welcher Seite es am schnellsten gelungen ist, dem Gegner das Gesetz des Handelns zu diktieren, ihn zum Kampfe zu stellen und — was das Ziel jeder militärischen Operation ist — ihn zu besiegen.

Als Reserve der Heeresgruppe Süd

„Abmarsch zur Front!" So lauteten die entscheidenden Befehle der Bataillone, Abteilungen und Regimenter der 99. leichten Infanterie-Division in jenem Mai des Jahres 1941. Wer von den Offizieren, Unteroffizieren und Mannschaften bereits auf dem westlichen Kriegsschauplatz eingesetzt gewesen war, der wußte, was das bedeutete, was ihn erwarten würde. Wer den Krieg bisher nur vom Hörensagen kannte, der sah der Bewährungsprobe mit gemischten Gefühlen entgegen. Und wie immer, wenn Soldaten befehlsgemäß in einen neuen Krieg marschieren, dann beginnen sie lauter und inbrünstiger zu singen, um die fragenden, nicht selten zweifelnden Gedanken und Überlegungen zu verdrängen. Sie singen nicht zuletzt auch deshalb, um im Gefühl des Miteinander dem Kameraden noch näher zu sein. Die „Märkische Heide", „Die blauen Dragoner" oder das Soldatenlied „Morgen marschieren wir" erschollen schon bald durch die Züge und Kompanien der 99. „Leichten" auf dem Marsch zur Front:

„Morgen marschieren wir
Zu den Bauern ins Nachtquartier.
Eine Tasse Tee, Zucker und Kaffee,
Eine Tasse Tee —, Zucker und Kaffee
Und ein Gläschen Wein —, und ein Gläschen Wein ...“

Aber es wurde nicht nur gesungen, sondern auch noch alle Möglichkeiten zur Hebung der Schlagkraft der Division ausgeschöpft. Erfahrungen, die man bisher gesammelt hatte, wurden in organisatorische und personelle Maßnahmen umgesetzt, um Disziplin, Korpsgeist und Leistung der Truppe zu heben. Während der Rasten wurde das in den Transportzügen herangeführte Material übernommen oder aus den erreichbaren Depots mit eigenen Verkehrsmitteln herangeholt. Unermüdliches, energisches Handeln, ja selbst eine gewisse notwendige Härte hatten ihre Berechtigung, wenn es darum ging, in den noch bis zum Einsatz zur Verfügung stehenden Tagen jene Mängel, die den Erfolg gefährden oder unnötige Verluste verursachen konnten, zu beseitigen.

Schließlich erreichte die Division den Raum um Sandomierz in Galizien, wo die verschiedenen Truppenteile ihre Quartiere bezogen. Jetzt, gewissermaßen in Sichtweite der deutsch-russischen Grenze, war den meisten — nicht zuletzt auch durch die nicht mehr zu übersehenden militärischen Aktivitäten — klar geworden, daß sich der neue Waffengang nur gegen die Sowjetunion richten konnte.

Die letzten Zweifel wurden dann beseitigt, als die 99. „Leichte“ in teilweise beschwerlichen Märschen, die aus Tarnungs- und Täuschungsgründen in der Nacht durchgeführt wurden, in das von der Heeresgruppe Süd zugewiesene Aufmarschgebiet bei Zamosce rückte. Hier bekam man bereits einen kleinen Vorgeschmack auf die aufgeweichten Straßen und Wege Osteuropas, die die Bewegungen stark hemmten und daher Marschverzögerungen von bis zu zehn Stunden und mehr verursachten. Die zwanzig Panjefahrzeuge, die jedem Bataillon der Division zwecks größerer Beweglichkeit auf Grund der widrigen Straßenverhältnisse zugewiesen worden waren, bildeten da nur den Tropfen auf dem so oft zitierten heißen Stein. (Es sollte — was die Wegeverhältnisse betraf — im Verlauf des Ostfeldzuges allerdings noch viel, viel schlimmer kommen.)

Die verschiedenen Einheiten der 99. leichten Infanterie-Division — am Vorabend und auch noch zu Beginn des Ostfeldzuges lediglich als Reserve der Heeresgruppe Süd vorgesehen — lagen in ihren Bereitstellungsräumen und harrten der Dinge, die da kommen sollten. Aber vorerst tat sich nichts Aufregendes, denn in der vordersten Angriffslinie standen die anderen Divisionen der 6. Armee, unter deren Befehl die 99. „Leichte“ später, nach dem allgemeinen Angriffsbeginn an der Ostfront, den Sprung nach Rußland wagen sollte. Doch dieses Abwarten wurde vielen zur Qual. Die

Nerven der zur Untätigkeit verhaltenen Divisionsangehörigen waren zum Zerreißen angespannt. Warten, tatenlos zusehen und zuhören, wie die Kameraden der benachbarten Divisionen kämpften, das war nichts für Soldaten, die für den Ernstfall hart geübt hatten und gedrillt worden waren.

* * *

Am 22. Juni 1941 lief das Unternehmen „Barbarossa" an. In der berühmten Rede Hitlers an die „Soldaten der Ostfront" erfuhr auch der einfache Soldat, welches Schicksal ihn erwartete.

Es hatte in diesen Anfangstagen des Ostfeldzuges den Anschein, als habe man die 99. leichte Infanterie-Division beim AOK 6, dem sie im Rahmen der Heeresgruppe Süd unterstand, vergessen, denn fast eine Woche nach Beginn des Unternehmens „Barbarossa" besaß sie noch immer keinen Kampfauftrag. Erst am 27. Juni, als sich der sowjetische Widerstand versteifte und es nicht die raschen Anfangserfolge, die man sich auf deutscher Seite erwartet hatte, gab, nahmen auch die Pläne für einen bevorstehenden Einsatz der Division konkretere Formen an.

In der Tat: Die 99. leichte Infanterie-Division kam nun in Bewegung. In der Nacht vom 27. auf den 28. Juni überschritten ihre Regimenter, Abteilungen, Bataillone und Kompanien südlich von Huriebzow den Bug. Am anderen Ufer wurden sie in den Dörfern, durch die sie marschierten, von der deutschfreundlichen Bevölkerung der Ukraine mit Spruchbändern wie „Willkommen! Deutsche Wehrmacht!" oder „Hitler, der Befreier", die an eilig errichteten Triumphbögen befestigt waren, herzlich begrüßt. Noch ging es rasch vorwärts! Rasch war Ludsin erreicht. Dort drehte die Division nach Süden, in Richtung Mosorowisce, wo untergezogen werden sollte, ab.

Die ersten Kampfhandlungen in der Ukraine

Die Situation hatte sich somit für die 99. leichte Infanterie-Division schlagartig geändert. Führte sie bisher ein mehr oder weniger ruhiges Dasein als Heeresgruppenreserve, so sahen sich ihre Soldaten nun zum erstenmal mit dem Phänomen Krieg konfrontiert. Schüsse zerrissen plötzlich wie aus heiterem Himmel die Stille, als ein Spähtrupp unter Führung von Leutnant Singer, der den neuen Unterziehraum gegen feindliche Überraschungsangriffe sichern sollte, bei Mosorowisce auf eine unerkannte Bunkerstellung der Russen stieß. Tödlich getroffen sanken die ersten Soldaten der 99. „Leichten" (unter ihnen auch der Spähtruppführer Singer) auf die russische Erde. Der Rest wurde gefangengenommen — aber

Der Schicksalsweg der 99. leichten Infanterie-Division im Sommer 1941 in der Ukraine

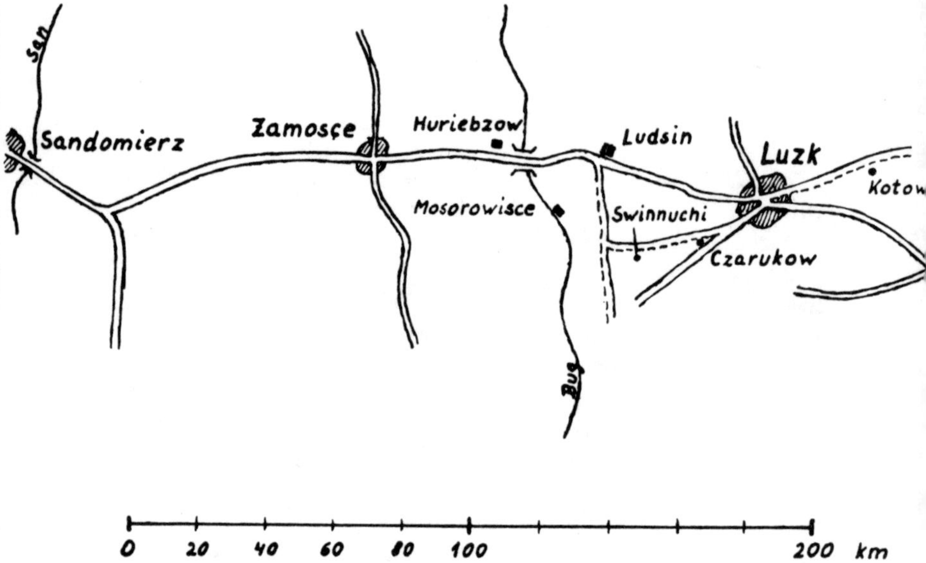

kurze Zeit später, als die Deutschen vorgingen und die Stellungen der Sowjets überrannten, allerdings wieder freigelassen.

Der Divisionskommandeur, Generalleutnant von der Chevallerie, entschied, unverzüglich nachzustoßen und die Bunker den Russen rasch zu entreißen. Zu diesem Unternehmen wurde das II. Bataillon des Infanterie-Regiments 206, das Hauptmann Hartmann führte, zum Frontalangriff eingesetzt. Das I. Bataillon/Infanterie-Regiment 206 des Majors Schuler hatte den Auftrag, von der linken Flanke aus die russischen Stellungen aufzurollen. Das III./Inf.-Rgt. 206, das Oberstleutnant Berger führte, bildete mit dem III./Inf.-Rgt. 442, dem I./Pi. Btl. 99 und dem schweren Zug der 16. (Pz.Jg.) Kp. eine selbständige Kampfgruppe, die ein Bunkernest, das südlich von Mosorowisce lag, einzunehmen hatte.

Wie diese Kampfgruppe, so waren auch die anderen Bataillone für den bevorstehenden Angriff auf die russische Bunkerlinie verstärkt worden — und zwar durch Züge der 3./Pi.-Btl. 99, durch Pak-Züge der 16. Kompanie und der 2./Pz.Jg.Abt. 99 sowie durch zwei Züge der 1./Fla.-Abt. 278.

Major Schuler, der Kommandeur des I./Inf.-Rgt. 206, hat den Angriff

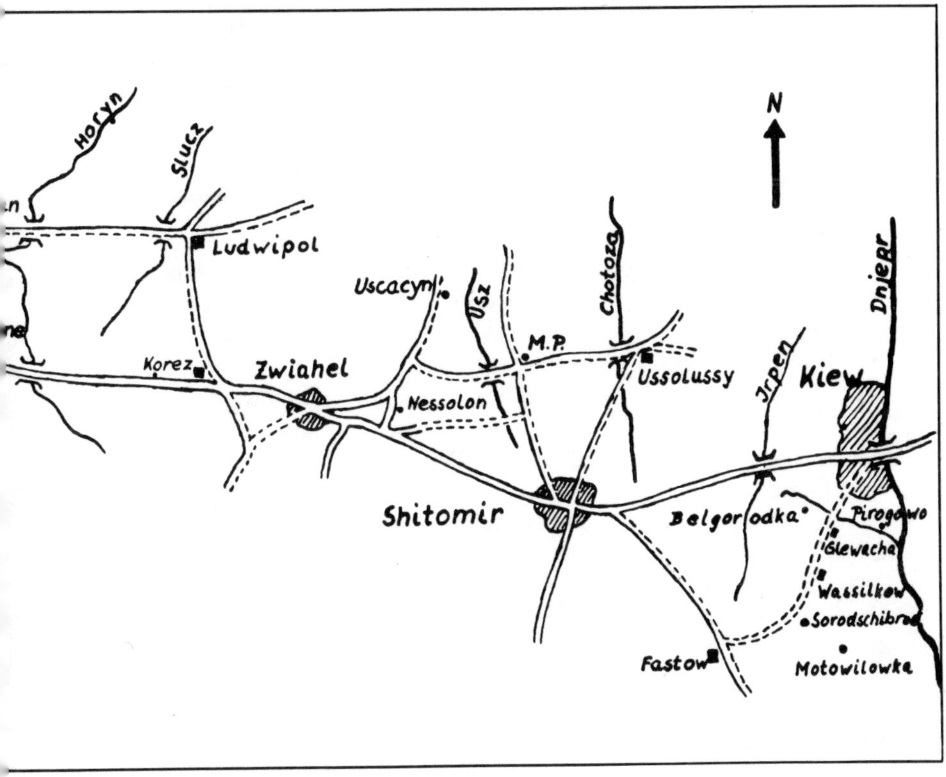

auf die russischen Bunker, die teilweise erst fertiggestellt, teilweise aber auch noch in Bau gewesen waren, wie folgt beschrieben: „Zur Unterstützung des Angriffes waren die I., III., IV./A. R. 82 bei Mosorowisce, die II. Abtlg. beim III./206 eingesetzt. Zwei Stunden vor Angriffsbeginn setzten die Batterien mit ihrem Vernichtungsfeuer ein. In einer Feuerpause sollte durch Aufklärung festgestellt werden, ob die Bunker bereits sturmreif sind. Dabei gelang dem I./206 die Wegnahme des Eckbunkers im Handstreich und der Einbruch in die Bunkerlinie. Im forschen Zupacken nahm das Bataillon die weiteren Bunker und hatte verhältnismäßig bald und fast ohne Verluste das Angriffsziel erreicht. Die Pionierstoßtrupps arbeiteten sich mit Benzinkanistern an die Bunker heran, gossen das Benzin durch die Luftschächte und brachten es zur Explosion. Das II./206, das anfangs ebenso erfolgreich war wie das Nachbarbataillon, hatte im weiteren Verlauf schwere Kämpfe zu bestehen. Diese konnten trotz hervorragender Unterstützung durch die 1. Batterie (Obltn. Kraus), deren Geschütze offen in der vorderen Linie auffuhren und die Bunker im direkten Beschuß bekämpften, erst spät zum Abschluß gebracht werden.

Besonders ausgezeichnet haben sich dabei der Führer des Btl.Pi.Zuges, Ltn. Derfuß und Oberjäger Bürger, der dabei den Tod fand, sowie Oberfeldw. Krutemeier und Feldw. Lohr vom Pi.-Btl. 99. Auch beim III./206 zogen sich die Kämpfe sehr lange hin, bis der letzte Bunker in eigener Hand war."[15])

Jetzt, nachdem man den sogenannten „Panzerschreck" überwunden und das brutale Kampfgeschehen erst einmal kennengelernt hatte, gab es für die 99. „Leichte" kein Verschnaufen mehr. Bereits am nächsten Tag setzte sie den Vormarsch im Rahmen der 6. Armee fort. Die Angriffsrichtung lautete: Czarukow (wieder einmal mehr vorbei an einem der vielen Lenin-Denkmäler) und von dort in Richtung Luzk. Weit hatte die Division sich noch nicht von den geknackten Bunkern entfernt, als sie bereits im Wald ostwärts von Swinnuchi abermals in einen russischen Hinterhalt geriet. Erheblich waren die Verluste — vor allem aber beim III./Infanterie-Regiment 218, das Major Pannwitz führte, und bei Teilen der Aufklärungs-Abteilung 99, die die Vormarschstraße der Division freikämpfen sollten. „Das I. und II./206 fanden beim Säubern des Waldstückes Angehörige der III./218 in Reih und Glied nebeneinander liegen, durch Genickschüsse getötet. Der einzige Überlebende dieses Überfalles war Obltn. Hardt der A. A. 99, der nicht tödlich getroffen wurde, sich tot stellte und schwer verwundet geborgen werden konnte. Er gab die Erschießungen zu Protokoll."[16])

Daraufhin befahl der Divisionskommandeur am 30. Juni 1941 die Erschießung aller sowjetischen Kriegsgefangenen mit Ausnahme der Ukrainer.*)

„In einem schier endlosen Marschband bewegten sich die Division, Bataillone, Batterien und Trosse, unaufhaltsam, wie von einem inneren, ungezähmten Drang beseelt, ein Bild trotziger Kraft. In diese Betrachtung mengte sich indes der düstere Gedanke, daß viele von uns den Weg in die Heimat nicht mehr gehen dürften. Wer würde dazu gehören?" grübelte der spätere Generaloberst Dr. Lothar Rendulic und fuhr dann fort: „Liegt das Schicksal jedes einzelnen schon fest im Schoß der Zeit, oder ist es ein Produkt des Zufalls? Jedenfalls hat mir auch das spätere Erleben des Krieges, als ich so viele Schicksale sich erfüllen sah, keine Antwort gebracht. Immer trat mir nur das Unberechenbare und Unbestimmbare entgegen. Ich habe aber stets empfunden, daß gerade der über dem Schicksal liegende undurchdringliche Schleier ein großer Segen für die Menschen ist."[17])

Unter dem Kommando des XVII. Armee-Korps und unterstützt von Sturmgeschützen zog die 99. leichte Infanterie-Division hinter der 298.

---

*) Nürnberger Anklagedokumente der Serie NOKW — 1294.

Infanterie-Division über Luzk in die ausgedehnten Waldgebiete, die sich nördlich der Rollbahn, an deren Straßenrändern nicht selten zerstörte oder noch intakte Geschütze (Pak, Flak und Haubitzen) standen, erstreckten. Schlechte Wegeverhältnisse und ein versumpftes Gelände, das nur sehr schwierig zu überbrücken war, verzögerten immer wieder die Bewegungen der Divisionen des Armee-Korps in Richtung Osten und Nordosten, wohin sich der Russe, immer wieder geschickt ausweichend, zurückgezogen hatte. Schwache Kampftruppen, die teilweise mit Panzern ausgestattet waren, deckten den Rückzug der Sowjets und verwickelten dabei immer wieder die Deutschen, bei denen sich vielfach das Fehlen eigener schwerer Waffen schmerzlich bemerkbar machte, in teilweise verlustreiche und zeitraubende Gefechte. Eines davon fand am 3. Juli im Angriffsstreifen des Infanterie-Regiments 206 nördlich bei Kotow, das wenig später lichterloh wie eine Fackel brannte, statt.

Mochten anfänglich die Lagebeurteilungen der deutschen Führung noch so optimistisch sein, die Realität, die bittere, sah auf dem russischen Kriegsschauplatz für die Frontsoldaten anders aus. Hier rangen die Deutschen mit einem Gegener, den man — wie sich bald immer deutlicher herausstellen sollte — im Anfangsstadium des Ostfeldzuges sträflich unterschätzt hatte. Wenigstens waren die Russen nicht gewillt, sich bereits in vorderster Linie von den Deutschen kriegsentscheidend schlagen zu lassen.

Ganze zwölf Tage und zwölf Nächte lang hatte Stalin nach Kriegsbeginn geschwiegen. Die aufregendsten Gerüchte verbreiteten sich schon in Windeseile durch den vom Kriege schwer heimgesuchten Alten Kontinent: Der russische Diktator sei nach China, in die Türkei oder den Iran geflüchtet, vermuteten die einen; der rote Zar sei erschossen worden, raunten die anderen hinter vorgehaltener Hand. Doch nichts von alledem stimmte. Nach Tagen der Agonie und tiefer Depression brach Stalin am 3. Juli 1941, um 6.30 Uhr, sein Schweigen. Aus seiner Rundfunkrede sprach eine unerbittliche Kampfenschlossenheit, die die letzten Reserven der UdSSR für den Kampf gegen Hitler-Deutschland mobilisieren sollte.

Die Deutschen waren also gewarnt! Der russische Bär taumelte zwar, aber er lag noch lange nicht auf dem Boden. Der Russe war hart im Nehmen — später, als sich das Kriegsglück auf seine Seite schlug, war er noch härter im Geben. General Maximilian Fretter-Pico, der dem Generalstab zwanzig Jahre angehört, im April 1941 die 97. leichte Infanterie-Division, die Schwester-Division der 99. „Leichten", in Bad Tölz, der Heimat der Spielhahnjäger übernommen und dann dreieinhalb Jahre lang an der Ostfront als Divisionskommandeur, später als Kommandierender General des XXX. Armee-Korps und als Befehlshaber der Armee-Abteilung Fretter-Pico und der 6. Armee im Kampf mit den Sowjets gestanden hatte, dieser bewährte General der Artillerie hat seine

Erfahrungen und Erkenntnisse über den russischen Soldaten in dem Buch „Mißbrauchte Infanterie" so interessant und aufschlußreich geschildert, daß sie nachstehend wiedergegeben werden sollen:

„Der Sowjetsoldat ist ein Naturkind, physisch sehr hart, sehr anspruchslos und ausdauernd. Hirse und Sonnenblumenkerne — in Leinenbeuteln mitgeführt — machten ihn tagelang vom Verpflegungsnachschub unabhängig. Er kennt sein Land und dessen Tücken genau, ist auf sie eingestellt, um sie zu überwinden. Zum Einzelkämpfer weniger geeignet, ist er besser im Masseneinsatz zu verwenden. Er bedarf ständiger Aufsicht durch Vorgesetzte. Vorzüglich versteht er es, der Jahreszeit entsprechend, das Gelände auszunutzen. Selbst bei Tage sickert er oft unbemerkt in Bereitstellungsräume oder in die bekannten Brückenköpfe, Spähtrupps bewegen sich sehr gewandt. In der Dämmerung und bei Nacht ist er ein besonders gefährlicher Gegner. Durch lebhafte Spähtrupptätigkeit und zahlreiche Teilangriffe bei Tag und Nacht läßt er dem Gegner keine Ruhe. Er versucht ihn über seine Absichten irrezuführen, um dann im Angriff dort zu kommen, wo er geländemäßig am wenigsten erwartet wird. Erfolge bei nächtlichen Teilangriffen können sehr schnell Massenangriffe auslösen. Mit unmittelbarer Panzerunterstützung und unter Alkohol führt er Angriffe, wenn auch stur und wenig wendig, schwungvoll durch. Bei fehlgeschlagenem Angriff fällt der Sowjetsoldat psychisch leicht ab. Er muß dann immer wieder durch Vorgesetzte und unter dem rücksichtslosen Druck der Kommissare vorangetrieben werden. In der Verteidigung und Durchführung von Absetzbewegungen ist er Meister und ein besonders harter Gegner. Er weicht nicht. Mit einem geradezu naturhaften Instinkt gräbt er sich bei jeder Gefechtslage in kürzester Frist ein und tarnt sich vorzüglich. Unter Heranziehung aller Hilfsmittel, einschließlich der Zivilbevölkerung, baut er in großer Schnelligkeit tiefgestaffelte, weiträumige Feldstellungen zu hartnäckiger Verteidigung aus. Auch in der Anlage von Minenfeldern und Hindernissen ist er äußerst gewandt. Eingeschlossen, wird er führungsmäßig leicht unsicher und entschlußlos. Doch versucht er, vor allem nachts, mit allen Mitteln auszubrechen — lautlos, Mann hinter Mann, sickert er unter Zurücklassung der schweren Waffen durch die meist nur dünne Einschließungsfront durch.

Den hohen Wert der soldatischen Tradition hatte die politische Führung klar erkannt. Im vaterländischen Gedanken wurden die Ruhmestaten des russischen Heeres in der Kriegsgeschichte beschworen und bewußt durch Wiedereinführung der Abzeichen der Zarenarmee die Verbindung zur Tradition neu geknüpft. Das gleiche bezweckte die Wiederanerkennung der Kirche, die gerade im ländlichen Volk verankert ist. Nur so konnten die Sowjets im ‚vaterländischen Kriege' durchstehen. Beispielhaft war die Propaganda — eine Waffe, gefährlicher als Vernichtungswaffen. Wie aus erbeuteten Schulbüchern für die deutsche Sprache festgestellt werden konnte, betrieben die Sowjets schon vor dem Kriege eine intensive Polemik gegen das deutsche Volk. Wenn auch zunächst der deutsche Soldat fast überall als Befreier gefeiert wurde und ihm die Bevölkerung mit Vertrauen entgegenkam, so gab die falsche Behandlung der Kriegsgefangenen in Verwaltungsgebieten und in der Heimat genügend Stoff für eine wirkungsvolle Propaganda, die sich im rücksichtslosen Partisanenkrieg auswirkte. Dazu kam noch die Unterdrückung der Zivilbevölkerung in den besetzten Gebieten durch die braune Zivilverwaltung, so daß die Stimmung gegen die Deutschen bald in Haß umschlug. Andererseits darf nicht übersehen werden, daß vor allem in der ländlichen Bevölkerung der deutsche Soldat in den rückwärtigen Gebieten der Armeen und Heeresgruppen wegen seiner sauberen Haltung in guter Erinnerung geblieben ist.

Die Bewaffnung der Roten Armee war gut, Bekleidung und Ausrüstung vorzüglich, vieles amerikanischen Ursprungs. So auch ihre motorisierten Fahrzeuge, in deren einfacher Normung sie der Deutschen Wehrmacht weit überlegen war. Ihre Panzer waren äußerst geländegängig, wenn auch anfänglich in der Optik nicht ganz auf der Höhe. Das Geschützmaterial war in der Konstruktion einwandfrei und weittragend. Ganz ausgezeichnet waren die höchst einfach konstruierten, sehr weittragenden Granatwerfer, die zum Masseneinsatz kamen. Die ‚Stalinorgeln' hatten moralische Wirkung. Durch besondere Sommerbekleidung und dickwattierte Winteruniformen mit Filzstiefeln wurde der Sowjetsoldat, jeder Jahreszeit und Wetterlage angepaßt, leistungsfähig erhalten.

Besonders hervorgehoben werden muß die Kunst der Sowjets im Improvisieren — gleichgültig, ob es sich dabei um schnelle Umgruppierungen, um Bau von Eis- und Unterwasserbrücken oder um bodengleiches schnelles Verlegen von Eisenbahnen mit Fahren auf Sicht handelt —, alles zeichnet sich durch Einfachheit aus, dem Auffassungsvermögen des Soldaten, den Erfordernissen der Natur seines Landes entsprechend, aber auch der Rücksichtslosigkeit im Einsatz von Menschenleben gemäß.

Erleichtert wurde dem Gegner die Kriegführung nicht nur durch fast unerschöpfliche Menschenreserven, die Großräumigkeit des Landes und die Tücken der Natur sowie die Materialhilfe der Verbündeten, sondern vor allem durch Hitlers Zersplitterung der Kräfte und ‚Festhaltestrategie' mit unzureichenden Kräften! Zu Kriegsbeginn bis etwa 1942 war die taktische und operative Schulung der Sowjets den Deutschen weit unterlegen. Trotz oft erstaunlich guter Vorschriften war das untere und mittlere Offizierskorps noch nicht genügend aufnahmefähig und geistig geschult, um die Vorschriften verarbeiten zu können. Später merkte man, daß der Feind sich die Kampferfahrungen sowohl taktisch wie auch operativ zunutze gemacht hatte. Durch gute Beobachtungsgabe und Einfühlungsvermögen im Erkennen des Wesentlichen hat er spürbare Fortschritte gezeigt. So hat er nach anfänglich sehr systematischem Ansatz von Operationen gelernt, bei operativen Durchbrüchen Ziele mit ausgesprochener Schwerpunktbildung zu geben und Umfassungen in die Tiefe der Flanke anzusetzen. Das wirkte sich besonders bei der Panzerwaffe aus. Seine Artillerie", so General der Artillerie Fretter-Pico abschließend in seiner Analyse über die Russen, „hatte er gelernt, sehr wendig in Feuerzusammenfassungen zu führen."

Mit diesem entschlossenen Gegner, der zu alledem noch von seinen fanatischen Polit-Offizieren und „unter dem rücksichtslosen Druck der Kommissare" vorwärts gepeitscht wurde, hatten es also die Soldaten der 99. leichten Infanterie-Division in jenen Sommermonaten des Jahres 1941 auf dem östlichen Kriegsschauplatz zu tun. Als die Division am 4. Juli ihren Vormarsch über verschiedene Straßen und Wege in Richtung Guman fortsetzte, passierte sie unter anderem ein Gefechtsfeld, auf dem es am Vorabend zu erbitterten Kämpfen gekommen war. Welch grausamer Anblick bot sich da den Deutschen. Zwischen abgeschossenen Panzern lagen noch immer die Toten, die nur widerwillig und ohne Anteilnahme von der Bevölkerung begraben wurden, obwohl, so sollte man meinen, auch sie für ihr Vaterland gekämpft hatten und gefallen waren. Doch weder geflochtene Kränze noch Kreuze bedeckten die eilig ausgehobenen Gräber, über die schon bald das Gras — auch das des Vergessens — wachsen sollte ...

Während dieser ersten schweren Kampfhandlungen an der Ostfront blieb den Angehörigen der 99. „Leichten" nichts, aber auch gar nichts erspart. Nachdem sie die Härte und die Brutalität der Russen zur Genüge am eigenen Leibe erfahren hatte, schienen sich jetzt auch die Naturgewalten des russischen Raumes gegen sie verschworen zu haben. Auf ihrem Marsch durch die südlichen Ausläufer der ausgedehnten Pripjetsümpfe wurde die Division von einem wahren Wolkenbruch, der in kürzester Zeit die ohnehin teilweise versumpften und nur schwer befahrbaren Waldwege völlig aufweichte oder überschwemmte, heimgesucht. Knüppeldämme, die behelfsmäßig angelegt wurden, um die Division einigermaßen beweglich zu erhalten, nahmen wertvolle Zeit in Anspruch. Die Geschütze, die nur durch das Vorspannen zusätzlicher Pferde bewegt werden konnten, versanken buchstäblich im Morast und konnten dann nur unter großem Aufwand an Kraft und Zeit flottgemacht werden; die Pferde, die überfordert waren, brachen zusammen; die Landser, aus denen das letzte herausgeholt wurde, waren zu schwach, um noch laut fluchen zu können.

Erschöpft und ausgelaugt erreichten die verschiedenen Kompanien und Bataillone der 99. „Leichten" bei einer Marschleistung von einem Drei-

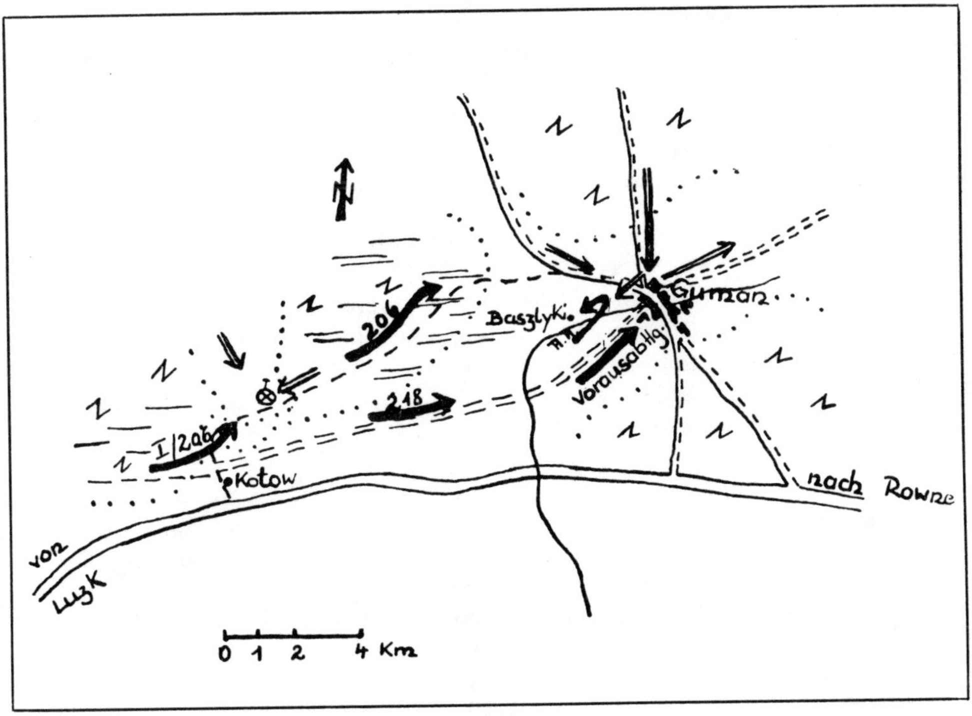

Das Gefecht bei Guman

viertel Kilometer in der Stunde am Mittag des 5. Juli die erkundeten Rasträume, die sie ursprünglich bereits in der Nacht vom 4. zum 5. hätten beziehen sollen. Schon am 3. Juli hatte die Division unter der Führung des Kommandeurs des Artillerie-Regiments 82, Oberstleutnant von Oppen, aus der Aufklärungs-Abteilung 99, der Panzer-Jäger-Abteilung 99, der IV. (mot.)/A. R. 82 und der 1. (mot.)/Pi.-Btl. 99 eine Vorausabteilung gebildet, die über die Ortschaft Guman an den Horyn vorstoßen sollte, um die Übergänge des Flusses für die 99. „Leichte" offen zu halten. Dabei kam es wiederholt zu Kampfhandlungen, in deren Verlauf Guman völlig zerstört wurde und in Flammen aufging. Entscheidend war für die weiteren Vormarschbewegungen der Division jedoch, daß die Brücke, die über den Fluß führte, unzerstört in den Besitz der Infanteristen kam. Und das war in der Tat der Fall.

Doch noch gab es kein Ausrasten, denn auch die Übergänge über den Slucz-Fluß sollten unzerstört in die Hand der Deutschen fallen. Nachdem das Infanterie-Regiment 218 am 4. Juli herangeführt worden war, trat es nach kurzer Bereitstellung zum Angriff an, warf den Feind über den Horyn und gewann nach zügigem Vorgehen auch die befohlenen Übergänge über den Slucz. Währenddessen zog sich der Russe auf seine Befestigungslinie, die er an der ehemaligen russisch-polnischen Grenze angelegt hatte, zurück.

Verfolgung zum Dnjepr

Bis Mitte Juli 1941 hatte die 17. Armee des Generals der Infanterie von Stülpnagel — und in ihrem Verband das XXXXIX. Gebirgs-Armee-Korps mit der 1. und 4. Gebirgs-Division sowie die 97. leichte Infanterie-Division — und die Panzergruppe 1 des Generaloberst von Kleist die zweite Verteidigungslinie der Russen, die stark befestigte „Stalin-Linie", die „Maginot-Linie" der Sowjets am Ostufer des Dnjestr, erreicht und durchbrochen. Damit war der Weg zum Dnjepr frei. Um diesen Durchbruch auszuweiten, wurde die 99. leichte Infanterie-Division dem XXIX. Armee-Korps unterstellt. Zunächst ging es zügig in mehrtägigen Märschen über verstaubte Straßen und Wege über die ukrainischen Ortschaften Ludwipol und Korez in den Raum westlich von Zwiahel.

Schon bald bot der Russe auch dem XXIX. Armee-Korps und den ihm unterstellten Divisionen Paroli. Starke Gegenangriffe der Sowjets drängten die Deutschen mehr und mehr in die Verteidigung, so daß beiderseits der Rollbahn, die mit unzähligen motorisierten Kolonnen regelrecht vollgestopft und verstopft war, eine Art Brückenkopf-Stellung gebildet werden mußte. Dabei kam es wiederholt zu heftigen Kampfhandlungen, da der Russe, der starke Kräfte herangeführt hatte, mehrmals versuchte, die deutschen Verteidigungsstellungen einzudrücken. Aber die Infanteristen der 99. „Leichten", die zwischen der 298. Infanterie- und der 299. Infanterie-Division eingeschoben worden war, wehrten alle Angriffe erfolgreich ab. Hier zeichneten sich besonders das Infanterie-Regiment 206 sowie die I., III. und IV. Abteilung des Artillerie-Regiments 82 aus, während die II./Art.-Rgt. 82 die Nahtstelle zur linken Nachbareinheit überwachte und sicherte. Bei diesen Kämpfen kamen erstmals die schweren Werfer der Division zum Einsatz. Sie zerschlugen die zu einem neuerlichen Angriff in Bereitstellung liegenden Kampfgruppen der Russen so nachhaltig, daß die Sowjets das Gefecht abbrachen und sich von den deutschen Truppen lösten. Daraufhin zog das XXIX. Armee-Korps die 99. leichte Infanterie-Division schon wieder aus der entlasteten Front, um mit ihr an einem anderen Abschnitt, nämlich unmittelbar ostwärts von Zwiahel, anzugreifen und den Feind dort zu werfen.

Es war schon Nacht geworden, als die „Bergschuh"-Division, wie wir die 99. „Leichte" abwechselnd auch einmal nennen wollen, an jenem 14. Juli

1941 das Infanterie-Regiment 527 bei Nessolon, das hier die Brückenkopf-Stellung hielt, ablöste. Als der andere Tag, der 15. Juli, erwachte, lagen die Infanteristen bereits in den zugewiesenen Stellungen und bereiteten sich auf den Angriff, der um 14.00 Uhr erfolgen sollte, vor: rechts das Infanterie-Regiment 218, links das Infanterie-Regiment 206 und links von der Division selbst das Infanterie-Regiment 527. Hören wir, was uns Major Schuler, der Kommandeur des I./Inf.-Rgt. 206, über diesen Angriff zu berichten weiß:

„Das Angriffsgelände war äußerst schwierig. Überall Kusseln, kleine Waldbestände, dichtes Gestrüpp, hohes Schilf und Gras, vereinzelt Getreidefelder. Daß der Gegner diese Ungunst des Geländes für seine Zwecke zu nützen wußte, lag auf der Hand. Im linken Abschnitt befand sich ein größeres Waldgebiet, in dem stärkere Feindstellungen festgestellt waren. Kurz nach Heraustreten aus der Bereitschaftsstellung brachen überraschend einzelne Feindpanzer vor, die sich erst nach heftigem Feuerkampfe zurückzogen.

Das II./218 (Major Sieber) stieß in der Kol. Poljanowka auf überlegene Feindkräfte und wurde in ein hartnäckiges Ortsgefecht verwickelt. Die I./206 (Obltn. Schüßler) eilte zu Hilfe, griff von Norden her an, traf den Gegner in der Flanke und warf ihn zusammen mit dem II./218 aus den Häusern, in denen er sich festgesetzt hatte.

Das III./206 blieb unter schweren Verlusten in der Waldstellung hängen. Der Btl.-Kdr. fiel durch Verwundung aus. Ein Flankenangriff des Inf.-Rgt. 527 brachte Entlastung, so daß es im Laufe des Nachmittags gelang, die durcheinandergeratenen Verbände des Bataillons wieder zu ordnen und den Angriff erfolgreich weiterzuführen.

Die Artillerie hatte ihre liebe Not, in dem unübersichtlichen Buschgelände die Infanterie wirksam zu unterstützen. B-Stellen gab es nicht. Es blieben zur Feuerleitung nur die A. V. Kdos und V. B., die in reichlichem Maße zugeteilt waren. Aber auch diese waren bald lahmgelegt. Ein russisches Gewitter mit seiner ganzen Wucht und wolkenbruchartigem Regen unterbrach die Angriffshandlungen. Sämtliche Funkverbindungen waren gestört.

Auch für die Trosse gab es große Schwierigkeiten. Nur mit Mühe konnten sie in dem wegearmen, ja meist wegelosen Gelände Anschluß an die fechtende Truppe halten. Oft mußten sie weit ausholen mit ihren Fahrzeugen.

Für die Nachschubeinheiten der Division galten die gleich schwierigen Umstände", schließt Schuler seinen Bericht. „Nur mühsam konnten sie Schritt halten mit der Front. Ein nächtlicher Sturm setzte der Bäckereikompanie schwer zu und zerstörte ihre Zelte. Ähnliche Unannehmlichkeiten bot das Gelände den Fahrern der schweren Funktrupps der

Div.-Nachr.-Abtlg., die zur Aufrechterhaltung der Funkverbindung den einzelnen Kampf- und Marschgruppen zugeteilt waren.“[18])

Trotz aller Widrigkeiten, die das bewaldete Gelände und die hartnäckigen Abwehrversuche der Russen den Infanteristen bescherten, war bereits am Abend das Angriffsziel erreicht: die Kol. Wyruby und das Gelände südlich der Kol. Amalinowka. Auch wiederholte Versuche der Sowjets, den Deutschen die soeben eroberten Geländestreifen wieder zu entreißen, scheiterten ein um das andere Mal an der entschlossenen Kampfführung der Division und der ihr unterstellten Einheiten. Doch so ohne weiteres gaben sich die Russen nicht geschlagen. Sie setzten der 99. leichten Infanterie-Division — unterstützt von Panzern — an anderer Stelle dermaßen zu, daß der Angriffsschwung der Infanteristen rasch erlahmte.

So zerfiel der geschlossene Angriff der Division und ihrer Regimenter bald in aufreibende Einzelgefechte. Das unübersichtliche Gelände mit seinem dichten Unterholz erschwerte die Angriffe der Deutschen dermaßen, daß die weiteren Angriffsziele vor dem Hereinbrechen der Nacht nicht mehr erreicht werden konnten. Schlimmer noch: Der Usz-Abschnitt war für die 99. „Leichte“ unversehens zum Rubikon geworden. Der Anschluß zwischen den einzelnen Kampfgruppen war teilweise ganz verlorengegangen. Die Funker konnten noch so oft die Tasten ihrer Funkgeräte drücken, weder beim rechten noch beim linken Nachbarn meldete sich jemand — außerdem fehlte auch noch eine Verbindung, die neue Anweisungen geben konnte und sollte, zum Regiment. Zu alledem war starker Nebel, der die Angriffsabsichten des Gegners mehr als die der Deutschen begünstigte, in dem sumpfigen Gelände aufgestiegen.

Schon hallte das markdurchdringende Urrä-Urrä-Geschrei der Russen zu den deutschen Kampfgruppen, die sich nun auf den nächtlichen Waldkampf einstellten, herüber.

Rasch hatte eine Bedienung der 2./Pz.-Jg.-Abt. 99 ihre Pak in Stellung gebracht. Aufgeregt erwartete man die ersten Russenpanzer, die den Angriff des Gegners verstärkten. Bald beleuchteten der erste, der zweite und der dritte abgeschossene gegnerische Panzer brennend das gespenstisch erhellte Gefechtsfeld. Als der Kampf am frühen Morgen des 16. Juli beendet war, lagen nicht weniger als neun zerstörte Russenpanzer vor den deutschen Stellungen.

Oben: Infanterie in der endlosen Ukraine

Unten: Pak geht in Stellung

Nachdem es dem I. Bataillon des Infanterie-Regiments 206 auch noch gelungen war, im Abschnitt des XXIX. Armee-Korps eine Bresche in die gegnerischen Linien zu schlagen, konnte die 99. „Leichte" zur Verfolgung der Russen, die anfangs den Deutschen nur mehr mit wenigen Gruppen und Panzerspähwagen kleinere Rückzugsgefechte lieferten, antreten. Doch bei Ussolussy versteifte sich der Widerstand des Gegners wider Erwarten immer mehr, ja so sehr, daß die Division ihren Angriff schließlich abbrechen und zur Verteidigung übergehen mußte, nachdem es dem II./Inf.-Rgt. 206 am Nachmittag noch in einer wahren Kraftanstrengung gelungen war, das Höhengelände bei Ussolussy einzunehmen und trotz aller Feindangriffe zu halten.

„Wann wird der russische Koloß endgültig am Boden liegen?" fluchten die übermüdeten Landser, die des tage- und wochenlangen Hinterherlaufens bereits überdrüssig zu werden begannen, immer öfter.

„Wie und in welcher Richtung", so fragten sich nicht wenige verantwortliche Truppenführer, „soll es weitergehen?"

Die „Weisung Nr. 33" vom 19. Juli 1941 zur „Fortführung des Krieges im Osten" gab auf diese bohrenden Fragen Antwort:

„...Der Nordflügel der Heeresgruppe Süd ist durch die Festung Kiew und die sowjetische 5. Armee im Rücken in seiner Wirkung und Bewegungsfreiheit gehemmt... Ziel der nächsten Operation muß es sein, weitere starke Teile des Feindes am Ausweichen in die Weite des russischen Raumes zu verhindern und sie zu vernichten..."[19])

Das bedeutete auch für die Soldaten der 99. „Leichten" weiterhin: marschieren und marschieren, um dem Feind den Übergang über den Dnjepr zu verwehren.

Und so geschah es auch.

Das XXIX. Armee-Korps und die ihm unterstellten Verbände warfen die Russen zunächst in breiter Front über den Chotoza-Abschnitt zurück. Die 6. Armee begann, nachdem ein Angriff am Irpen-Abschnitt nicht den erhofften Erfolg gebracht hatte, nun auch den Angriff auf Kiew vorzubereiten. Im Rahmen dieser Operation sollte sich die 99. leichte Infanterie-Division unter „Belassung von Nachtruppen" zunächst vom Gegner lösen und anschließend in südwestlicher Richtung absetzen. Es schien, als hätte der Russe von der Umgruppierung der Deutschen Kenntnis gehabt. Denn kaum hatte sich die Division vom Feind gelöst, versuchte er, den Chotoza-Abschnitt, der im Bereich der 99. „Leichten" nur mehr von deren Auf-

Der Angriff östlich von Zwiahel vom 14. bis 7. Juli 1941

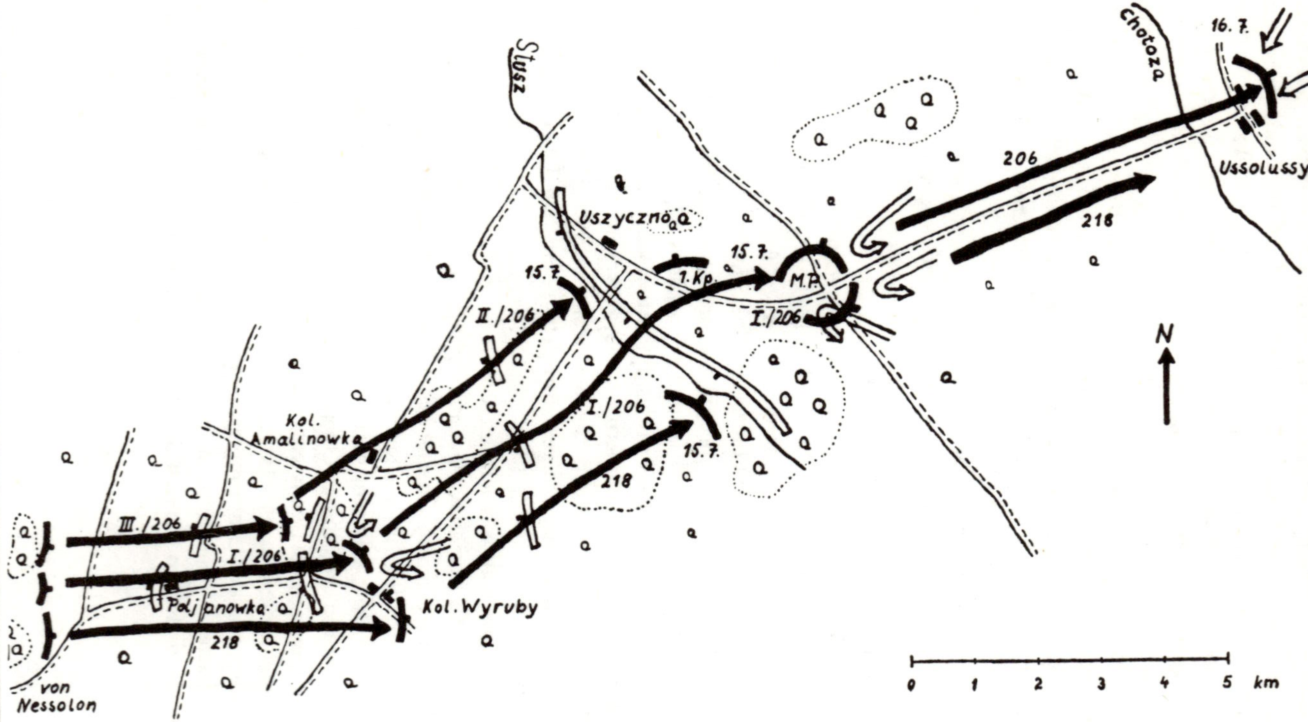

klärungs-Abteilung gedeckt wurde, zurückzugewinnen. Rasch mußten das III./Infanterie-Regiment 206 und die III./Artillerie-Regiment 82 aufgeboten werden, um den Gegner zurückzuwerfen und das weitere Absetzen der Division sicherzustellen.

Nachdem die Krise im Chotoza-Abschnitt überwunden worden war, erhielt die 99. leichte Infanterie-Division den Befehl, sich über Shitomir in den Bereitstellungsraum um Fastow abzusetzen. Das XXIX. Armee-Korps stellte sich dort unter anderem mit der „99." für den Angriff auf den äußeren Befestigungsgürtel von Kiew bereit: in vorderster Linie das Infanterie-Regiment 206, verstärkt durch Pioniere und die 1. und 2. Kompanie der Sturmgeschütz-Abteilung 244.

Links, hinten gestaffelt, sollte das III. Bataillon des Infanterie-Regiments 218 folgen; das Artillerie-Regiment 82 hatte den Angriff des Infanterie-Regiments 206 wirkungsvoll zu unterstützen.

Das war jedoch leichter zu befehlen als auszuführen, denn, so Major Schuler, „starke Regengüsse verursachten vor allem beim Artl.-Regiment größere Marschverzögerungen. Morastige Wegstrecken konnten nur mit Hilfe von Zugmaschinen einer Sturmgeschützabteilung überwunden werden. Auch beim Instellungbringen mußte auf diese zurückgegriffen werden, wollte die Artillerie nicht zu spät kommen. Die Pferde schafften es nicht mehr. Die Ausfälle an Zugtieren waren erheblich. Nicht nur Feindeinwirkung forderte ihre Opfer. Überanstrengung und der Mangel an geeignetem Rauhfutter räumten besonders unter den schweren Pferden auf. Die Vet. Kp. 99 war vor die schwierige Aufgabe gestellt, durch Ersatz, meist aus russischer Beute oder durch requirierte Panjepferde, die bis zu 14 Stück vor ein Geschütz gespannt wurden, die Lücken aufzufüllen. Dabei setzten die russischen Wegeverhältnisse der Vet. Kp. selbst schwer zu und hemmten ihre Beweglichkeit. Ihre Fahrzeuge waren zu schwer und kamen kaum mit."[20]) So verzögerte sich der Angriff; nicht zuletzt auch deshalb, weil die 44. Infanterie-Division, die links angreifen sollte, nachhinkte.[21])

Wie verlief nun der Angriff der 99. leichten Infanterie-Division auf den äußersten Befestigungsgürtel von Kiew, den „keiner, der ihn miterlebte", so Schuler, „vergessen wird?"[22])

Spannungsgeladen lagen die Soldaten der „Bergschuh"-Division am 30. Juli 1941 in ihren Ausgangsstellungen und warteten auf den Befehl zum Sturm auf die Höhen von Sorodschibrod und Motowilowka: rechts das I. und II. Bataillon des Infanterie-Regiments 206, links das Infanterie-Regiment 218. Daß die Infanterie in diesem Kampfgeschehen vorerst auf sich allein gestellt sein würde, das war nicht nur den Kommandeuren, sondern auch den Zugführern bald klar geworden, nachdem die zugeteilten Sturmgeschütze im Sumpf, der sich am Fuße der zu erstürmenden Höhe ausbreitete, steckengeblieben waren und die eigene Artillerie mit ihrem Feuer beim Gegner nicht die erhoffte Wirkung erzielt hatte.

„Feuer frei!" feuerten die Zug- und Gruppenführer ihre Mannschaften zum Angriff an. Und schon entspann sich ein harter Kampf Mann gegen Mann. Empfindliche Verluste an Führern ließen den Angriffsschwung der Infanteristen für kurze Zeit stocken; doch dann wurde die Krise durch den beherzten Einsatz altgedienter Feldwebel oder gar nur Obergefreiter, die die Führung kurzfristig übernommen hatten, rasch überwunden. Aber kaum waren die Angreifer in die Stellungen der Russen eingedrungen und hatten diese aufgerollt, schon wurden sie von Feindnestern aus, die sich im Rücken der Deutschen zusammengerottet hatten, angegriffen. Russen, die sich tot gestellt hatten oder verwundet worden waren, beteiligten sich wieder an den Gefechten und verursachten durch diese hinterhältige Kampfweise bei der 99. „Leichten" erhebliche Verluste. Die Ausfälle betrugen zum Beispiel beim I./Infanterie-Regiment 206 sage und schreibe 44 Tote, 68 Verwundete und 2 Vermißte. (Die gesamten Verluste des Bataillons beliefen sich während des Einsatzes in der Ukraine von Juni bis Oktober 1941 auf 80 Gefallene, 195 Verwundete und 4 Vermißte.) Groß waren auch die Opfer, die das II./Infanterie-Regiment 206 zu verzeichnen hatte: Fast alle Offiziere, die durch ihren beherzten Einsatz den Angriff vorgetragen hatten, waren gefallen oder verwundet worden. Wahrhaftig, eine traurige Bilanz!

Daß es dem II./Infanterie-Regiment 206 unter diesen großen Opfern dennoch gelungen ist, am 30. Juli 41, am ersten Tag des Angriffs auf den äußeren Befestigungsgürtel von Kiew, auch die zweite Stellung zu nehmen und damit den Verteidigungsring der Russen um die Hauptstadt der Ukraine zu durchbrechen, läßt ermessen, wie energisch der Angriff vorgetragen wurde. Durch diesen Erfolg des Infanterie-Regiments 206 angespornt, schaffte auch das linke Regiment, das Inf.-Rgt. 218, das zeitweise durch einen Panzerzug stark behindert wurde, den Einbruch in die Russenstellungen.

„Ich sah den Kampfraum vor mir, eingebettet in ein wogendes Meer goldgelber Getreidefelder", schrieb später General Rendulic, „Häuser und ganze Dörfer gingen in Flammen auf, Tausende von Granaten suchten nach Opfern, nach Menschen, die sich mit allen ihren Kräften an das Leben klammerten. Ich sah die grenzenlose Hoffnungslosigkeit im erlöschenden Blick der Pferde, die unter den Forderungen der Schlacht vor Überanstrengung zusammenbrachen und sich nicht mehr erhoben. Und über all dem dehnte sich der heitere, blaue Sommerhimmel, und über all dem lachte die Sonne wie seit Jahrmillionen."[23])

Am letzten Julitag änderte das XXIX. Armee-Korps seine Angriffsrichtung: Es drehte nach Norden ein, um über Glewacha den Weta-Abschnitt zu erobern. Im Rahmen dieser Verfolgungsbewegung verlagerte die 99. leichte Infanterie-Division ihren Schwerpunkt auf das Infanterie-Regiment 218 des Majors Arzberger. Zügig drängte das Regiment als

Speerspitze der Division dem Gegner, der nur mehr vereinzelt Widerstand leistete, nach. So wurde bereits gegen Mittag des 31. Juli der Raum um Wassilkow erreicht. Dieser Vorstoß war dermaßen rasch erfolgt, daß die 44. Infanterie-Division nicht zügig genug nachkam. Die 71. Infanterie-Division, die rechts von der 99. „Leichten“ eingesetzt war, konnte dagegen etwa auf gleiche Höhe aufschließen. Um den Angriffsschwung nicht zu bremsen, entschloß man sich, das feindbesetzte Wassilkow zu umgehen.

Nachdem der Versuch gescheitert war, auch das Infanterie-Regiment 206, das auf Grund widriger Wegeverhältnisse teilweise bewegungsunfähig geworden war, feindnah zum Einsatz zu bringen, blieb das Infanterie-Regiment 218 weiterhin die Angriffsspitze der Division. Rasch nahm es — nur von kurzen Kampfhandlungen aufgehalten — die Ortschaft Glewacha. Härter waren dagegen schon die Kämpfe um die Höhen vor der Weta, die erst nach zeitraubenden und teilweise verlustreichen Kämpfen — auch der Divisionskommandeur, der die Kampfhandlungen in vorderster Linie leitete, wurde leicht verwundet — erstürmt werden konnten. Doch an der Weta selbst ging dann nichts mehr: Der Russe hatte den Widerstand mit weit überlegenen Kräften dermaßen versteift, daß der beabsichtigte Flußübergang von den Deutschen vorerst aufgegeben werden mußte. Aus dieser Lage heraus gab sich das Infanterie-Regiment 218 damit zufrieden, das südliche Ufer zu halten und den nachdrängenden Gegner seinerseits am Flußübergang zu hindern.

Der 2. August 1941 dämmerte vom Osten her blutrot herauf. So rot, als stünde die Erde in Flammen. Das konnte, so orakelten die Überängstlichen, nichts Gutes bedeuten. Und in der Tat; dieses Mal sollten sie, wie sich schon wenig später herausstellte, recht haben. Die Fortführung des Angriffs war bereits fest eingeplant und die entsprechenden Befehle an die einzelnen Divisionseinheiten der „99sten“ herausgegeben. Rasch wurde umgruppiert — trotz aller Schwierigkeiten, die damit verbunden waren. Die ausgelaugten Soldaten und die völlig ausgemergelten Pferde hatten sich bei den restlos aufgeweichten Wegen bis zur Erschöpfung verausgabt.

Als die Batterien am Abend in den neuen Feuerstellungen standen, traf ein Funkspruch ein, der die brave Truppe wie ein Blitzschlag aus heiterem Himmel traf:

„In der Nacht sind die bisherigen Stellungen zu beziehen. Das Infanterie-Regiment 206 geht in die Ausgangsstellung zurück!“

Und diese Nacht war schwarz und finster. Gottlob, muß man für manchen Landser sagen, der wegen lauten Fluchens auf irrsinnige Befehle nur deshalb nicht dingfest gemacht und bestraft werden konnte. Daß der Angriff wenig später nach eingehender Artillerievorbereitung dennoch durchgeführt wurde, sei in diesem Zusammenhang nur der Vollständigkeit halber erwähnt.

Bei den folgenden Kampfhandlungen, die vom Infanterie-Regiment 218 ausgetragen wurden und vor allem um die Ortschaften Potschtowaja und Jurowka entbrannten, zeichneten sich in besonderer Weise die „Vorgeschobenen Beobachter", kurz VB genannt, aus. Sie unterstützten nach besten Kräften die Infanteristen, die ein Widerstandsnest der Russen nach dem anderen aushoben.

Hermann Mayerhofer hat den vielen jungen Artillerieoffizieren, Wachtmeistern und Funkern, die als „Vorgeschobene Beobachter" in treuer Pflichterfüllung ihren aufopferungsvollen Dienst getan haben, im folgenden Beitrag ein Denkmal gesetzt:

„‚VB', eigentlich nur eine der vielen Abkürzungen aus der militärischen Umgangssprache, war wenige Wochen nach Ausbruch des Krieges nicht nur jedem Jäger, sondern allen, welche in vorderster Front kämpften, zu einem Begriff geworden. Der ‚Vorgeschobene Beobachter' ... gehörte auf das Gefechtsfeld wie das MG oder der Granatwerfer.

Das war aber bei Gott nicht seit allen Zeiten so. Und kein Geringerer als Generalfeldmarschall Rommel sagt aus seinen bitteren Erfahrungen in seinem Buch über den 1. Weltkrieg ‚Infanterie greift an': ‚Es ist außerordentlich wichtig, zwischen Artillerie und Infanterie Verbindung zu halten. Die Artillerie muß das Gefechtsfeld ununterbrochen beobachten.'

Und nun war er da, der VB, oftmals begehrt, manchmal verflucht, aber immer da, wo es am härtesten herging. Denn die Bataillonskommandeure schickten ihn aus gutem Grunde stets zu den Kompanien, welche den Schwerpunkt des Angriffs zu tragen hatten oder denen in der Verteidigung ein besonders delikater Abschnitt zugewiesen war. Eigentlich war ‚er' gar keine Einzelerscheinung, sondern es gehörten drei zusammen, der VB, ein schießerfahrener und kampfgewohnter Leutnant oder Wachtmeister und seine beiden Funker oder Fernsprecher. Und das war es nämlich, warum er wohl begehrt, aber nicht immer beliebt war, denn hatte der Gegner erst diese drei im Gefechtsfeld entdeckt, dann dauerte es meist nur wenige Minuten, bis der Segen seiner schweren Waffen heranorgelte, um diesem Trio, das ihm so gefährlich werden konnte, das Leben zur Hölle zu machen.

Aber je länger der Krieg tobte, je härter die Kampfführung, besonders im Osten, wurde, umso inniger wurde das Verhältnis zwischen den Landsern und ‚ihrem' VB. Denn so wie jedes oberbayerische Gebirgsdorf seinen ‚Hausberg' hat, so hatte jedes Bataillon seinen VB. Man hatte sich zusammengewöhnt, einer kannte den anderen, seine Vorzüge und seine Mucken. Und wäre nicht an den Kragenspiegeln oder Schulterstücken die rote Waffenfarbe sichtbar gewesen, so hätte keiner gemerkt, daß der da eigentlich gar nicht zum Bataillon gehörte.

Wie oft, wenn der Kampf mit aller Wucht tobte, die Nachrichtenverbindungen zerstört waren, war er noch der einzige, welcher die Schüsse der Artillerie lenken konnte und vielleicht derjenige, der durch das von ihm geleitete Feuer den Ausgang eines Gefechts entschied. Aber es war nicht immer so, manchmal versagte auch das letzte Funkgerät und der VB war zur Tatenlosigkeit verurteilt. Jetzt, wo die Not am größten war, konnte er nicht helfen, versagte sein langer Arm. Es war dies das Schlimmste, was einem VB passieren konnte, die Not der Kameraden vor Augen zu haben, und den Ruf nach ‚Ari' unbeantwortet lassen zu müssen. Und so hütete er seinen Akku im Funkgerät wie lauteres Gold. Gegen das zweite Gespenst aber, das ihm noch im Nacken saß, war er machtlos. Es war der Munitionsmangel, welcher seinem Schießeifer oft enge Grenzen zog, auch wenn er immer ein paar ‚Schwarze' hinten hatte.

Es gab aber auch keinen schöneren Dank für einen VB", schließt Mayerhofer seinen interessanten Bericht über die „Vorgeschobenen Beobachter", „als wenn er an entscheidender Stelle geholfen hatte und nach glücklich überstandenem Hexenzauber der Kompanieführer ihm auf die Schulter klopfte und sagte: ‚Sauber hast hing'leucht, kruzitürken, hat das gstaubt'."[24])

Am 4. August kam endlich auch wieder das Infanterie-Regiment 206 zum Einsatz: Es wurde auf Gatnoje angesetzt, wo der Angriff rasch an Boden gewann, da der Russe vor dieser Ortschaft nur geringen Widerstand leistete. Dafür kämpfte er umso verbissener in Gatnoje selbst. Aber bereits am Nachmittag stand die 99. leichte Infanterie-Division mit ihren Angriffsbataillonen am Nordrand des Ortes und auf der Höhe 188,6.

Währenddessen hatte die 71. Infanterie-Division den Übergang über die Weta geschafft. Damit standen die Infanteristen vor den Toren der ukrainischen Hauptstadt, vor Kiew, das man in wenigen Tagen erobern wollte. Aber es kam vorerst, wieder einmal mehr, ganz anders.

Bereits zum Greifen nahe überragte der Turm des Lawraklosters die Stadt und das umliegende Land. Doch dieses erhabene Relikt des versunkenen „Heiligen Rußland" schien den Deutschen von Tag zu Tag in eine immer größere Entfernung zu rücken, denn die Russen hielten nun mit einer Verbissenheit ohnegleichen am inneren Festungsgürtel der Stadt fest und warfen alle Angriffe des XXIX. Armee-Korps blutig zurück. Was jetzt folgte, das waren für die deutschen Truppen nicht Tage des Sieges und des Triumphes, die sie hätten werden sollen, sondern Wochen härtester Abwehrkämpfe, in denen der angeschlagene russische Bär mit seinen Tatzen wild um sich schlug und den Angreifern auf der gesamten Dnjepr-Front zwischen Kiew und Irpen schwerste Verluste zufügte — an Menschen, Tieren und Material, die vorläufig nicht ohne weiteres zu ersetzen waren.

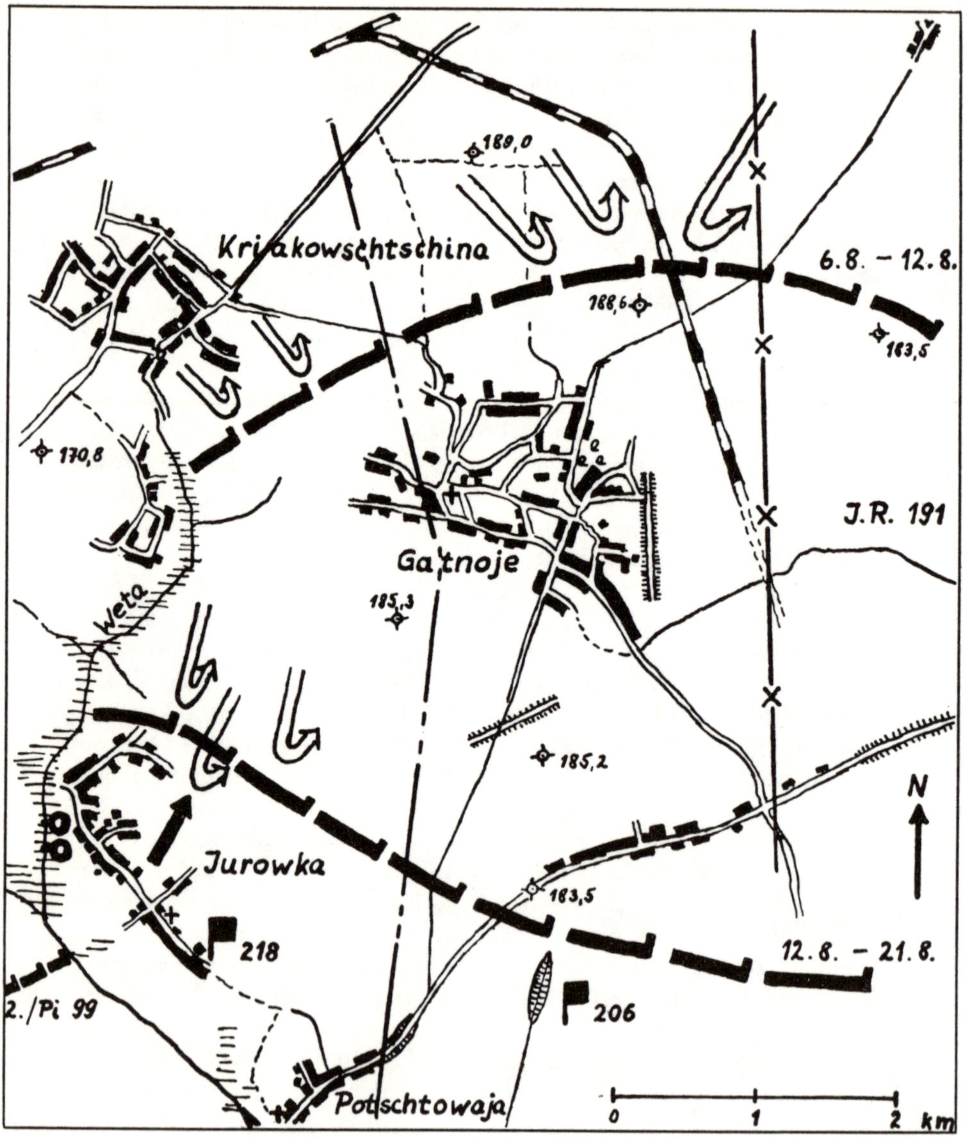

Die Kampfhandlungen vor Kiew zwischen dem 6. und 21. August 1941

Die Verluste wurden immer größer. Am 10. August 41 fiel Major Arzberger, der Kommandeur des Infanterie-Regiments 218, das nun Major Schuler auf seinem Gefechtsstand in der „Höllenschlucht" vor Kiew übernahm. Schwer zu schaffen machten den Deutschen auch immer mehr die Naturgewalten des Ostens: zuerst der lang anhaltende, schwere, wolkenbruchartige Regen, der die Wege grundlos aufweichte; später, als die Jahreszeit bereits weit vorgeschritten war, der Frost, die Kälte und die meterhohen Schneeverwehungen, die alle Aktivitäten der Angreifer lähmten.

Doch vorerst war es der russische Landregen, der die angespannten Nerven der Infanteristen, Artilleristen und Pioniere über Gebühr strapazierte und an der Gesundheit zehrte, weil die völlig durchnäßten Zeltbahnen schon bald keinen Schutz mehr gewährten. Mit zusätzlichen Tücken hatten darüber hinaus vor allem die Fernmelder fertig zu werden, denn ihre Fernsprechleitungen wurden zum sichtlichen Vergnügen der Russen ständig von diesen unter Beschuß genommen. So lagen die verschiedenen Einheiten der Division, nicht selten auf sich allein gestellt, in den Wäldern um Kiew und warteten vergebens auf eine Fernsprechverbindung. Aber auch wegen der witterungsbedingten atmosphärischen Störungen kam eine Funkverbindung nur in den seltensten Fällen zustande. Übrig blieben nur mehr die Melder, die die Verbindung zwischen den über- und untergeordneten Einheiten, zwischen der Division und den Regimentern, Abteilungen und Bataillonen aufrecht erhielten. Ein Bericht aus jenen Tagen vermittelt uns ein anschauliches Bild:

„Tag und Nacht sind die Störungssucher unterwegs, die fortwährend die zerschossenen Leitungen flicken. Einschlag auf Einschlag! Dazwischen ein Schatten, der von Trichter zu Trichter springt, bis er die Störungsstelle gefunden hat. Bis er aber zurückkommt, um den Vollzug zu melden, ist die Leitung bereits wieder ab. Und wieder nimmt er seine Tasche und macht sich auf den Weg, wo ihn berstende Granaten umheulen und der Tod sein Begleiter ist. Schon springt der Melder in den Befehlsunterstand und überbringt keuchend seine Meldung. Kurz ruht er sich aus, raucht eine Zigarette, die ihm der Kommandeur reicht und nimmt Befehle entgegen. Dann geht er seinen Weg zurück. Am Ausgang horcht er nach allen Seiten. Wohin gehen die schweren Brocken? Nach kurzer Überlegung macht er einen Satz aus der Deckung hinaus ins Freie und verschwindet hinter Rauch und Erdfontänen!"

Unter diesen für die deutschen Truppen widrigen Umständen, war abzusehen, daß sie sich örtlich in günstigere Stellungen zurückziehen würden, ja mußten, um dem gegnerischen Artilleriefeuer nicht allzu schutzlos ausgesetzt zu sein und um sich für einen neuerlichen Angriff auf Kiew neu zu formieren.

So zog sich die 99. leichte Infanterie-Division auf und ostwärts Jurowka zurück und bezog hier eine neue HKL. Das Infanterie-Regiment 206 blieb rechts, 218 links eingesetzt. Auch die 71. Infanterie-Division nahm ihre Front zurück und hatte mit dem Infanterie-Regiment 191 als rechten Nachbarn Anschluß. Die linke Flanke sicherte jenseits der Weta die 2./Pionier-Bataillon 99. Die Verhältnisse besserten sich insofern, als das feindliche Artilleriefeuer vor allem bei Nacht nachließ. Aber die Feindangriffe hielten an. Am 15. August gelang den Sowjets beim Infanterie-Regiment 218 ein Einbruch, der mit dem Rgts.-Radfahrzug (Obltn. Hehn) bereinigt wurde. Die verhältnismäßig ruhigen Nächte wurden zum Ausbau der Stellungen und Hindernisanlagen genutzt. Vortreffliche Unterstützung fanden die Jäger durch das Pionier-Bataillon 99. Tagsüber schlugen die Pioniere Holz und in der Nacht schufen sie Unterstände und Hindernisreihen. Unermüdlich und unverdrossen waren sie an der Arbeit, und mancher brave Pionier, der am Abend ausgezogen war, fand vorne sein Grab. Auch die Krankenträger der Kompanien machten sich die Nächte zunutze, um ihre schwerverwundeten Kameraden zum Verbandsplatz zu bringen.[25])

Hierüber liegt uns folgender Bericht vor:

„Doppelt schwer drückt die Last auf die Schultern der Träger. Ab und zu kommt ein leises Stöhnen aus der Zeltbahn, wenn die Kameraden auf ihrem Weg durch die regennasse Nacht straucheln. Die Wunden sind ja nur notdürftig verbunden. Tagsüber sind sie verkrustet und brechen nun wieder auf durch die Erschütterung des behelfsmäßigen Transportes.

Bei Tag ist der Weg nach rückwärts eingesehen. Mit ihren kleinkalibrigen Geschützen ‚Ratsch-Bum!' schießen die Russen auf jeden einzelnen Mann. Jede Bewegung bei Tage bedeutet den Tod! So bleibt nur das Dunkel der Nacht, um die Verwundeten der ärztlichen Hilfe zuzuführen. Mancher Truppenarzt, der helfen wollte und bei Tage nach vorne ging, kam nicht mehr zurück. Und mit ihm die nimmermüden Sanitätsoldaten, denen der Tod gleichfalls in Ausübung ihres Samariterwerkes ein frühzeitiges Halt gebot. Inmitten der Heldenkreuze am Wege ruhen sie mit ihren Kameraden, denen ihre Hilfe gelten sollte.

Auf dem Verbandsplatz nimmt der Bataillons-Arzt die Verwundeten entgegen. Die ganze Nacht ist er am Werk, löst die verschmutzten Verbände, operiert und verbindet und sorgt für den Weitertransport mit dem Sanka. Matter Kerzenschein leuchtet ihm bei seiner Arbeit. Für manchen Kameraden muß er das Grab bereiten lassen, auf dessen frischen Hügel die ersten Sonnenstrahlen des neuen Tages fallen."

Der Hauptverbandsplatz der Sanitäts-Kompanie 99 lag vor Kiew, in den Kasernenanlagen von Wassilkow. Hier sah man das andere Gesicht des Krieges: die schmerzverzerrten Gesichter der Leicht- und Schwerverwundeten, die hemmungslosen Schreie der Qual und Pein, das Stöhnen und Röcheln von Menschen, die ein gütiger Gott verlassen zu haben schien — denn bei den immer wieder aufflackernden Kampfhandlungen und dem russischen Artilleriefeuer wurden zahlreiche Angehörige der 99. „Leichten" Opfer des Schlachtfeldes. Allein beim Infanterie-Regiment 218 schwankten die täglich Verwundeten zwischen 40 und 60 Mann. Sie wurden von den Ärzten operiert und nach geglückter Operation vom fürsorglichen Sanitätspersonal gesundgepflegt.

Allerdings war der Tod um Kiew in vielen Fällen schneller als das Skalpell des Chirurgen, so daß im Kasernenhof von Wassilkow rasch ein Friedhof für die verstorbenen der 99. leichten Infanterie-Division entstanden war; eine Schädelstätte, die täglich größer wurde und sich wie ein krebsartiges Geschwür ausbreitete...

Die Schlacht um Kiew

Kiew (ukrainisch Kijw), die Hauptstadt der Ukrainischen SSR, erstreckt sich als Millionenstadt zu beiden Seiten des mächtigen 600 bis 1200 Meter breiten Dnjepr. Die von Wäldern umgebene, durch Grün- und Wasserflächen (50.000 ha) aufgelockerte Stadt zählt zu den schönsten Städten der Sowjetunion. Darüber hinaus ist Kiew ein erstrangiger Knotenpunkt des Schienen-, Straßen-, Wasser- und Luftverkehrs; ein bedeutender Industriestandort und Mittelpunkt des ukrainischen Kulturlebens mit einer Universität, achtzehn Hochschulen, 34 Fachschulen, der Ukrainischen Akademie der Wissenschaften, großen Bibliotheken, Museen, Theater, Gemäldegalerien, Philharmonie, Planetarium, Filmstudios usw.

Auf den Höhen im Südosten von Kiew, im Stadtteil Leninsk, dem ehemaligen Petschersk, liegen die alte Festung und das Kiewer Höhlenkloster, das früher unzählige Pilger und Bettler angezogen hat. Dieses Kiewer Höhlenkloster, russisch Kievo-Pečerskaja lavra genannt, ist das älteste Kloster im russischen Gebiet: es wurde im Jahre 1051 n. Chr. gegründet. Die ersten Äbte haben das religiöse Leben und besonders das dortige Mönchtum entscheidend geprägt. Das Kloster, das anfangs auch einen großen politischen Einfluß ausübte, hat Wesentliches zur Formung der östlichen christlichen Kultur beigetragen; unter anderem wurde im Kiewer Höhlenkloster auch die erste russische Chronik verfaßt. Das Kloster teilte später das Schicksal Kiews und gewann erst nach dem Mongolensturm im

17. Jahrhundert wieder an Bedeutung — bis es 1929 aufgelöst wurde, 1942 bis 1961 wieder Kloster war und seitdem ein Museum mit interessanten Mumiengräbern ist.

Blättern wir noch ein wenig in der Chronik Kiews: 860 n. Chr. wurde die Stadt erwähnt, doch reichen die Anfänge der Siedlung weiter zurück. Einer Legende zufolge erhielt Kiew seine Bezeichnung von Kij, dem angeblichen Gründer der späteren Metropole der Ukraine. Unter dem Fürsten Oleg wurde die Stadt zum Zentrum eines ausgedehnten Reiches, nämlich des Kiewer Rus (russ.: Kievskaja Rus), auch Kiewer Reich genannt, das die Historiker vom 9. bis 12. Jahrhundert datieren. In diesem Reich waren alle Ostslawen, also auch die Vorfahren der heutigen Ukrainer und Weißrussen vereinigt. Kiew selbst entwickelte sich im 10. und 11. Jahrhundert besonders durch den einträglichen Handel mit Byzanz zu einer der größten und reichsten Städte Europas. Zwischen 1037 und 1300 war es das kirchliche Zentrum Rußlands. Als nach 1054 das Reich zerfiel, verlor Kiew langsam an Bedeutung, wenn auch die Herrschaft über Kiew dem jeweiligen Fürsten ein besonderes Ansehen verlieh, so daß die Stadt weiterhin ein begehrter Besitz war und in den folgenden Jahrhunderten dementsprechend oft umkämpft wurde — zuletzt während des Zweiten Weltkrieges.[26])

Nachdem die Wegnahme Kiews beim ersten Ansturm der Panzergruppe Kleist gescheitert war, entbrannte um die Hauptstadt der Ukraine im Spätsommer eine Kesselschlacht, die vom 21. August bis 27. September andauerte.

Im einzelnen nahm die Schlacht um Kiew folgenden Verlauf: Der Kampf um den Brückenkopf von Gornostaipol — Osstjer vom 21. August bis 9. September; die Umfassungsschlacht ostwärts des Dnjepr vom 4. bis 16. September; der eigentliche Kampf um Kiew vom 13. bis 19. September; sowie die Schlacht im Raum ostwärts von Kiew, die vom 14. bis zum 27. September geschlagen wurde.

Die Schlacht um Kiew verlief ungemein dramatisch. Die Russen, die starke Reserven hinter ihrer Mitte im Raum Priluki zusammengezogen hatten, hielten die ukrainische Hauptstadt sowie die Dnjepr- und Desna-Front, um dort den weiteren Vorstoß der Deutschen in das Donezgebiet und in Richtung Charkow — Brjansk zu verhindern. Stalin hatte, wie aus Schukows Aufzeichnungen hervorgeht, strikt befohlen, Kiew unter allen Umständen zu halten. Deutscherseits hatte die 2. Armee des Generaloberst Freiherr von Weichs, die auf dem Südflügel der Heeresgruppe Mitte operierte, Anfang September die sowjetische 5. Armee, die aus den Pripjetsümpfen ostwärts auswich, in ihrer Nordflanke gefaßt und über die Desna nach Süden geworfen. Die 6. Armee des Generalfeldmarschalls von Reichenau, die am Nordflügel der Heeresgruppe Süd eingesetzt war, schloß sich dem Angriff der 2. Armee an und umfaßte Kiew im Norden unter gleichzeitiger Fesselung der

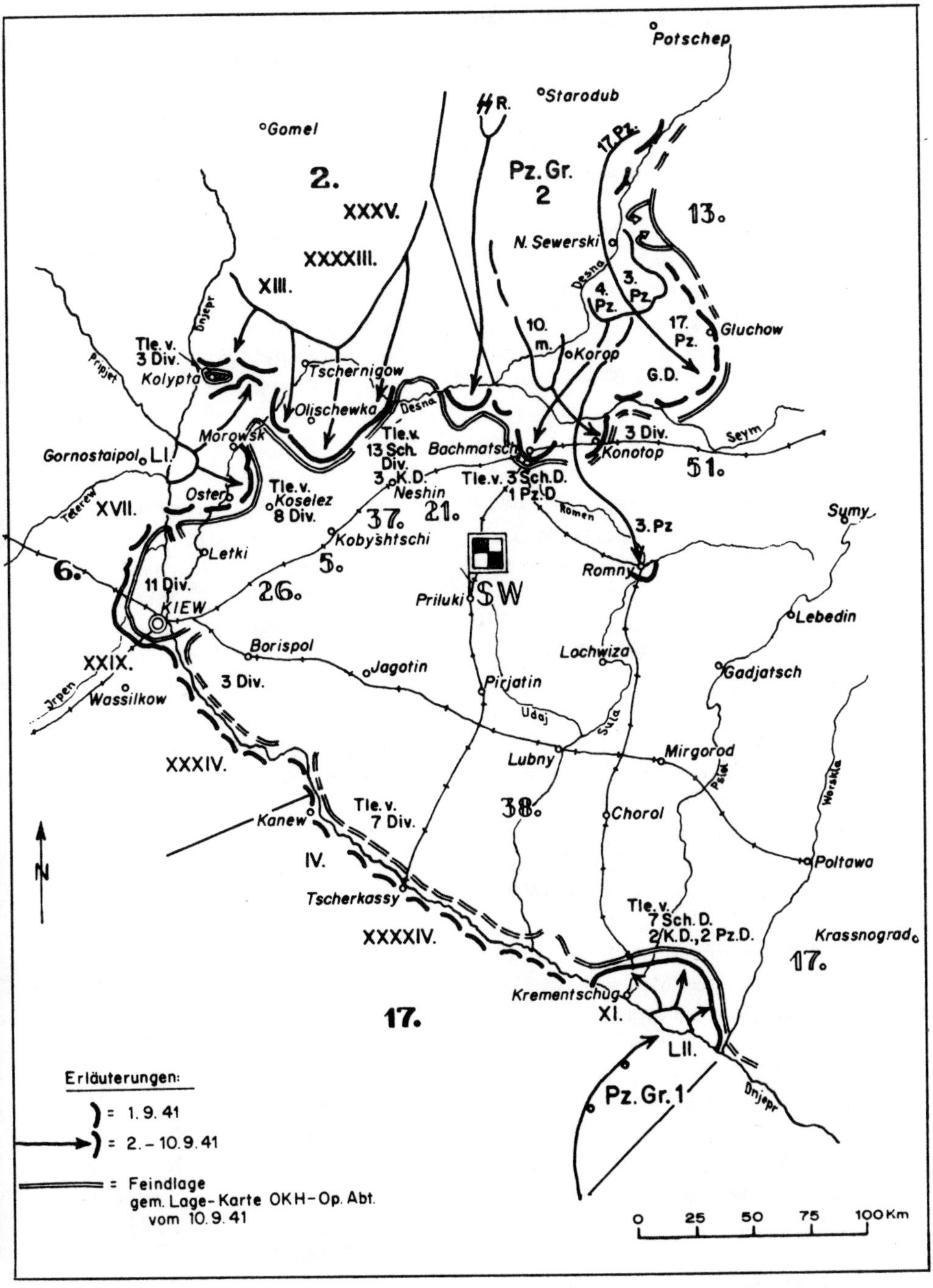

Der Ansatz der deutschen Kräfte zur Operation im Dnjepr-Desna-Bogen vom 1. bis 10. September 1941

russischen Front bei und südlich von Kiew, um deren Ausweichen vor dem sich bereits schon abzeichnenden deutschen Flankenangriff zu verhindern.

Die südlich von Kanew anschließende 17. Armee des Generals der Infanterie von Stülpnagel hielt die Dnjeprfront beiderseits von Tscherkassy, um den Feind hier ebenfalls zu binden, während die Panzergruppe 1 des Generaloberststs von Kleist aus ihrem Brückenkopf von Krementschug mit zwei Panzerkorps nach Norden in Richtung Lochwiza und mit je einem Korps nach Osten (Krasnograd) und Nordwesten in den Rücken der russischen Dnjeprfront angriff. Am 14. September 1941 wurde nach schweren Kämpfen der große Kessel bei Lochwiza, in dem sich nicht weniger als fünf sowjetrussische Armeen befanden, geschlossen. Der russische Oberbefehlshaber, Marschall Budjonny, wurde am 13. September von Stalin abberufen und durch Timoschenko, der aber die drohende Niederlage der Roten Armee bei Kiew nicht mehr abwenden konnte, ersetzt.

An diesem gigantischen Kampfgeschehen war auch die 99. leichte Infanterie-Division beteiligt. Im Rahmen der Gesamtoperation wurde die Division am 21. August durch die 299. Infanterie-Division abgelöst. Dafür übernahm sie bei Belgorodka die Stellungen der 75. Infanterie-Division. Doch nicht allzu lange konnte sie sich in dieser sogenannten „Paradies-Stellung", die wegen ihrer außergewöhnlich geringen Kampftätigkeit so genannt wurde, erholen, denn bereits am 25. August wurde sie wiederum von der 75. Infanterie-Division abgelöst. Doch statt des befürchteten harten Einsatzes waren auch der 99. „Leichten" zunächst noch einige Tage der Ruhe und Auffrischung mit jungem Ersatz beschert, als sie in und um Wassilkow ihre neuen Quartiere und Stellungen bezog. Und nochmals sollte die Division im Raum um Kiew verlegt werden: Am 1. September bezog sie die Stellungen der 95. Infanterie-Division — und zwar das Infanterie-Regiment 218 im linken Abschnitt bei Pirogowo, das Infanterie-Regiment 206, das vorübergehend der 95. Infanterie-Division unterstellt wurde, rechts davon. (Das Infanterie-Regiment 206 kam am 5. Septemer 1941 als Divisionsreserve nach Lessniki.)

Unangenehmer als die feindlichen Fliegerangriffe, bei denen es einige Ausfälle zu beklagen gab, wirkten sich allerdings für die überwiegende Zahl der Divisionsangehörigen das lang andauernde Regenwetter und die häufigen Darmerkrankungen, die seinerzeit jeden Landser „von Finnland bis zum Schwarzen Meer" belästigten, aus. Sie zehrten im wahrsten Sinne des Wortes nicht nur an der Substanz jedes einzelnen, sondern ebenso an der Schlagkraft der „Bergschuh"-Division, die sich von Tag zu Tag trotz dieser Widrigkeiten immer offenkundiger auf die große Schlacht um Kiew vorbereitete. Die Ablösung am 12. September wurde allerseits regelrecht mit Freuden begrüßt, obwohl sich der Rückmarsch der Truppenteile auf Grund völlig aufgeweichter Wege für Landser, Pferde und Fahrzeuge sowie Geschütze der Division noch schwieriger gestaltete, als man in den unangenehmsten Träumen ohnehin befürchtet hatte. Doch was half es; die Angriffsvorbereitungen der Deutschen liefen bereits auf Hochtouren und so mußten die Infanteristen und Artilleristen, die Pioniere und Nachrichtler nach besten Kräften mitziehen, um den erstrebten Erfolg sicherzustellen.

Seit dem 28. August 1941 war die Rote Armee vor dem nördlichen Flügel der 6. Armee auf den Dnjepr zurückgegangen. Währenddessen schloß sich der Ring der deutschen Armeen im Raum ostwärts von Kiew immer enger um die dort zusammengezogenen russischen Kräfte. Diese — für sie tödliche — Zangenbewegung war auch den Sowjets nicht verborgen geblieben, und so ging man deutscherseits davon aus, daß sich der Gegner, um der drohenden Umklammerung, Einkreisung und Vernichtung zu entgehen, aus dem Brückenkopf von Kiew ostwärts zurückziehen werde. Das Abfließen der Sowjets wollte nun die 6. Armee unter allen Umständen verhindern. Aus diesem Grunde wurde das XXIX. Armee-Korps, obwohl es vorerst noch in der Verteidigung blieb, zum Angriff gegliedert.

Am 13. September erging folgender Tagesbefehl des XXIX. Armee-Korps an die unterstellten Divisionen:

„Soldaten des XXIX. Armeekorps!

Der Oberbefehlshaber der 6. Armee hat seine Truppen zu schnellem Zufassen und kühnem Wagemut aufgerufen. Wir werden den tapferen Divisionen, die am Nordflügel entscheidende Erfolge errungen haben, um uns die Hand zu reichen, nicht nachstehen und wollen beweisen, daß der alte Angriffsschwung uns genau wie bisher erfüllt. Vor uns liegt das große Ziel *Kiew,* die Hauptstadt der Ukraine! Die Reichskriegsflagge auf die Zitadelle *Kiew*! Das sei unsere Losung in den nächsten Tagen!

v. Obstfelder, General d. Infanterie"

Dermaßen motiviert, war auch die 99. leichte Infanterie-Division von dem eisernen Willen beseelt, im bevorstehenden Kampfgeschehen, das die Division nach den Vorstellungen des Korps am 14. September aus der Linie Pirogowo — Kiewer Stadtwald heraus eröffnen sollte, ihr bestes zu geben.

Doch mit dem guten Willen allein war es nicht getan, denn ein wichtiger Faktor sprach gegen den Angriffstermin des Korps: Das Infanterie-Regiment 218, das das Gelände besonders gut kannte und daher als Angriffsspitze der Division ausersehen war, benötigte dringend einen Ruhetag, da es erst aus dem Fronteinsatz gekommen war.

Die Artillerie erhob Einspruch gegen den überhasteten Angriffsbeginn. Sie konnte am 14. früh nicht feuerbereit sein. Auf den Straßen nach Wassilkow boten sich die bisher schlimmsten Bilder des Krieges. Die Wege waren mit knietiefem, klebrigem Schlamm bedeckt. In diesem unbeschreiblichen Morast marschierten die beiden Infanterie-Regimenter, das Artillerie-Regiment und noch viele andere Truppenteile frontwärts. Überall waren die Straßen verstopft. Gefechtsfahrzeuge, Geschütze, Panjewagen, Infanteriekarren, Lkws, Pkws standen wirr durcheinander. In den Furchen und Spuren hatten sich Schlammbäche gebildet. Ein Pferd der II. Abteilung ertrank in einem Schlammloch. Im ganzen hat dieser Marsch dem Artillerie-Regiment 26 Pferde gekostet.

Als die Batterien in ihren Stellungen waren, erwartete sie dort eine weitere Überraschung. Die 95. Infanterie-Division, an die vor wenigen Tagen bei der Ablösung auch Munition übergeben worden war, hatte aus dem vollen geschöpft. Nur 700 Schuß l. F. H. konnten übergeben werden, so daß insgesamt 1400 Schuß und 200 Schuß s. F. H. zur Verfügung standen — zur Vorbereitung eines Angriffes gegen einen Gegner in einer bestausgebauten Feldstellung![27])

In der Tat, die Umstände, unter denen die 99. leichte Infanterie-Divison den Angriff am 14. September hätte durchführen sollen, erschienen unter diesem Gesichtspunkt auch dem Generalkommando des XXIX. Armee-Korps so widrig, daß der Kommandierende General den Angriffsbeginn auf den 16. September 1941, um 7.00 Uhr früh, verlegte. Erleichtert ob der unerwartet gewährten Gefechtspause atmeten die Soldaten der Angriffsbataillone in ihren Ausgangsstellungen noch einmal auf. Auch der Divisionsstab konnte noch die Zeit dazu nutzen, um sich ein genaueres Bild vom Feind, der im Angriffsstreifen der 99. „Leichten" in ausgebauten Feldstellungen in Pirogowo und im Stadtwald von Kiew lag, zu verschaffen.

Dann aber war es soweit. Der Angriff begann, nachdem die Artillerie bereits seit 6.40 Uhr ihr konzentriertes Feuer in die gegnerischen Stellungen geschleudert hatte. Das Artillerie-Regiment 82 arbeitete mit dem Infanterie-Regiment 218, das den Angriff vortrug, eng zusammen. Das II./Inf.-Rgt. 218 (Hauptmann Freiherr von Waldenfels) wurde im rechten Angriffsstreifen zur Wegnahme von Pirogowo und den Höhen, die sich dahinter erstrecken, angesetzt. Das I./Infanterie-Regiment 218 (Oberleutnant Glückler) hatte den Auftrag, die Stellungen im Stadtwald zu durchstoßen, um anschließend Myschelowka einzunehmen. Das III./Infanterie-Regiment 218 (Hauptmann Herold) hielt sich hinter der Mitte des Regiments als Reserve bereit. Das Infanterie-Regiment 206 blieb während dieses Angriffs als Divisions-Reserve.

Oben: In einem ukrainischen Dorf

Unten: Ukrainisches Landleben

Schon verließen die ersten Landser der Sturmtruppen des links eingesetzten Bataillons die schützenden Gräben und arbeiteten sich unter dem Schutz des Vernichtungsfeuers der Artillerie durch Mulden und Senken an die Stellungen der Russen heran. Es dauerte nicht lange, bis die ersten Gräben des Gegners erreicht wurden und eingenommen waren. Aber schneller als erwartet geriet der eigene Angriff ins Stocken, denn der Artillerie war es nicht ganz gelungen, den Feind, der sich im Wald verschanzt hatte, niederzuhalten oder gar zu vernichten. Vielmehr leisteten die Russen hartnäckigen Widerstand, als die Infanteristen den Einbruch in ihre Stellungen mit brachialer Gewalt erzwingen wollten.

Stalin, dem es jetzt vor allem darum ging, Zeit zu gewinnen, um die in Gang befindliche Evakuierung der ukrainischen Hauptstadt und des ukrainischen Industriegebietes abschließen zu können, hatte befohlen:

„Kiew ist unter allen Umständen zu halten!"

Das beherzigten die Rotarmisten so konsequent, daß der Angriff des II./Infanterie-Regiment 218 bereits kurz nach dem Verlassen der Sturmausgangsstellungen unter dem massierten Feuer der Russen zusammengebrochen war. Beim linken und rechten Nachbarn das gleiche, für die Deutschen entmutigende Bild: Der Angriff blieb liegen, die hart angeschlagene Truppe mußte in die Ausgangsstellungen zurückgenommen, um so vor größeren Verlusten bewahrt zu werden. Wider Erwarten verteidigte sich der Russe in hervorragend ausgebauten Feldstellungen, die er für seine Abwehr geschickt nutzte.

Nun war guter Rat bei den Angriffsbataillonen der 99. „Leichten" teuer. Weder die Artillerie hatte mit ihrem Feuer einen durchschlagenden Erfolg zu verzeichnen, noch die eingesetzten Pak-Geschütze (3,7 cm), deren Durchschlagskraft gegen die Erdbefestigungen der russischen Verteidiger nicht ausreichte. Und Sturmgeschütze, die hier hätten helfen können, standen der Division nicht zur Verfügung. Was blieb, das war das infanteristische Einmaleins: Robben, Kriechen und Heranschleichen, um den Gegner dann aus nächster Nähe überraschend mit gezogener Handgranate oder mit der Handfeuerwaffe auszuschalten. So geschah es dann auch:

Die 2. Kp. (Hptm. d. R. Roser) arbeitete sich unter Ausnützung einer kleinen Geländewelle immer näher an die russischen Stellungen heran und brach mit den durch Pioniere verstärkten Stoßtrupps des Feldw. Wagenpfeil und Oberjäger Doniess gegen 13 Uhr in die Waldstellungen

Oben: Ukrainische Bäuerinnen

Unten: Deutsch-russische Arbeitsteilung bei der Zubereitung des Essens

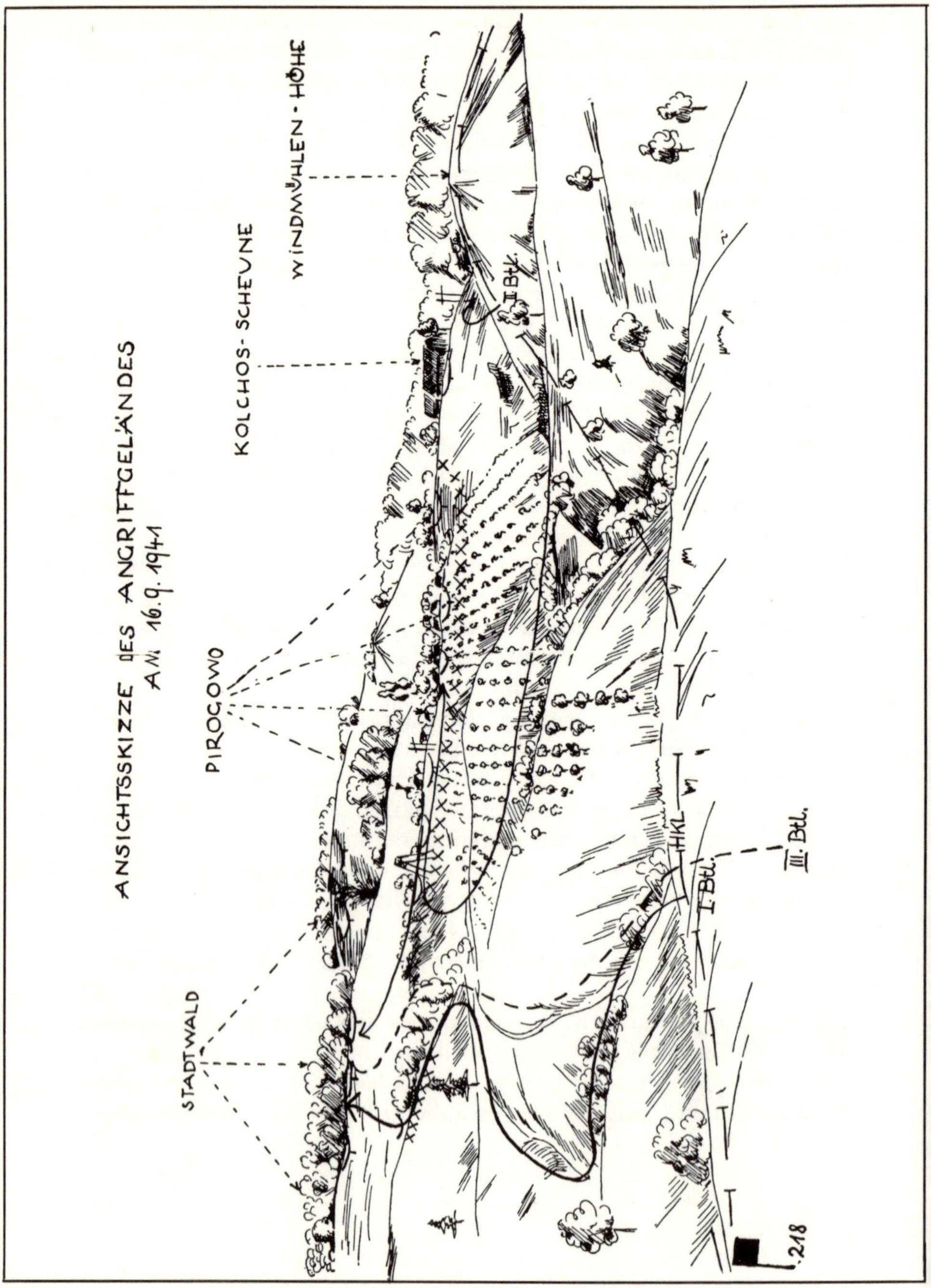

ANSICHTSSKIZZE DES ANGRIFFGELÄNDES
AM 16.9.1941
STADTWALD
PIROGOWO
KOLCHOS-SCHEUNE
WINDMÜHLEN-HÖHE
I. Btl.
HKL
I. Btl.
III. Btl.
218

ein. Die 3. Kompanie (Obltn. Dudler) nützte den Erfolg aus und stieß nach. Die Bresche war geschlagen. Der Regimentsführer ließ das I. Bataillon ohne Rücksicht auf die offenen Flanken im Angriff auf Myschelowka und führte unverzüglich das III. Bataillon zur Erweiterung der Einbruchstelle nach, während das II. Bataillon zur Bindung des Gegeners vor Pirogowo zurückblieb. Die Division setzte später das III./206 dort zum Angriff an und säuberte gegen nur mehr geringen Widerstand den Westteil des Dorfes. Der rechte Nachbar war über Pirogowo nicht hinweggekommen. Das linke Nachbarregiment benützte die Einbruchstelle des Infanterie-Regiments 218, konnte aber im Kiewer Stadtwald nur geringen Geländegewinn erzielen.

Das I. Bataillon nahm mehrere feindliche Zwischenstellungen und erreichte gegen Abend den Südrand von Myschelowka. Das III. Bataillon wurde zur Sicherung der Westflanke hinter dem linken Flügel nachgezogen.

Eine stark ausgebaute Stellung in Myschelowka und die Dunkelheit zwangen das Infanterie-Regiment 218, den Angriff anzuhalten. Das Regiment gliederte sich zur Abwehr und hielt die erreichte Linie. Beide Flanken waren offen. Fast 1000 Gefangene, 18 Maschinengewehre, 11 Granatwerfer und sonstiges Gerät waren die Beute des Tages. Aber auch die Verluste des Regiments waren nicht unerheblich. Drei Kompaniechefs waren gefallen. Das I. Bataillon hatte 80 Mann an Toten und Verwundeten verloren.[28])

Kalt war die Septembernacht, die die Infanteristen in den eroberten russischen Schützengräben und Bunkern verbrachten. Da die Wege dorthin größtenteils vermint waren und erst in den kommenden Tagen entmint werden konnten, kamen weder der so dringend benötigte Nachschub noch die Verpflegung in die vordersten Stellungen. Wieder einmal mehr war der einfache Landser der Leidtragende — wie so oft in diesen langen, harten und schweren Kriegsjahren, in welchen er die Hauptlast des Kampfes zu tragen hatte.

Am Morgen des 17. September hatte die Division den Befehl erhalten, den Angriff forzusetzen. Die Aufklärung der feindlichen Stellungen wurde verstärkt betrieben, um darauf die eigenen Angriffspläne abzustimmen. Und was stellte man fest? Myschelowka war von den Russen festungsartig ausgebaut worden. Ein lohnendes Objekt für die Stukas und die schwere Artillerie, dachte man logischerweise bei der Division. Doch weder das eine noch das andere stand zur Verfügung. Über die Stukas konnte man ohnehin nicht verfügen, wann man wollte, und die Artillerie befand sich noch im Stellungswechsel oder wurde durch russische Minen am Vorziehen gehindert. In richtiger Einschätzung der augenblicklichen Situation verschob daher die Division den Angriffsbeginn — und zwar solange, bis die Feuerbereitschaft der Artillerie hergestellt war.

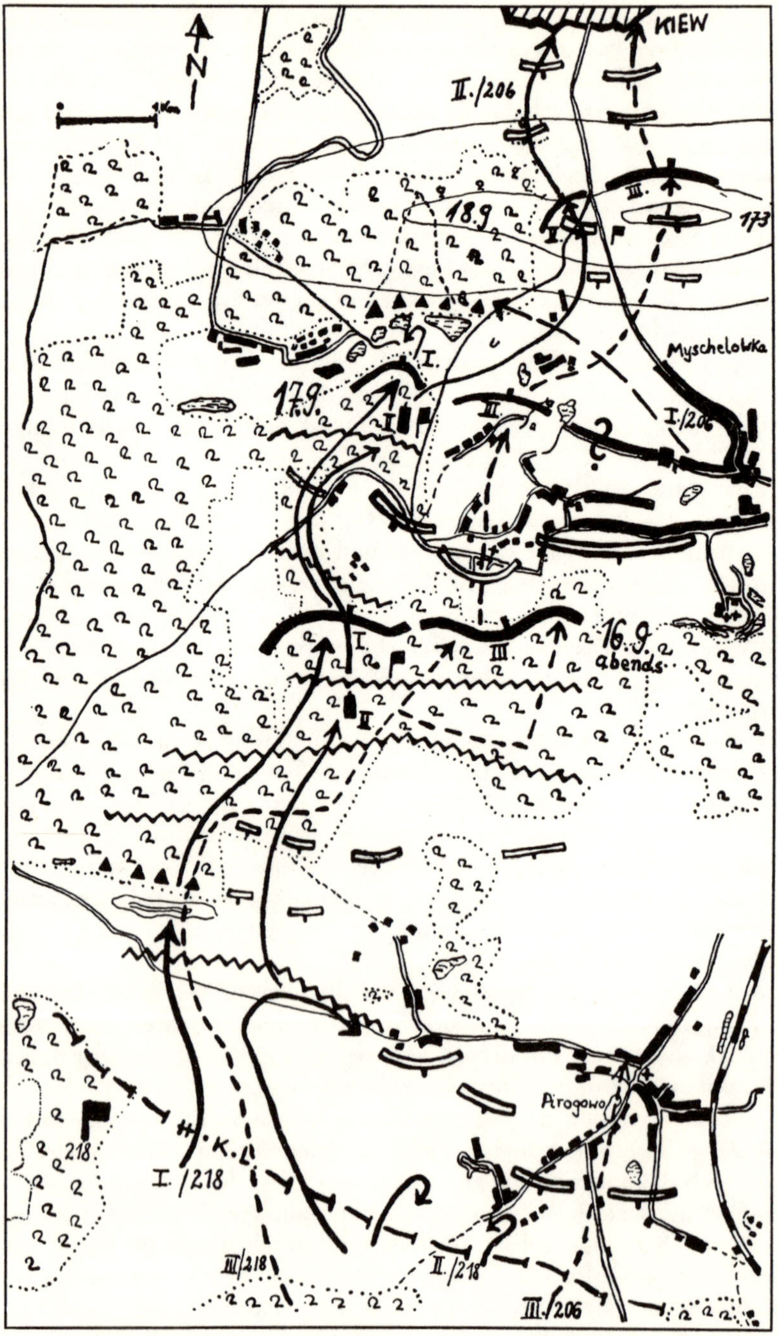

Der Angriff des Infanterie-Regiments 218 vom 16. bis 19. September 1941

Major Schuler, der neue Regimentsführer des Infanterie-Regiments 218, berichtet uns, wie sein Regiment die Gefechtspause nutzte:

„Als im Wald westl. Myschelowka eine schwach besetzte Feindstellung erkannt wurde, faßte ich den Entschluß, ohne Artillerievorbereitung anzugreifen und Myschelowka von der Flanke zu nehmen. Nach einem Feuerschlag der eigenen schweren Waffen überrannte das I. Bataillon den Gegner, durchbrach weitere Waldstellungen, bei deren Wegnahme die Artillerie sowieso nicht unterstützen konnte und stand bald in der tiefen Flanke des in Myschelowka haltenden Gegners. Das II. Bataillon folgte dem I. dicht auf. Ein beabsichtigter Flankenangriff dieses Bataillons kam nicht mehr zum Tragen. Der Gegner in Myschelowka hatte die Bedrohung erkannt und abgebaut. Das III. Bataillon, das als Regiments-Reserve vor Myschelowka liegen geblieben war, stieß nach und nahm Anschluß an das I. Bataillon. Das I. Bataillon erreicht am Abend im Wald westlich Myschelowka eine Weiherkette in einem Bachgrund. Von jenseits des Grundes kam starkes Feuer, das das Bataillon in Deckung zwang. Der Angriff wurde eingestellt. Das Rgt. 218 ging abermals zur Verteidigung über. Wieder fehlte der Anschluß nach beiden Seiten.

Noch vor Einbruch der Dunkelheit konnten ein starkes Drahthindernis und zwei Bunker am jenseitigen Waldrand vor dem I. Bataillon erkannt werden. Nächtliche Aufklärung scheiterte an der Wachsamkeit des Gegners, der niemand über die durch die Weiherkette führenden Dämme ließ.

Das III. Bataillon lag vor einer Höhe mit starken Feindstellungen. Das II. Bataillon sicherte links rückwärts die offene Flanke.“[29])

Abermals dämmerte ein neuer Morgen herauf. Und abermals hieß es für die Angriffsbataillone: „Auf in den Kampf!“ Und dieses Kampfgeschehen entspann sich bereits recht schnell und heftig an jenem 18. September 1941.

Das gesamte Artillerie-Regiment 82 wurde zur Unterstützung des Angriffs eingesetzt. Trotzdem gelang es dem linken Bataillon des Infanterie-Regiments 218 nicht, den Grund zu überwinden. Beim Herausbrechen der vorderen Teile aus der Bereitstellung entstanden starke Verluste. Der Eindruck des Regimentsführers, Major Schuler, eine ausgebaute, mit Bunkern verstärkte Stellung vor sich zu haben, bestätigte sich. Er befahl Einstellen des Angriffs und entschloß sich, trotz der ungünstigen Geländeverhältnisse die Höhenstellung rechts anzugreifen. Wider Erwarten gelang der Angriff des III. Bataillons ohne nennenswerte Verluste.

Der Gegner hatte die eigene Stellung wohl als besonders stark beurteilt und deshalb hier nicht gerade erstklassige Truppen eingesetzt. Sie leisteten nur geringen Widerstand, setzten sich frühzeitig ab oder gaben sich gefangen. Unter den Gefangenen befanden sich auch Matrosen der Dnjeprflottille. Verwegene Gestalten! Aber minderwertige Kämpfer!

Das Regiment zog das II. Bataillon nach und erweiterte mit diesem den Einbruch durch Wegnahme einer Feindstellung in der linken Flanke. Anschließend ging es zur Verteidigung über und wehrte feindliche Gegenstöße, vor allem aus der Westflanke, ab.

Unterstützt wurde das Regiment durch das I. und III./Artillerie-Regiment 82. Oblt. Pollinger, der Artillerie-Verbindungs-Offizier der III. Abteilung, mit dem das Regiment seit langem bestens eingespielt war, leitete das Feuer mit großer Umsicht und trug damit wesentlich zu den Abwehrerfolgen bei.

So stand die Division mit dem Infanterie-Regiment 218 mit offenen Flanken tief im Hauptkampffeld des Gegners. Zunehmendes Artilleriefeuer, erneut erfolgende Gegenstöße kennzeichneten die bedrohliche Lage des Regiments, das über keinerlei Reserven verfügte. Das I./218 lag an der Weiherkette fest. Aber jedem ‚218er' war klar, daß es darauf ankam, die Höhen zu halten. Denn hier war der Schlüssel zur Stadt und Festung Kiew. Und zäh und verbissen hielt das Regiment die gewonnene Stellung, bereit, am nächsten Tag weiter anzugreifen und die Feste zu Fall zu bringen. Allerdings benötigte das Regiment hierzu Verstärkungen, die von der Division zugesagt werden konnten.

Während der ganzen Angriffstage hatte die Verbindung zur Division hervorragend geklappt. Stets war Fernsprechverbindung vorhanden. Die eingesetzten Fernsprecher der Nachrichten-Abteilung 99 scheuten keine Mühe, die Verbindungen herzustellen und zu halten. Selbst der Kompaniechef, Oblt. Keitel, nahm die Trommel auf den Rücken und eilte nach vorne.

Am Abend riß der Tod eine empfindliche Lücke. Der Kommandeur des III. Bataillons, Hptm. d. R. Herold, fand bei der Einweisung an der Seite des Regimentsführers durch einen Scharfschützen den Heldentod.

Noch am Frühnachmittag hatte die Division das I./206 (Hptm. Fischer) zum Flankenangriff auf die Bunkerstellung vor dem I./218 angesetzt. Nur langsam kam dieser Angriff voran. Zwei Bunker konnten bis zum Abend genommen werden. Fast den ganzen nächsten Tag dauerten die Kämpfe an, bis die Bunkerstellung fiel. Besondere Erfolge hatte der Stoßtrupp des Oberfeldwebels Braun.

Die Sanitätskompanie 99 machte Sellungswechsel nach Myschelowka. Für sie gab es besonders in den ersten Angriffstagen viel Arbeit.[30])

Die Schlacht um Kiew näherte sich zweifellos ihrem Höhepunkt, nachdem die Heeresgruppe Süd, die durch Teile der Heeresgruppe Mitte und durch die Luftflotte 2 verstärkt worden war, die Hauptkräfte des sowjetischen Marschalls Budjonny ostwärts der ukrainischen Hauptstadt eingeschlossen hatte. Das „Kriegstagebuch des Oberkommandos der Wehrmacht" berichtet darüber am 18. September 1941:

„6. Armee hat nordostw. Rshischtschew Straße Perejaslaw — Kiew bei Jerkowzy erreicht und unterbrochen, dort Verbindung durch Tle. der nach Süden vorstoßenden 79. I. D. aufgenommen. Die 2. Befestigungslinie von Kiew wurde durchbrochen und der Angriff gegen die Bahnlinie südl. Kiew vorgetragen. Am Nordrand der Irpen-Stellung wurde die Bunkerlinie durchbrochen und Guta-Ljutesh erreicht. 40 Betonbunker und zahlreiche Erd- und Holzwerke gestürmt. Ostw. der Desna ist XVII. AK. auf seinem Südflügel scharf nach Westen in Richtung Kiew vorgestoßen und hat Gololew und Höhe 5 km südostw. Borispol erreicht. Der linke Flügel der Armee, der heute Höh. Kdo. XXXV unterstellt wurde, hat in der Verfolgung nach Süden Perejaslaw, Tschernjakowka, Tjeptowka (20 km westl. Pirjatin) und Nordteil Pirjatin erreicht ...

XXIX. AK.: Südrand Kiew — Tarasowka — Irpen-Abschnitt bis nördl. Gostoml — Guta Ljutjesh ...

Wetter: Trocken, kühl, meist sonnig. Wege und Straßen befahrbar.

Gefangene und Beute: Bei 6. Armee 6800 Gefangene, 52 Lkw und 1 Vers. Eisen.-Zug erbeutet. Bei 17. Armee 2 feindl. Schwadronen aufgerieben, 1300 Gefangene, 51 Pz. vernichtet, zahlreiche Beute."[31])

Nun überschlugen sich die militärischen Ereignisse um Kiew förmlich, wo die bisher größte Kesselschlacht der Weltgeschichte ihrem Höhepunkt entgegenstrebte. Die Zangenarmee, die die deutschen Panzerverbände mit Hilfe der Infanteriedivisionen immer fester um die Hauptstadt der Ukraine legten, wurden immer stärker, die Einkesselung vollendete sich von Stunde zu Stunde. Ein großer Erfolg zeichnete sich für die Deutschen ab und, so der englische Militärschriftsteller Liddell Hart in seiner sachlich geschriebenen „Geschichte des Zweiten Weltkrieges", „erweckte rosige Erwartungen".[32])

Die Fortführung des Angriffs der 99. leichten Infanterie-Division war am 19. September nach eingehender Artillerievorbereitung um 7.00 Uhr vorgesehen. In der Nacht wurde dem Infanterie-Regiment 218 das II./206 zugeführt. Das Infanterie-Regiment 218 hatte durch rege Nachtaufklärung festgestellt, daß die unmittelbar vor der Front liegenden Feindstellungen nur schwach besetzt waren. Es trat deshalb bereits um 5.30 Uhr mit III./218 rechts, dem II./206 links zunächst ohne Artillerievorbereitung zum Angriff an und nahm im Handstreich die ersten Stellungsgräben. Der Angriff des Regiments ging flott vorwärts. Bald war die Bahnlinie in Kiew erreicht. Hier wurde das ungestüme Vorwärtsdrängen durch den

Divisionskommandeur angehalten. Man vermutete starken Widerstand in der Stadt, vor allem durch irreguläre Truppen, und wollte erst Aufklärungsergebnisse abwarten. Für das Infanterie-Regiment 218 war es eine harte Geduldsprobe, auf der Stelle zu treten. Die Bataillonskommandeure drängten auf die Fortsetzung des Angriffes. Auch sie waren gleich der Regimentsführung der Meinung, daß der Gegner bereits abgebaut, die Stadt aufgegeben und sich über den Dnjepr zurückgezogen habe. Aufklärung des II./206 bestätigte alsbald diese Vermutung. Der Divisionskommandeur gab daraufhin der Aufklärungs-Abteilung 99 den Auftrag, über das Infanterie-Regiment 218 vorzustoßen und den Dnjepr zu erreichen. Die Aufklärungs-Abteilung 99 kam aber zu spät. Das Infanterie-Regiment 218 war unverzüglich angetreten, stieß ins Leere und drang bis zum Dnjeprufer vor. Trotz größter Eile gelang es nicht mehr, die Brücke über den Strom unbeschädigt in die Hand zu bekommen. Beim Herankommen der vordersten Teile des III. Bataillons flog sie in die Luft. Das II./206 hißte auf dem Militärkrankenhaus die Reichskriegsflagge.[33])

Was war nun im operativen Rahmen um Kiew geschehen?

Das „Kriegstagebuch des Oberkommandos der Wehrmacht" enthält darüber unter dem 19. September 1941 folgende Eintragung:

„6. Armee nahm Festung Kiew durch Angriff von Süden und Norden. Auf der Zitadelle wurde in den Mittagsstunden die Reichskriegsflagge gehißt. In der Stadt herrscht Ruhe; Industrie und lebenswichtige Betriebe sind zerstört.

Dnjepr-Westufer in eigener Hand. Die Brücken sind vom Feind gesprengt. XXIX. AK. beginnt mit Übersetzen auf das Ostufer. Säuberung der Irpen-Stellung und des Festungskampffeldes ist im Gange.

XVII. und LI. AK. haben Verfolgung nach Süden forgesetzt. Vor XVII. AK. stärkerer Feindwiderstand. Es besteht der Eindruck, daß Teile der Besatzung von Kiew auf dem Ostufer des Dnjepr erneut in den Kampf gegen XVII. AK. getreten sind ...

Es haben erreicht:

6. Armee: Höh. Kdo. XXXIV unverändert. XXIX. AK. in und dicht westl. Kiew. XVII. AK.: Nowoselki — Browary — west. Borispol. LI. AK.: Lepjawo — Glemjasow — Drabow ..."[34])

Das Oberkommando der Wehrmacht gab am Abend des 19. folgende Sondermeldung heraus:

„Im Zuge der heute bekanntgegebenen Umfassungsoperationen wurde auch der Angriff gegen die ukrainische Hauptstadt *Kiew* eingeleitet. Nach kühnem Durchbruch durch die stark ausgebauten Befestigungen auf dem Westufer des Dnjepr sind unsere Truppen in die Stadt eingedrungen."

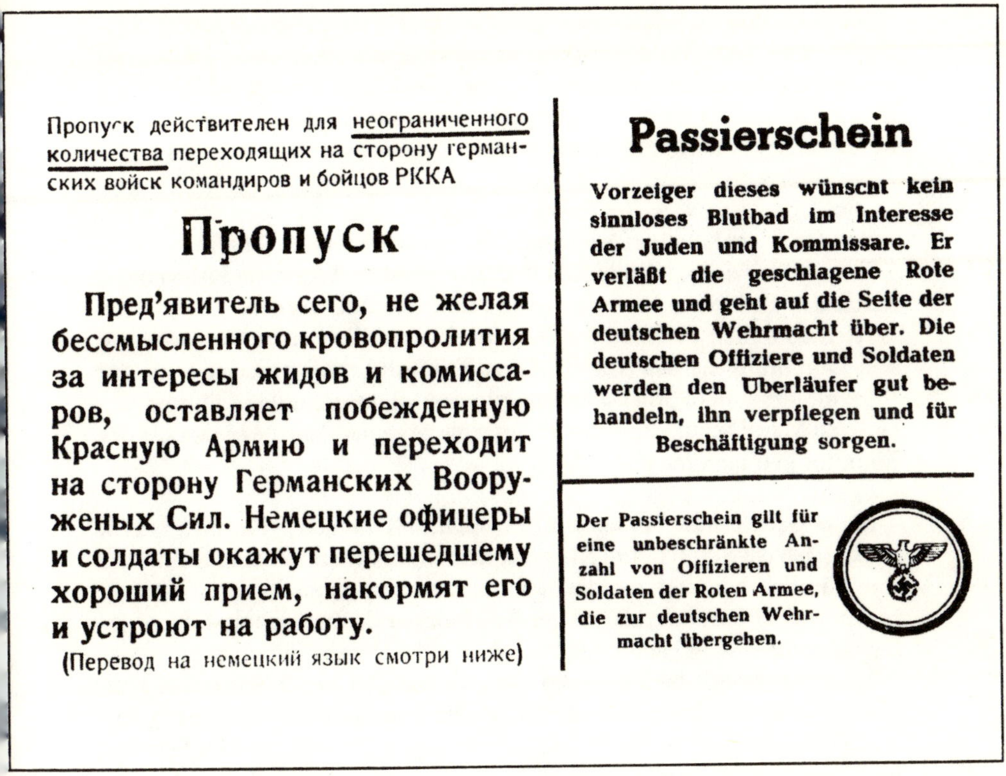

Пропуск действителен для неограниченного количества переходящих на сторону германских войск командиров и бойцов РККА

Пропуск

Пред'явитель сего, не желая бессмысленного кровопролития за интересы жидов и комиссаров, оставляет побежденную Красную Армию и переходит на сторону Германских Вооруженых Сил. Немецкие офицеры и солдаты окажут перешедшему хороший прием, накормят его и устроют на работу.

(Перевод на немецкий язык смотри ниже)

Passierschein

Vorzeiger dieses wünscht kein sinnloses Blutbad im Interesse der Juden und Kommissare. Er verläßt die geschlagene Rote Armee und geht auf die Seite der deutschen Wehrmacht über. Die deutschen Offiziere und Soldaten werden den Überläufer gut behandeln, ihn verpflegen und für Beschäftigung sorgen.

Der Passierschein gilt für eine unbeschränkte Anzahl von Offizieren und Soldaten der Roten Armee, die zur deutschen Wehrmacht übergehen.

Ein deutsches Flugblatt mit „Passierschein" für überlaufende russische Soldaten

An jenem denkwürdigen 19. September 1941, einem regenverhangenen Tag, erging auch ein Tagesbefehl des Oberbefehlhabers der 6. Armee, Generalfeldmarschall Walter von Reichenau, an die ihm unterstellten Verbände:

„Die Eroberung von Kiew ist eine entscheidende Tat!

Kühnheit der Führung und unvergleichliche Tapferkeit aller Truppen haben das starke Bollwerk in unerwartet kurzer Zeit zu Fall gebracht. Der Feind hat eine vernichtende Niederlage erlitten. Unser Weg nach Osten ist frei! Ich danke dem Führer des Angriffes, General von Obstfelder und seinen braven Divisionen.

Allen an diesem großen Erfolg durch Kampf und Arbeit beteiligten Truppen spreche ich mit meinem Dank meine vollste Anerkennung aus ..."

Mit Lob und Anerkennung für seine brave Truppe sparte am 19. September auch nicht der Divisionskommandeur der 99. leichten Infanterie-Division, Generalleutnant von der Chevallerie, der für den erfolgreichen Einsatz seiner Division in der Schlacht um Kiew mit dem Ritterkreuz des Eisernen Kreuzes ausgezeichnet wurde:

„Soldaten der 99. le. Infanterie-Division!
An der Einnahme von Kiew habt Ihr entscheidenden Anteil!
Eure oft bewiesene Tapferkeit und Zähigkeit in Angriff und Abwehr ist durch den Fall der stark befestigten Stadt belohnt worden.
Ich danke allen Truppen der Division, die sämtlich an der Vorbereitung und Durchführung des Angriffes verdienstvoll beteiligt waren.
Meine besondere Anerkennung gilt der Infanterie unter Führung des tapferen Major Schuler und den Pionieren, die gemeinsam die Hauptlast des Kampfes getragen haben ...“

Major Schuler, der bewährte Komandeur des Infanterie-Regiments 218, wurde nach der Schlacht um Kiew mit dem „Deutschen Kreuz in Gold“, das erst kürzlich gestiftet worden war, ausgezeichnet. (Bald darauf erhielt Hauptmann Hartmann als zweiter Angehöriger der 99. leichten Infanterie-Division diese Auszeichnung.)

Nun, der eigentliche Kampf um Kiew, der vom 13. bis 19. September 1941 dauerte, war zwar beendet — die 99. leichte Infanterie-Division bezog ihre Stellungen diesseits des Dnjepr und sicherte gegen Osten —, aber die Schlacht im Raum ostwärts von Kiew vom 14. bis 27. September 1941 dauerte noch an.[35])

Verfolgen wir nun die militärische Entwicklung um die ukrainische Hauptstadt anhand der deutschen Aufzeichnungen. Unter dem 25. September, einem heiteren, kühlen und trockenen Tag, findet sich im KTB des OKW folgende Eintragung über die Kämpfe im Raum ostwärts von Kiew:

„6. Armee setzte Vernichtung der letzten Feindgruppen im Raum südl. Beresan und der versprengten Feindteile nordwestl. Jagotin fort.
Kriegsbrücke über den Dnjepr bei Kiew fertiggestellt. In der Stadt Kiew ein durch Sabotage verursachtes Großfeuer an Umfang zugenommen ...
Es haben erreicht: ... 6. Armee: Kessel südl. Beresan weiter verengt, sonst im allgemeinen unverändert ...
Gefangene und Beute: 17. Armee: 1375 Gefangene. XI. AK. meldet für 24. und 25. September 21.073 Gefangene. 6. Armee: 12.500 Gefangene, 283 Kfz. erbeutet.“[36])

Zu den Lösch- und Bergungsarbeiten des Großfeuers in Kiew wurde auch die 99. leichte Infanterie-Division herangezogen. Ein Brandherd war zunächst in einem deutschen Beutelager, das mitten in Kiew lag und Waffen und Munition barg, entstanden. Bei diesem russischen Sabotageakt hatte die Division nicht weniger als 28 Tote zu beklagen. Ein zweites Feuer war nach der Sprengung der Zitadelle, bei der vor allem die Nachbardivision zahlreiche Ausfälle zu verzeichnen hatte, entstanden. Weitere Brandherde waren von den sowjetischen Sabotagetrupps in der Stadt vorbereitet worden, konnten aber zum Teil in letzter Sekunde entdeckt und unter Einsatz des Lebens der Sprengtrupps zunichte gemacht werden, unter anderem im Museum, wo ein Zeitzünder entschärft werden konnte.

Mittlerweile hatte sich die allgemeine Lage im Raum ostwärts von Kiew etwas entspannt.

Der deutsche Erfolg bei Kiew wird im Kriegstagebuch des OKW durch folgende Gefangenen- und Beutezahlen aus der Schlacht im Dnjepr-Desna-Bogen anschaulich belegt:[37])

H. Gr. Süd:	Gefangene	Panzer	Geschütze	Pak
Im Kessel ostw. Kiew 11.—26. September:				
Pz. Gr. 1	227.719	92	784	115
6. Armee	212.355	74	697	131
Brückenkopf Krementschug 31. August—11. September:				
17. Armee	13.400	148	51	1
Kessel (XI. AK.)	28.405	131	54	—
Brückenkopf Gornostaipol 4.—10. September:				
6. Armee	11.006	6	69	20
	492.885	451	1655	267

H. Gr. Mitte:				
Seit der Schlacht um Gomel:				
	132.985	301	1121	120
Im Kessel (AOK 2, Pz. Gr. 2):				
	39.342	72	242	31
	172.327	373	1363	151
Gesamtzahl:	665.212	824	3018	418

„Darüber hinaus“, heißt es im Kriegstagebuch des OKW, „hat der Feind sehr hohe blutige Verluste erlitten. Weiterhin ist mit einer großen Anzahl von Versprengten, die sich der Gefangennahme durch Flucht entzogen haben, zu rechnen.“[38])

Die Kesselschlacht um Kiew, der größte Erfolg, den die Deutschen im bisherigen Verlauf des Ostfeldzuges errungen hatten, war — wie die

Gefangenen- und Beutezahlen eindrucksvoll bestätigen — zweifellos an die Substanz der Russen gegangen. Aber noch gab es die Rote Armee.

Die Division verläßt die 6. Armee

Weiter marschierte die 99. leichte Infanterie-Division trotz Regens und stark aufgeweichter Wege unter dem Oberbefehl der 6. Armee planmäßig nach Osten. Die Armee, so das Kriegstagebuch vom 29. September 1941, hat die „Säuberung des Kampffeldes fortgesetzt und hierbei noch 2000 Gefangene gemacht."[39]) Auch einen Tag später, am 30. September, verliefen die Marschbewegungen trotz Schnee- und Regenschauers und der damit zusammenhängenden Wetterverschlechterung weiterhin planmäßig.[40]) Das Kriegstagebuch nennt für diesen Tag die vorgesehenen Marschziele der 6. Armee — und zwar „95. I. D.: Koselez. 294. I. D.: Südl. Demki. 71. I. D.: 15 km ostw. Korostyschew. 99. lei. Div.: 5 km westl. Busowa. Übrige Divisionen unverändert."[41])

Auch in den ersten Oktobertagen des Jahres 1941 bewegten sich die verschiedenen Truppenteile der 99. „Leichten" weiterhin in Richtung Osten: Am 1. Oktober erreichte die Division den Raum südwestlich von Makarow und am 3. Oktober bei klarem Herbstwetter Korostyschew. Zwei Tage später, am 5. Oktober, wurde der Division 15 km ostwärts von Korostyschew mitgeteilt, daß sie aus der 6. Armee ausgeschieden sei und ab sofort zur Verfügung des OKH stehe.[42])

Kein Wunder, daß ob dieser schnellen Entscheidung die „Latrinenparolen", die nun vermehrt durch die lichter gewordenen Reihen der 99. leichten Infanterie-Division geisterten, zu immer neuen Spekulationen Anlaß gaben. Erst recht, als die Infanterie-Regimenter der 99. „Leichten" am 10. Oktober in „Jäger-Regimenter" umbenannt wurden.

„Was wird mit der Divison geschehen?" fragten sich die altgedienten Infanteristen, die man nun unversehens zu „Jägern" gemacht hatte.

„Einsatz in den ausgedehnten Sumpfgebieten Rußlands", vermuteten die einen.

„Bandenkampf im Osten", orakelten die anderen, denen die immer häufiger auftretenden Sabotageaktionen der Sowjets nicht verborgen geblieben waren.

„Vielleicht geht es heim", hofften die ewigen Optimisten, die ihre Zuversicht nicht zuletzt aus den rot gedruckten Schlagzeilen des „Völkischen Beobachters" entnahmen, denn dort stand am 10. Oktober 1941 zu lesen: „Die große Stunde hat geschlagen: der Ostfeldzug ist beendet." Am 11. Oktober las man: „Der Durchbruch im Osten wird ausgeweitet." Am 12. Oktober hieß es dann: „Die Vernichtung der sowjetischen

Armeen ist fast beendet." „Die Schlachtfelder von Wjasma und Brjansk weit im Rücken der Front", lautete die Schlagzeile am 13. Oktober 1941. „Die Bewegungen im Osten verlaufen planmäßig", verkündete der „Völkische Beobachter" am 14. Oktober, um dann am 15. Oktober zu ergänzen: „Die Kampfhandlungen im Osten verlaufen nach Plan."

Wer sollte — trotz mancherlei Bedenken, da es an der Front eben ganz anders aussah — bei so viel Optimismus, den der „Völkische Beobachter" tagtäglich millionenfach verbreitete, daran zweifeln, daß der Rußlandfeldzug bald zu Ende sein würde?

Endlich lüftete sich das Geheimnis um die weitere Verwendung der 99. leichten Infanterie-Division: Sie erhielt den Befehl, auf dem Landwege in das rumänische Jassy zu marschieren. Damit war der Einsatz der Division im Verband der 6. Armee in der Ukraine ein für allemal beendet.

In mehreren Marschkolonnen traten die nunmehrigen Jäger, Artilleristen und Pioniere, die Aufklärer und Nachrichtler auf der Rollbahn den Rückweg in Richtung Westen an. Wehmütig nahm Generalleutnant von der Chevallerie am Westausgang von Kiew, wo der Russe seiner ans Herz gewachsenen Truppe so schwere Verluste zugefügt hatte, den Vorbeimarsch der Division ab.

Doch kaum hatten die ersten Einheiten der 99. „Leichten" den Raum südlich von Shitomir erreicht, als ein abgeänderter Marschbefehl die Division erreichte: Lemberg hieß nun das neue Ziel, das sie zwischen dem 18. und 26. Oktober über die Rollbahn zu erreichen hatte. Immer wieder, wenn deutsche Soldaten in der Ukraine marschierten, bot sich das gleiche Bild: Eine jubelnde deutschfreundliche Bevölkerung, die die Angehörigen der Deutschen Wehrmacht mit Spruchbändern wie „Wir begrüßen die Deutsche Wehrmacht als Befreier vom Bolschewismus" und mit Musik willkommen hieß. Später, als die Besatzungspolitik immer verhängnisvollere Fehler beging, sollte sich dieses Bild einer friedlichen Bevölkerung nie mehr wiederholen. Stattdessen nahmen auch in der Ukraine und in Galizien wie in den anderen Gebieten des Ostens zufolge der Rassenpolitik des Dritten Reiches die Sabotageakte überhand.

„Lemberg", fragten sich viele, „was hat das zu bedeuten?"

Als die ersten Transporte der 99. leichten Infanterie-Division die galizische Hauptstadt, das im Polen- als auch im Rußlandfeldzug so hart von den deutschen Gebirgsjägern umkämpfte Lemberg verließen, erhielt Generalleutnant von der Chevallerie Kenntnis über die weitere Verwendung seiner Division. In Grafenwöhr, so erfuhr er, sollte die 99. „Leichte" in eine Gebirgsdivision umgegliedert werden. Nach einer nicht endenwollenden Bahnfahrt erreichten die verschiedenen Truppenteile der Division über das rumänische Czernowitz und Dedrczyn die ungarische Hauptstadt Budapest; dann über Wien und Regensburg bis Mitte November 1941 den Truppenübungsplatz in der Oberpfalz. Das spätere Schicksal der legendären 6. Armee und ihrer unterstellten Korps und Divisionen ist der 99. leichten Infanterie-Division damit erspart geblieben ...

Chronik des Kriegsjahres 1941

21. Januar: Tobruk in britischer Hand

6. Februar: Aufstellung des deutschen „Afrika-Korps" unter General Rommel

11./12. Februar: Landung von deutschen Truppen in Nordafrika. Vertreibung der Engländer aus der Cyrenaika

1. März: Bulgarien tritt dem Dreimächtepakt bei

2. März: Deutsche Truppen marschieren in Bulgarien ein

11. März: Der amerikanische Kongreß beschließt das sogenannte „Leih- und Pachtgesetz"

27. März: Nach dem Beitritt Jugoslawiens zum Dreimächtepakt am 25. März Militärputsch in Belgrad und Sturz der deutschfreundlichen Regierung

5. April: Nichtangriffspakt zwischen Japan und Rußland

6. April: Beginn des deutschen Angriffs auf Jugoslawien und Griechenland.

10. April: Kroatien zum unabhängigen Staat erklärt

13. April: Abschluß eines sowjetisch-japanischen Neutralitätsvertrages

17. April: Jugoslawiens Armee kapituliert

21. April: Die griechische Armee kapituliert

20. Mai—1. Juni: Deutsche Landung auf Kreta (Unternehmen „Merkur")

18. Juni: Abschluß eines deutsch-türkischen Freundschaftsvertrages

22. Juni: 3.15 Uhr Beginn des deutschen Angriffs auf die Sowjetunion (Unternehmen „Barbarossa"). Italien und Rumänien erklären der UdSSR den Krieg

23. Juni: Kriegserklärung der Slowakei an die UdSSR

26. Juni: Kriegserklärung Finnlands an die UdSSR

27. Juni: Kriegserklärung Ungarns an die UdSSR

30. Juni: Abbruch der diplomatischen Beziehungen der französischen Vichy-Regierung zur UdSSR

4. Juli: Abbruch der diplomatischen Beziehungen der französischen Vichy-Regierung zu England

31. Juli: Reichsmarschall Göring beauftragt Heydrich mit der völligen Evakuierung der europäischen Juden

14. August: Verkündigung der Atlantik-Charta durch Roosevelt und Churchill auf Kriegsschiffen im Atlantik

8. September: Einschließung von Leningrad

30. September/2. Oktober: Beginn der deutschen Offensive gegen Moskau

7. November: Eroberung der Krim beendet. Stalin ruft den „Großen Vaterländischen Krieg“ aus

18. November: Britische Offensive in Nordafrika

2. Dezember: Tobruk in britischer Hand

5./6. Dezember: Beginn der russischen Gegenoffensive vor Moskau

6. Dezember: Großbritannien erklärt Finnland, Ungarn und Rumänien den Krieg

8. Dezember: Die Japaner überfallen den amerikanischen Kriegshafen Pearl Harbour auf Hawai. Kriegserklärung Japans an die USA und Großbritannien

11. Dezember: Deutschland und Italien erklären den USA den Krieg. Deutsch-italienisch-japanisches Abkommen über die gemeinsame Kriegsführung

19. Dezember: Entlassung des Generalfeldmarschalls von Brauchitsch. Hitler übernimmt selbst den Oberbefehl über das Heer

Ende Dezember: Konferenz zwischen Roosevelt und Churchill in Washington

Zweiter Teil

Die
7. Gebirgs-Division

Aufstellung und Gliederung

Der Spätherbst des Jahres 1941 war für die Deutschen in zweierlei Hinsicht rauh gewesen: meteorologisch, militärisch und auch politisch. Bereits im November war die Quecksilbersäule auf minus 30 Grad und darunter gefallen. Im ersten Kriegswinter des Rußlandfeldzuges sollten die Temperaturen sogar teilweise bis unter minus 40 Grad sinken. Die Truppe war weder an diese extrem niedrigen Temperaturen gewöhnt, noch gab es eine zweckentsprechende Winterbekleidung oder Ausrüstung, da hierfür keinerlei Vorsorge getroffen worden war. Von Eis- und Schneestürmen bewegungsunfähig gemacht, war die deutsche Ostfront förmlich in der tiefgefrorenen Erde Rußlands erstarrt. Das deutsche Kriegsziel, die Sowjetunion 1941 in einem „Blitzfeldzug" niederzuwerfen, war nicht erreicht worden. Folgenschwerer — und letztlich wohl kriegsentscheidend — waren zweifellos die Kriegserklärungen der Achsenmächte Deutschland und Italien am 11. Dezember 1941 an die USA und der Kriegseintritt der Vereinigten Staaten auf Seiten der Kriegsgegner Deutschlands. Auf Grund der Leih- und Pachtlieferungen der USA wurden die Russen mit allen erdenklichen Waffen und Ausrüstungsgegenständen laufend versorgt und gestärkt.

Welche Vorbereitungen traf nun die deutsche Wehrmachtsführung 1942 an der Ostfront, an der sich die Lage unter anderem wegen der oft völlig falsch beurteilten Geländeverhältnisse weit schwieriger darstellte, als man in den kühnsten Träumen erwartet hatte, um den sowjetischen Armeen im unübersichtlichen und sumpfigen Gelände mit wenigen Divisionen und Regimentern Paroli bieten zu können?

Bereits im Dezember 1940 waren bekanntlich bei der 12. Aufstellungswelle vier leichte Infanteriedivisionen, die für den Kampf im Mittelgebirge und wegearmen Gelände bestimmt waren, gebildet worden. Sie hatten eine den Gebirgsdivisionen ähnliche Gliederung. Zu ihnen kamen nun im Winter 1941/42 die in Frankreich wieder aufgefrischten Infanterie-Divisionen 5, 8 und 28. Von diesen insgesamt sieben Divisionen wurde einzig und allein die 99. leichte Infanterie-Division mit ihren Infanterie-Regimentern 206 und 218 im Herbst 1941 zur Gebirgsdivision umgegliedert.

Der Divisionsbefehl Nr. 1690/41 des Ia vom 5. November 1941 über diese Maßnahme lautet:

„Die 99. le. Inf.-Div. wird auf dem Übungsplatz Grafenwöhr in eine Geb.-Div. umgebildet. Sie führt ab 13. November 1941 die Bezeichnung:

7. Gebirgs-Division."

Auf dem Truppenübungsplatz Grafenwöhr wurde also die 99. leichte Infanterie-Division in die 7. Gebirgs-Division umgegliedert. Ihr erster Aufstellungstag war der 16. November 1941; ihre tragenden Säulen, ihre drei Regimenter — und zwar die Gebirgs-Jäger-Regimenter 206 und 218 mit je drei Bataillonen sowie das Gebirgs-Artillerie-Regiment 82 mit vier Abteilungen waren aus den alten Regimentern gleicher Nummer hervorgegangen und entsprechend umgerüstet worden.

Um diese drei Regimentssäulen der „Siebten" gruppierten sich die anderen Divisionseinheiten, die auch nach der Umbenennung — allerdings mit dem Zusatz „Gebirgs-" — die Nummer 99 trugen: das Gebirgs-Pionier-Bataillon 99, die Gebirgs-Nachrichten-Abteilung 99, die Gebirgs-Aufklärungs-Abteilung 99, die Gebirgs-Panzerjäger-Abteilung 99, die Gebirgs-Sanitäts-Abteilung 99, die Gebirgs-Veterinär-Kompanie 99, der Divisions-Nachschubführer 99 mit den Divisions-Nachschubtruppen 99 und alle anderen Divisions- und Versorgungs-Einheiten mit der Nr. 99 sowie last not least das Feld-Ersatz-Bataillon 99. Dieses Bataillon wurde später, im September 1943, in Karelien, wo es eingesetzt war, nach der Nummer des Artillerie-Regiments der 7. Gebirgs-Division in Ski-Bataillon 82 umbenannt. (Auf Grund der Frontverwendung des alten Ersatz-Bataillons wurde dann ein neues Feld-Ersatz-Bataillon errichtet.) Im einzelnen war eine Gebirgsdivision der Deutschen Wehrmacht wie folgt gegliedert:

Divisionsstab mit Kartenstelle (mot.) (2 s. MG).
Der Divisionsstab gliederte sich in drei Hauptgruppen:

1. Die Führungsabteilung (Ia, Alp., O 1, Ic, O 3, 1. Dolmetscher, 2. Dolmetscher, Div.-Nachrichtenführer).
2. Die Quartiermeister-Abteilung (I b, O 2, WuG, IV a und Mitarbeiter, IV b und Adjutant, IV c und Adjutant, IV d, Feldpost, Fü. d. Div.V.-Tr., Fü. d. Div. Gep.-Tr., Fü. Feldgend.-Tr.)
3. Die Gruppe Adjutantur und Kriegsgericht (II a, II b, St. Qu., IV z, V a, V b, Reg., III, Urk. Beamter III). Hinzu kam der Führer der Kartenstelle und der Führer des Kradmeldezuges.[43])

Der Ia war der 1. Generalstabsoffizier. Er bearbeitete alles, was mit den einzelnen Truppenteilen der Division in führungsmäßiger und taktischer Hinsicht zusammenhing. Daraus ergab sich, daß er auf das engste mit den Sachkennern der einzelnen selbständigen Waffen innerhalb des Stabes zusammenarbeitete. Sein Motto — wie das aller Generalstabsarbeit und verantwortungsvollen Truppenführung — lautete: „Schone deine Truppe, wo immer es möglich ist!"

Der Ib war der 2. Generalstabsoffizier. Er war für die gesamte Versorgung der Division verantwortlich — und zwar sowohl für den Nachschub aus den rückwärtigen Versorgungsstellen an die Front als auch für den Abschub, beispielsweise der Gefangenen und Verwundeten von der Front in die Etappe.

Der Ic war der 3. Generalstabsoffizier. Als Feindbearbeiter und Abwehroffizier in einer Person bearbeitete er alles, was den Feind betraf. Vor ihm lagen stets die neuesten Lagekarten mit sämtlichen Meldungen über die Bewegungen der feindlichen Kräfte, über die Stützpunkte, Nachschublinien und andere wichtige Daten und Fakten des Gegners. Der Ia und Ic arbeiteten ständig zusammen, denn die genauen Kenntnisse über den Feind bildeten die Grundlagen für die eigenen taktischen und operativen Entschlüsse.

Der Adjutant trug die Nr. IIa. Er bearbeitete mit seinen Mitarbeitern die Personalangelegenheiten der Division sowie in eigener Regie die Offizierssachen, der IIb alle Personalangelegenheiten der Unteroffiziere und Mannschaften.

Der Kriegsrichter — mit dem die Landser am liebsten nichts zu tun haben wollten — trug die Nr. III, die Intendanz — von der man sich so oft wie irgend möglich Sonderzuteilungen erhoffte — trug die Nr. IVa, der Divisionsarzt die Nr. IVb und der Veterinär die Nr. IV c. Der katholische und evangelische Militärpfarrer trugen die Nr. IV d.

Die Ordonanzoffiziere wurden als O 1, O 2 und O 3 bezeichnet. „Mit ihnen konnte man", so Ritterkreuzträger Karl Ruef, „schimpfen oder freundlich reden, oder man schüttete vor ihnen das Herz aus. Sie waren die Müllablagerungsstätten für oben und unten. Außerdem verlangten die oberen und unteren Dienststellen von ihnen Allwissen."[44])

2 Gebirgs-Jäger-Regimenter jeweils mit
— Stab, Stabs-Kompanie,
  Gebirgs-Nachrichten-Zug,
  Gebirgs-Radfahr-Zug (3 le. MG),
  Musikkorps;
— 3 Gebirgs-Jäger-Bataillone mit
  Stab,
  3 Gebirgs-Jäger-Kompanien (12 le. MG, 3 le. u. 3 m. GrW),
  1 Gebirgs-Jäger-MG-Kompanie (12 s. MG),
  1 schwere Gebirgs-Jäger-Kompanie mit
    Gebirgs-Pionier-Zug (4 le. MG),
    Gebirgs-Nachrichten-Zug,
    le. Geb.-Inf.-Geschütz-Zug (mot. Z) (2 le. I. G. [mot. Z]),
— Gebirgs-Panzerjäger-Kompanie (mot. Z) (9 Pak 3,7 cm u. 3 Pak 4,7 cm [mot. Z], 4 le. MG),
  s. Geb.-Inf.-Geschütz-Zug (mot. Z) (2 s. I. G. [mot. Z]),
  le. Gebirgs-Jäger-Kolonne;

1 Gebirgs-Artillerie-Regiment mit
— Stab,
Nachrichten-Zug,
Wetter-Trupp (mot.),
Druck-Trupp (mot.),
— 2 le. Gebirgs-Artillerie-Abteilungen jeweils mit
Stab, Nachrichten-Zug und Art.-Verm.-Trupp,
2 le. Gebirgs-Batterien (je 4 Geb. Gesch. 7,5 cm, 2 le. MG),
— 1 le. Artillerie-Abteilung mit
Stab, Nachrichten-Zug und Art.-Verm.-Trupp,
3 le. FH-Batterien (je 4 le. FH 10,5 cm, 2 le MG),
— 1 schwere Artillerie-Abteilung (mot.) mit
Stab, Nachrichten-Zug und Art.-Verm.-Trupp (mot.),
2 s. FH-Batterien (mot. Z) (je 4 s. FH 15 cm [mot. Z], 2 le. MG);

1 Gebirgs-Aufklärungs-Abteilung (teilmotorisiert) mit
— Stab,
— 2 Radfahr-Schwadronen (9 le. MG, 2 s. MG, 2 le. GrW),
— 1 schwere Schwadron (mot.) mit Nachrichten-Zug, Pionier-Zug, Pak-Zug (6 m. GrW; 3 Pak 3,7 cm; 1 le. MG);

1 Gebirgs-Pionier-Bataillon (teilmotorisiert) mit
— Stab und Nachrichten-Zug,
— 2 Gebirgs-Pionier-Kompanien (9 le. MG),
— 1 le. Pionier-Kompanie (mot.) (9 le. MG),
— Brüko B (mot.) und le. PiKol. (mot.);

1 Gebirgs-Nachrichten-Abteilung (teilmotorisiert) mit
— Stab,
— 1 Gebirgs-Fernsprech-Kompanie (teilmotorisiert),
— 1 Gebirgs-Funk-Kompanie (teilmotorisiert),
— 1 leichte Gebirgs-Nachrichten-Kolonne (mot.);

1 Gebirgs-Panzerjäger-Abteilung (motorisiert) mit
— Stab und Nachrichten-Zug (mot.),
— 2 Panzerjäger-Kompanien (mot. Z) (je 12 Pak 3,7 cm; 6 le. MG);

1 Feld-Ersatz-Bataillon (zu Fuß und bespannt) mit
— Stab,
— 3 bzw. 5 Kompanien (Waffenausstattung wie Geb.-Jäg.-Kp.);

1 Gebirgs-Sanitäts-Abteilung (teilmotorisiert) mit
— 2 Sanitäts-Kompanien (bespannt),

— 2 Krankenkraftwagen-Kolonnen (mot.),
— 1 Feldlazarett (z. T. bespannt, z. T. mot.);

Nachschub- oder Versorgungsdienste mit
— Stab Gebirgs-Divisions-Nachschub-Führer (teilmotorisiert),
— 1 bis 4 Gebirgs-Fahrkolonnen oder kleinen Fahrkolonnen (bespannt),
— 2 bis 7 kleine Kraftwagen-Kolonnen (30 to),
— 1 bis 2 kleine Kraftwagen-Kolonnen für Betriebstoff (25 cbm),
— 1 Werkstatt-Kompanie (mot.),
— 1 Gebirgs-Nachschub-Kompanie;

Verwaltungsdienste (motorisiert) mit
— 1 Divisions-Verpflegungs-Amt,
— 1 Bäckerei-Kompanie (mot.),
— 1 Schlächterei-Kompanie (mot.),
— 1 Veterinär-Kompanie (bespannt),
— 1 Feldgendarmerie-Trupp (mot.),
— 1 Feldpostamt (mot.).

Ein kalter, nein ein eiskalter Wind wehte in jenen Tagen der Umgliederung der 99. leichten Infanterie- in die 7. Gebirgs-Division über den Truppenübungsplatz Grafenwöhr, wo die Division auch in personeller Hinsicht größtenteils durch Soldaten aus der Ostmark, die sich rasch in die „Siebte" einlebten, aufgefrischt wurde. So wies das Gebirgs-Jäger-Regiment 218 nach der Auffrischung zum Beispiel eine interessante landsmannschaftliche Zusammensetzung auf: Es kamen

964 aus Franken, 384 aus Altbayern, 364 aus der Steiermark, 352 aus der Pfalz, 337 aus dem Sudetenland, 260 aus Westfalen, 200 aus dem Rheinland, 175 aus Hessen, 165 aus der Oberpfalz, 158 aus Württemberg, 140 aus Kärnten, 132 aus Schlesien, 118 aus Thüringen, 114 Volksdeutsche, 112 aus Tirol, 105 aus Baden, 89 aus Sachsen, 61 aus Vorarlberg, 57 aus Salzburg, 41 aus Niederösterreich, 40 aus Brandenburg, 32 aus Hannover, 32 aus Schwaben, 31 aus Berlin, 31 aus Hamburg, 30 aus dem Warthegau, 28 aus Oberösterreich, 23 aus Wien, 22 aus Ostpreußen, 19 aus Preußen, 19 aus Schleswig, 13 aus Böhmen und Mähren, 12 aus Magdeburg-Halle, 11 aus Westpreußen, 10 aus Mecklenburg, 10 aus Pommern, 9 aus Bremen, 8 aus Braunschweig, 7 aus Schaumburg-Lippe, 3 aus Oldenburg, 3 aus Südtirol, 2 aus Lothringen.

Die personelle Umgliederungs- und Auffrischungsphase der 7. Gebirgs-Division war also in jenen außergewöhnlich kalten Wintertagen des Jahres 1941 abgeschlossen; nun scheint es vielleicht angezeigt, auch einen Blick auf die neue Offizierstellenbesetzung der Division zu werfen:

Divisionskommandeur:	Generalleutnant Konrad
Ia (1. Generalstabsoffizier):	Oberstleutnant i. G. Schmidt
Ib (2. Generalstabsoffizier):	Major i. G. Seitz
Ic (3. Generalstabsoffizier):	Major d. R. Dr. Stauder
II a (Adjutant):	Major Niemetz
Divisions-Arzt:	Oberfeldarzt Dr. Bernhadt
Divisions-Veterinär:	Oberfeldveterinär Dr. Holm
Gebirgs-Jäger-Regiment 206:	Oberst Hoffmeister
Gebirgs-Jäger-Regiment 218:	Oberst Berger
Gebirgs-Artillerie-Regiment 82:	Oberst Frhr. v. d. Hoop
Gebirgs-Pionier-Bataillon 99:	Oberstleutnant Baierlein
Gebirgs-Aufklärungs-Abteilung 99:	Major Pilgrim
Gebirgs-Nachrichten-Abteilung 99:	Major Logsch
Gebirgs-Panzerjäger-Abteilung 99:	Major d. R. Götz
Ski-Bataillon 82 (FEB):	Hauptmann Fischer
Divisions-Nachschubtruppen:	Major d. R. Wacker
Veterinär-Kompanie 99:	Stabsveterinär Dr. Glaser

Wir haben es soeben aus der Stellenbesetzung der 7. Gebirgs-Division entnommen: Generalleutnant Kurt von der Chevallerie, der die 99. leichte Infanterie-Division während des Ostfeldzuges im Jahre 1941 so erfolgreich geführt hatte, übergab die Division an Generalleutnant Rudolf Konrad, der die „Bergschuh"-Division jedoch nur vorübergehend führte.

Konrad, der die 7. Gebirgs-Division am 1. Dezember 1941 übernommen hatte, mußte die „Bergschuh"-Division in wenigen Tagen in eine Gebirgsdivision umgliedern. Das geschah vorwiegend auf dem Truppenübungsplatz Grafenwöhr, aber auch im Gebirge bei Berchtesgaden und auf der Wattener Lizum. Er konnte bei der Kürze der ihm gegebenen Zeit selbstverständlich nur die Anfänge der Division festlegen, die er rasch wieder abgeben mußte, um am 19. Dezember 1941 das Kommando über das bewährte XXXXIX. Gebirgs-Armee-Korps, das er als Kommandierender General und Nachfolger des Generals Ludwig Kübler bis in den Kaukasus führen sollte, zu übernehmen.

An jenem 19. Dezember übernahm Generalmajor Wilhelm Weiß, ein erfahrener Gebirgssoldat, der bereits als Leutnant im k. u. k. 4. Regiment der Tiroler Kaiserjäger und nach dem Ersten Weltkrieg im österreichischen Bundesheer gedient hatte, die Führung über die „Siebte".[45]) Er überwachte, genauso wie Oberst Hoffmeister, der die Division ebenfalls vorübergehend geführt hat, die personelle und materielle Umorganisation und leitete die Ausbildung.

Als die 7. Gebirgs-Division dann endlich doch noch ihren „festen" — nicht nur „vorübergehenden" — Kommandeur, nämlich den tüchtigen Gebirgsartilleristen Robert Martinek bekam, konnten alle Offiziere,

Unteroffiziere und Mannschaften, die bereits mit viel Elan an die Ausbildung gegangen waren, um das Ausbildungsziel „Vorbereitung auf Wintereinsatz in Finnland" zu erreichen, mit der getroffenen Entscheidung mehr als zufrieden sein. Und auch Martinek, dem passionierten Alpinisten und Skiläufer, schien die Berufung zum Kommandeur der „Bergschuh"-Division höchst ehrenvoll.

Die nachfolgende Kurzbiographie schildert die wichtigsten Daten im Leben des bewährten österreichischen Generals:

Robert Martinek wurde am 2. Februar 1889 in Gratzen, Kreis Kaplitz/Böhmen, geboren. Nach dem Besuch der Realschule in Prag und der Absolvierung der k. u. k. Artilleriekadettenschule in Wien trat er am 18. August 1907 als Fähnrich in das k. u. k. Feldhaubitzregiment Nr. 8 ein und wurde am 1. Mai 1910 zum Leutnant befördert. (Am 1. August 1914 Ernennung zum Oberleutnant und am 14. April 1917 außer der Rangtour zum Hauptmann.)

Doch die Sonnenseiten des Soldatenberufs sollten bald den langen Schatten eines bevorstehenden Krieges weichen.

So stand der junge Artillerieoffizier Martinek schon im Ersten Weltkrieg als Batteriechef vor dem Feind. Für seine Einsatzbereitschaft, Tapferkeit und überragenden Führungsqualitäten wurde er mit dem Orden der Eisernen Krone und mit dem Militärverdienstkreuz ausgezeichnet.

Nach dem Kriege war Martinek am 10. September 1920 in das österreichische Bundesheer eingetreten und beim Selbständigen Artillerieregiment eingeteilt; dann Kommandant der Artillerie-Schießschule und externer Lehrer an der berühmten Theresianischen Militärakademie in Wiener Neustadt. Martinek verstand es, die heranwachsende junge Generation der Artillerieoffiziere einerseits durch seine kameradschaftliche Art und durch sein offenes Wesen und andererseits durch sein vielseitiges Wissen und Können zu begeistern. Schon als junger Offizier hatte sich Martinek „durch die Reform des Schießens der Artillerie im Bundesheer einen Namen" gemacht und wurde, so Generaloberst Dr. Lothar Rendulic anerkennend, „von uns sehr geschätzt."[46]) Seiner unermüdlichen und kreativen Tätigkeit als Erfinder, Lehrer und Erzieher war es mit zu verdanken, daß der traditionell gute Ruf der österreichischen Artillerie erhalten blieb und weiter gefestigt wurde.

Robert Martinek war aber auch ein hervorragender Alpinist. Nimmt es da Wunder, daß er als Artillerieinspekteur des Bundesheeres seine besondere Aufmerksamkeit dem Ausbau und der technischen Entwicklung der Gebirgsartillerie sowie der alpinistischen Ausbildung des Nachwuchses schenkte? So war es nur allzu verständlich, daß er nach der Übernahme in die Deutsche Wehrmacht am 13. März 1938 als Artilleriekommandeur eines bayerischen Armee-Korps zur Aufstellung der neuen Gebirgsdivisionen herangezogen aber auch zu besonderen artilleristischen Aufgaben. (1. August 1938 Ernennung zum Artilleriekommandeur 35; 1. November 1938 Ernennung zum Artilleriekommandeur XVIII; April 1939 Ernennung zum Artilleriekommandeur 7).

Martinek, 1941 zum Generalmajor, 1942 zum Generalleutnant und 1943 zum General der Artillerie befördert, dieser begnadete Gebirgsartillerist, war im Polen- und Frankreichfeldzug genauso erfolgreich wie im Ostfeldzug. Dort führte er ab 10. November 1941 die 267. Infanterie-Division bis vor Moskau und trug später als Artilleriekommandeur wesentlich zur Einnahme der starken Festung Sewastopol auf der Krim bei. Als bei diesem Großunternehmen der eigene Angriff liegenblieb, leitete er persönlich in vorderster Linie das Artilleriefeuer der Deutschen und stellte sich dann selbst, die Angriffswellen mit sich reißend, in die Reihen der Grenadiere.

Im Juni des Jahres 1944 stand General der Artillerie Robert Martinek, inzwischen mit dem Eichenlaub zum Ritterkreuz des Eisernen Kreuzes ausgezeichnet, vor seiner schwersten und zugleich letzten Aufgabe. Als der Russe am 28. Juni 1944 versuchte, die Front seines XXXIX. Panzer-Korps, das er vom 1. Dezember 1942 bis 28. Juni 1944 kommandierte, durch einen mit überlegenen Kräften geführten Schwerpunktangriff zu durchbrechen, setzte er sich an die Spitze des Korps. Unerschrocken, durch schwerstes feindliches Feuer fahrend, war der General wieder einmal mehr vorne bei seinen Soldaten. Hier ereilte ihn ostwärts von Beresinow, von Splittern einer Bombe getroffen, der Soldatentod.

Nachdem wir die Lebensskizze des bedeutenden Gebirgsartilleristen und Alpinisten General der Artillerie Robert Martinek, der die 7. Gebirgs-Division zu einer schlagkräftigen Division geformt hat, kennengelernt haben, soll nun auch des einfachen Gebirgssoldaten und seines selbstlosen Einsatzes in den sechs Jahren des Zweiten Weltkrieges gedacht werden. Josef Martin Bauer, der bekannte Schriftsteller, hat ihn wie folgt charakterisiert:

„Das Porträt des Gebirgssoldaten ist schon tausendfach gezeichnet worden, kantig, in Holzschnittmanier, mit ein paar Zügen des Sentimentalen, weil auch dies dazu gehört, der Berghintergrund voll Stimmung, der Vordergrund aber ein klein wenig zu edelweiß. Natürlich waren sie so, genau so, in der gleichen Herzfalte neben einer schönen Lust am Spiel mit der Derbheit die wundervolle Weichheit, die eine ganze harte Welt notfalls mit Tränen der Rührung aufzuweichen imstande gewesen wäre. Will man den Typ darstellen, so kommt immer ungefähr dieses Bild zustande, aber wenn man im Zurückdenken die Typen schablonieren will, kommt man auf die doch recht beglückende Feststellung, daß sie sich nicht auf ein Schema einreihen lassen und daß man die Köpfe, die man in Erinnerung hat, auch nicht durch Siebe sortieren kann wie Edelsteine nach Karaten. Die einen Köpfe gehen durch die Siebmaschen, weil sie den etwas genormten Vorstellungen eben doch nicht entsprechen. Die anderen sind zu grobkörnig; diese scheinen dann der richtige Typus zu sein, weil man sich in die Vorstellung eingelebt hat, als hätte man es mit Dickköpfen zu tun. Und zum Ende stimmt das eine so wenig wie das andere, denn die härtesten Köpfe waren oft recht feine, schmale, nervige, ganz sensible Köpfe.

Was und wie waren sie dann eigentlich, daß die Welt nicht aufhören kann, von ihnen als von einer soldatischen Besonderheit zu sprechen?

Um zu ergründen, daß sie von besonderer Art waren, könnte man wieder Vergangenheit, Geschichte und Tradition beschwören und erforschen, woher sie jenes Standschützenbewußtsein mitbekommen haben, das in ihnen wirkte, wenn sie, auch viertausend Kilometer von daheim entfernt, immer noch Heimat verteidigten, wo sie gerade hingestellt worden waren. Vielleicht kommt man so zur Deutung des Wesentlichen und des Weges. Es muß aber, wenn man ihnen gerecht werden will, bedacht werden, daß der Anfang der Berühmtheit des Gebirgssoldaten kriegsgeschichtlich zusammenfiel mit jenem Abschnitt des Ersten Weltkrieges, der gekennzeichnet war durch die Materialschlachten, durch den Einsatz der ersten Panzer und durch eine Massierung der Kampfmittel, die den Menschen zum maulwurfhaft eingegrabenen, geduckten, in eine völlig passive Rolle abgedrängten Objekt der massenhaften Vernichtung zu machen drohte. Der Mensch zählte nur noch insofern, als der Gegner seinen Erfolg nach der Summe der durch Materialeinsatz vernichteten Menschen berechnete ...

War die Gebirgstruppe damals noch so klein, daß ihr Auftreten in dem riesenhaften Rahmen der Kriegsschauplätze fast nur episodenhaftes Gewicht hatte, so ging Deutschland in den Zweiten Weltkrieg mit einer Gebirgstruppe, die schon zu Anfang einen stärkeren Faktor bedeutete und bald die schwierigsten Abschnitte der Front durchsetzte. Das Inselhafte, Intensive ihres Auftretens und Einsatzes wurde immer augenfälliger. Es war kaum noch von irgendeinem bedeutenden Kriegsereignis zu berichten, ohne daß — und dies immer mit aller Ausdrücklichkeit — die Gebirgssoldaten erwähnt wurden ...

Das Wesensporträt des Gebirgssoldaten ist nicht zu zeichnen, sondern steht fest als Niederschlag eines scheinbar unzeitgemäßen Mythos ... Erzählte man sich von anderen Truppengattungen, wie sie bewaffnet waren, so berichtete man von den Gebirgssoldaten, wie sie als Menschen waren. Was man sich über kaltblütige Derbheit erzählte, ist genau so ein

Teil des Mythos wie der oft wiederholte Stimmungsbericht von einem ungeheuren Heimweh, das selbst den Boden Asiens als Heimat zählte, solange noch irgendwo ein Häuflein dieser Männer stand und der massierten Überlegenheit den ganz menschlichen Trotz entgegenstellte. Es gab nichts, was die Bergsöhne verlockt hätte, in Steppe und Eis Soldaten zu sein und es etwa auch noch gern zu sein. Ihre Heimat war anderswo, und die Krim war ihnen so zuwider wie die hellen lappländischen Nächte, aber weil die Ferne für sie noch schwerer zu ertragen war als für andere, die nicht so ungeheuerlich an der Hypothek der Heimat trugen, schufen sie sich die Voraussetzungen im Menschlichen, um das Unmenschliche zu ertragen, wo man den Menschen längst verloren gab.

Sie waren unzeitgemäße Soldaten und in des Wortes allerbestem und höchstem Sinn Menschen. Und fragt man am Ende noch einmal nach ihrer Besonderheit, die sie berühmt gemacht hat, so hat das Volk die Antwort längst gegeben, indem es von den Gebirgssoldaten beharrlich so spricht, als wären sie nie geschlagen worden. Denn wie kann einer besiegt werden, der so heimkehrt, wie er ausgezogen ist: als Mensch.“[47])

Ausrüstung, Waffen und Gerät

Wie ein Damoklesschwert hingen die Rückschläge des deutschen Ostheeres während des ersten russischen Kriegswinters auch ständig über der 7. Gebirgs-Division. Ihr drohte nämlich, wenn die Russen nicht zum Stillstand gebracht werden konnten, eine vorzeitige Beendigung der Ausbildungszeit, um rasch an die von der Roten Armee bedrohten Einbruchstellen geworfen zu werden. Dessen eingedenk, drängte die Divisionsführung der „Siebten“ auf eine rasche ausreichende Zuweisung von ausrüstung, Waffen und Gerät. Um die Division auf volle Kriegsstärke zu bringen, wurde folgender Sollstand angestrebt:

An Soldaten:	14.000	Mann;
an Pferden:	5.500	— 6.000 (davon 3.000 Tragtiere und 550 Bergreitpferde, die meist auch als Tragtiere Verwendung fanden);
an Fahrzeugen:	1.400	Kraftfahrzeuge (einschließlich Pkw und Kräder);
	660	bespannte Fahrzeuge;
an Waffen:	13.000	Gewehre,
	2.200	Pistolen,
	500	Maschinenpistolen,
	416	leichte Maschinengewehre,
	80	schwere Maschinengewehre,

an Waffen: 66 leichte Granatwerfer,
44 mittlere Granatwerfer,
75 Panzerbüchsen,
16 leichte Infanteriegeschütze,
4 schwere Infanteriegeschütze,
39 Pak,
12 leichte Flak,
24 leichte Gebirgsgeschütze,
12 leichte Feldhaubitzen bzw. Gebirgshaubitzen,
12 schwere Feldhaubitzen.

Wie umgewandelt kamen die Soldaten der 7. Gebirgs-Division, die als taktisches Zeichen auch weiterhin den „Bergschuh", unter dem sie schon als ehemalige 99. leichte Infanterie-Division bei der Heeresgruppe Süd in Richtung Kiew marschiert waren, beibehielten (wenn auch vorübergehend die „Sohle" geführt wurde) von der Kleiderkammer zurück, wo sie, die Jäger, die Edelweiß-Abzeichen empfangen hatten: das metallene auf der linken Seite der Bergmütze und das stoffgewebte auf dem rechten Oberarm der Feldbluse, der Dienstuniform und des Waffenrocks. Aber auch die übrigen Ausrüstungsgegenstände, Waffen und Geräte wurden von den neu eingerückten Gebirgsjägern bestaunt.

Es ist vielleicht ganz interessant, auch einmal näheres über die Uniform, die Ausrüstung, Waffen und Geräte der Gebirgstruppe der Deutschen Wehrmacht zu erfahren:

Die Gebirgssoldaten trugen die Uniform des deutschen Heeres. Sie bestand aus einer grauen Feldbluse oder einem gleichfarbigen Waffenrock und den dazugehörigen feldgrauen Hosen. Die Kragenspiegel und Ärmelpatten der Gebirgsjäger waren hellgrün. Die Soldaten der Artillerie hatten hochrote, die der Nachrichtentruppe zitronengelbe und die der Pioniere schwarze Kragenspiegel und Ärmelpatten. Darüber hinaus gab es noch eine Sonderausstattung für Gebirgstruppen. Zu ihr zählten die bereits genannte Bergmütze mit dem Edelweißabzeichen, die — der österreichischen Dienstmütze nachempfunden — von allen Dienstgraden der Gebirgstruppe, der Ski-Einheiten und der Jäger getragen wurde; der Dienstanzug für Gebirgstruppen, der es ermöglichte, daß sowohl Kniebundhosen mit dicken, wollenen Socken und Bergstiefeln oder Skihosen („Keilhosen") mit Skischuhen als auch Hosen, die unten mit Gamaschen über den Bergstiefeln zusammengebunden waren, getragen werden konnten; ferner Windjacken; Schneetarnbekleidung wie Schneehemden, Schneeanzüge, Schneetarnüberzüge, Schnee- und Tarnmasken sowie Bergrucksäcke und Bergschuhe, deren Sohlen mit Nägeln und Eisen beschlagen waren.

Besonders wichtig war die hinreichende Ausstattung mit Kochkisten, Wasserfässern, Tragesätteln für die Transport- und Verpflegungsaufgaben im wegearmen und gebirgigen Gelände und Rückentragen.

Der Karabiner 98 (K), nach wie vor das Standardgewehr, hat sich bei der Gebirgstruppe auch im Zweiten Weltkrieg bewährt. Das neue Infanterie-Sturmgewehr kam bei Kriegsende nur noch bei wenigen Einheiten zum Einsatz. Die Ausstattung mit Zielfernrohr-Gewehren war für die Gebirgstruppe für die Bekämpfung von Punktzielen von besonderer Bedeutung.

Das Maschinengewehr (MG) 42 hat sich auch in der 7. Gebirgs-Division sehr gut bewährt. Sogar in den witterungsmäßig schwierigen Regionen am Wolchow und am Ilmensee, in der Tundra und am Eismeer traten keine besonderen Hemmungen auf. Mit Hilfe einer Lafette konnte das MG auch als schweres Maschinengewehr (s. MG) für Dauerfeuer verwendet werden.

Das 2 cm-Flak-Geschütz konnte für den Einsatz im gebirgigen, sumpfigen oder wegearmen Gelände in acht Tragtierlasten zerlegt werden. Darüber hinaus wurde es auch oft für den Luftschutz erfolgreich eingesetzt.

Der mittlere 8 cm-Granatwerfer hielt allerdings nicht das, was sich die Gebirgsverbände von ihm versprochen hatten, da er im schneebedeckten Gelände wenig Wirkung zeigte.

Als Nahkampfwaffen dienten den Gebirgssoldaten die Maschinenpistole (MP) 38, die Armeepistole 08 sowie die Stiel- und Eierhandgranate; zur Panzerbekämpfung die Hafthohlladung, später die „Panzerfaust".

Die panzerbrechenden Waffen waren anfangs noch mangelhaft. So hatte die 3,5 cm-Panzerabwehrkanone (Pak) der Panzerabwehreinheiten gegen die mittleren und größeren sowjetrussischen Panzer keine Wirkung erzielt. Oft wurden die Geschütze und Bedienungen vom russischen T 34 überwalzt. Erst die Einführung der 5 cm-Pak schuf hier erste Abhilfe.

Das bei den schweren Kompanien verwendete Infanteriegeschütz war besonders zum Schießen aus Deckungen geeignet. Wegen seines Kalibers erzielte es auch eine nicht zu unterschätzende moralische Wirkung beim Gegner.

Bei den Verbindungsmitteln der Gebirgseinheiten besonders wichtig war die ausreichende Ausstattung mit Blink- und Funkgeräten, da sich die Drahtverbindung oft nicht bewährte. Sie wurde auf Einzelfälle — zum Beispiel für Beobachtungsstellen — beschränkt, da der Bau von Drahtleitungen im Bewegungsgefecht zu viel Personal, Gerät und Zeit beanspruchte.

Kampfkraft und Beweglichkeit der einzusetzenden Einheiten waren Voraussetzung für eine erfolgreiche Gefechtsführung, denn der bestausgestatteten Truppe nützt es wenig, wenn sie nicht rechtzeitig an den entscheidenden Stellen in das Kampfgeschehen eingreifen kann. Als Beförderungsmittel kamen daher einerseits nur Fahrzeuge mit besonderen Eigenschaften und andererseits Tragtiere in Frage. Sehen wir uns zuerst die Kraftfahrzeuge einer Gebirgsdivision an: Da wäre als erstes das Gleisketten-Krad NSU Opel, das mit Anhänger bis zu 700 kg befördern konnte, zu nennen. Die geringe Spurbreite und eine hervorragende Wendigkeit gestatteten sogar Fahrten durch dichtes Unterholz; der VW-Kübelwagen war ein leichtes, geländegängiges Fahrzeug; der Steyr A 1500 (Kfz. 69) ein beliebtes Kommandofahrzeug; der Lkw-Einheitsdiesel ein leichtes, geländegängiges Fahrzeug von 2,5 Tonnen; der 3 to-Lkw Mercedes L 3000 ein mittlerer, geländegängiger Lastkraftwagen; ebenso der Opel Blitz 3 to. Zu den Bespannfahrzeugen zählten vierrädrige Fahrzeuge und zweirädrige Karren.

Wenden wir uns nun den Tragtieren, die für die taktische Beweglichkeit Gebirgstruppen unentbehrlich waren, zu. Über sie ist schon viel geschrieben und berichtet worden — Wahres aber auch Anekdotenhaftes. Bereits während des Ersten Weltkrieges und in den Jahren der Reichswehr hatte sich bei Übungen immer wieder gezeigt, daß die Gebirgstruppe überall dort auf das Tragtier angewiesen war, wo das Kraftfahrzeug im wegearmen, sumpfigen oder gebirgigen Gelände versagte. Daher befaßte man sich in der Gebirgstruppe der Deutschen Wehrmacht auch mit der Aufzucht dieser Tiere. Zu Beginn des Zweiten Weltkrieges war die 1. Gebirgs-Division mit Maultieren, die 2. und 3. Gebirgs-Division mit Tragpferden (z.B. Haflinger) ausgestattet. Die 7. Gebirgs-Division war mit Tragtieren aus Aushebungen, Ankäufen, Nachzuchten und Beutebeständen ausgerüstet.

Bei den Beutetieren handelte es sich zumeist um den kleinen in Rußland einheimischen Steinesel, der sich als besonders leistungsfähig erwies und Lasten bis zu 40 Kilogramm tragen konnte. An der Eismeerfront und in Lappland wurden für den Transport vorwiegend Rentiere verwendet. Das Ren ist sehr anspruchslos und verlangt keine besondere Betreuung. Es ernährt sich im Winter hauptsächlich von Rentiermoos und im Sommer von Gras. Aber auch Blätter, Zweige, Baumrinde und Pilze dienen dem Ren als Nahrung. Die Verluste durch Krankheit und Futtermangel im Winter und durch Raubtiere waren unter den Rentieren relativ hoch.

Bei ihrer Aufstellung erhielt die 7. Gebirgs-Division ca. 1000 „Muli" zugewiesen. Das „Muli" oder „Maultier", eine Kreuzung zwischen einer Pferdestute und einem Eselhengst, ist der Inbegriff des Tragtieres schlechthin. Im Gegensatz zum Maultier ist der „Maulesel" eine Kreuzung zwischen einem Pferdehengst und einer Eselstute. Wegen seiner geringen Größe und Tragfähigkeit war er für die Gebirgstruppe jedoch wenig geeignet. Der Umgang mit einem Maultier erfordert ein besonderes Feingefühl. Nur Geduld, Verständnis und zuweilen ein Stück Zucker lassen die Freundschaft zwischen dem Tragtierführer und dem nicht selten störrischen Maultier allmählich wachsen. „Muli“ sind besonders ausdauernd und können auch bei Schneehöhen bis zu einem Meter bei vorgespurten Pfaden verwendet werden. Ihre durchschnittliche Tragfähigkeit beträgt 60 bis 100 Kilogramm. Besonders kräftige „Muli“ waren sogar imstande, Lasten bis zu 120 kg zu tragen.

Nachdem die zugewiesenen „Muli“ bei den Einheiten eingetroffen waren, begannen regelrechte Tragtierkurse, denn die Gewöhnung von Mensch und Tier an die große Kälte während des Marsches, aber erst beim Kampf verlangte viel Geduld und Ausdauer. Unvergeßlich die allwöchentlichen Biwaks im Regimentsrahmen, an denen — nicht selten zum Leidwesen der notorischen Drückeberger — jeder Soldat — vom Offizier bis zum letzten Mann teilnehmen mußte.

Wie sah nun die spezielle Ausrüstung der einzelnen Waffengattungen aus?

Die Gebirgsartillerie war mit zerlegbaren Geschützen, die auch auf Tragtiere verlastet werden konnte, zur unmittelbaren Feuerunterstützung für die weiter vorne kämpfenden Gebirgsjäger ausgestattet. Die Artillerieabteilungen unterstanden dem Artillerieregiment und arbeiteten mit den Gebirgsjägerregimenten eng zusammen. Die Vorteile der verlastbaren Gebirgsgeschütze lagen auf der Hand: sie konnten auch auf Saumpfaden und im gebirgigen Gelände den Gebirgsjägern folgen. Die Divisionsartillerie wurde für weitreichende Aufgaben herangezogen. Die schwere Artillerieabteilung bewältigte ihre Aufgaben (sofern vorhanden) mit den 12 sFH 18-Geschützen (15 cm).

Die Gebirgsbatterie (Soll-Bestand 356 Mann) war im allgemeinen mit vier Gebirgsgeschützen vom Kaliber 7,5 cm ausgerüstet. Der maximale Höhenrichtbereich dieses 7,5 cm-Gebirgsgeschützes 36, das bald zum Standardgeschütz der leichten Gebirgsartillerie wurde, lag bei 70 Grad. Die Schußweite betrug 9.250 Meter für das sechs Kilogramm schwere Geschoß. In der mittleren Kriegsphase verfügten die Gebirgsartillerieregimenter im allgemeinen über zwei Abteilungen mit 7,5 cm-Gebirgsgeschützen 36 (insgesamt 24 Geschütze), über eine Abteilung mit der leichten Feldhaubitze 18 (10,5 cm) oder wenn vorhanden mit der Gebirgshaubitze 42 (10,5 cm) und über eine Abteilung mit der schweren Feldhaubitze 18 (15 cm).

Oben: Vormarschstraße in Südrußland

Unten: Überquerung eines stark angeschwollenen Baches

Dermaßen ausgerüstet führte das Gebirgs-Artillerie-Regiment 82, das Oberst Freiherr van der Hoop bis zum November 1943 kommandierte, mit einer „winterbeweglichen Batterie“ eine Winterübung mit „scharfem Schuß“ im tiefverschneiten Bayerischen Wald durch.

Wie die Pioniere aller Armeen, so sind auch die Gebirgspioniere die Bahnbrecher und Wegbereiter der anderen Waffengattungen. Sie überwinden Geländehindernisse, beseitigen Sperren oder legen solche an; sie bessern Wege aus, bereiten Sprengungen vor und führen diese durch. Sie schlagen Brücken über Flüsse und sind stets darauf bedacht, die Bewegungen des Feindes zu stören und die der eigenen Truppe zu fördern. Für alle diese vielfältigen Aufgaben sind sie mit entsprechenden Geräten, Maschinen und Waffen ausgerüstet. Darüber hinaus sind die Gebirgspioniere für den Einsatz unter besonderen Bedingungen des Kampfes im gebirgigen und wegearmen Gelände geschult. Um diese Aufgaben erfüllen zu können, entsprach die Gliederung der Gebirgspionierbataillone im wesentlichen jenen der leichten Pionierbataillone des Heeres. Die Ausrüstung wurde durch zusätzliches Gerät, wie Seilzüge und berggängige Fahrzeuge, ergänzt.

Generell entsprach die Geräteausstattung des Gebirgspionierbataillons der eines normalen Pionierbataillons. Es bestand aus dem Brückengerät B — einschließlich Fährseilgerät —, mit welchem 8- bis 16-Tonnen-Kriegsbrücken aus Fähren mit Pontons gebaut werden konnten; aus Flammenwerfern, die fahr- und tragbar zur Verfügung standen; aus dem Spreng- und Zündgerät für elektische und Leitfeuerzündung; aus Drucklufterzeugern, die fahrbereit zur Verfügung standen; sowie Motorsägen, Zimmermann-Sätzen, vielem Schanzzeug und Baumaterial.

Darüber hinaus verfügte das Gebirgspionierbataillon noch über eine Reihe von Spezialgeräten. An dieser Stelle seien nur folgende genannt: Die Seilzuggeräte 150 und 500 kg, die den Bau von Pendel-zwei-Seilbahnen mit rund 1000 Metern Länge und 400 Meter Höhenunterschied ermöglichten. Die tragbaren Drucklufterzeuger mit 1 Atü Leistung konnten von zwei Mann getragen oder von einem Tragtier gezogen werden. Mit dem Gebirgsbrückengerät (Brückenkolonne G) konnte man eine 4 to-Hängebrücke von fast 40 Metern Länge für Kfz und bespannte Fahrzeuge, eine 2 to-Schlauchbootbrücke von rund 60 Metern Länge und einen gut begehbaren breiten Hängesteg bis zu 120 Meter Länge bauen. Die Vielseitigkeit und Leistung dieses leicht verlastbaren „Baukastens für

Oben: Der „russische Asphalt“ beeinträchtigt erheblich den Vormarsch der bespannten Kolonnen...

Unten: Sturmgeschütz auf dem Vormarsch...

Gebirgspioniere“ leistete den Gebirgsdivisionen an den verschiedenen Fronten wertvollste Dienste. Neben der Draht- und Funkverbindung besaßen die Gebirgspioniere die Winkerverbindung. Diese bewährte sich besonders beim Bau von Seilbahnen, bei Wegeerkundungen und Spähtrupps. Das Kriegsgerät K ermöglichte nach wenigen Vorbereitungen den stützlosen Bau einer rund 20 Meter langen 16 to-Brücke in der kurzen Bauzeit von sage und schreibe 20 Minuten. Die „gepanzerte FloßsackKolonne“ bestand aus 24 Panzerkampfwagen I, die auf einem kleinen Zweiradanhänger jeweils zwei große und einen kleinen Floßsack (Schlauchboot) mit sich führten. Ihre Aufgabe war, die Übersetzmittel in die vorderste Linie mitzuführen, um die überforderten Gebirgsjäger beim Überwinden von weiten Flußniederungen und im wegelosen Gelände zu entlasten. Minen und Sperrgerät dienten den Gebirgspionieren zur Absicherung von Straßen, Brücken und wichtigen Geländestreifen. Mit ihrem Einsatz konnten wertvolle Kräfte eingespart werden.

Solchermaßen ausgerüstet und bewaffnet, wurde die Ausbildung nicht nur bei den Gebirgspionieren, den Gebirgsartilleristen und den Gebirgsjägern, sondern in der gesamten 7. Gebirgs-Division trotz der Urlaubsperiode auf dem Truppenübungsplatz Grafenwöhr forciert. Dazu eine grundlegende Bemerkung: Für die Umstellung einer „Flachland-Division“ auf „Gebirgsgängigkeit“ in Mittelgebirgen — einschließlich der Tragtierausbildung — und die Intensivierung der Gefechtsausbildung wurden einige Wochen veranschlagt, wobei die Ausbildung am Tragtier — je nach der zur Verfügung stehenden Mannschaft — die größten Schwierigkeiten bereitete. Schließlich haben dann auch diese umgegliederten neuen Gebirgsdivisionen ihre Aufgaben zur vollsten Zufriedenheit erfüllen können. Es wäre jedoch ein Irrtum, zu glauben, daß man einfach durch bloße Umstellung eine „Flachland-Division“ ohne weiteres zu einer Gebirgsdivision machen könne. Die Umgliederung der 99. leichten Infanterie-Division in die 7. Gebirgs-Division blieb vor einem solchen Hintergrund eine rühmliche Ausnahme.

Mochten sich in jenen eiskalten Wochen auf dem Truppenübungsplatz Grafenwöhr auch noch so viele Angehörige der „Siebten“ nach wärmeren Ausbildungsplätzen gesehnt haben, der Frost und der Schnee hatten für die Truppe hinsichtlich ihres Ausbildungszieles und künftigen Einsatzraumes in Finnland zweifellos ihre Vorteile. Denn die Gefechtsausbildung der „Bergschuh“-Division konnte, so gesehen, gar nicht wirklichkeitsnaher ausfallen.

Aber auch in anderer Hinsicht wurde die 7. Gebirgs-Division für ihre neue Aufgabe gewissenhaft vorbereitet. Ein Lehrkommando finnischer Offiziere unterrichtete eindrucksvoll und aus eigener Erfahrung über den russisch-finnischen Winterkrieg im Wald- und Winterkampf. Die Schulen der Gebirgstruppen veranstalteten Skilehrgänge. Auf die Skiausbildung wurde besonderer Wert gelegt.

Skier und Schlitten waren die einzigen Fortbewegungsmittel, deren man sich im neuen Einsatzraum während der Winterzeit bedienen konnte. Die neu zur Truppe gestoßenen Tiroler, Steirer und Kärntner gaben ihre Kenntnisse und Erfahrungen im Skilauf in eifriger Breitenarbeit an die Ungeübten weiter. Jeder Dienst, der dazu die Möglichkeit bot, mußte fortan auf Skiern durchgeführt werden. Viele übten sich außer Dienst freiwillig im Gebrauch der ungewohnten Fortbewegungsmittel. Der Erfolg blieb nicht aus. Bald konnten Gefechtsschießen und Übungen aller Art auf Skiern durchgeführt werden.[48])

Chronik des Kriegsjahres 1942

1. Januar: Vertrag von Washington; 26 Kriegsgegner der Achsenmächte verpflichten sich, keinen Sonderfrieden mit diesen zu schließen. Angriff der Japaner gegen die Philippinen

20. Januar: Wannsee-Konferenz über die Endlösung der Judenfrage

21. Januar: Rommels zweite Offensive in Nordafrika

23. Januar: Angriff der Japaner gegen Niederländisch-Indien

8. Februar: Deutsche Truppen bei Demjansk eingeschlossen

12. Februar: Albert Speer wird Nachfolger des verstorbenen Rüstungsministers Todt

26. Mai: Rommels dritte Offensive in Nordafrika

27. Mai: Reinhard Heydrich, der Reichssicherheitschef, seit September 1941 geschäftsführender Reichsprotektor in Böhmen und Mähren, wird in Prag das Opfer eines Attentats. Als Vergeltung wird am 10. Juni der Ort Lidice liquidiert

30. Mai: Luxemburg wird dem Großdeutschen Reich eingeliedert

3.—7. Juni: Seeschlacht bei Midway, Japan. Niederlage

21. Juni: Rommel nimmt Tobruk ein und erreicht Anfang Juli El Alamein

28. Juni: Beginn der deutschen Sommeroffensive aus dem Raum östlich und südlich von Charkow gegen den Don und später gegen die Wolga und den Kaukasus

3. Juli: Räumung Sewastopols durch die sowjetischen Truppen

21. August: Hissung der deutschen Reichskriegsflagge auf dem Elbrus

30. August: Rommels vierte und letzte Offensive in Nordafrika. Sie scheitert jedoch an Treibstoffmangel

24. September: Generaloberst Halder als Chef des Generalstabes des Heeres entlassen; Nachfolger wird General Zeitzler

17. Oktober: Beginn des letzten deutschen Angriffs auf Stalingrad

23. Oktober: Beginn der vierten britischen Offensive in Nordafrika

2. November: Deutsche Niederlage bei El Alamein. Rommel tritt am 3. 11. den Rückzug an

7. November: Beginn der alliierten Landungen in Französisch-Nordafrika (Marokko und Algerien)

11. November: Besetzung des nach dem Waffenstillstand 1940 unbesetzt gebliebenen Teiles Frankreichs durch die Deutschen

13. November: Niederlage der Japaner in der Seeschlacht bei den Salomon-Inseln

Ende November: Durchbruch der Roten Armee nördlich und südlich von Stalingrad, Einschließung der 6. Armee und weiterer Verbände unter dem Oberbefehlshaber Generaloberst Paulus

Die zweigeteilte Division

Es war Anfang Januar 1942, als die Einheiten der 7. Gebirgs-Division, die nach Finnland bzw. Lappland verlegt werden sollten, im Raum von Stettin zusammengezogen wurden. Die Temperaturen waren in jenen Tagen derart gesunken, daß sogar die Ostsee, über die die „Bergschuh"-Division mit Schiffen zum finnischen Kriegsschauplatz transportiert werden sollte, zuzufrieren begann. Man begann daher in großer Hektik mit der Verladung der Truppe, ihrer Ausrüstung, Waffen und Geräte. Nachdem man auf vier Transportern mit etwa 10.000 BRT zwei Bataillone des Gebirgs-Jäger-Regiments 218 und den dazugehörigen Regimentsstab verladen hatte, stach der kleine Konvoi in See. Das nun folgende Wettrennen zwischen der Kälte und den Gebirgsjägern der „Siebten" entschieden schließlich die extremen klimatischen Bedingungen. Ein Transporter, der die 16. [Panzerjäger] Kompanie/218 aufgenommen hatte, fuhr auf eine Sandbank und begann langsam abzusacken. Die anderen 3 Schiffe mußten nun zwangsweise ihre Fahrt stoppen, um die Schiffbrüchigen zu übernehmen. Dabei froren auch die anderen Schiffe so stark ein, daß sie ohne Hilfe von Eisbrechern nicht mehr bewegungsfähig gemacht werden konnten. Daraufhin wurden die Mannschaften auf die übrigen Schiffe verteilt, das schwere Gerät mußte allerdings auf dem abgesackten Schiff zurückgelassen werden.

Nach einigen Tagen ungewissen Abwartens kam ein finnischer Eisbrecher zu Hilfe, der den eingefrorenen Schiffskonvoi freibekam. Doch die Freude darüber währte nicht lange, denn dieser Eisbrecher fuhr nun ebenfalls auf eine Sandbank auf, so daß der ganze Konvoi samt dem Eisbrecher abermals einfror. Nun war in der Tat guter Rat teuer, denn die Finnen besaßen selbst nur wenige Eisbrecher. Dennoch funkte man nach Helsinki und bat, auf dem schnellsten Weg einen weiteren Eisbrecher zu schicken.

Wie vertrieben sich nun mittlerweile die inmitten der Ostsee eingefrorenen Einheiten der 7. Gebirgs-Division die Zeit?

Getreu dem alten Grundsatz, daß ein Soldat nie unbeschäftigt sein soll, wurden kurzerhand Skilanglaufübungen angeordnet. Gesagt, getan. Behende kletterten die Gebirgsjäger über Strickleitern die Schiffswände hinunter, um dann ein Gefechts- und Langlauftraining auf der zugefrorenen Ostsee durchzuführen — bis nach einer unendlich lang erscheinenden Wartezeit der heißersehnte Eisbrecher der Finnen kam. Nun wurden in mühsamer Arbeit alle Schiffe wieder flottgemacht, so daß der Konvoi seine Fahrt nach Hangö fortsetzen konnte.

So also verlief der Transport der Gebirgsjäger der „Bergschuh"-Division über die Ostsee nach Finnland. Doch mit welchen zusätzlichen Schwierigkeiten Offiziere, Unteroffiziere und Mannschaften, ja selbst die Tragtiere bei diesem ungewöhnlichen Seetransport fertig werden mußten, darüber berichtet uns Triglav Bauer:

„Die Transportschiffe waren ganz normale Frachter, die für derartige Zwecke unter diesen arktischen Bedingungen absolut nicht geeignet waren. Man hatte lediglich aus Holzplatten Pritschen direkt an die Stahlwand der Laderäume ohne jegliche Isolation angebaut und in regelmäßigen Abständen kleine Kanonenöfen, deren Abgase durch ellenlange Rohre zu den nächstmöglichen Öffnungen geführt werden mußten. Welche Temperaturen letztlich da unten herrschten, kann sich jeder vorstellen, wenn man daran denkt, daß damals auf der Ostsee Temperaturen bis zu —20° herrschten.

Die sanitären Bedingungen waren fürchterlich, da auf derartigen Frachtern nur für ganz wenige Toiletten bereitstanden. Man hatte jedoch den Ausweg gefunden, in Form von balkonartigen Aufbauten Latrinen — sogenannte Achtzylinder, das heißt Latrinen mit jeweils 8 Löchern — freischwebend über der Reling anzubringen. Es ist sicherlich überflüssig zu sagen, wie nach kurzer Zeit diese Toiletten bei diesen extremen Temperaturen aussahen und daß manch einer sich den Fuß verstauchte oder auch sogar brach, bloß wenn er dort hinauf wollte. Von dem eisig wehenden Wind, der einen umfächelte, überhaupt nicht zu sprechen.

Die Fahrt nach Finnland war für maximal 3 Tage veranschlagt, während wir ca. über eine Woche unterwegs waren. Dies bedeutete wiederum, daß die Kohlevorräte außerordentlich knapp wurden und für die Beheizung der Ställe und Mannschaftsräume so gut wie nichts übrigblieb. Dasselbe traf auch auf die Verpflegung zu, die selbst bei äußerster Streckung rapide dem Ende entgegenging und unsere treuen Mulis vor Hunger brüllten. Nachdem sie auch ihre Holzstangen im Stall an- und abgeknabbert hatten, mußte der Befehl erteilt werden, daß der größte Teil geschlachtet wurde, um wiederum die Mannschaften mit den notwendigsten Lebensmitteln zu versorgen, da z. B. am Ende der Fahrt keine Krume Brot und ähnliche Dinge zur Verfügung standen.

Als der Konvoi im finnischen Hafen ankam, verließ eine wirklich vollkommen ausgehungerte Truppe die Schiffe. Man hatte zur Zufriedenheit aller Vorbereitungen getroffen, um uns wieder aufzupäppeln. Nur die Tatsache, daß die Luftherrschaft in der Ostsee ausschließlich bei den Deutschen lag, verhinderte ein großes Desaster, denn die eingefrorenen Schiffe waren ja für die gegnerischen Fliegerasse geradezu ein allzu verlockendes Ziel.

Ergänzend soll noch gesagt werden", so unser Augenzeuge abschließend, „daß wir uns in Sichtweite der schwedischen Küste bewegten. Ein Zeichen für die hohe Moral der Truppe war es, daß nicht ein einziger Fall von Desertion bekannt wurde, obwohl dies angesichts der damaligen Wetterverhältnisse — viel Dunkelheit und Nebel — ohne weiteres möglich gewesen wäre."[49])

Lediglich der Stab, das I. und II. Bataillon des Gebirgs-Jäger-Regiments 218 und das Gebirgs-Pionier-Bataillon 99 erreichten unter den größten Schwierigkeiten in jenem bitterkalten Winter 1941/42 Finnland. (Ursprünglich sollte die 7. Gebirgs-Division die 2. von der Liza zurückgezogene Gebirgsdivision ablösen. Für die in den ersten Wintermonaten des Jahres 1942 koordiniert zu führenden Angriffe sollte u.a. die „Siebte" gegen den Westteil der Fischer-Halbinsel eingesetzt werden.) Das III. Bataillon des Gebirgs-Jäger-Regiments 218, das bereits zum Seetransport in Neufahrn bei Danzig bereitstand, wurde wegen der zugefrorenen Ostsee dann wieder zurückgeführt und setzte bei Amberg in der Oberpfalz seine Ausbildung fort. Damit war die 7. Gebirgs-Division endgültig in Einzelverbände zerrissen. Ein Alptraum für jeden Kommandeur!

Vom finnischen Hangö, das am 3. Dezember 1941 von den Sowjets geräumt worden war, fuhren die wenigen über die Ostsee transportierten Einheiten der „Bergschuh"-Division — nämlich das Gebirgs-Jäger-Regiment 218 (allerdings ohne III./218; jedoch mit der 16. [Pz.Jg.] Kp./218) und das Gebirgs-Pionier-Bataillon 99 — nach ihrer Ausschiffung mit der Bahn über Turku nach Hyrinsalmi. Dort wurden sie auf bereitstehende Lkws verladen und auf winterlichen Straßen und über die stark zugefrorenen Seen Kareliens an die Uchtua-Front verlegt, wo sie sogleich dem finnischen Infanterie-Regiment 11 unterstellt und in die HKL der Finnen eingereiht wurden.

Hier haben sich diese Einheiten der auseinandergerissenen 7. Gebirgs-Division in zwei harten Abwehrkämpfen in der sogenannten Hufeisen-Stellung zum ersten Male bestens bewährt.

Anders als für die bisher genannten Einheiten waren die Weichen für die restlichen Verbände der 7. Gebirgs-Division gestellt: Die III. und IV.

Abteilung des Gebirgs-Artillerie-Regiments 82 kamen am Wolchow zum Einsatz; die übrigen Verbände verblieben vorläufig in und um Grafenwöhr und setzten dort wie das III./Gebirgs-Jäger-Regiment 218 ihre Ausbildung fort — und zwar solange, bis sie — das Gebirgs-Jäger-Regiment 206, das III./Gebirgs-Jäger-Regiment 218 und die I./Gebirgs-Artillerie-Regiment 82 — am 1. März 1942 zu einer Kampfgruppe unter dem erfahrenen Oberst Hoffmeister zusammengestellt wurden und mit vorläufig noch unbekanntem Ziel den Truppenübungsplatz verließen...

Und wie immer, wenn Soldaten einem unbekannten Ziel entgegenfahren, geisterten schon bald die ersten „Latrinenparolen" durch die klirrend kalten Abteile der Eisenbahnwagen.

„Nun geht es auf dem Landweg nach Finnland", orakelten die einen und dachten dabei in erster Linie an eine Zusammenführung der verschiedenen Einheiten der zweigeteilten „Bergschuh"-Division.

„Vielleicht rollen wir in Richtung Moskau", mutmaßten die anderen, denen die Winterkrise des deutschen Ostheeres vor der russischen Hauptstadt nicht verborgen geblieben war.

Über Leipzig, die weltbekannte Buch- und Messestadt, erreichten die Gebirgssoldaten der „Kampfgruppe Hoffmeister" Berlin, die deutsche Reichshauptstadt. Doch statt eines Bummels über den „Kudamm", wie die Berliner die Prachtstraße ihrer Weltstadt liebevoll zu nennen pflegen, ging es weiter, nämlich ostwärts, wie allgemein vermutet wurde: durch die Mark Brandenburg über die Oder, auf der sich dicke Eisschollen in geradezu wild erscheinenden Formationen übereinandertürmten und schließlich durch das weite, flache Wartheland nach Posen. Manch einer mag dabei von jenem Polenstädchen geträumt haben, wo einst, wie es das berühmte Soldatenlied aus dem Ersten Weltkrieg so sehnsüchtig ausdrückt, ein Mädchen lebte, nämlich „das allerschönste Kind, das man in Polen findt..."

Der kälteste Winter, den man seit rund 150 Jahren registrierte, sorgte während des Transports für einige Überraschungen. Wenden wir uns zuerst einer heiteren zu:

„Als besonders mißlich wurde das Einfrieren der Aborte empfunden", erzählt Schuler. „Versuche, mit heißem Wasser oder Pistolenschüssen dem Übel abzuhelfen, waren nutzlos. Mehr Erfolg hatte ein offenes Feuer, das beim ersten Halt unter den Wagen angelegt wurde. Die Überraschung war allerdings nicht gering, als nach kurzer Fahrt die Wagen zu rauchen begannen. Das Holz der Wagen hatte durch das Feuer zu glimmen begonnen. Die harmlose Glut entfachte sich durch den Fahrtwind und verursachte Brände. Mit Schnee und Humor — beides gab es in jeder Menge — wurde das Unheil abgestellt." Aber auch einen ernsten Zwischenfall weiß uns Schuler zu berichten: „Die Transporte der 6. und 7. Kp., deren

Chefs — Hptm. Schorr und Obltn. Hofmann — alte bewährte Kämpfer und ebensolche Freunde waren, rammten sich auf freier Strecke eines Nachts durch falsche Weichenstellung. Jeder dachte sofort an Sabotage und Partisanenüberfall, als einige Wagen den Bahndamm hinunterrollten, und ergriff Abwehrmaßnahmen. Beide Kompanien wollten trotz der Dunkelheit angreifen. Als die Kp.-Chefs hierzu ihre Befehle gaben, erkannten sie sich erleichtert an den vertrauten Stimmen. Verluste und Schäden waren dabei nicht entstanden."[50])

Und weiter rollte der Zug: Thorn hieß die nächste Station der „Kampfgruppe Hoffmeister" auf ihrem Transport in Richtung Osten. Nicht nur die Kälte, die durch die kleinsten Ritzen in die Waggons drang, wurde eisiger, auch das Schweigen, das viele angesichts der ungewissen Zukunft befallen hatte, wurde frostiger. Wie gut, daß hier wenigstens die überall anzutreffenden Stimmungskanonen der Kompanien mit ihren Witzen und ihrem gesunden Soldatenhumor für die nötige Entspannung sorgten.

Doch Soldatenhumor hin, Soldatenhumor her, die Wirklichkeit sah ganz anders aus. Von der zugefrorenen Weichsel ratterten die Transporte, die Gebirgssoldaten der „Kampfgruppe Hoffmeister", durch die Masurische Seenplatte Ostpreußens nach Insterburg. Das litauische Wilna und das lettländische Dünaburg waren die nächsten Stationen dieses Trosses auf ihrem Weg nach dem Osten, der jetzt einen nordöstlichen Drall, in Richtung Leningrad, bekommen hatte.

„Über Leningrad nach Finnland?" rätselten nicht wenige, denen dieser ganze Bahntransport immer unheimlicher zu werden schien. „Warum ausgerechnet über das einstige Petersburg, die Residenz der Zaren, in das Land der tausend Inseln und Seen?"

Daß es dann doch nicht nach Finnland ging, wurde erst zur Gewißheit, als die „Kampfgruppe Hoffmeister" über Pleskau, Porchow und Dno den Ort Ssolzy, der rund 40 Kilometer westlich des Ilmensees liegt, erreichte. Bruno Steinbach, ein sensibler Gebirgsjäger, hat in seinen Briefen und Aufzeichnungen die innere Anspannung, der er während des Transportes an die Ostfront im März 1942 ausgesetzt war, beschrieben:

„Irgendwo wartet die Ostfront auf uns", schrieb er am 18. März 1942. „Aus einigen Anzeichen kann man schließen, daß sie sogar sehnsüchtig wartet... Der Ruf, der dem Osten vorausgeht, läßt mich kalt. Schließlich haben wir auch schon Tage überlebt und überstanden, welche die Grenze des Tragbaren gestreift haben."[51])

Und am 20. März 1942 schrieb Steinbach, „einer der besten, tüchtigsten und tapfersten Soldaten", wie ihn sein ehemaliger Regimentskommandeur charakterisierte:

„Mit einer großen Spannung sehe ich Rußland entgegen. Ich empfinde

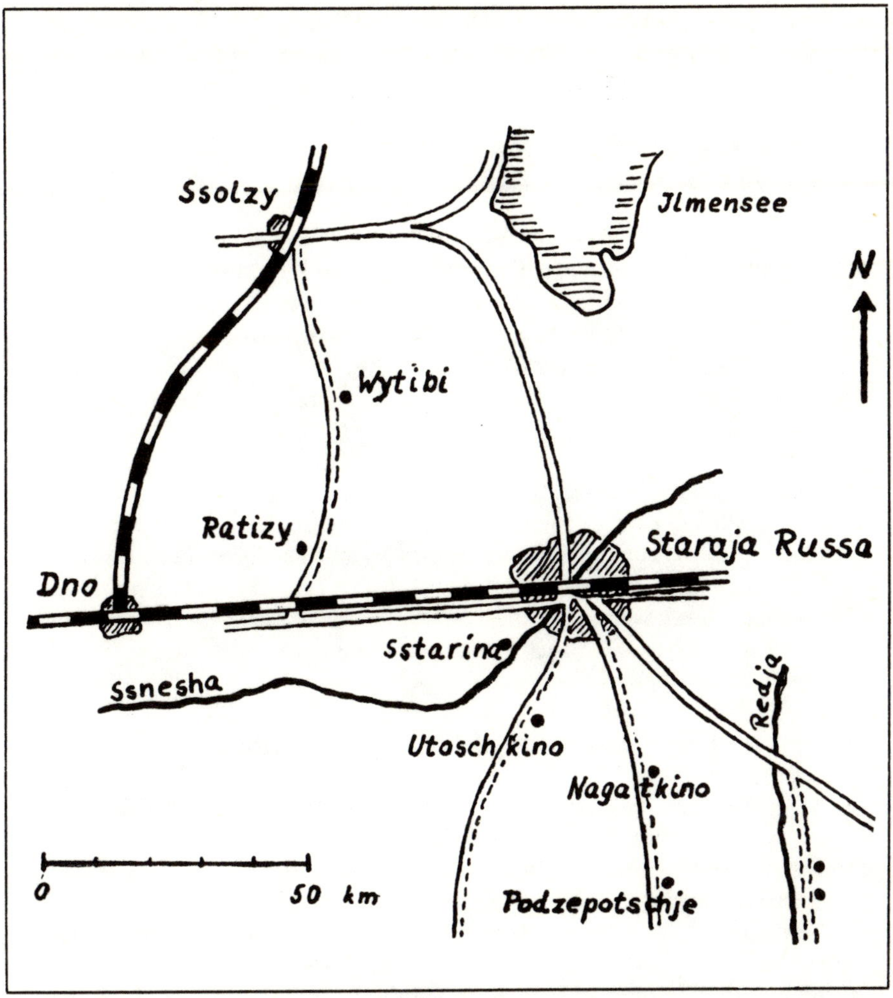

Der Marsch in den Einsatzraum am Ilmensee der geteilten „Bergschuh"-Division

es wie ein Fieber, von dem man weiß, daß es kommen wird und durch welches man hindurch muß ... Um mein Leben habe ich noch nicht gebetet, jedenfalls nicht so wie um andere Dinge, die man heiß erfleht hat. Was ist eigentlich wesentlich? Das ist der Gedanke, der immer wieder mit elementarer Gewalt heraufdrängt. Daß es das körperliche Leben nicht ist, ist klar. Aber alles geistige Leben, soweit wir es mit unserem Willen gestalten können. Und so ist das Leben wenigstens mittelbar auch wichtig.

Denn die Entwicklung der Persönlichkeit ist doch mit dem Augenblick des Todes abgeschlossen oder auch abgebrochen. Wenn auch die Persönlichkeit im Augenblick des Todes noch Mängel in sich trägt, so ist doch dieser Augenblick etwas Erstrebenswertes. Wenn man in der Gnade lebt, so verliert der Tod jeden Schrecken. Er kommt als Freund. Wie immer, so gehe ich auch in diesen Einsatz ruhig und innerlich frei."[52])

Bald nach dem Schreiben dieses Briefes traf Kompaniechef Bruno Steinbach bei einem Angriff der Gebirgsjäger im Nordabschnitt der schwer ringenden Ostfront die tödliche Kugel. Er starb am 19. April 1942, erst 27 Jahre „jung", im Lazarett in Königsberg. Als seine sterblichen Überreste auf dem Militärfriedhof vor dem Sackheimer Tor zu Grabe getragen wurde, erklang auch für ihn das bei feierlichen Anlässen millionenfach gesungene Lied:

„Ich hatt' einen Kameraden..."

Auf der kleinen Bahnstation Ssolzy, die an der Bahnlinie Witebsk — Leningrad liegt, kam es für die Soldaten der geteilten „Bergschuh"-Division zunächst zum großen Halt. Als letzter Bahntransport traf das III./Gebirgs-Jäger-Regiment 218 am 19. März 1942 in Wolot bei Staraja Russa ein. Jetzt war auch dem letzten klargeworden, wohin ihn das Soldatenschicksal verschlagen hatte: zum Einsatz am Ilmensee.

Die Heeresgruppe Nord vor Leningrad

Bereits in der „Weisung Nr. 21" für das Unternehmen „Barbarossa" vom 18. Dezember 1940 hieß es: „Erst nach Sicherstellung dieser vordringlichsten Aufgabe", welcher nämlich nach der „Vernichtung der Feindkräfte im Baltikum... die Besetzung von Leningrad und Kronstadt folgen muß..., sind die Angriffsoperationen zur Besitznahme des wichtigen Verkehrs- und Rüstungszentrums Moskau fortzuführen."[53])

Und in der Tat: Hitler hielt auch während des Ostfeldzuges an seinem ideologischen Ziel, Leningrad, die Perle des europäischen Rußland, als die Brutstätte des sowjetischen Kommunismus zu zerstören, fest.

Wie stand es nun um die Operationen der Heeresgruppe Nord, der schwächsten aller drei im Ostfeldzug operierenden Heeresgruppen, die unter dem Oberbefehl von Generalfeldmarschall Wilhelm Ritter von Leeb stand, in Richtung Leningrad?

Zunächst verliefen die weiträumigen Bewegungen und Kämpfe der Heeresgruppe mit ihrer 16. und 18. Armee (Busch und von Küchler) sowie der Panzergruppe 4 (Hoepner) mit insgesamt 20 Infanterie-, 3 Panzer- und 3 motorisierten Divisionen von Ostpreußen aus in Richtung Nordosten zügig und planmäßig. Sie hatte bekanntlich den Auftrag, den Feind im

Baltikum zu schlagen, das Land und die Ostseehäfen zu besetzen und abschließend Leningrad und Kronstadt zu erobern. Damit sollte die Rote Flotte außer Gefecht gesetzt werden. Unterstützt wurde diese Operation durch schnelle Verbände des Nordflügels der Heeresgruppe Mitte. Als erstes operatives Ziel wurde der Raum von Opotschka, der rund 360 km südlich von Leningrad lag, anvisiert.

Auf der anderen Seite hatte der russische Oberbefehlshaber der Heeresgruppe „Baltikum", Marschall Woroschilow, seine Truppen von Anfang an tief gestaffelt — und zwar 7 Divisionen an der ostpreußischen Grenze und weitere 26 Divisionen und 6 motorisierte Brigaden von Wilna bis Schaulen und von Opotschka bis Pleskau! Der russische Aufmarsch war also auf Abwehr, Hinhalten und Ausweichen eingestellt.

So stieß der deutsche Angriff vorerst nur auf schwachen Widerstand. Von Mansteins Panzerkorps brauste in nicht mehr als drei Tagen über den Dubissa-Abschnitt bis zur Düna in Dünaburg vor und erzwang nach diesem verwegenen Raid von über 300 Kilometern auch noch einen Brückenkopf. Nachdem dann auch noch bei Jakobstadt die Düna überschritten worden war, schlossen die Infanterie-Korps mit improvisierten motorisierten Vorausabteilungen überraschend schnell auf, so daß bis zum 28. Juni Libau, bis zum 29. Juni Riga, bis zum 1. Juli Windau, bis zum 9. Juli Pleskau und tags darauf sogar Opotschka erreicht wurde. Trotz dieser Erfolge der Heeresgruppe Nord war die Rote Armee auch im Nordabschnitt der Ostfront keineswegs entscheidend zerschlagen worden. Vielmehr hatte sich die Masse des Feindes unter der wendigen Führung Woroschilows planmäßig der Vernichtung oder Gefangennahme entzogen.

So war zwar auch im Nordabschnitt das Ziel der ersten Operationsphase mit der Dnjepr-Düna-Linie räumlich erreicht worden; wesentliche Feindverbände wurden jedoch nicht vernichtet und standen so der sowjetischen Führung weiterhin zur Verfügung.

Zwar hatte die Heeresgruppe Nord bis Anfang September 1941 die Newa erreicht, am 8. September Schlüsselburg genommen und war sogar nach heftigen Kämpfen mit ihren angesetzten Panzerverbänden bis an das südlich von Leningrad gelegene Höhengelände vorgedrungen, aber die Stadt selbst konnte nicht erobert werden, weil einerseits am 16. September bei General Reinhardt, einem der bewährtesten Panzerführer, ein Befehl eintraf, der besagte, daß die Panzergruppe Hoepner sofort das Höhengelände zu verlassen und zu anderweitiger Verwendung nach Süden abzumarschieren habe, und weil sich andererseits die erlahmenden eigenen Kräfte gegen den fanatischen Widerstand der Leningrader Arbeitermilizen nicht mehr durchzusetzen vermochten. Auch der deutsche Versuch, einen sowjetischen Brückenkopf bei Oranienburg, der von russischen Marineeinheiten zum Schutz von Kronstadt gebildet wurde, zu beseitigen, mißlang aus Kräftemangel. Ebenso war es den Deutschen nicht gelungen, die Verbindung mit den Finnen, die zwischen Onega- und Ladogasee bis zum Swir vorgestoßen waren, herzustellen und den Fall der Stadt durch eine Einkreisung und Blockade, bei der die Millionenbevölkerung durch Aushungern dezimiert werden sollte, zu erzwingen.

Der deutsche Angriffsschwung war auch bei der Heeresgruppe Nord, wo die Verluste besonders hoch waren, erlahmt. Der Rückschlag vor Moskau lag in jenem schicksalsschweren Winter 1941/42 wie ein langer, bedrohlicher Schatten über der Ostfront. Trotz massiver russischer Entlastungsangriffe konnte die Front jedoch vor Leningrad, am Wolchow und am Ilmensee bis zum Frühjahr 1942 gegenüber örtlichen russischen Einbrüchen gehalten werden.

Doch bald vergrößerte der Russe seine Präsenz auf dem Schlachtfeld, die die Deutschen irgendwie erwartet hatten, schlagartig. Am 8. Januar begann die russische „Nordwest-Front" mit drei Armeen (11., 34. und 1. Stoß-Armee) ihre Offensive gegen die HKL der deutschen 16. Armee südlich des Ilmensees, um im Zusammenwirken mit Teilen der russischen „Kalinin-Front" (3. Stoß-Armee) den Südflügel der Heeresgruppe Nord zu zerschlagen. Eine kühne Operation, die die Russen sich da ausgedacht hatten!

Bereits einen Tag nach Angriffsbeginn, am 9. Januar 1942, war es den Sowjets gelungen, das im Raum von Demjansk stehende deutsche II. Armee-Korps und die Masse des X. Armee-Korps von Norden her von seinen rückwärtigen Verbindungen abzuschneiden. Damit war ein Kriegsschauplatz entstanden, der in den folgenden Tagen, ja gar Wochen und Monaten im Bereich der Heeresgruppe Nord immer mehr in den Brennpunkt des Geschehens rückte und an dem später auch Truppenteile der geteilten 7. Gebirgs-Division beteiligt sein sollten.

Nun, die schweren Kampfhandlungen an der Ostfront im Winter 1941/42 waren trotz aller „Abwehrerfolge" auch an der Deutschen Wehrmacht nicht spurlos vorübergegangen. Die Notizen des Generaloberst Halder zur Lage veranschaulichen uns das recht eindrucksvoll. Am 15. Februar 1942 zog der Generalstabschef des Heeres folgende erschütternde Gesamtbilanz (seit Beginn des Ostfeldzuges):

„**Verluste:** 22. Juni 41 — 10. Februar 42:

Gefallen:	7.872 Offz.,	191.276 Uffz. und Mannsch.
Verwundet:	21.130 Offz.,	681.236 Uffz. und Mannsch.
Vermißt:	729 Offz.,	43.730 Uffz. und Mannsch.
Gesamt:	29.731 Offz.,	916.242 Uffz. und Mannsch.

Gesamtverlust des Heeres (ohne Kranke) 945.973 = 29,56% des Ostheeres (3,2 Mill.).

Lage: Südlich des Ilmensees verschärft. Neue Kräfte des Feindes sind aufgetreten und werden weiter herangeführt. Im übrigen keine wesentliche Veränderung. Überall Abwehrerfolge. An einzelnen Stellen Ausräumen feindlicher Kessel (4. Armee). Eigene Verluste nehmen zu.“[54])

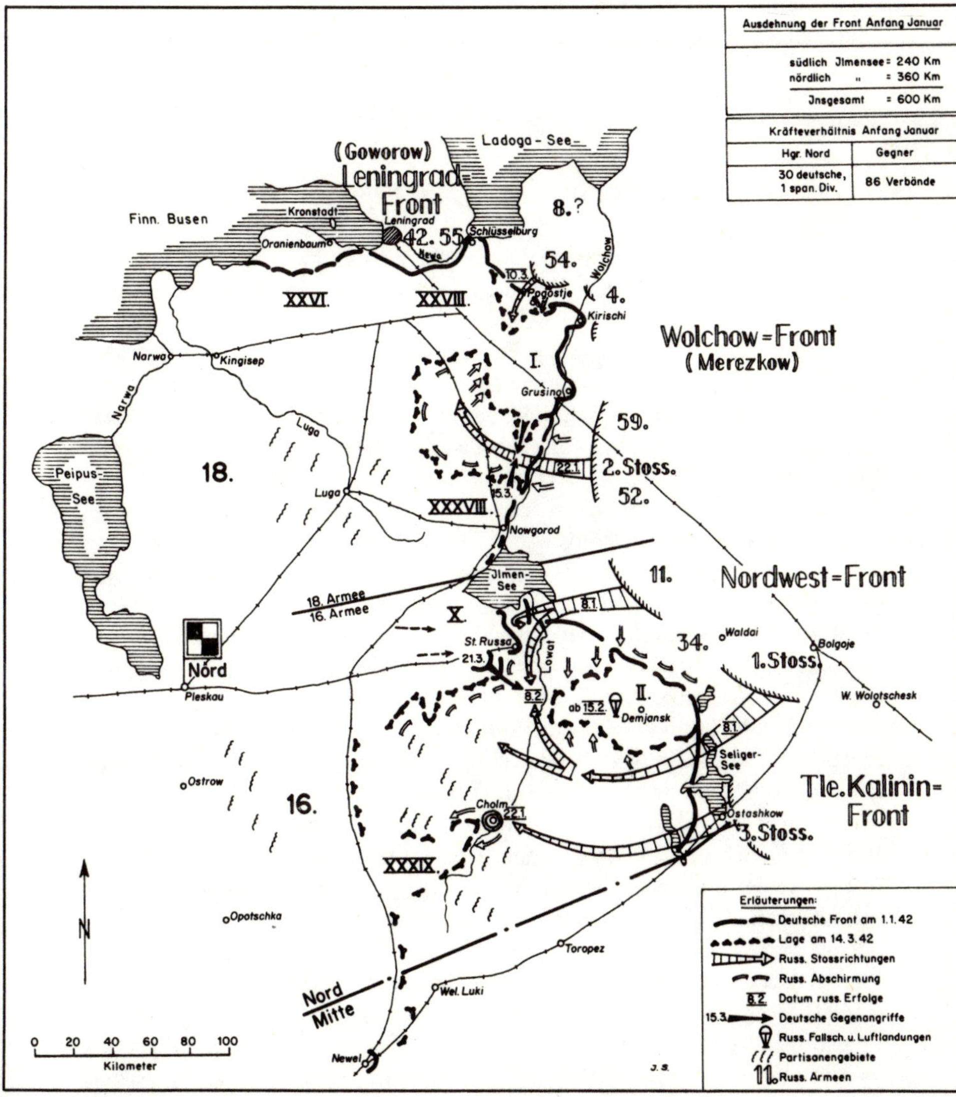

Die Lage der Heeresgruppe Nord während der russischen Winteroffensive von Anfang Januar bis Ende März 1942

In der Tat: Die eigenen Verluste häuften sich auch im Bereich der Heeresgruppe Nord, wo u. a. die 5. und 7. Gebirgs-Division südlich von Leningrad in immer härtere und verlustreichere Kämpfe verwickelt wurden, in einem geradezu erschreckendem Ausmaße.

Greifen wir aus den zahlreichen Kampfhandlungen der „Kampfgruppe Hoffmeister" die bedeutendsten heraus, nämlich die Winterkämpfe im März 1942 am Ilmensee sowie die Frühjahrskämpfe am Redzyweg, bei Goruschka und am Gridinoweg.

Die Winterkämpfe im März 1942 am Ilmensee

Geradezu sehnsüchtig wurde die „Kampfgruppe Hoffmeister" in ihrem neuen Kampfabschnitt am Ilmensee, einem dreiecksförmigen, je nach Wasserstand zwischen 660 bis 2230 Quadratkilometer großen See, in jenen Märztagen des Kriegsjahres 1942 erwartet, um die hart ringenden deutschen Truppen gegen die russischen Angriffe wirkungsvoll zu entlasten. So war es nicht verwunderlich, daß sie bereits in Ssolzy von einem Offizier der 122. Infanterie-Division abgeholt und im Raum um Wytihi am 13. und 14. März in die Stellungen der 122. I. D., der sie zunächst im Rahmen des X. Armee-Korps, das wiederum der 16. Armee angehörte, unterstellt und eingewiesen wurde. Schon auf ihrem Marsch dorthin bekamen die Soldaten der Kampfgruppe einen Vorgeschmack auf das, was sie in den nächsten Tagen und Wochen erwarten sollte: dicht bewachsene Fichten- und Birkenwälder, eine uferlose Sumpf- und Moorlandschaft sowie armselige Siedlungen, die durch Straßen und Wege, die beim besten Willen nicht mit mitteleuropäischen Maßstäben zu vergleichen waren, verbunden wurden; und zu alledem versuchten die russischen Nachtflieger, „Nähmaschinen" oder „Iwan vom Dienst" genannt, wiederholt, die Aktivitäten der Deutschen zu stören. Das war um so ärgerlicher, als die Marschbewegung auf Grund der hohen Schneelage auf Winterbeweglichkeit umgestellt und die Einheiten dafür eigens umgegliedert werden mußten. Ungewohnt waren die überbelegten und verlausten Unterkünfte an der Vormarschstraße, die fast ausnahmslos zerstört und nur notdürftig ausgebessert waren. Doch allzu lange hatten die Soldaten der „Kampfgruppe Hoffmeister" nicht Zeit, um sich mit der neuen Umgebung und ihren Besonderheiten, die sowohl den Einsatzraum wie auch den Gegner betrafen, vertraut zu machen, denn bereits am 20. März wurde die „Stoßgruppe Seydlitz" unter Hinzuziehung der „Kampfgruppe Hoffmeister" gebildet, um einen Angriff zu führen, der eine der schwersten Schlachten des Ostfeldzuges eröffnen sollte.

Für dieses Unternehmen „Brückenschlag", so der Name der Operation, hatte die Stoßgruppe folgenden Auftrag erhalten:

„Feind hat mit stärkeren Kräften das II. Armeekorps im Raum um Demjansk eingeschlossen.

X. Armeekorps stellt durch Angriff aus dem Raum südlich Staraja Russa die Landverbindung zum II. A. K. wieder her. Die Stoßgruppe Seydlitz kämpft die Straße Staraja Russa, Kobylkino, Wasseljeschtschina als Nachschubstraße frei.

Ihr werden unterstellt:

5. Jäg.-Div.,
8. Jäg.-Div.,
Masse 122. Inf.-Div.,
329. Inf.-Div. (Walküre),
1. Luftw.-Feld-Rgt.,
Verst. Geb.-Jg.-Rgt. 206,
Versch. Heerestruppen.

Das Gelingen des Angriffes ist entscheidend für das Schicksal des II. A.K. Er hat am 21. 3. zu beginnen."

Die Aufgabe, die die „Stoßgruppe Seydlitz" im März 1942 erhalten hatte, nämlich aus dem Raum südlich von Staraja Russa heraus das im Kessel von Demjansk eingeschlossene II. Armee-Korps freizukämpfen, war in zweierlei Hinsicht besonders schwierig. Einerseits lag in Rußland noch meterhoher Schnee bei extrem niederen Temperaturen; andererseits hielten die Sowjets das II. Armee-Korps mit starken Kräften, die einen Einschließungsring mit erheblichen Feldstellungen in einem undurchsichtigen Waldgelände aufgebaut hatten, umklammert. Deutscherseits war Artillerieeinsatz zur Unterstützung der Infanterie nur in beschränktem Maße möglich. In erster Linie war man auf die Unterstützung der Stuka angewiesen.

Nach anstrengenden Wintermärschen erreichte die Stoßgruppe die Redja. Am 23. März löste das II./Gebirgs-Jäger-Regiment 206 das II./Jäger-Regiment 38 bei Kudrowka und das III./Gebirgs-Jäger-Regiment 218 das III./Jäger-Regiment 38 bei Koslowa ab, um sich zum Angriff in Richtung Ramuschewo bereitzustellen. Jedem Bataillon war ein Zug der 16. (Pz.-Jg.) Kp./Gebirgs-Jäger-Regiment 206 zugeteilt worden. Das I. und III./Gebirgs-Jäger-Regiment 206 blieben in Reserve. Durch Oberst Hoffmeister wurde Oberstleutnant Pannwitz als vorgeschobener Regimentsführer eingeteilt. Das III./Gebirgs-Jäger-Regiment 218 übernahm Hauptmann Schüßler.

Der Angriff war für den 27. März befohlen. Er mußte aber wegen des starken Schneetreibens, das die geplanten Stukaeinsätze verhinderte, verschoben werden. Zu alledem versperrte eine stark ausgebaute Feindstellung, die erst nach entsprechender Feuervorbereitung genommen werden konnte, den Angreifern den Weg in die gegnerischen Stellungen. Leider konnte in dieser Situation auch die I./Gebirgs-Artillerie-Regiment 82 nicht herangezogen werden, da ihre Granaten vom Kaliber 7,5 cm im tiefen Schnee nicht die erhoffte Wirkung zeigten. Doch dann war es endlich soweit:

„Der Angriff begann am 28. März, um 11.36 Uhr, nach einem Stukaangriff bei strahlender Sonne", berichtet Emil Schuler. „Der Schnee lag metertief. Der Angriff konnte nur auf Skiern durchgeführt werden. Die Kälte hatte annähernd 30 Grad erreicht.

Die beiden Geb.-Jg.-Bataillone wurden unabhängig voneinander eingesetzt, um die Feindstellungen im gegenüberliegenden Hochwald zu nehmen. Der Kdr. II./206 entschloß sich auf Grund der ungünstigen Geländeverhältnisse — 1200—1600 m freie, ebene Fläche —, über Oshedowo auszubiegen. Er gliederte sein Bataillon hierzu als Jagdkommando und gelangte ohne wesentlichen Widerstand in den Rücken des Gegners. Feindliche Gegenstöße, und die bereits anbrechende Nacht brachten den bisher zügig vorgetragenen Angriff zum Stehen. Der Gegner hatte volle Bewegungsfreiheit für seine Kräfte, weil er in der Front nicht gebunden war. Frontaler Einsatz eines Bataillons für diesen Zweck hätte dem II./206 weitergeholfen. So wurde dieses Btl. durch Rgt.-Befehl zurückgeholt, um am nächsten Tag erneut anzugreifen.

Das III./218 kam in eine besonders schwierige Lage. Die Beweglichkeit der auf Skiern angreifenden Kompanien war dadurch stark beeinträchtigt, daß jeder schweres Gepäck einschl. 4-Tages-Verpflegung mit sich führen mußte. Der Angriff des Bataillons kam bei der massierten feindlichen Feuerwirkung kaum vorwärts. Zahlreiche Scharfschützen verursachten empfindliche Verluste. Dazu die erbarmungslose Kälte, unter der besonders die Verwundeten zu leiden hatten.

Die Kompanien lagen im deckungslosen Gelände fest und konnten weder vor noch zurück. Rasch und notdürftig aufgeworfene Schneewälle gaben Schutz gegen Feindsicht. Gegen das feindliche Feuer gab es keine Deckung. Fortführung des Angriffes war nicht möglich. Ein Spähtrupp unter Führung von Lt. Wahrendorf geriet in einen Hinterhalt, wurde umzingelt und ging bis auf einen Mann verloren.

Große Sorge machte dem Kdr. die Erhaltung der Kampfkraft seines Bataillons gegen Kälte und Feindeinwirkung. Dazu hatte sich eine weitere Begleiterscheinung der an die Grenze des Erträglichen gehenden Stra-

Oben: ... Richtung Kiew, Hauptstadt der Ukraine

Unten: Feuerstellung im Kampfeinsatz ...

pazen eingeschlichen. Die Kompanien waren so erschöpft, daß sie gleichgültig wurden gegen alle Vorgänge in der Umgebung. Mancher fiel dadurch den nach wie vor sehr tätigen feindlichen Scharfschützen zum Opfer. Die Verwundeten verloren Lebensmut und Lebenswillen.

Die Verbindung zum Regiment war längst nicht mehr vorhanden. Das Bataillon hielt die erreichte Linie und schickte Melder um Melder zum Regiment, von denen keiner dort eintraf. Der Bataillons-Adjutant, Lt. Stützer, nahm deshalb in der Nacht persönlich mit dem Regiment Verbindung auf.

Mit seinem treuen Melder, Ogfr. Sauter, machte er sich in dunkler Nacht auf den weiten Weg. Steifgefroren war der Tarnanzug, der jede Bewegung behinderte. Überall traf Lt. Stützer auf erstarrte Tote, auf Verwundete, die sich in dem hohen Schnee mühsam zurückschleppten, auf zerstörte Waffen, zerschossene Skier und zurückgebliebene Rucksäcke. Sanitäter brachten die Schwerverwundeten vom Verbandsplatz, wo der Btl.-Arzt Dr. Jung pausenlos seine Hilfe leistete, auf Pulks zurück. Der Mond warf sein gespenstisches Licht auf das Bild des Grauens. Feindliche Flieger kreisten über dem Gefechtsfeld und warfen wahllos ihre Bomben.

Der Btl.-Adjutant fand wenig Verständnis für die Lage des Btls. Das Regiment befahl Zurücknahme der Kompanien in die Ausgangsstellung und für den nächsten Tag Wiederholung des Angriffs.

Am 29. März, 9 Uhr, begann der Angriff von neuem“, fährt Schuler in seinem erschütterndem Bericht fort.

„Das II./206 mußte diesen auf Weisung des Regiments frontal führen. Trotz mangelhafter Unterstützung durch Stukas, die diese zu früh abbrachen, kam das Bataillon zunächst mit gewohntem Schwung vorwärts. 150 m vor dem Hochwald blieb der Angriff liegen. Auch hier waren es russische Scharfschützen, die die Sturmreihen lichteten. Kein Mittel blieb unversucht, in die Feindstellung einzubrechen. Die schweren Waffen wurden zusammengefaßt und zur Unterstützung herangezogen. Die Kompanien suchten selbständig neue Angriffsrichtungen. Offiziere der Führungsreserve sprangen freiwillig in die Lücken, die sich durch die hohen Verluste ergaben. Die Zugführer stürmten mit dem MG voraus und fielen. Das Bataillon kam nicht mehr weiter. Bei fahlem Mondlicht gliederte der Btls.-Kdr. um und setzte nach Einsatz seiner Reserve-Kompanie den Angriff fort. Nach guten Anfangserfolgen mußte er ihn auf

Oben: ... und nach dem Feuerkampf

Unten: Schlachtfliegerangriff vor Kiew

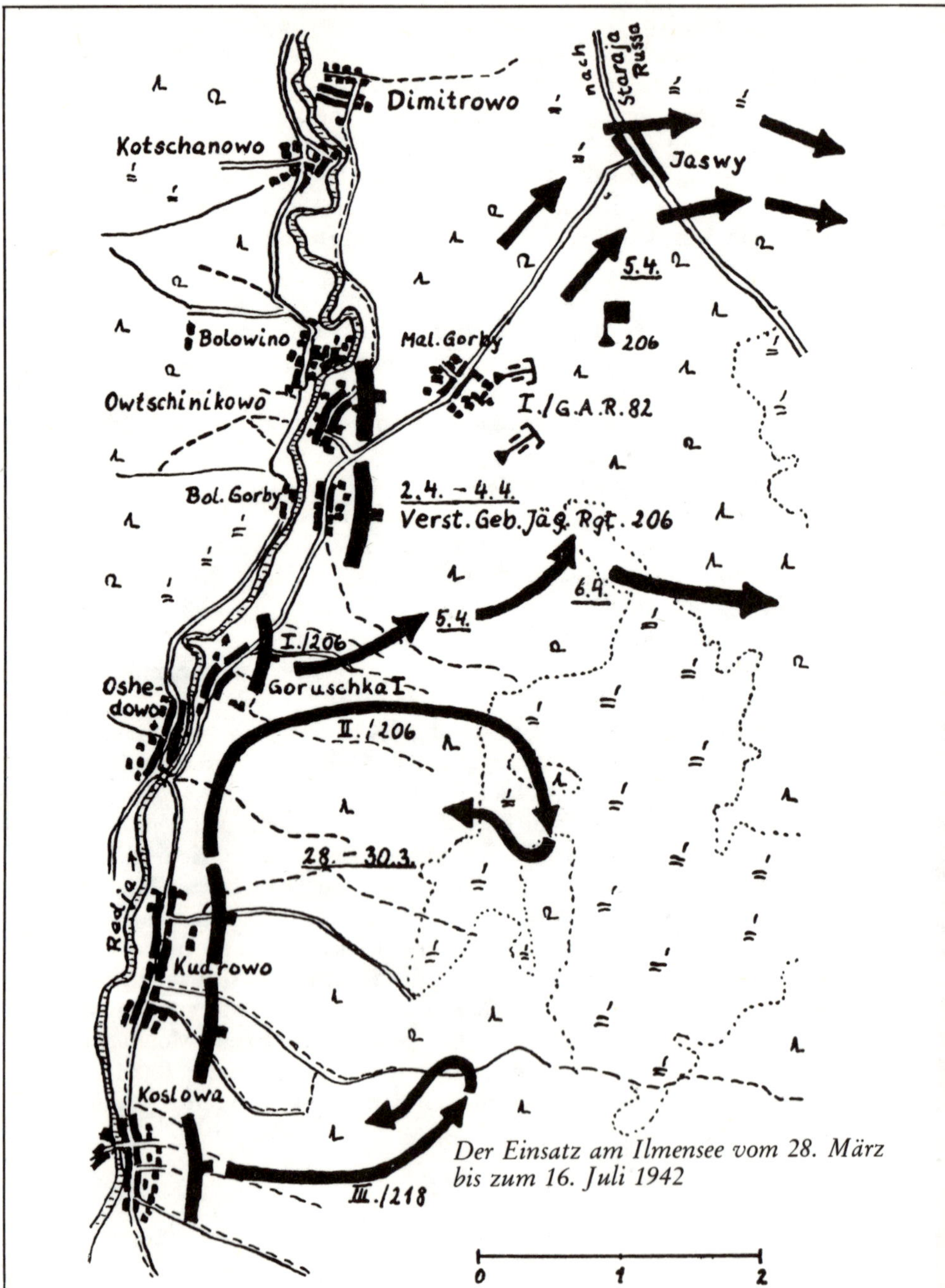

Der Einsatz am Ilmensee vom 28. März bis zum 16. Juli 1942

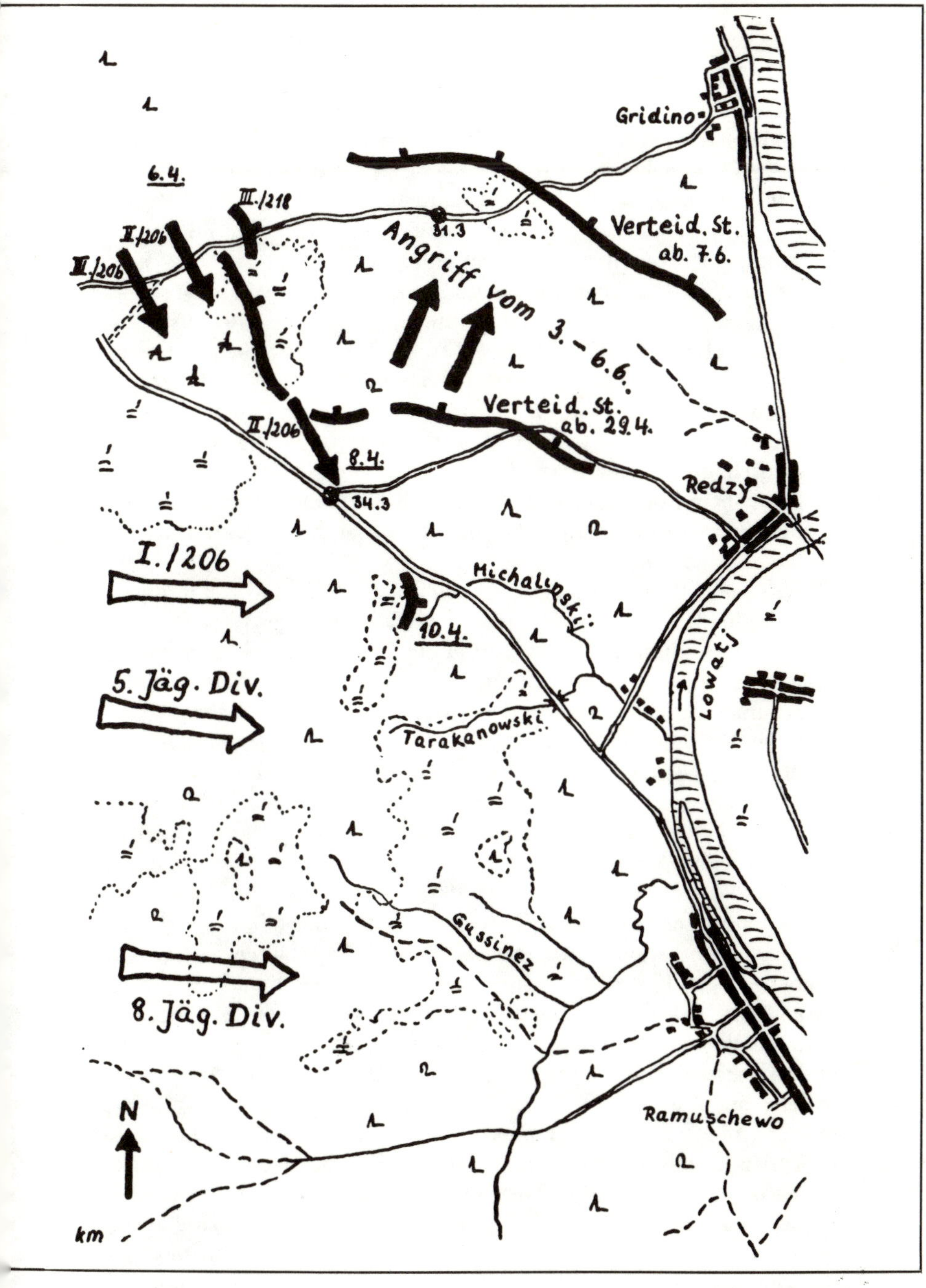

Gridino
6.4.
III./218
II./206
III./206
31.3
Angriff vom 3.–6.6.
Verteid. St.
ab. 7.6.
Verteid. St.
ab. 29.4.
II./206
8.4.
34.3
Redzy
I./206
Michalinski
10.4.
5. Jäg. Div.
Tarakanowski
Lowatj
Gussinez
8. Jäg. Div.
N
Ramuschewo
km

Befehl des Regiments abbrechen. Das Bataillon blieb in den erreichten Stellungen, bis es in der Nacht vom 30./31. März abgelöst wurde.

Auch beim III./218 hatte der vorausgegangene Stukaangriff nicht den erwarteten Erfolg. Wie am Vortage brachen die tapfer geführten Angriffsspitzen im stärksten Abwehrfeuer zusammen. Sämtliche Reserven wurden eingesetzt. Von Schneeloch zu Schneeloch wurde gerobbt. Das feindliche Feuer war mörderisch! Die Verluste nahmen in erschreckendem Maße zu. Der Angriff ging nicht weiter. Vor Hunger und Kälte zitternd, kauerten die Kompanien in ihren Schneehöhlen vom Tage vorher. Kleine Schneeiglus wurden gebaut, in denen Kerzen die nötige Wärme spenden mußten. An Nachtruhe war nicht zu denken. Der ‚Eiserne Gustav' war ständig am Himmel und warf seine Bomben. Große Schäden entstanden dabei in Koslowa, wo alle noch vorhandenen Unterkunftsmöglichkeiten zerstört wurden. Auch die Versorgungseinrichtungen und der Truppenverbandsplatz wurden getroffen. Die Versorgung der Verwundeten gestaltete sich immer schwieriger. Operationen mußten unter dem Bombenhagel der Feindflieger in den dunklen Kellerlöchern der Häuserreste durchgeführt werden. Unmenschliches wurde hier von Ärzten und Sanitätspersonal geleistet.

Vorne bei der Truppe kam es darauf an, die Verwundeten infolge der herrschenden Kälte rasch zu versorgen und auf den bereitstehenden Pulks weiterzuleiten. Besonders einsatzfreudig zeigte sich Stabsarzt d. R. Fumitz, der in vorderster Linie die erste Hilfe leistete. Sein selbstloser Einsatz mag manchem Verwundeten das Leben gerettet haben.

Der Btl.-Führer des III./218 nahm in der Dunkelheit das Bataillon zurück. Zum Teil trug auch das Unverständnis übergeordneter Stellen für die hier erforderliche Kampfweise Schuld an dem Mißerfolg. Ein Angriff auf Skiern gegen eine ausgebaute Feldstellung ohne ausreichende Feuerunterstützung konnte keinen Erfolg bringen. Der Vorschlag des Kdrs. II./206, den Angriff durch jagdkommandoähnliche Gliederung zu führen, fand keine Beachtung. Der Regimentsführung fehlte die Übersicht über die Feind- und Geländeverhältnisse. Einschalten eines vorgeschobenen Rgt.-Führers war eine Lösung, die zwar für die Regimentsführung eine Erleichterung bedeutete, aber nicht für die Truppe, an die kaum erfüllbare Forderungen gestellt wurden. Sie hatte neben allen Schwierigkeiten einen Gegner gegenüber, der nicht nur zahlenmäßig, sondern auch in der Winterausbildung, Ausrüstung und Wintergewöhnung überlegen war. Er blieb infolge ungenügender eigener Feuervorbereitung voll abwehrbereit in seinen Kampfanlagen, die ihm ausreichenden Schutz boten vor den Unbilden des russischen Winters.

Große Lücken klafften in den Reihen der Bataillons. Das II./206 verlor in diesen Kämpfen 42 Tote und 139 Verwundete. Auch beim III./218 sprachen die noch vorhandenen Gefechtsstärken der Kompanien eine deutliche Sprache über die Ereignisse der letzten Tage. Die 11. Kp. zählte 30 Mann, die 12. Kp. 50 Mann und die 13. noch 17 Mann. Die Kompanien wurden meist durch Feldwebel geführt."[55])

Nach diesem Aderlaß wurden vorerst alle weiteren Angriffsabsichten von seiten der Kampfgruppe, die in den ungewöhnlich harten Kämpfen gegen einen überlegenen Gegner bei schwierigsten Geländeverhältnissen (tiefe russische Wälder) und unter extremen klimatischen Bedingungen (eiskalter Winter mit metertiefem Schnee, knietiefes Sumpfwasser) einmalige Leistungen in Angriff und Abwehr vollbracht hatte, fallengelassen. Zudem hatten die Verluste empfindliche Lücken in die Reihen der Kompanien und Bataillone gerissen.

„Wie sollte es weitergehen?" so fragten sich die Generalstabsoffiziere und Kommandeure zu Beginn des Frühjahres. Wie sollten die Kampfhandlungen in jenem Frühjahr fortgesetzt, welcher Schwerpunkt gebildet werden? Welchen militärischen Erwägungen wird Hitler den Vorzug geben? Welche operativen Handlungen wird der Führer des Deutschen Reiches in seiner Doppelfunktion als Oberster Befehlshaber des Heeres und der Wehrmacht billigen?"

Die Antwort auf diese Fragen ließ nicht allzu lange auf sich warten. Für den deutschen Hauptangriff des Kriegsjahres 1942 sollte die „Weisung 41" vom 5. April 1942, in der Hitler den kriegswirtschaftlichen Erwägungen den Vorrang vor den kriegspolitischen einräumte, maßgebend werden. Diese Weisung für die Kriegsführung legte in den wesentlichen Punkten die weiteren operativen Ziele des deutschen Ostheeres fest:

„... Die Winterschlacht in Rußland geht ihrem Ende zu. Durch die überragende Tapferkeit und den opferfreudigen Einsatz der Soldaten der Ostfront ist ein Abwehrerfolg von größtem Ausmaß für die deutschen Waffen errungen.

Der Feind hat schwerste Verluste an Menschen und Material erlitten. In dem Bestreben, scheinbare Anfangserfolge auszunutzen, hat er auch die Masse seiner für spätere Operationen bestimmten Reserven in diesem Winter weitgehend verbraucht.

Sobald Wetter- und Geländeverhältnisse die Voraussetzungen dazu bieten, muß nunmehr die Überlegenheit der deutschen Führung und Truppe das Gesetz des Handelns wieder an sich reißen, um dem Feinde ihren Willen aufzuzwingen.

Das Ziel ist, die den Sowjets noch verbliebene lebendige Wehrkraft endgültig zu vernichten und ihnen die wichtigsten kriegswirtschaftlichen Kraftquellen so weit wie möglich zu entziehen.

Hierzu werden alle verfügbaren Kräfte der Deutschen Wehrmacht und die der Verbündeten herangezogen ...

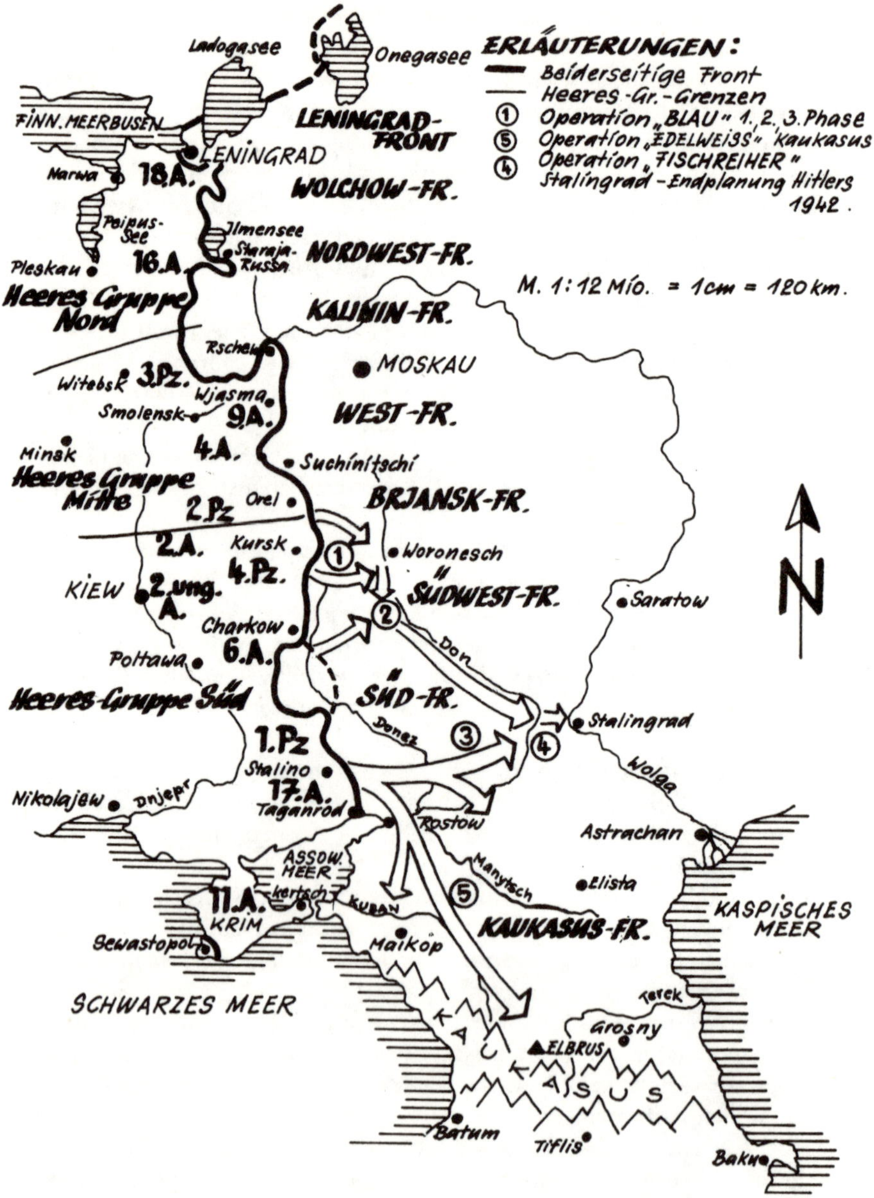

Der Verlauf der Ostfront im Frühjahr 1942 mit den operativen Planungen

I. Allgemeine Absicht:

Unter Festhalten an den ursprünglichen Grundzügen des Ostfeldzuges kommt es darauf an, bei Verhalten der Heeresmitte im Norden Leningrad zu Fall zu bringen und die Landverbindung der Finnen herzustellen, auf dem Südflügel der Heeresfront aber den Durchbruch durch den Kaukasus-Raum zu erzwingen.

Dieses Ziel ist in Anbetracht der Abschlußlage nach der Winterschlacht, der verfügbaren Kräfte und Mittel und der Transportverhältnisse nur abschnittsweise zu erreichen...

II. Die Führung der Operationen:

... Erste Aufgabe des Heeres und der Luftwaffe nach Abschluß der Schlammzeit ist es, die Vorbedingungen für die Durchführung der Hauptoperation zu schaffen.

Das erfordert die Bereinigung und Festigung der Lage an der gesamten Ostfront und in den rückwärtigen Heeresgebieten mit dem Ziel, dadurch möglichst viele Kräfte für die Hauptoperationen zu gewinnen, an den übrigen Fronten aber mit geringstem Einsatz dennoch jedem Angriff gewachsen zu sein.

Wo zu diesem Zweck Angriffsoperationen mit begrenztem Ziel nach meinen Anordnungen geführt werden müssen, ist aber hierzu jeweils ein überwältigender Einsatz sämtlicher verfügbaren Angriffsmittel des Heeres und der Luftwaffe sicherzustellen, um schnelle und durchschlagende Erfolge zu erreichen. Nur dadurch wird vor allem auch schon vor dem Beginn der großen Frühjahrsoperationen in der eigenen Truppe die unbedingte Siegeszuversicht wieder verstärkt, dem Feind aber seine hoffnungslose Unterlegenheit eingehämmert werden ...“[56])

Die Frühjahrskämpfe der „Kampfgruppe Hoffmeister“ am Ilmensee

Am letzten Märztag des Kriegsjahres 1942 wurde die „Kampfgruppe Hoffmeister“ der 5. Jäger-Division, die am 25. März mit dem Jäger-Regiment 75 Goruschka, Bol. Gorby und Jaswy genommen hatte, unterstellt. Damit begann eine neue Phase in den Kampfhandlungen der geteilten „Bergschuh“-Division am Ilmensee. Zunächst einmal profitierten das II./Gebirgsjäger-Regiment 206 und das III./Gebirgsjäger-Regiment 218 von dieser Maßnahme, denn diese beiden Bataillone konnten sich vorerst im Waldlager westlich von Bol. Gorby erholen. Doch diese Zeit der Auffrischung war sehr kurz, denn bereits am 3. April stellte sich die 5. Jäger-Division mit drei Regimentern — unter ihnen das verstärkte Gebirgsjäger-Regiment 206 bei Jaswy — in vorderster Linie zum Angriff auf Redzy bereit. Das III./Gebirgsjäger-Regiment 206 kam rechts, das III./Gebirgsjäger-Regiment 218 links zum Einsatz, während das I./Gebirgsjäger-Regiment 206 dem Jäger-Regiment 75 unterstellt wurde.

Am 4. April 1942, die Kälte hatte nachgelassen, die Schneemassen tauten allmählich in der warmen Frühlingssonne weg, so daß zahlreiche kleine Seen entstanden, begann der Angriff der „Kampfgruppe Hoffmeister“ am linken Divisionsflügel. Nun wirkte die berühmt berüchtigte russische Schlammperiode massiv mit ihren Unbilden auf die Kampfhandlungen ein. Die Batterien wurden wegen des immer morastiger werdenden Geländes zum Stellungswechsel gezwungen, die Munitionsversorgung gestaltete sich bei den grundlos gewordenen Wegen zu einem sehr ernsten Problem. Tragtiere versanken im Schlamm, der auch die Uniformen und Ausrüstungsgegenstände sehr in Mitleidenschaft zog. Doch die Landser, die bereits die grundlosen Straßen und Wege der herbstlichen Schlammperiode im Südabschnitt der Ostfront kennengelernt hatten, konnte dies alles nicht mehr erschüttern. Sie nahmen den Schlamm schließlich mit jenem Humor hin, der nur kampferprobten Soldaten eigen ist. So erzählte man sich schon bald im Frühjahr 1942 an der gesamten Ostfront vom Ladogasee bis zum Schwarzen Meer folgende Anekdote:

Im Schlamm der Rollbahn war ein schwerer Lkw steckengeblieben. Von hinten näherte sich ein Kübelwagen, in dem der Kommandierende General, sein Ia, der Ordonanzoffizier und natürlich der Fahrer saßen. Hilfsbereit ließ der KG halten, stieg aus und half mit seinen Offizieren, während der Lkw-Fahrer den Motor im ersten Gang hochjaulen ließ, den schweren Lastkraftwagen anzuschieben. Eine anstrengende Sache war das, diese Schieberei im Schlamm. Ob der Herr General und seine beiden Offiziere nun so viel Kraft hatten oder ob der Lkw es sich nicht mit einem leibhaftigen General verderben wollte, der Lastkraftwagen kam tatsächlich aus dem Schlammloch heraus. Schnaufend wischte sich der Kommandierende den Schweiß von der Stirne. Neugierig, welch kostbare Last da mit seiner Hilfe aus dem Schlamm befreit wurde, hob er die rückwärtige Plane hoch. Selten, so erzählt man sich noch heute bei Kameradschaftsabenden, hat ein General ein so verdutztes Gesicht gemacht, denn die Ladefläche war voll — und zwar mit Landsern!

Bedauernd hob ein Obergefreiter, an dessen Bergmütze das metallene Edelweißabzeichen schimmerte, die Schultern und sagte mit einem verschmitzten Gesichtsausdruck:

„Wann's mir g'wußt hätten, dos da an General schiabt — aber mir san's Urlauber und hob'n uns g'dacht, wann sich a paar find'n, die schiab'n, warum soll'n mir uns d'n Urlaub verderb'n?“

Die Wirklichkeit sah am Ilmensee jedoch ganz anders aus. Der Kampf bestimmte, nein er diktierte das Geschehen — im großen wie im kleinen. Trotz aller Widrigkeiten und eines massiert einsetzenden feindlichen Artilleriefeuers mit wiederholtem Einsatz der gefürchteten „Stalinorgeln“ kämpften sich die Jäger, wenn auch nur mühsam, an jenem 4. April 1942 vorwärts. Erschwerend wirkte sich aus, daß der Schnee nicht gleichmäßig wegzutauen begonnen hatte, so daß er sich dort, wohin er während der langen Wintermonate meterhoch hinverfrachtet worden war, noch immer wie ein fast unüberwindliches Hindernis vor den vorwärtsstürmenden Deutschen auftürmte. Kaum hatten sie sich auf die Schneelage eingestellt, schon wateten sie wieder bis zum Bauch im Schmelzwasser. Kein Wunder, daß sich die Ausfälle — vor allem bei den Angriffskompanien und den VB. mehr und mehr häuften. Besonders schwere Verluste hatte auch der Stab der I. Abteilung des Gebirgs-Artillerie-Regiments 82 zu beklagen. Eine „Stalinorgel“-Serie hatte in den Gefechtsstand eingeschlagen und auf der Stelle neun Mann (Funker und Melder) getötet und zahlreiche Artilleristen (darunter den Kommandeur der Abteilung) verwundet.

Am 5. April 1942, einem Ostersonntag, wurde die Rollbahn nach Osten von der Kampfgruppe überschritten. Daraufhin drehten die Angriffsbataillone nach Südosten ein, wo sie auf starke Stellungen des Feindes, die erst nach erbitterten Kämpfen niedergerungen werden konnten, stießen. Nun versuchte es der Russe mit Panzern, um die beiden gegnerischen Bataillone nach Westen zurückzuwerfen. Vergeblich! Zwei Russenpanzer wurden von der 16. Kompanie des Gebirgsjäger-Regiments 206 abgeschossen, einer von einem Geschütz der I. Abteilung des Gebirgs-Artillerie-Regiments 82. Aber auch die Deutschen hatten Verluste zu beklagen: Der vorgeschobene Regimentsführer, Oberstleutnant Pannwitz, Kommandeur des III./Gebirgsjäger-Regiment 218, fand beim russischen Panzerangriff den Soldatentod.

Am Ostermontag verzögerte sich der Angriffsbeginn der Gebirgsjäger und Gebirgsartilleristen vorerst wegen „angeblicher Kurzschlüsse“ bei der eigenen Artillerie. Als er dann doch noch, um 8.50 Uhr früh, begann, wurde er besonders von der III./Artillerie-Regiment 5 unterstützt. So kam das III./Gebirgsjäger-Regiment 218 zügig bis zum Gridinoweg, wo allerdings feindliche Panzer aufgefahren waren, um ein weiteres Vorwärtsdrängen der Deutschen zu verhindern.

Der 7. April brachte für die Angreifer auch endlich die ersehnte massierte Unterstützung durch die Stukas. Dennoch kam der Angriff fast zum Erliegen. Zu widrig waren die Geländeverhältnisse — Sumpf und dichtes Gestrüpp —, in dem die Kampfhandlungen stattfanden. Erst gegen Mittag konnte der Gridinoweg überschritten werden. Dabei hatte das III./Gebirgsjäger-Regiment 218 heftige Gegenangriffe der Russen aus ostwärtiger Richtung in seine Flanke abzuwehren und wurde so vor-

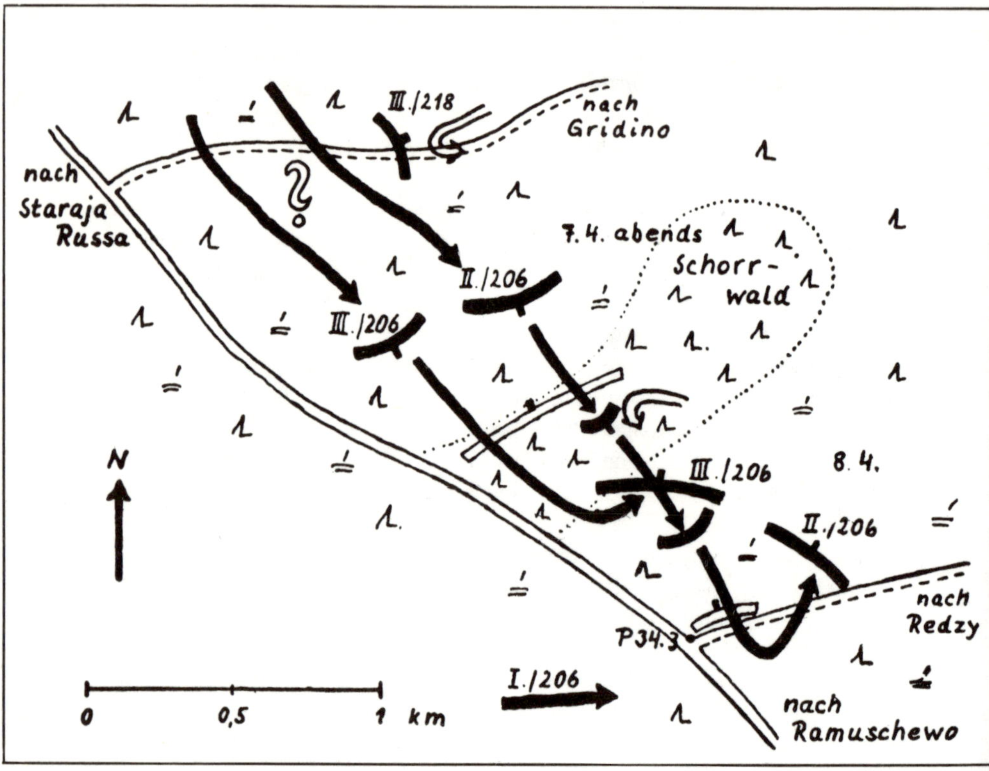

Der Durchbruch des II./Gebirgs-Jäger-Regiments 206 zum Redzyweg am 7. und 8. April 1942

übergehend in die Verteidigung gedrängt. Währenddessen kamen jedoch das III. und II./Gebirgsjäger-Regiment 206, das als bisheriges Reservebataillon fungierte, in vorderster Linie zum Einsatz. Erschöpft sanken die Soldaten des II. und III./Gebirgsjäger-Regiment 206 in der hereinbrechenden Nacht in den Schnee, nachdem am Abend in einem Hochwald, einen Kilometer nördlich des Redzyweges, der Feind zunehmend Widerstand geleistet hatte.

Die Nerven waren wieder einmal mehr zum Zerreißen angespannt, als die Jäger, nur auf Hörweite von den Rotarmisten entfernt, im Schnee ausharrten — immer in der Hoffnung, nicht zu erfrieren oder vom Feind überrannt zu werden. Doch der Russe nutzte die Dunkelheit der Nacht und griff die geschwächten Deutschen erbarmungslos an. Major Schüßler, der Bataillonskommandeur des III./Gebirgsjäger-Regiment 218, wurde durch einen Kopfschuß schwer verwundet. (Nur seiner eisernen Energie und raschen Hilfe des Stabsarztes d. R. Fumitz war es zu verdanken, daß er seine schwere Verletzung überlebte und zwei Jahre später in Finnland wieder sein altes Bataillon führen konnte.) In jener nervenaufreibenden Nacht, die ewig zu währen schien, übernahm Leutnant Stürter, der letzte Offizier des Bataillons, das III./Gebirgsjäger-Regiment 218.

Geradezu gespenstisch blutrot, so als wollte sie das Inferno, das die Menschen inszeniert hatten, untermalen, stieg die Sonne aus der heißumkämpften russischen Erde, aus der Sumpflandschaft des Ilmensees am 8. April zum Himmel empor. Nur langsam, fast widerwillig, bewegte sich der Angriff des II. und III. Bataillons vorwärts. Das Gelände, durchsetzt mit Kusseln, bot dem Verteidiger, den Russen, naturgemäß mehr Vorteile als dem Angreifer, den Deutschen, die immer wieder in einen Hinterhalt der Sowjets gerieten.

200 m waren es noch bis zum Angriffsziel, dem P. 34,3 am Redzyweg. Die Bataillone waren abgekämpft, erschöpft und in ihrer Kampfkraft bedeutend geschwächt. Der Entschluß, den Angriff gegen eine neuerliche, stark ausgebaute Feldstellung weiterzuführen, konnte nicht leichtfallen. Der Führer des II./Gebirgsjäger-Regiment 206, Hptm. Schorr, faßte diesen Entschluß. Der P. 34,3 war die Schlüsselstellung des Feindes. Wenn diese nicht zu Fall gebracht wurde, waren alle Opfer umsonst. Gewissenhaft wurden alle Vorbereitungen für die Feuerunterstützung der schweren Waffen und der Artillerie, deren V. B. dem Bataillonsführer treu zur Seite standen, getroffen. Nach einem Feuerschlag all dieser Waffen wurde unter Aufbietung der letzten Kräfte — an der Spitze des Stoßkeils Hptm. Schorr — mit nur geringen Verlusten der Einbruch erzielt und dem weichenden Feind nachgestoßen. Ein russischer Regimentsgefechtsstand fiel dabei in die Hände das Bataillons.

Auch die Verbindung mit dem Jäger-Regiment 75, das von Westen her im Angriff lag, konnte hergestellt werden. Der Tag neigte sich bereits zu Ende, als das Bataillon mit Front nach Osten zur Verteidigung überging und den Redzyweg abriegelte. Das III./Gebirgsjäger-Regiment 206 nahm links davon Anschluß.

Am Gridinoweg hielt das III./Gebirgsjäger-Regiment 218, ohne Anschluß nach rechts und links, dazu noch den Gegner im Rücken, allen Feindangriffen tapfer stand. Der Russe hatte die schwierige Lage des Bataillons nicht erkannt und die Chance, die Rollbahn zurückzugewinnen, nicht genutzt.[57])

Während das II./Gebirgsjäger-Regiment 206, das III./Gebirgsjäger-Regiment 206 und das III./Gebirgsjäger-Regiment 218, unterstützt von der I./Gebirgs-Artillerie-Regiment 82, den Angriff über Jaswy vorgetragen und den Durchbruch zum Redzyweg, wenn auch unter erheblichen Verlusten an Menschen, Tragtieren und Material erzwungen haben, griff das I./Gebirgsjäger-Regiment 206 bei Goruschka I an. Auch von diesen Kampfhandlungen soll im folgenden kurz berichtet werden.

Das I. Bataillon des Gebirgsjäger-Regiment 206, das Major Gall führte, wurde als letztes der vier Bataillone der „Kampfgruppe Hoffmeister" zum Angriff auf die feindlichen Stellungen im Wald südlich der Rollbahn Staraja Russa — Ramuschewo angesetzt, nachdem es am 1. April 1942, einem strahlend schönen Tag, bei Goruschka I das I./Jäger-Regiment 38 abgelöst hatte. Oberst a. D. Schuler hat in seiner Divisionsgeschichte die Spannung, die durch die Reihen des Angriffsbataillons ging, festgehalten:

„Obwohl die Mißerfolge und die schweren Verluste der übrigen Bataillone nicht unbekannt geblieben waren, herrschte im allgemeinen eine zuversichtliche Stimmung in der Truppe. Gab doch das Ziel, zur Befreiung einer seit über drei Wintermonaten eingeschlossenen Armee beizutragen, jedem einzelnen das Gefühl einer besonderen Verantwortung. Welch große Bedeutung die Regimentsführung diesem Angriff beimaß, aber auch welch große Hoffnungen auf ihn gesetzt wurden, bewies der Umstand, daß der Regimentskommandeur sich selbst in den Bereitstellungsraum begab und den Offizieren des Bataillons mit eindringlichen Worten nahelegte, daß die Ehre des Regiments vom Gelingen dieses Angriffes abhänge.

Die Vorbereitung des Angriffs stand allerdings in keinem Verhältnis zu der geschilderten Bedeutung und zur Schwierigkeit des Vorhabens. Dem Angriff, der bei hellem Tageslicht etwa 1000 m über eine schneebedeckte, völlig flache und unbewachsene, nur von einem Panzergraben unterbrochenen Ebene, gegen einen zahlenmäßig weit überlegenen, fest eingebauten Feind geführt werden sollte, konnte auch hier nur bei sorgfältigster Planung und intensivster Unterstützung durch Artillerie und Luftwaffe Erfolg beschieden sein. Beide Voraussetzungen fehlten!

So war die Aufklärung im Angriffsabschnitt des Bataillons erst am frühen Morgen des Angriffstages selbst in durchaus unzureichender Weise angesetzt worden; die Artillerieunterstützung beschränkte sich auf einen kurzen Feuerschlag, der keine Wirkung hatte; die Stukas warfen ihre Last weit hinter der HKL des Feindes ab, ohne die Abwehrkraft des Feindes spürbar zu schwächen.[58])

Die Dramatik, die über dem Frontabschnitt, an dem das I./Gebirgs-Jäger-Regiment 206 bei Goruschka I angriff, lag, erreichte ihren Höhepunkt. Auf breiter Front und tief gestaffelt trugen die Gebirgsjäger auf Skiern ihren Angriff vor — gehemmt von schweren Rucksäcken, in denen sie für nicht weniger als vier Tage die Verpflegung mit sich führten! Die Russen, die die deutschen Angreifer wie die hungrigen Wölfe in der Wildnis belauerten, um bei günstiger Gelegenheit loszuschlagen, ließen die Deutschen bis auf Schußweite an ihre Stellungen herankommen. Dann drückten sie ab. Tödlich getroffen sanken viele Gebirgsjäger mit ihrem überschweren Gepäck, das sie nahezu bewegungsunfähig gemacht hatte, in den weißen Schnee, der sich rasch rot zu färben begann. Unter dem Hagel der feindlichen Geschosse blieben die deutschen Angreifer zwangsläufig vor dem Waldrand, auf den sie sich zubewegt hatten, liegen. Bis zum Abend hatte das I./Gebirgsjäger-Regiment 206 sage und schreibe 150 Mann verloren! Eine wahrlich traurige Bilanz — vor allem dann, wenn man bedenkt, daß den Gebirgsjägern trotz ihres tapferen Einsatzes an keiner einzigen Stelle ein Einbruch in die russischen Stellungen gelungen ist.

Nachdem die Nacht wider Erwarten ruhig verlaufen war und nicht die gefürchteten Nachtangriffe der Russen gebracht hatte und nachdem die feindlichen Stellungen bis in die wichtigsten Details von Oberleutnant Zintl aufgeklärt worden waren und die Artillerie genauestens in ihre Ziele eingewiesen worden war, nach all diesen Vorbereitungen wurde ein neuer Angriff am Ostersonntag, in die Kriegstagebücher schrieb man den 5. April 1942, schwungvoll vorgetragen — und zwar nach einem massierten Stukaangriff, der bedeutend mehr Wirkung beim Russen gezeigt hatte, als die vorangegangenen Luftangriffe der Deutschen. Rasch überwanden die Gebirgsjäger auf Skiern das Gelände und drangen tief in den Wald ein, ohne daß der Gegner ernsthaften Widerstand leistete. Vorerst wenigstens nicht; bis er sich vom Schock der Luftangriffe erholt hatte und nun seinerseits den Angriffen der Gebirgsjäger energischen Widerstand entgegensetzte.

Bei einer Kälte von nicht weniger als —25° versuchten sich die Gebirgsjäger während der frostigen Nachtstunden in Bewegung zu halten, um nicht einzuschlafen und zu erfrieren. Nicht selten mußte man noch Verwundete betreuen, die vielfach neben ihren Schußverletzungen auch schwere Erfrierungen davongetragen hatten.

Und trotzdem: Die Gebirgsjäger mußten auch am 6. April den Angriff weiter nach Osten vortragen, um mitzuhelfen, den Kessel von Demjansk, in dem das II. Armee-Korps noch immer eingeschlossen war und auf Befreiung wartete, zu sprengen. Das Ziel war die Rollbahn, die in den Kessel führte. Zwei lange Tage und zwei noch längere Nächte wurde um diese Nabelschnur des Demjansker Kessels hart gerungen. Dann aber lag sie in Hörweite vor den Truppen, die Entlastung bringen sollten.

Es war am Abend des 8. April, als die Gebirgsjäger die Schneise erreicht hatten, die schnurgerade in nördlicher Richtung auf die Rollbahn zulief. Auf der anderen Seite, so sagten die Landkarten aus, standen die Kameraden des II. und III. Bataillons vom Gebirgsjäger-Regiment 206. Doch bevor es zum befreienden Händedruck kommen konnte, waren noch schwere Kämpfe mit den Russen, die den Kessel von Demjansk unter allen Umständen dichthalten wollten, auszutragen. So schlug schon der

Versuch des I./Gebirgsjäger-Regiment 206 fehl, noch am Abend jenes 8. April weiter nach Osten Raum zu gewinnen. „Das Bataillon war vielmehr", berichtet Schuler, „die ganze Nacht den schwersten Gegenangriffen, die es in diesen Kämpfen zu bestehen hatte, ausgesetzt. Vor allem die 2. Kp., auf die sich der Angriff der Russen konzentrierte, erlitt hohe Verluste, konnte aber ihre Stellungen halten. Kopf an Kopf lagen sich hier die zahlreichen Toten des Gegners und die der eigenen Reihen gegenüber und bewiesen die Härte des Nahkampfes, wie ihn bisher kaum einer erlebt hatte."[59])

Diese schweren und verlustreichen Kämpfe hatten aber nicht nur an der Substanz der deutschen Angreifer, sondern auch an der der russischen Verteidiger gezehrt. Ihr Widerstand war nun gebrochen, so daß am nächsten Tage der Angriff der Gebirgssoldaten bis an eine Lichtung, die sich kurz vor der Rollbahn ausdehnte, fortgesetzt werden konnte.

Am 10. April 1942 erreichten die Gebirgsjäger endlich die Rollbahn, den einzigen Nachschubweg der Russen, die auch die Verbindung zu den eingeschlossenen deutschen Verbänden des II. Armee-Korps bildete. Es war an der Brücke, die den Michalinski-Fluß überspannte. Und auch der nächste Tag brachte den Gebirgsjägern einen Erfolg: Es gelang ihnen nämlich, eine Verbindung mit ihren Kameraden vom II./Gebirgsjäger-Regiment 206 herzustellen. Damit waren die Bataillone des Gebirgsjäger-Regiment 206, oft getrennt und fremden Einheiten unterstellt, wieder vereint. Die Rollbahn in den Kessel von Demjansk war zwar unter großen Verlusten der Gebirgsjäger (einzelne Kompanien hatten nur mehr Gefechtsstärken von zehn bis zwölf Mann) freigekämpft worden, aber die eigentliche Befreiung des II. Armee-Korps, das nach wie vor eingeschlossen war, stand noch bevor. Über die Kampfhandlungen der vergangenen Tage meldete der Wehrmachtsbericht:

„Die württembergische 5. und die schlesische 8. Jg.-Div. haben sich in harten Angriffskämpfen unter schwierigsten Witterungs- und Geländeverhältnissen besonders ausgezeichnet."

Der 5. bzw. der 8. Jäger-Division waren bekanntlich auch die Einheiten der 7. Gebirgs-Division unterstellt. Aus diesem Grunde gab der Kommandeur der 5. Jäger-Division für die Angehörigen des verstärkten Gebirgsjäger-Regiment 206, das sich bei diesen Gefechten besonders bewährt hatte, folgenden Zusatz, in dem die Leistungen der Truppe entsprechend gewürdigt wurden, heraus:

„In den erwähnten Kämpfen war im Rahmen der 5. Jg.-Div. in hervorragender Weise auch das verst. Geb.-Jg.-Rgt. 206 beteiligt. An der hohen Anerkennung, die die 5. Jg.-Div. durch Nennung im Wehrmachtsbericht gefunden hat, hat daher auch die ‚Kampfgruppe Hoffmeister' gebührenden Anteil.

Ich spreche dieser für ihre Leistungen meinen besonderen Dank aus.

gez. Allmendinger."

Und im Erinnerungsblatt des I./Gebirgsjäger-Regiment 206 lesen wir abschließend zusammenfassend über die schweren Kampfhandlungen der Gebirgsjäger südostwärts des Ilmensees:

„Kameraden!

In einem beispiellosen Einsatz habt Ihr seit dem 24. März 1942 trotz Kälte, Schnee und Nässe einen zahlenmäßig überlegenen Gegner angegriffen, zäh verteidigte Stellungen unter härtesten Kampfbedingungen durchbrochen, den Gegner vernichtet und zahlreiche Angriffe des Gegners abgewehrt.

Nach den Worten des Herrn Korps-Kommandeurs sind die Leistungen der Einheiten, die an dem Feldzug südostwärts des Ilmensee vom 24. März bis 12. April 1942 teilnahmen, über jedes Lob erhaben. Die Leistungen der Division fanden ihre Anerkennung von höchster Stelle durch Nennung im Wehrmachtsbericht und der Herr Divisions-Kommandeur brachte zum Ausdruck, daß diese Anerkennung in vollem Maße auch für unser Regiment gilt.

Der Durchbruch des I. Bataillons bei Goruschka am 5. April 1942 wird immer eine Ruhmestat in der Geschichte des Regiments bleiben. Es ist mir ein Bedürfnis, Euch diese Anerkennung von hoher und höchster Stelle bekanntzugeben und Euch meinen herzlichen Dank und meine volle Anerkennung für Eure Taperkeit und Einsatzbereitschaft auszusprechen.

Mein besonderer Dank gilt Euch, verwundete Kameraden.

In Ehrfurcht gedenken wir unserer Gefallenen.

In Ihrem Gedenken steht unser fernerer Einsatz für Führer, Volk und Vaterland.

Zintl

Oberleutnant und Btl.-Führer"

Die zurückliegenden Kampfhandlungen hatten der „Stoßgruppe Seydlitz" bekanntlich schwere Verluste zugefügt. Aus diesem Grunde wurde sie umgruppiert. Das I./Gebirgsjäger-Regiment 206 schied am 11. April 1942 aus dem Verband der 5. Jäger-Division, die weiter gegen die Lowat vorstieß, aus und wurde wieder der „Kampfgruppe Hoffmeister" unterstellt, um dann in der Verteidigungsfront südlich des Gridinoweges eingesetzt zu werden. Die Lücke zum rechten Nachbarn, zum Jäger-Regiment 75, wurde geschlossen, indem man am 13. April das

Erinnerungsblatt des I./Gebirgs-Jäger-Regiments 206

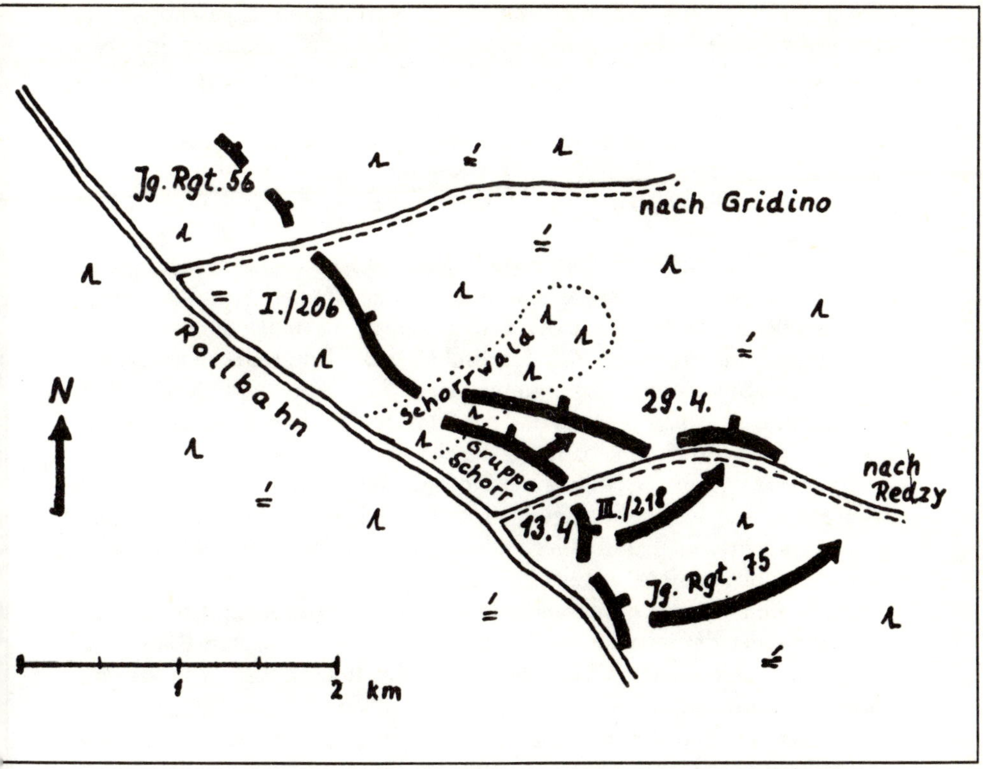

Die Verteidigungsstellung am 13. April und ab 29. April 1942

III./Gebirgsjäger-Regiment 218 an den rechten Flügel des Redzyweges heranzog.

Die Versuche, den Kessel von Demjansk aufzubrechen und das eingeschlossene II. Armee-Korps zu befreien, wurden fortgesetzt.

Zunächst einmal werfen wir einen Blick auf die Rollbahn und den „Schlauch", wie der freigekämpfte Landstreifen zum Kessel genannt wurde.

Wie bereits an anderer Stelle erwähnt, rollte der gesamte Nachschub über diese Rollbahn, die von der die HKL nicht mehr als 100 m entfernt verlief. Sämtliche rückwärtigen Dienste lagen — und das widersprach allen taktischen Gepflogenheiten — kurz hinter den MG- und Feldposten: der Truppenverbandsplatz und die Kfz-Werkstätten, die Stäbe, die Feldküchen und die sonstigen Versorgungseinheiten. Wie gut, daß der Russe von den zermürbenden Kämpfen der vergangenen Tage, Wochen und Monate ebenso geschwächt war wie die Gebirgsjäger, sonst wäre es für ihn ein leichtes gewesen, die Deutschen, deren zusammengeschmolzene Einheiten kaum ausreichten, um die HKL zu besetzen, in arge Verlegenheit zu bringen. Eine Staffelung der deutschen Truppen in die Tiefe fehlte ebenso wie Mannschaften, die imstande gewesen wären, die schweren Infanterie-Waffen zu bedienen. So fielen, um nur ein Beispiel zu nennen, allein beim II./Gebirgsjäger-Regiment 206 nicht weniger als 23 leichte Maschinengewehre, vier schwere Granatwerfer und zwei leichte Gebirgsgeschütze aus.

Die Frühjahrsschmelze setzte nun vollends ein und verwandelte das ohnehin schon sumpfige Gelände in zahlreiche Weiher, Seen und tiefen Morast, der an der Substanz der Truppe zehrte, die in den Sumpflöchern fror und hungerte, weil der Nachschub auf Grund der schwierigen Wegeverhältnisse immer mehr zum Erliegen kam. Knüppeldämme sollten das Gelände begehbar machen und das Sumpfwasser in den Stellungen, an denen ununterbrochen gebaut wurde, abhalten.

Jetzt war wieder die Stunde der Rotarmisten gekommen, die sich mit den primitiven Lebensbedingungen im Sumpfgebiet schneller und weit besser zurechtfanden als ihr Gegenüber. Rasch erkannten sie die Schwäche der Deutschen in dieser ungewohnten Lage und versuchten daher mit allen Mitteln, den Gegner durch vermehrte Gefechtstätigkeit zu zermürben. Immer wieder drangen sie mit Panzern bis zum sogenannten Redzyweg vor, wobei es wiederholt zu schweren Kämpfen kam. Kein Tag verging ohne Kampfhandlungen, so daß die Deutschen nicht mehr zur Ruhe kamen. In wenigen Wochen hatten die Russen bei ihren Operationen am Kessel von Demjansk 35.000 Mann an Ersatztruppen an die Front geworfen. Aber dieses stetige Anrennen gegen die deutsche HKL, die, insgesamt gesehen, an keiner Stelle nennenswerte Einbrüche hinnehmen mußte, hatte auch die Kampfkraft der Sowjets nahezu erschöpft. Rasch wurden die Stellungen der Jäger ausgebaut und neue Knüppeldämme fertiggestellt, so von Bol. Gorby aus zur Rollbahn. Nachschub, Verpflegung und Munition kamen jetzt wieder in größeren Mengen in die vordersten Gräben und Unterstände der HKL.

Ein deutscher Angriff am 11. April, mit dem Ziel, die Russen noch weiter von der Rollbahn zurückzudrängen, scheiterte an einem massierten, von Panzern unterstützten Gegenangriff der Sowjets ebenso wie der tags darauf durch zwei Bataillone der Korpsreserve südlich des Redzyweges entlang der Rollbahn vorgetragene Angriff, der die Lowat erreichen sollte. Die Deutschen gingen wieder zur Verteidigung über, betrieben weiterhin eine lebhafte Aufklärung und verbesserten ihre Stellungen, Verteidigungsanlagen und Unterstände. Und das war mehr als notwendig, denn die Nächte waren im Nordabschnitt der Ostfront naßkalt, ja oft noch immer frostig, so daß auch im April Unterkühlungen und Erfrierungen an der Tagesordnung waren.

So vergingen die Tage der „Kampfgruppe Hoffmeister" — bis sich eine Meldung von Stellung zu Stellung und von Sumpfloch zu Sumpfloch verbreitete: Oberst Edmund Hoffmeister, der das Gebirgsjäger-Regiment 206 (vormals Infanterie-Regiment 206) seit seiner Aufstellung im November 1940 geführt hatte, wurde am 18. April aus Gesundheitsgründen versetzt. Er übernahm zunächst das Infanterie-Regiment 61, dann die 383. Infanterie-Division im Mittelabschnitt der Ostfront und zuletzt, am 20. Juni 1944, mittlerweile zum Generalleutnant befördert, das XXXXI. Panzer-Korps (m. d. F. b.)*), mit dem er am 1. Juli 1944 in sowjetrussische Gefangenschaft geriet.

Das Gebirgsjäger-Regiment 206 übernahm Major Esch, ein bewährter Truppenoffizier, der 1941 als Bataillonskommandeur im Gebirgsjäger-Regiment 85 für seine Leistungen beim Druchbruch durch die stark befestigte griechische Metaxaslinie mit dem Ritterkreuz des Eisernen Kreuzes ausgezeichnet wurde. Seine Aufgabe war es zunächst, mit den noch verbliebenen restlichen Verbänden die Nordflanke der „Stoßgruppe Seydlitz" gegen weitere Angriffe der Russen zu sichern.

Die starken Ausfälle zwangen zu Umgruppierungen. Das II./Gebirgsjäger-Regiment 206 hatte noch eine Gefechtsstärke von 140 Mann gegenüber einer Ausrückstärke bei Beginn der Winterkämpfe von 950 Mann. Bei den anderen Bataillonen war es ähnlich. Aus dem II. und III./Gebirgsjäger-Regiment 206 wurden unter Ltn. Hutzler, Löhe und Stewig drei Gefechtsgruppen gebildet, die zur Gruppe „Schorr" zusammengefaßt wurden, als auch der Führer des III./Gebirgsjäger-Regiment 206 durch Verwundung ausfiel. Vorübergehend war auch das I./Gebirgsjäger-Regiment 206 unterstellt. Durch Auskämmen der Trosse, deren Aufgaben bei dem Schwinden der Gefechtsstärken wesentlich an Umfang verloren, konnten die Fronteinheiten verstärkt werden. Auch durch Zuführung von geringem Ersatz wurde die Kampfkraft erhöht.[60])

Die „Stoßgruppe Seydlitz" stand am Südflügel zum Angriff bereit. Sie hatte den Auftrag, die Lowat, die sie noch immer vom eingeschlossenen II. Armee-Korps trennte, zu nehmen und einen Übergang zu schaffen. Da jedoch die 5. Jäger-Division am 20. April endlich die Lowat erreichte, konnte der beabsichtigte Vorstoß der Kampfgruppe unterbleiben.

Am 22. April 1942 erging folgender Tagesbefehl an die Truppe:

„Soldaten der Stoßgruppe Seydlitz!

Nach vier Wochen schwerster Kämpfe habt Ihr am heutigen Tage die Landverbindung zum II. Armeekorps bei Ramuschewo an der Lowat

*) m. d. F. b. = mit der Führung beauftragt

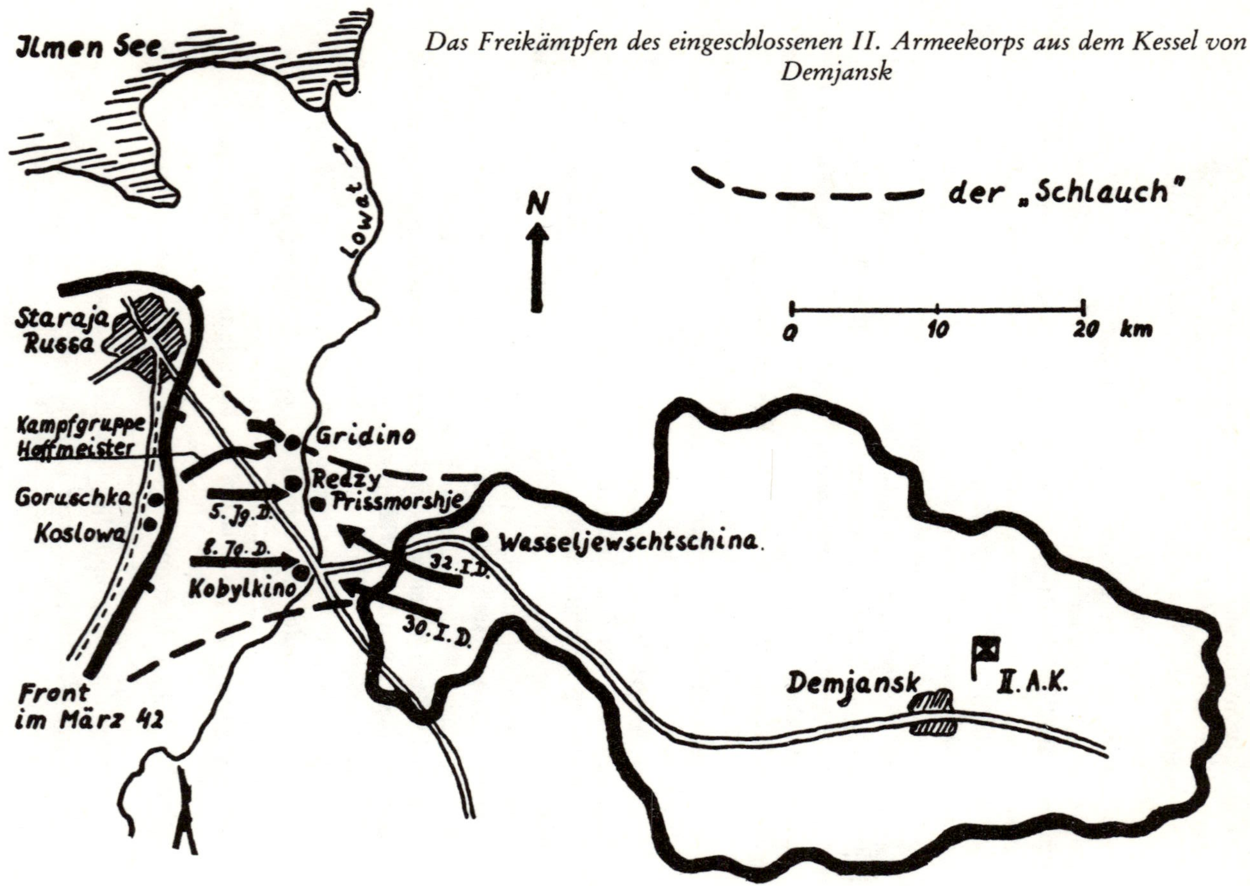

Das Freikämpfen des eingeschlossenen II. Armeekorps aus dem Kessel von Demjansk

wiederhergestellt. Damit ist das Ziel erreicht, das der Führer Euch als Aufgabe stellte und als Eure kameradschaftliche Ehrenpflicht bezeichnete.

...Was Ihr in diesen vier Wochen geleistet habt an Heldenmut und Opferbereitschaft, an Überwindung eiskalten Winters und von vielen Kilometern russischer Urwälder in metertiefem Schnee oder knietiefem Sumpfwasser ist einmalig und unvergänglich.

35 Offiziere,
3507 Mann Gefangene,
134 Panzer,
113 Geschütze,
58 Pakgeschütze,
265 Granatwerfer,
541 MG,
122 Panzerbüchsen,
650 Bunker und ausgebaute MG-Stellungen

sind die stolze Beute und ein Beweis für den Umfang Eurer Kämpfe gegen zahlenmäßig weit überlegenen Feind. Den Ruhm dieser Kämpfe werden einst Eure Fahnen, die Geschichte Eurer Regimenter und die vaterländische Geschichte Großdeutschlands künden. Der Dank des Führers und des Vaterlandes ist Euch gewiß.

Wir aber gedenken in dieser Stunde in stolzer Trauer der auf dem Felde der Ehre

3054 Gefallenen

Offiziere, Unteroffiziere und Mannschaften. Ihre große Zahl bezeugt die gewaltige Größe und die ungeheure Schwere dieser vierwöchigen Kämpfe in Angriff und Abwehr.

Wir senken unsere Fahnen vor den Gräbern unserer gefallenen Kameraden. Ihr Opfertod aber sei uns ein Ansporn weiterzukämpfen bis zum endgültigen Siege.

Es lebe unser Führer und unser Vaterland!

von *Seydlitz*
Generalleutn. u. Fhr. der Stoßgruppe“

Trotz der Siegesstimmung war der Kampf noch immer nicht beendet. Bereits am 29. April wurde befohlen, den Angriff der „Stoßgruppe Seydlitz“ auf der gesamten Front fortzusetzen. Gleichzeitig sollte aus dem Kessel von Demjansk ein Vorstoß, der die Bezeichnung „Fallreep“ führte, erfolgen. Dabei sollten sich die Stoßgruppe und auch die Angriffstruppen des II. Armee-Korps mit vereinten Kräften einen Weg durch den russischen Einschließungsring bahnen.

Und so lief diese Bewegung nun ab: Die „Gruppe Schorr“ drängte entlang des Redzyweges in Richtung Osten vor und warf den Feind zurück. Das III./Gebirgsjäger-Regiment 218 erreichte den besagten Weg von

Süden her und gewann dann Anschluß an die „Gruppe Schorr". Nachdem man diese Linie trotz des Beschusses von „Stalinorgeln" erreicht hatte, gingen die an diesen Bewegungen beteiligten Einheiten zur Verteidigung über. Über die Kampfhandlungen am Ilmensee, um Cholm und am Wolchow, den anderen heißumkämpften Kriegsschauplätzen der Heeresgruppe Nord, enthält das „Kriegstagebuch des Oberkommandos der Wehrmacht" unter dem 1. Mai 1942 folgende Eintragung:

„Im Raum um Cholm Aufklärungstätigkeit. Im Bereich der Gruppe Eicke hält feindl. Feuer- und Stoßtrupptätigkeit am rechten vorgeschobenen Flügel am Lowat an. Ein Angriff der Gruppe Seydlitz am Lowat entlang nach Süden wurde durch Artl.-Feuer unterstützt. An dem Einschließungsriegel gewinnen eigene Maßnahmen zur Bereinigung des Einbruchs am vorhergehenden Tage langsam Boden. Ausbruchsversuche des Gegners nach N und NW abgewehrt. An der Wolchow-Front griff Gegner eigenen Brückenkopf bei Salzy nach 3½-stündiger trommelfeuerartiger Artl.-Vorbereitung mit Unterstützung von zwei Pz.n vergebl. an. Auch nordwestl. davon Feindvorstoß abgewehrt. Gegner erlitt hohe blutige Verluste. An der Newa-Front weiterhin starkes feindl. Inf.- und Artl.-Feuer."[61])

Beiderseits des Flusses Lowat gingen die erbitterten Kämpfe auch in den nächsten Tagen weiter. „Die 30. und 32. Infanterie-Division kämpften sich nach entbehrungsreicher, mehrmonatiger Belagerungszeit mit ungebrochener Kraft vorwärts, um sich mit den württembergischen und schlesischen Jägern und den bayerischen Gebirgsjägern zu vereinigen. Die pommerschen Grenadiere brachen trotz unvorstellbarer Geländeschwierigkeiten den letzten Widerstand der Sowjets, nahmen in heißem Nachtgefecht Prissmorsje und stellten die Verbindung mit der 5. Jäger-Division her. Die Füsiliere aus Schleswig-Holstein reichten ostwärts Kobylkino der 8. Jäger-Division die Hand. ‚Brückenschlag' und ‚Fallreep' waren beendet. Die Erfolge waren umso beachtlicher, als sie nur mit Gefechtsstärken errungen wurden, die bis zu einem Viertel abgesunken waren. Aber nicht nur die unmittelbar kämpfende Truppe hatte sich in dieser Zeit aufs höchste bewährt, auch die Trosse hatten oft bis an die Grenze menschlicher Leistungsfähigkeit ihre Pflicht getan, und mehr als das, wenn sie nicht nur Tag und Nacht unter Einsatz ihres Lebens die kämpfende Truppe versorgten, sondern auch den Toten bei den Troßplätzen eine würdige Stätte bereiteten."[62])

Für die Truppe gab es weiterhin kein Rasten und Ruhen. Sofort begann man wieder mit dem Ausbau der Stellungen in dem vom Regen und Schmelzwasser restlos aufgeweichten Gelände. Aber auch der Russe sorgte dafür, daß die Aufmerksamkeit und Spannkraft der Deutschen nicht nachließ, denn durch intensive Aufklärungstätigkeit stiftete er vor der deutschen HKL immer wieder Unruhe. Nächtliche Feuerüberfälle und Bombenangriffe waren an der Tagesordnung, so daß den Deutschen die erhoffte Kampfpause, die sie so sehnsüchtig erwartet hatten, nicht vergönnt war. Das Wetter und die für Mitteleuropäer ungewohnten Geländeverhältnisse taten ein übriges, um die Truppe auf Trab zu halten. Der Regen hatte die Wege grundlos aufgeweicht, so daß mehr denn je die bewährten Knüppeldämme angelegt werden mußten, um die Versorgung sicherzustellen. Und auch der Winter meldete sich am 5. Mai 1942 mit Schneefall wieder zurück. Doch dann, als es endlich doch Frühling und Sommer wurde und auf einmal brütende Hitze über der Sumpflandschaft lastete, entpuppten sich die Mücken als die großen Plagegeister der Front, über die noch immer der süßliche Leichengeruch der gefallenen Russen zog.

Es war bereits Mitte Mai, als der so dringend benötigte Nachersatz bei der noch immer zweigeteilten 7. Gebirgs-Division am Ilmensee eintraf. Aber diese jungen Männer, vollkommen frontunerfahren, mußten erst einmal von den alten Hasen, die die Tücken des Krieges genau kannten, geschult und ausgebildet werden, wollte man sie nicht gleich im unerbittlichen Sumpf- und Waldkampf verheizen. Folglich wurde zuerst mit dem Nachersatz eine frontnahe Ausbildung und Schulung betrieben; besonders intensiv war sie bei den Gebirgspionieren und den Gebirgsartilleristen. Denn was nützen die modernsten Geräte und Waffen, wenn sie im Ernstfall nicht zweckmäßig eingesetzt und richtig bedient werden können.

Die Frühjahrskämpfe am Ilmensee gestalteten sich für die deutschen Truppen weiterhin schwierig. Der sogenannte Schlauch, der in den Kessel von Demjansk führte und durch den ab 10. Mai 1942 das II. Armee-Korps von Staraja Russa über Kobylkino versorgt wurde, sollte, wenn man sich nicht wieder der Gefahr einer russischen Abschnürung aussetzen wollte, erweitert werden. Dieses Unternehmen war von der Stoßgruppe am y-Tag durch einen Angriff in nördlicher Richtung durchzuführen. Aus eben diesem Grunde wurde in den kommenden Tagen und Wochen verstärkte Aufklärung, die einige wertvolle Erkenntnisse über den Gegner brachte, betrieben. So gelang es am 24. Mai dem Feldwebel Kohler von der 6. Kompanie mit einer unterstellten Pioniergruppe in eine stark besetzte feindliche Stellung einzudringen, diese aufzurollen, drei Holzbunker zu sprengen, die Besatzungen zu töten oder gefangenzunehmen und — was das wichtigste an diesem Stoßtruppunternehmen war — wertvolle Unterlagen, die über die Absichten der Sowjets Auskunft gaben, zu erbeuten. Bei einem anderen Spähtruppunternehmen zeichnete sich der Oberjäger Kriska vom III./Gebirgsjäger-Regiment 218 besonders aus. Ihm

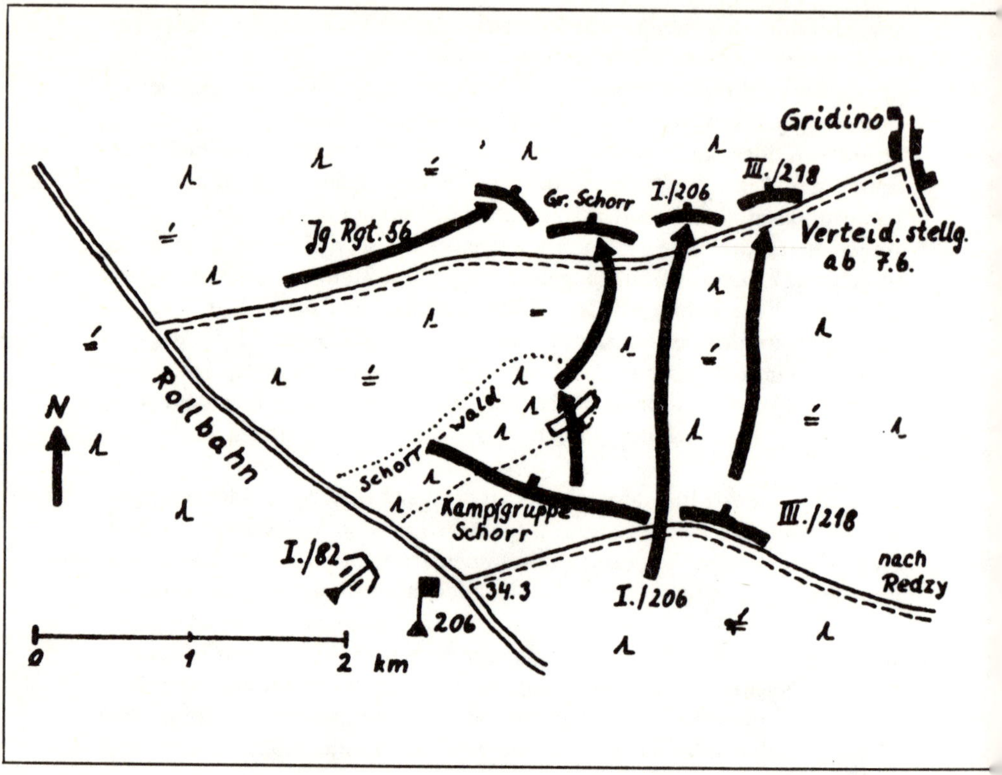

Der Angriff zum Gridinoweg vom 3. bis 6. Juni 1942

war es gelungen, den Russen einen Wagen voller Waffen und Geräte sowie einige Gefangene zu entreißen.

Doch richtig Ernst wurde es erst wieder, als der y-Tag, der Tag des Angriffs zum Gridinoweg, endgültig festgelegt wurde — und zwar auf den 3. Juni 1942. Angespannt lagen die Jäger der Stoßgruppe in ihren Ausgangsstellungen: Das I./Gebirgsjäger-Regiment 206, das durch Sturmgeschütze verstärkt wurde, lag an der Naht der „Gruppe Schorr" zum III./Gebirgsjäger-Regiment 218. Es hatte den Auftrag erhalten, als Schwerpunktbataillon anzugreifen, die feindlichen Stellungen zu durchstoßen, um dann zum Gridinoweg durchzubrechen. Das III./Gebirgsjäger-Regiment 218 übernahm die rechte Flankensicherung, die „Gruppe Schorr" die linke. Unterstützt wurden die Gebirgsjäger von den Kameraden der I./Gebirgs-Artillerie-Regiment 82, deren Gefechtsstand sich in der Nähe des Gefechtsstandes des Regiments, nämlich bei P. 34,3, befand. Die V. B. hatten wieder einmal mehr die verantwortungsvolle Aufgabe zugeteilt bekommen, die Feuerunterstützung durch ihren beherzten Einsatz sicherzustellen. Dermaßen eingewiesen und unterstützt, traten die Gebirgsjäger zum Angriff an.

Zügig kam das I./Gebirgsjäger-Regiment 206, nachdem die Artillerie wertvolle Vorarbeit geleistet hatte, vorwärts. Zudem hatte man zufolge der sorgfältig ausgewerteten Erkundungsergebnisse eine schwach besetzte Stelle in der russischen Linie entdeckt, durch die sich nun die Gebirgsjäger geschickt durchschlugen. Die größten Verluste waren bei diesem Angriff jedoch nicht durch Feindeinwirkung, sondern durch die eigenen Stukas, die erst im Verlauf der Kämpfe in das Kampfgeschehen eingriffen, zu beklagen. Eine Bombe fiel mitten in die 1. Kompanie, ein Zug erlitt dabei erhebliche Verluste.

Anders als beim I./Gebirgsjäger-Regiment 206 verlief der Angriff beim III./Gebirgsjäger-Regiment 218. Gleich bei Angriffsbeginn waren durch feindliche Einwirkungen alle Verbindungen zur Artillerie und zu den schweren Infanteriewaffen ausgefallen. Ein totales Chaos konnte nur durch den beherzten Einsatz von Meldern verhindert werden.

Mit Schwierigkeiten ganz anderer Art hatte auch die „Gruppe Schorr" fertig zu werden. Sie stieß in der Südostecke des sogenannten „Schorrwaldes" auf eine besonders stark ausgebaute Stellung der Russen, die von der eigenen Aufklärung nicht erkannt worden war. Dort blieb der Angriff, als sich der Russe, angefeuert von höheren Offizieren und Kommissaren, hartnäckig verteidigte, zunächst stecken. Kaum hatten sich die Jäger von diesem Schrecken erholt, da drohte ihr Angriff abermals zum Erliegen zu kommen, als ein Sturmgeschütz, das zur Unterstützung herangezogen worden war, durch den Beschuß mit Phosphor in Brand geraten und außer Gefecht gesetzt worden war. Gemeistert wurde diese brenzliche Situation zu guter Letzt durch den schneidigen Einsatz des Hauptmannes Schorr, der von der vordersten Linie aus das Feuer eines Geschützes mit Zurufen und Leuchtzeichen leitete und — unterstützt durch die 3. Kompanie, die den Gegner von Norden her angriff — schließlich den feindlichen Stützpunkt nahm. Erst als die Dunkelheit der Nacht über das Gefechtsfeld hereinbrach, ebbte die Kampftätigkeit ab. Den ersten Angriffstag auf den Gridinoweg schildert uns der Oberjäger Oskar Bohnert:

„Im Morgengrauen des 3. Juni rückten wir Bt.-Melder in unseren Bereitstellungsraum hinter der Stoßkompanie. Die Feindlage war uns durch die vorausgegangene Einweisung am Sandkasten bekannt. Der Hochwald mit den russischen Stellungen lag an dieser Stelle dicht vor uns. Wir gruben uns in dem zerschossenen Jungwald ein und warteten auf den Angriffsbeginn.

Gegen 8.00 Uhr hörten wir von weitem die dumpfen Abschüsse unserer schweren Artillerie. Bevor aber deren Geschosse die feindliche Bunkerlinie erreichten, war um uns plötzlich ein Krachen und Rauschen! Und schon war der neben mir liegende Melder durch Granatsplitter verwundet. Unsere Gebirgsgeschütze und schweren Granatwerfer mischten sich bald in den Hagel der anderen Unterstützungswaffen. Als dann die wenigen Stukas und Bomber ihre Bomben geworfen, die schwere Pak die Bunker in direktem Beschuß sturmreif geschossen hatte, wurde das Feuer durch die V. B.'s vorverlegt. Die Sturmgeschütze rollten vor, die Jäger und Pioniere schlossen sich an.

Zügig ging der Angriff durch die russische Bunkerlinie. Die den Angriffskeil sichernden Züge folgten rechts und links. Wir Melder vertrauten uns dem Schutz der Sturmgeschütze an und folgten in deren Raupenspuren. Durch Hochwald, über Waldschneisen und Lichtungen erreichten wir noch vor dem gedachten Zeitpunkt das Angriffsziel und standen dicht am Gridinoweg. Hier hatten die Sowjets eine zweite Bunkerlinie gebaut, die sie hart und verbissen verteidigten. Trotz stärksten Beschusses mit Artillerie, Inf.-Geschützen, Granatwerfern und s. MG. ergaben sich die Besatzungen nicht. Immer wieder strichen die Garben ihrer MG. und Handfeuerwaffen über uns, so daß wir volle Deckung nehmen mußten. Die Jäger unserer Pioniergruppen gingen unter Ausnützung der toten Winkel den Bunkern zu Leibe und erledigten sie mit Handgranaten und geballten Ladungen. Mut und Tapferkeit dieser Kameraden haben dem Angriff zum Erfolg verholfen. Obwohl das Angriffsziel damit erreicht war, wurde der Angriff noch weiter bis kurz vor einen Hochwald vorgetragen. Dort setzte sich der Gegner erneut fest. In Vervollständigung des Gesamtangriffsplanes mußte nun von der Rollbahn her eine Kampfgruppe der 5. Jg.-Div. entlang des Gridinoweges zu uns stoßen, um den an der Nordseite noch offenen Ring zu schließen und die eingeschlossenen Feindteile zu vernichten.

Wohl hörten wir von Westen her Gefechtslärm, von der Kampfgruppe war jedoch nichts zu sehen. Eine Anfrage über Funk ergab, daß der Angriff festlag. Wir waren in einer recht bedrohlichen Lage. Das Bataillon hatte einen tiefen Keil in die Feindstellung getrieben und lief nun Gefahr, eingekesselt zu werden. Da entschloß sich unser Btl.-Führer, persönlich Verbindung mit der Kampfgruppe aufzunehmen. Mit einem Sturmgeschütz fuhr er durch die Russen den Gridinoweg entlang. Wir wünschten unserem Oberleutnant auf dieser Fahrt im stillen ganzes Soldatenglück, sowohl für ihn persönlich, als auch für unser Bataillon.

Die Fahrt glückte. Nach einer Stunde war er wieder bei uns. Die Kampfgruppe nahm den Angriff wieder auf und stellte die Verbindung mit uns her. Wir hatten uns schon längst eingegraben und waren abwehrbereit. Auch wir Melder, soweit wir beim Btl.-Gefechtsstand entbehrlich waren, hatten die dünne vordere Linie verstärkt. So lag ich mit einem Kameraden von der Meldestaffel am Rande einer Waldwiese. Der Russe war knapp 100 Meter uns gegenüber. Die feindliche Artillerie schoß fortlaufend Störungsfeuer.

Gegen 19 Uhr hörten wir auf einmal von der Feindseite Motorengeräusch und schon waren die ersten T 34 vor uns. Die Übermacht war zu groß. Die Front geriet ins Wanken. Da war es unser Oberleutnant, der aufrecht stehend die Jäger zum Halten ermunterte. Mehrere Feindpanzer wurden abgeschossen. Andere, denen der Druchbruch gelang, wurden weiter rückwärts erledigt.

Die Nacht brachte verschiedene russische Gegenstöße, ohne daß Einbrüche erzielt werden konnten. Lediglich in Höhe der I. G.-Stellung wurde es kritisch, als hier der Russe aus dem Kessel einen Durchbruchsversuch unternahm. Die Geschützbedienung, Funker, Fernsprecher wehrten den Feindangriff ab. Der Feind", so unser Oberjäger Bohnert abschließend in seinem Bericht über den ersten Angriffstag auf den Gridinoweg, „hatte dabei viele Tote und Verwundete."

Der weitere Angriffsverlauf ist bald geschildert: Am 4. Juni wurde der Hochwald von der „Gruppe Schorr" gesäubert, die daraufhin zum I./206, das nun mit dem III./218 dicht vor dem Gridinoweg stand, aufschloß. Nochmals versuchte der Russe, unterstützt von seiner Artillerie, aus zahlreichen Bunkern heraus den Angriff der Deutschen zu stoppen. Vergeblich! Nach langen und hartnäckigen Kämpfen hatten die Jäger und Pioniere die sowjetischen Kampfanlagen erobert und wiesen wiederholt russische Gegenangriffe ab. Am 4. Juni war der Gridinoweg erreicht, der Russe weiter denn je in diesem Frontabschnitt zurückgeworfen. Seine Kampfmoral ließ nun merklich nach. Am 5. Juni war sie nahezu gebrochen. Noch am selben Abend überbrachte der Regimentsführer den Dank und die Anerkennung von Generaloberst Busch für die hervorragenden Leistungen der Gebirgsjäger-Regiment 206 und der III./Gebirgsjäger-Regiment 218. Aber auch der Wehrmachtsbericht würdigte den Angriff zum Gridinoweg. Die Meldung, die darüber verbreitet wurde, hatte folgenden Wortlaut:

„Vom 3.—6. Juni waren deutsche Truppen südlich des Ilmensees besonders erfolgreich. In harten Kämpfen in Sumpf- und Waldgelände wurde eine dreifache feindliche Bunkerlinie durchbrochen und dabei 483 Kampfstände genommen, 1300 Minen geräumt, 6 Panzer vernichtet, 11 Geschütze erbeutet, 250 Gefangene eingebracht und 1000 Feindtote gezählt."

Klar, daß diese Leistungen, die in der Tat aufhorchen ließen, entsprechend ausgezeichnet wurden. So erhielt Oberleutnant Zintl, dem bereits für den erfolgreichen Durchstoß des I./Gebirgsjäger-Regiments

206 zur Rollbahn das Deutsche Kreuz in Gold verliehen worden war, für seine umsichtige Führung das Ritterkreuz zum Eisernen Kreuz. Hauptmann Schorr wurde für seinen tapferen Einsatz mit dem Deutschen Kreuz in Gold belohnt.

In diesen Freudenbecher der Auszeichnungen fiel aber auch der so oft zitierte Wermutstropfen. Oberleutnant Schneider, der seit Beginn der Winterschlacht bereits dreimal verwundet worden, aber immer bei der Truppe geblieben war, wurde am 3. Juni durch einen Bauchschuß schwer verwundet und starb auf dem Verbandplatz. Noch am Abend wurde die Meldung von der Verleihung des Ritterkreuzes zum Eisernen Kreuz an diesen tapferen Offizier des Gebirgsjäger-Regiment 206 als Krönung seines Einsatzes und seiner Verdienste durchgegeben.

Mit dem erfolgreichen Vorstoß der „Stoßgruppe Seydlitz" zum Gridinoweg war wohl der Auftrag ausgeführt; nun kam es jedoch darauf an, Verbindung zum Kessel zu halten, damit die russische Falle, in der das II. Armee-Korps so lange ausgeharrt hatte, nicht noch einmal zuschnappen konnte. Die Stoßgruppe hatte daher die Nordfront des Schlauches, der in den Kessel von Demjansk führte, unter allen Umständen zu verteidigen. Eine, alles in allem gesehen, durchaus lösbare Aufgabe, denn der Baumbestand, und das war für die Schützen besonders wichtig, war hier übersichtlicher als in den vorherigen Kampfabschnitten. Und auch die Unterkünfte waren lebensfreundlicher als in der reinen Sumpflandschaft. Vielfach konnten sogar die russischen Bunker, die man erobert hatte, belegt werden. Die Artilleristen fanden wieder B-Stellen, wenn zuweilen auch nur auf Bäumen. Der I./Gebirgs-Artillerie-Regiment 82 standen im Rahmen des Artillerie-Regiments 5 vorübergehend sogar die leistungsfähigen französischen Beutegeschütze (22 cm), vor denen die Sowjets einen höllischen Respekt hatten, zur Verfügung.

All diese für die Gebirgsjäger unerwarteten Annehmlichkeiten durften aber nicht drüber hinwegtäuschen, daß man es nach wie vor mit einem Gegner zu tun hatte, der in dem täglichen Kleinkrieg den Gebirgssoldaten die höchste Aufmerksamkeit abverlangte. Allzu große Sorglosigkeit hätte die ohnedies schon arg geschwächten Reihen durch noch mehr unnütze Ausfälle lichten lassen. In den zurückliegenden Kämpfen waren bereits sämtliche Bataillonskommandeure durch Verwundung ausgefallen. Nahezu alle Kompanieführer waren gefallen oder verwundet; ebenso der Stamm der alten Feldwebel, der Oberjäger und Gebirgsjäger. Nicht weniger als 822 Gefallene, 2641 Verwundete und 52 Vermißte gab es innerhalb von sechs Wochen harten Kampfes bei der „Kampfgruppe Hoffmeister" zu beklagen. Eine wahrhaft traurige Bilanz, die da südlich des Ilmensees gezogen werden mußte! Die Verluste der Kompanien, Abteilungen und Bataillone konnten erst später wieder, nach deren Ablösung am Ilmensee und Verlegung nach Reval durch Ersatz aus allen Gauen des Reiches wieder ausgeglichen werden.

Aber auch die Tragtierstaffeln, auf welche die „Kampfgruppe Hoffmeister" in dem wegearmen Gelände so dringend angewiesen war, hatten in den vergangenen Monaten hohe Ausfälle. Kilometerlange Märsche zur Front durch grundlosen Schlamm oder russische Feuerüberfälle hatten an ihrer Substanz gezehrt.

Die Ablösung der „Kampfgruppe Hoffmeister"

Seit dem 8. Februar 1942 war das II. Armee-Korps unter der Führung des Generals der Infanterie Graf von Brockdorff-Ahlefeldt mit den ihm unterstellten Divisionen, nämlich der 12., 30., 32., 223. und 290. Infanterie-Division sowie der 3. SS-Panzer-Division „Totenkopf", im Kessel von Demjansk eingeschlossen. Etwa 96.000 deutsche Soldaten verteidigten bei einer Kälte von durchschnittlich 40 Grad eine Frontlänge von ca. 300 km mit äußerster Zähigkeit und Verbissenheit gegen einen vielfach überlegenen Gegner.

Zu den deutschen Verbänden, welche die lebensnotwendige Landverbindung mit dem Kessel herzustellen und damit die eigene Front zu schließen hatten, gehörte auch die „Kampfgruppe Hoffmeister". Rund ein Jahr später, am 25. April 1943, stiftete Hitler den Demjansk-Schild „zur Erinnerung an die mehrmonatige heldenhafte Verteidigung des Kampfraumes Demjansk gegen einen zahlenmäßig weit überlegenen Gegner." Mit diesem Schild wurden „alle Wehrmachtsangehörigen und der Wehrmacht unterstellte Personen, die in dem eingeschlossenen Raum von Demjansk an dem Verteidigungskampf ehrenvoll beteiligt waren", ausgezeichnet.

Diesen Verleihungsbestimmungen zufolge wurden die Verbände, die bei der Entsetzung des Kessels von Demjansk durch ihren schweren Kampfeinsatz dazu wesentlich beigetragen hatten, nicht mit dem Demjansk-Schild ausgezeichnet. Als die Einheiten der geteilten 7. Gebirgs-Division jedoch ihren Abschnitt am Ilmensee verließen, wurden sie in anderer Hinsicht geehrt. Der Oberbefehlshaber der 16. Armee, Generaloberst Busch, bedankte sich beim Kommandeur der „Siebten", General Martinek, für die Leistungen seiner Soldaten vor Demjansk:

„Mit dem 16. Juli ist das verstärkte Gebirgsjäger-Regiment 206 aus dem Armeebereich ausgeschieden.

Für das Regiment ist damit eine Zeit schwerer Kämpfe und zugleich ruhmvoller Bewährung abgeschlossen. In den schweren Wochen der winterlichen Abwehrschlachten um Staraja Russa der Armee zugeführt, hat das neu aufgestellte Regiment an der Angriffsoperation zur Wiederherstellung der Landverbindung mit dem eingeschlossenen II. A. K. hervorragenden Anteil gehabt und seine Bewährungsprobe bestanden.

In den härtesten Nahkämpfen, anfangs bei tiefem Schnee und harter Kälte, sodann im tiefverschlammten Gelände mußten einem hartnäckigen Gegner Bunker um Bunker und Stellung um Stellung entrissen werden. Im überschwemmten Sumpfwald galt es, mit Beginn des Frühjahres gegenüber einem zahlenmäßig weit überlegenen, immer von neuem anstürmenden Feind die dünn besetzten eigenen Linie zu halten.

Der Verlust aller Kommandeure, nahezu aller Kp.-Führer und der Masse der alten Oberjäger und Jäger zeugt von der Härte der Kämpfe des Regiments und dem Opfermut jedes einzelnen seiner Soldaten.

In Ehrfurcht gedenken wir der gefallenen Helden.

Mein Dank und meine Anerkennung gelten dem kampfbewährten jungen Gebirgsjäger-Regiment, seinen Offizieren, Oberjägern und Jägern und allen seinen unterstellten Teilen.

Meine besten Wünsche begleiten das Regiment zu neuem Einsatz im Rahmen seiner eigenen 7. Gebirgs-Division ..."

Da stand es also schwarz auf weiß: Das verstärkte Gebirgsjäger-Regiment 206 kehrt zu seiner „Bergschuh"-Division zurück. Dieser Gedanke ließ die Herzen der Gebirgsjäger, Gebirgsartilleristen, Gebirgspioniere und Tragtierführer, denen die Sumpflandschaft des Ilmensees schon arg an die Nerven ging, höher schlagen. Nach einem mehrtägigen Rückmarsch wurden das Gepäck, die Ausrüstungsgegenstände sowie die Waffen und das Gerät an der Bahnstrecke Dno — Pleskau verladen. Gemessen an der Fahrt vom Truppenübungsplatz Grafenwöhr zum Ilmensee war die Strecke vom Pleskausee zum Finnischen Meerbusen für die Gebirgsjäger, wohin sie der Transport bringen sollte, nur ein Katzensprung. Aber auch in anderer Hinsicht hinkte jeder Vergleich zwischen dem Sumpfgebiet des Ilmensees und der estländischen Hafenstadt Reval, wohin sie das Soldatenschicksal, das es jetzt besonders gut mit ihnen zu meinen schien, verschlagen hatte. Hier gab es alles das, was man am Ilmensee so lange vermißt und worauf man so sehnsüchtig gewartet hatte: Erholung und eine fürsorgliche Unterstützung durch die deutschfreundliche baltische Bevölkerung, Entspannung und Freizeit und — was besonders wichtig war — Ersatz an Menschen und Tragtieren, an Waffen und Geräten.

Doch kaum hatte man mit der Ausbildung des Nachersatzes begonnen, als auch schon am 28. Juli 1942 die ersten Transportschiffe am Kai anlegten, um die Einheiten der nach wie vor geteilten 7. Gebirgs-Division nach dreitägiger Fahrt in das finnische Hangö zu bringen. Mit gemischten Gefühlen betrat man den finnischen Boden.

In Hangö gab es kein Verschnaufen. Ein Eisenbahntransport brachte das verstärkte Gebirgsjäger-Regiment 206 unverzüglich nach Hyrinsalmi.

Von hier führte der Marsch in den Kiestinki-Abschnitt, wo das Gebirgsjäger-Regiment 206, das III./Gebirgsjäger-Regiment 218 und die I./Gebirgs-Artillerie-Abteilung 82 nach einer fast sieben Monate währenden Trennung wieder mit der 7. Gebirgs-Division vereinigt wurden. Das war am 19. August 1942 — ein Datum, das der Divisionskommandeur in seinem Kriegstagebuch ganz besonders herausgehoben hat.

Der Einsatz der Gebirgsartilleristen am Wolchow

Bevor wir uns dem finnischen Kriegsschauplatz, auf dem die wiedervereinigte 7. Gebirgs-Division in den folgenden Kriegsmonaten und Jahren eingesetzt wurde, zuwenden, verfolgen wir noch kurz die Kampfhandlungen der III. und IV./Gebirgs-Artillerie-Regiment 82 am Wolchow — ein Fluß, der, aus dem Ilmensee kommend, nach Norden fließt und in den Ladogasee mündet. Mit seinen weiten Sumpfgebieten gab er der Nordfront das Gepräge; eine der trostlosesten Gegenden Rußlands, die schon wenige Monate nach Beginn des Ostfeldzuges im Stellungskrieg erstarrte. Hier, im Wolchow-Dschungel, waren die III./82 und die IV./82 seit Mitte März 1942 zur Unterstützung des XXVIII. Armee-Korps, das in Sumpf und Urwald in äußerst schweren Abwehrkämpfen stand, eingesetzt.

Wie war es nun eigentlich zur Bildung der Wolchow-Front gekommen? Das Kriegstagebuch der Heeresgruppe Nord gibt darüber mit folgender Lagebeurteilung Aufschluß, die sie über Befehl des OKH diesem vorlegte:

„Das Ziel der Entsetzung Leningrads ist für den Russen äußerst erstrebenswert“, heißt es darin, „wenn er nicht bisher schon stärkere Kräfte hierzu herangeführt hat, so dürfte das nur dem Druck der H. Gr. Mitte zu verdanken sein. Sobald dieser Druck nachläßt oder der Gegner sonst über freie Truppen verfügt, ist es nicht unwahrscheinlich, daß er sie in Richtung Tichwin — Leningrad einsetzt. Damit könnte er einen starken militärischen und noch mehr politischen Erfolg erhoffen, der für ihn noch erreichbar ist. Daß er damit mehrere Millionen Russen vom Hungertode befreit, wird für ihn weniger maßgebend sein. Danach muß in Rechnung gestellt werden, daß der Gegner im Laufe der Zeit nicht nur die eben gemeldeten Kräfte, sondern noch weitere freie Kräfte heranführt, um hier einen starken Schwerpunkt zu bilden. In dieser Lage hat die H. Gr. sich ostwärts des Wolchow mit ihren schwachen, zu erheblichen Teilen erschöpften Kräften zunächst auf Abwehr eingestellt. Eine Verstärkung dieser Kräfte ist gegenwärtig nicht möglich, da die z. Zt. einzig verfügbare 291. ID. im Schlüsselburger Raum gebraucht wird. Es bleibt demnach im Gebiet ostwärts des Wolchow zunächst nichts anderes übrig, als die Abwehrmaßnahmen zu verstärken und zu ergänzen. In der Front ostwärts des Wolchow springt Tichwin für sich allein weit vor, ist demnach einem umfassenden Angriff von drei Seiten ausgesetzt. Die Feuervorbereitung eines solchen Angriffs beherrscht den Innenraum von Tichwin von allen Seiten vollständig. Es muß daher, sobald zu übersehen ist, daß ein weiteres Halten von Tichwin nur zu schweren Opfern führen würde, an den Entschluß herangegangen werden, Tichwin aufzugeben. Dieser Entschluß ist gegenwärtig noch nicht zu fassen. Die 16. Armee ist jedoch angewiesen, eine Sehnenstellung festzulegen und, soweit es die Kräfte erlauben, auszubauen. Ein Fortziehen von Teilen der Schnellen Verbände aus dem Gebiet von Tichwin zu anderer Verwendung muß zunächst unterbleiben. Im Raum westl. des Wolchow bot unser enger Flaschenhals südl. Schlüsselburg, wie vorauszusehen war, dem Gegner stärksten Anreiz, hier durchzubrechen. Heftigste Angriffe in den letzten Wochen und Monaten, die zeitweise nur mit Mühe und unter starker Einbuße abgewehrt werden konnten, waren die Folge. Es muß daher nach wie vor das Ziel der H. Gr. bleiben, diesem auf die Dauer untragbaren Zustand ein Ende zu machen und den Gegner nach Osten zurückzuwerfen ...“[63])

Und in der Tat: Die Kampfhandlungen nahmen an der Wolchow-Front von Tag zu Tag an Heftigkeit zu. Der Russe setzte alles auf die so oft zitierte eine Karte, um die deutschen Divisionen zurückzudrängen und damit Leningrad vom würgenden Druck des Einschließungsringes zu befreien.

„Hitler genehmigte es, daß Tichwin geräumt wird“, erfahren wir von Generalfeldmarschall Ritter von Leeb, dem Oberbefehlshaber der Heeresgruppe Nord, „aber ich durfte nicht hinter den Wolchow zurückgehen, sondern nur etwa ein Drittel des Weges, hinter einen Sumpfabschnitt, und hinter diesem Sumpfabschnitt war die Lage nach einigen Tagen genau die gleiche wie vorher in Tichwin, und nun wurde mir gesagt, ich habe da stehen zu bleiben, und nun habe ich gemeldet: ‚Das ist durch die Ereignisse überholt‘, und habe befohlen, hinter den Wolchow zurückzugehen. So habe ich die drei oder wieviel Divisionen, die es waren, vor dem Untergang gerettet. Es war eine falsche Meldung, wenn man das so bezeichnen will.“[64])

Die militärische Lage schien sich am Wolchow nach der Zurücknahme der Front für die Deutschen zu stabilisieren. Von Leeb beurteilte die Lage am 22. Dezember 1941 wie folgt:

Oben: Notgelandetes russisches Schlachtflugzeug

Unten: Stukas greifen in die Kämpfe um Kiew ein

78

„Das weitere Absetzen hinter den Wolchow ist planmäßig vor sich gegangen. Alle Versuche des Gegners, in Richtung auf die Brückenstelle bei Kusina und Grusino vorzudringen und unsere zurückgehenden Truppen abzuschneiden, sind gescheitert, südostwärts Kusina sogar unter hohen Verlusten für den Feind. Es ist zu erwarten, daß auch der Abschluß der Ausweichbewegung planmäßig vor sich gehen wird.

Die Krisenlage an verschiedenen Stellen der H. Gr. Mitte wird den Gegner wahrscheinlich veranlassen, alle dort eingesetzten Kräfte zu belassen, vielleicht sogar noch freie Kräfte dort einzusetzen. Es kann also erhofft werden, daß die Wolchow-Front wie auch die endgültige Front des I. AK, ferner die Ostfront des XXVIII. AK in der nächsten Zeit noch nicht mit frischen Kräften des Gegners angegriffen werden.“[65])

Für längere Zeit erstarrte die Front am Wolchow. In jenem Kriegswinter 1941/42 herrschten Temperaturen bis zu 43° unter Null. Freund und Feind war folglich nur darauf bedacht, die Front zu halten.

„An der Wolchow-Front“, so beurteilt von Leeb am 16. Januar 1942 die Lage, „ist es weder dem Gegner gelungen, seine Einbruchstellen wesentlich zu erweitern, noch aber uns, sie zu verengen. Es ist damit zu rechnen, daß er weitere Vorbereitungen für die Fortsetzung der Angriffe trifft. Aber auch unsererseits sind Verstärkungen, wenn auch nur geringe, im Herankommen, so daß gegenwärtig die Wolchow-Front noch nicht als bedroht anzusehen ist. Beim II. und X. AK hat sich die Lage insofern etwas verschärft, als der Gegner ostwärts Staraja Russa weiter nach Süden drang, nunmehr auch die Straße nach Demjansk unterbrochen hat und sich in der Gegend des Bahnhofs Begolowo weiter ausgebreitet hat.“[66])

Aber bald war es mit der Ruhe am Wolchow vorbei.

Am 22. Januar 1942 trat die „Wolchow-Front“ des russischen Generals Merezkow mit drei Armeen, nämlich mit der 59., der 2. Stoß- und der 52. Armee, zum Druchbruch nördlich des Ilmensees an — und zwar mit dem unverkennbaren Ziel, den deutschen Einschließungsring um Leningrad zu sprengen. Das war der Auftakt zu immer härter werdenden Kämpfen an dieser Front, an der nun auch Gebirgsartilleristen der 7. Gebirgs-Division eingesetzt werden sollten.

Ein Durchbruch am Wolchow, zu dem die russische 2. Stoß-Armee am

Generalleutnant, später General der Gebirgstruppen Rudolf Konrad, der erste Kommandeur der 7. Gebirgs-Division

25. Februar mit nicht weniger als sechs Schützen-Divisionen, drei Kavallerie-Divisionen, acht Schützen-Brigaden und zwei Panzer-Brigaden (!) ansetzte, konnte von den Deutschen gerade noch vereitelt werden, doch verschärfte sich die Lage ab 10. März für sie abermals dramatisch. Der Russe versuchte massiv, mit seiner 54. Armee von Norden her bei Pogostje zur 2. Stoß-Armee durchzubrechen. Nachdem die deutschen Truppen auch diese Gefahr noch rechtzeitig erkannt und beseitigt hatten, begann am 15. März auf dem Westufer des Wolchow der Angriff der deutschen 18. Armee, der von der Luftflotte 1 mit 250 Kampfflugzeugen unterstützt wurde.

An diesen Kampfhandlungen am Wolchow waren ab Mitte März 1942 auch die III. und IV. Abteilung des Gebirgs-Artillerie-Regiment 82 beteiligt. Beide Abteilungen unterstützten dabei wirkungsvoll die Angriffsbataillone und hatten damit wesentlichen Anteil am Abwehrerfolg der deutschen Verbände, die alle Versuche der Russen, aus dem Wolchow-Kessel auszubrechen, vereitelten.

Den Frontalltag am Wolchow hat Lois Haas, damals als Essenträger eingesetzt, in seinem Tagebuch festgehalten:

„Muligespanne bringen die Warmkanister mit Verpflegung und sogar auch Post bis 1 km vor die Brücke. Mir ist immer ein Trupp von sechs Mann zugeteilt, kampferfahrene Kameraden, auch junger Nachersatz.

Die feindliche Fliegertätigkeit dieser Dämmernacht ist teuflisch rege, Hunderte Einschläge auf allen Seiten.

Kostbare Viertelstunden der Dämmernacht vergehen und als Ortskundiger wate ich mit meinen Leuten zur Sturmbootfähre und habe Glück, mit der letzten Partie um 23.50 Uhr mitzukommen.

Angekommen hasten wir über unsere Infanterie-Geschütz-Zug-Feuerstellung Richtung Bataillonsgefechtsstand, und es ist inzwischen schon wieder so hell, daß wir gezieltes MG-Feuer bekommen, dem man bei dem eingesehenen Gelände nur durch Sprünge in wassergefüllte Trichter und seitliches Robben ausweichen kann.

Mit einem Schlag setzt auch noch feindliches Trommelfeuer ein, daß einem ganz schön bange wird. Umkehren? Nein!

Wir haben ja Verpflegung für den Nachrichtenzug, Btl.-Stab und VB für zwei Tage, außerdem ersehnte Post und wichtige schriftliche Meldungen. Wir werden vorne dringend erwartet. Also durchgehetzt! Und — endlich sind wir im niedrigen Gefechtsstand, wo wir im Sitzen Meldungen und Post abgeben.

Ringsum spritzt die Erde von Einschlägen, zum Glück an der HKL keine so großen Kaliber.

Zwei Stunden warten wir schon untätig im rasenden Trommelfeuer, als es plötzlich aufhört. Greift der Iwan jetzt an? So fragt sich jeder!

Die Angriffsrichtung liegt heute südlich von uns und wir können endlich Verpflegung ausgeben. Unsere tiefgestaffelten Artillerieregimenter westlich des Wolchow schießen Sperrfeuer: das Funkkennwort ‚Iwan-Kirchturm' vom AriVB hat es ausgelöst.

Sollen die nächste Dämmernacht abwarten, hieß es, weil niemand durchkommen kann. Das will ich nicht, es muß ja wieder für andere Einsatzteile Verpflegung vorgebracht werden, und wir kennen uns am besten aus. Die Kameraden liegen seit Tagen in nassen Kleidern vorne und sind uns dankbar, wenigstens alle 24 bis 48 Stunden warmes Essen zu bekommen. Zudem hat starker Regen eingesetzt, der gezieltes MG-Feuer verhindert. Trotz leerer Kanister hetzen wir mit keuchenden Lungen über eine Mondlandschaft Richtung Wolchowbrücke. Das Arifeuer wird auch wieder stärker. Das richtige Angriffswetter für den Iwan.

In einem Trichter warte ich ab, bis einer nach dem andern meiner Kameraden, von Ratschbumm- und MG-Feuer getrieben, über die schwankenden Bretter der kaum gangbaren Brücke das jenseitige Wolchowufer erreicht hat und im dortigen Bunker zum Rasten verschwindet. Zufällig schaue ich zurück — Richtung Ruinen — und sehe im halbknietiefen Wasser, 250 m entfernt, eine Gestalt auf einem Kanister sitzen, die sich ein Bein hält. So ein Unsinn, fluche ich, mitten im Feuer zu bleiben und erkenne im gleichen Moment, daß der Mann verwundet ist und nicht weiter kann. Also hin! Ist nochmals gutgegangen, sage ich zu ihm, als ich sein Bein abbinde.

Aber wie jetzt über den Wolchow kommen? Halb aufgestützt plantschen wir durchs Wasser. Verdammt nahe liegen die Einschläge — weiter!

50 m vor dem berüchtigten Brückeneck ist mein verwundeter Kamerad so fertig, daß er nicht mehr weiter kann. Hier liegenzubleiben, wäre für beide Teile Selbstmord. Ich nehme ihn — 80 Kilo schwer — auf den Rücken und erreiche mit größter Kraftanstrengung stolpernd und schwankend die schwingenden Bretter des Steges. In der Mitte ist das Feuer leichter, aber wir sind auf einem Präsentierteller, 20 m über dem Wasser. Kurze Rast, weiter! Der Regen hat nachgelassen; kurz beleuchtet die Sonne ein dampfendes, brodelndes Gelände.

Die Ari schießt immer noch Sperrfeuer im südlichen Teil dieses kleinen, männermordenden Stückchens Erde. 200 m noch, dann bin ich mit meinem Kameraden in Sicherheit, ungeduldig von den Leuten meines Essenträgertrupps erwartet. Sie hatten bei der Rast auf der Brücke nur mich stehen sehen und konnten sich keinen Reim machen.

‚Ja Sepp', sagte plötzlich einer zum Verwundeten, ‚wo fehlt's denn?'

‚Ach, mei Haxn, wollte dem starken Arifeuer bei der Brücke ausweichen —'.

Nun erkenne ich ihn auch als einen Kameraden aus unserer Kompanie, der dem Pionierzug Essen brachte.

Nach einer halben Stunde Zwangspause bringen wir Sepp zum Wagenhalteplatz und von dort zum Hauptverbandplatz. Das Bein brauchte nicht abgenommen werden.

Vollkommen fertig kommen wir bei unserem Verpflegungstroß an, — melde mich ohne Verluste zurück. —

Zehn Stunden später", erfahren wir abschließend aus dem Tagebuch von Lois Haas, „führe ich ein neues Verpflegungskommando ..."[67])

Ende Juni 1942 — nach monatelangen Kämpfen in Sumpf und Schlamm gegen eine erbarmungslose Natur mit einer großen Schneeschmelze und unvorstellbar viel Wasser, das ständig in die Bunker und Kampfunterstände eindrang und die Versorgungswege bodenlos aufweichte, sowie gegen einen unerbitterlichen Gegner — nach alledem war der Wolchow-Kessel der sowjetischen 54. Armee zusammengebrochen. Bis zum 12. Juli marschierten 33.000 Russen in die Kriegsgefangenschaft, 649 Geschütze, 171 Panzer, 2000 Kraftfahrzeuge, 2904 MGs, Granatwerfer und Maschinenpistolen sowie zahlreiches anderes Kriegsgerät wurden erbeutet. In den viereinhalb Monaten der Wolchow-Schlacht verloren die Russen nicht weniger als 130.000 Rotarmisten an Toten und Verwundeten.

„Aus Trichtern und Sümpfen quoll schwarzes Wasser", schrieb General Klatt, „Hilferufe verwundeter Russen drangen aus den Weiten der Kessellandschaft, in deren Mitte unsere Jäger standen. Da stöhnten Menschen, die sich von Gott und der Welt verlassen sahen. Namen wurden gerufen. Dann wieder brachen hemmungslose Schreie der Qual aus verborgenen Mündern hervor. Die Jäger horchten in das Dunkel hinaus. Niemand konnte sich dem Grauen dieser Stimmen entziehen, die oft schon den Stempel des Todes trugen, eines Todes, in dessen Reich nun einmal jeder Soldat des anderen Bruder ist ..."[68])

Unzählige Tote verwesten bereits in der zerschossenen Waldlandschaft südlich von Leningrad. Als man einem gefangengenommenen russischen General nach dem furchtbaren Gemetzel am Wolchow durch ein Scherenfernrohr das trostlose Totenfeld zeigte und ihn fragte, ob dieser hohe Blutzoll, den die Sowjets hier entrichtet hatten, wirklich nötig gewesen wäre, antwortete er mit einem verächtlichen Unterton:

„Ach was, von dem Dreck haben wir ja genug."

Trotz dieser erschreckend hohen Verluste versuchten die Russen weitere Ausbruchsversuche an der Newafront zwischen Leningrad und Schlüsselburg, um der Gefangennahme durch die Deutschen zu entgehen. Meist jedoch vergebens. Unter den in die deutsche Kriegsgefangenschaft geratenen Rotarmisten befand sich ein weiterer namhafter russischer General, ja „einer der Besten, die das bolschewistische Rußland hatte":[69]) Andrej Andrejewitsch Wlassow, der Befehlshaber der 2. Stoß-Armee.

Noch im Herbst 1942 hatte Wlassow sich den Deutschen angeschlossen und aus russischen Kriegsgefangenen eine Freiwilligenarmee geschaffen, um mit ihr gegen den verhaßten Bolschewismus zu kämpfen. Der „Aufruf des Russischen Komitees von Smolensk“ lautete im Auszug wie folgt:

„Freunde und Brüder!

Der Bolschewismus ist der Feind des russischen Volkes. Unübersehbares Elend hat er über unsere Heimat gebracht und das russische Volk schließlich in einen blutigen Krieg für fremde Interessen verwickelt ... Für das verbrecherische Streben Stalins nach der Weltherrschaft, für die Riesengewinne der anglo-amerikanischen Kapitalisten haben Millionen russischer Menschen mit ihrem Leben bezahlen müssen. Millionen sind zu Krüppeln geworden und haben für immer ihre Arbeitsfähigkeit eingebüßt. Frauen, Greise und Kinder starben infolge von Hunger, Kälte oder untragbar gewordener Arbeitsüberlastung. Hunderte russischer Städte, Tausende von russischen Dörfern sind auf Befehl Stalins zerstört, gesprengt oder niedergebrannt worden.

Die Rote Armee hat in diesem Krieg Niederlagen erlitten, wie sie unsere Geschichte vorher nicht kannte. Trotz der Selbstaufopferung unserer Soldaten und Offiziere, trotz der Tapferkeit und Opferbereitschaft des russischen Volkes wurde eine Schlacht nach der anderen verloren. Die Schuld trifft allein das verfaulte bolschewistische System, sie trifft Stalin und seinen Stab.

Stalin und seine Clique haben es nicht verstanden, die Verteidigung des Landes zu organisieren. Sie versuchen jetzt die Dauer ihrer Herrschaft im Blutbad des russischen Volkes zu verlängern ...

Das russische Volk ist von den Verbündeten Stalins, den anglo-amerikanischen Kapitalisten, verraten worden. Diese Plutokraten retten nicht nur ihre eigene Haut, indem sie Millionen russischer Menschen opfern, nein, sie strecken mit Unterstützung des Bolschewismus nunmehr auch ihre Hände nach den Reichtümern unserer Heimat aus und haben mit Stalin Geheimverträge abgeschlossen.

Deutschland dagegen kämpft nicht gegen das russische Volk und unsere Heimat, sondern gegen den Bolschewismus ... Das nationale Deutschland Adolf Hitlers hat sich die Neuordnung Europas ohne Bolschewisten und Kapitalisten zur Aufgabe gestellt, und in diesem neuen Europa wird jedem Volk sein Platz angewiesen. Die Stellung des russischen Volkes in der europäischen Völkergemeinschaft wird von dem Maße seiner Mitarbeit im Kampf gegen den Bolschewismus abhängen, denn die Vernichtung Stalins und seiner Verbrecherclique ist vor allem eine Sache des russischen Volkes. Um das russische Volk im Kampf gegen das verhaßte Regime zu einen und zu führen, haben wir — Söhne dieses Volkes und Patrioten — ein ‚Russisches Komitee‘ zur Zusammenarbeit mit Deutschland zwecks

Bekämpfung des Bolschewismus und Aufbau des neuen Europa gebildet...

Das Russische Komitee fordert alle Soldaten und Offiziere der Roten Armee auf, zur russischen Befreiungsarmee, die auf deutscher Seite kämpft, überzutreten.

Allen, die sich auf die Seite des antibolschewistischen Kampfes stellen, wird das Leben garantiert, unabhängig von ihrer früheren Tätigkeit und der von ihnen innegehabten Stellung.

Das Russische Komitee ruft alle Russen auf, den Kampf gegen den verhaßten Bolschewismus aufzunehmen, antibolschewistische Partisanenabteilungen zu gründen und die Waffen gegen Stalin und seine Anhänger zu wenden.

Russen, Freunde und Brüder! ...

Erhebt euch zum Kampf für die Freiheit! ..."

Doch es kam vorerst ganz anders: Am 8. Juli 1943 verbot Hitler den Einsatz dieser Befreiungsarmee. Man — vor allem Keitel, Himmler und Bormann — befürchtete, daß es dem übergelaufenen sowjetischen General letztlich nur darum ginge, das russische Großreich unter seiner Führung wiederherzustellen. Erst am 16. September 1944 wurde die „ROA" durch ein Abkommen zwischen Himmler und Wlassow zum „Kampf gegen den Bolschewismus" aufgerufen. Doch zu dieser Zeit, als sich das Ende des Zweiten Weltkrieges bereits zugunsten der Alliierten deutlich abzeichnete, kam der Einsatz der Wlassowarmee für die an allen Fronten überstrapazierte Deutsche Wehrmacht zu spät: viel zu spät, um noch eine Kriegsentscheidung herbeiführen zu können.

Wenden wir uns nun wieder den Vorgängen an der Wolchow-Front zu. Die Verluste hielten sich hier bei den Gebirgsartilleristen der 7. Gebirgs-Division in Grenzen, die Einbußen an Zugmaschinen und Waffen waren bei der III./Gebirgs-Artillerie-Regiment 82 nicht nennenswert, obwohl die Schwierigkeiten in dem wegearmen und verschlammten Gelände hohe Anforderungen und größte Kraftanstrengungen an Menschen, Tiere und Material stellten.

Schlimmer sah es da schon bei der IV./Gebirgs-Artillerie-Regiment 82 aus. Diese Abteilung, die im Wechsel eng mit den Artillerie-Regimentern 21 und 139 sowie mit dem Fallschirm-Jäger-Regiment 2 zusammenarbeitete, hatte infolge der Frühjahrsschlammperiode zahlreiche Ausfälle an Zugmaschinen zu verzeichnen. Und zu alledem war das Transportschiff der IV./Gebirgs-Artillerie-Regiment 82 auf der Überfahrt nach Finnland von einem russischen U-Boot angegriffen und torpediert worden. Während der erste Torpedo noch knapp am Bug des Transportes vorbeisauste, traf der zweite das Vorschiff. Zwei Unteroffiziere, die sich in der Nähe der Einschlagstelle aufgehalten hatten, wurden getötet; sechs

Mannschaftsdienstgrade verwundet. Obwohl das Wasser bis in den Verladeraum, in dem die Fahrzeuge und Geschütze regelrecht absoffen, eingedrungen war, konnte das Schiff durch Fluten vorne soweit gehoben werden, daß es die Fahrt nach Finnland fortsetzen konnte.

Kriegsschauplatz Finnland

Nach dem Polenfeldzug und der Aufteilung des Landes zwischen dem Deutschen Reich und der Sowjetunion wurde der Landhunger der Russen immer größer. Sie ließen ihre Rote Armee in die baltischen Staaten, Estland, Lettland und Litauen einmarschieren und verlangten auch von Finnland die Abtretung von Stützpunkten (Hangö und die Halbinsel Porkala sowie den Eismeerhafen Petsamo), was praktisch die Aufgabe der finnischen Souveränität bedeutete.

Die finnische Regierung, die, ganz auf sich allein gestellt, unter massivem Druck stand, stimmte den sowjetischen Forderungen mit Ausnahme der Verpachtung der strategisch bedeutenden Halbinsel und Stadt Hangö zu. Das bedeutete für die Sowjetunion Krieg. 29 sowjetische Divisionen, ein Panzerkorps und 800 Flugzeuge standen bei Angriffsbeginn am 30. November 1939 etwa 10 Divisionen, 7 gemischten Brigaden und 150 Flugzeugen der Finnen gegenüber. Trotz großer zahlenmäßiger Überlegenheit konnten die Finnen den Angriffen der Sowjetarmeen trotzen.

Ja, es kam für die Russen noch schlimmer, denn im Gegenstoß besetzten die Finnen sogar große Teile von Ostkarelien. Dieses militärische Versagen der Russen im finnischen Winterkrieg ist eines der Rätsel in der Geschichte des Zweiten Weltkrieges.

Und so verliefen die Schlachten im finnisch-sowjetischen Winterkrieg (12. November 1939 bis 30. März 1940), der von dem finnischen Oberbefehlshaber Feldmarschall von Mannerheim mit großem Geschick und äußerster Bitterkeit — unter anderem von beweglichen Skieinheiten, die mit ihren Rentier- und Hundeschlitten die motorisierten russischen Kolonnen im Schnee von allen Seiten angriffen, auseinanderrissen und in kleinen Kesseln („Motti") aufrieben — geführt wurde: 1. bis 9. Dezember: Die russischen Truppen scheitern an der „Mannerheim-Linie"; 14. bis 24. Dezember: Finnischer Gegenangriff nördlich des Ladogasees; 20./21. Dezember: Finnischer Gegenangriff bei Salla; 21. Dezember: Die finnischen Truppen stoppen den russischen Angriff südlich von Petsamo; 30./31. Dezember 1939: Die Finnen vernichten mit Hilfe der Motti-Taktik zwei russische Divisionen bei Suomussalmi. Im Dezember 1939 wird die 163. sowjetische Schützen-Division von der 9. finnischen Division aufgerieben und Anfang Januar 1940 die 44. sowjetische Division von derselben finnischen Einheit völlig vernichtet. Damit hatten die Russen innerhalb kürzester Zeit nicht weniger als 27.500 Tote und 1300 Gefangene — gegenüber knapp eintausend finnischen Gefallenen — zu verzeichnen. Vom 1. bis 3. Februar wehrten sechs finnische Divisionen die Angriffe der 7. und 13. sowjetischen Armee gegen die „Mannerheim-Linie" an der karelischen Landenge ab.

Doch letztlich gelang es den sowjetischen Truppen, Ende Januar 1940 tief in den Norden Finnlands vorzudringen; lediglich auf der karelischen Landenge versuchten sie vergeblich, die „Mannerheim-Linie" zu durchbrechen. Daraufhin lösten die Russen unter Marschall Timoschenko mit 27 Divisionen eine neue und letztlich erfolgreiche Offensive auf Viipuri (Wiborg) aus, bei der, so wird berichtet, die Geschütze der Artillerie „Rad an Rad" standen. Nach einem schweren Trommelfeuer begann Anfang Februar der alles entscheidende Sturmangriff, nach zwei Wochen gelang der Roten Armee der Durchbruch. Alliierte Hilfspläne für die tapferen Finnen scheiterten an politischen Bedenken. Man wollte die UdSSR einerseits nicht ganz auf die Seite des Deutschen Reiches stoßen; andererseits befanden sich Großbritannien und Frankreich mit der Sowjetunion nicht im Kriegszustand. Ferner gab es technische Schwierigkeiten, denn die alliierte Truppenhilfe wäre nur über den nordfinnischen Eismeerhafen Petsamo möglich gewesen.

Finnland gab nun den Widerstand auf. Es hatte 24.923 Soldaten und 61 Flugzeuge verloren. Die Sowjetunion erkaufte einen teuren Sieg. Sie verlor an die 200.000 Mann, etwa 1600 Panzer und 684 Flugzeuge.

In dieser hoffnungslosen Lage unterzeichnete Finnland am 12. bzw. 13. März 1940 schließlich einen Friedenvertrag, der als „Friede von Moskau" in die Geschichtsbücher eingegangen ist. Zweck, Ziel und Absicht des Vertrages war es, die zwischen den beiden Ländern entstandenen Kampfhandlungen zu beenden und genaue Bedingungen für die Garantie einer gegenseitigen Sicherheit, einschließlich der der Städte Leningrad, Murmansk sowie der Murman-Bahn festzusetzen.

Mit Mühe war es den tapferen Finnen immerhin gelungen, ihre staatliche Selbständigkeit zu wahren, dennoch traf das Friedensdiktat von Moskau Finnland immer noch hart genug.

Es mußte die ganze Karelische Landenge mit der Stadt Wiborg einschließlich der Wiborger Bucht mit ihren Inseln, das westliche und das nördliche Ufer des Ladogasees mit den Städten Kexholm, Sortavala, Suojärvi, eine Reihe von Inseln im Finnischen Meerbusen, das Territorium ostwärts von Merkärvi mit der Stadt Kuolajärvi, schließlich einen Teil der Fischer- und Srednij-Halbinseln an die Sowjetunion abtreten.[70])

Kann man es den Finnen verübeln, daß ihre Staatsführung von nun an ihr ganzes Handeln — sowohl das politische als auch militärische — darauf konzentrierte, die verlorengegangenen Gebiete so schnell wie möglich zurückzugewinnen? Um ihre offene Rechnung mit den Russen zu begleichen, um erlittenes Unrecht zu tilgen?

Die Gelegenheit dazu bot sich für die Finnen sehr bald, nämlich im Rahmen des deutschen Angriffs auf die Sowjetunion. Doch vorerst zögerten sie noch, an der Seite Deutschlands in den Krieg gegen die UdSSR einzutreten, was wiederum den Beginn der deutsch-finnischen Offensive im Norden Europas hinausschob, so daß diese nicht mit dem allgemeinen Angriffsbeginn an der Ostfront zusammenfiel und so das Überraschungsmoment wegfiel. Außerdem lehnte Finnland es ab, ein formales Bündnis mit dem Deutschen Reich im Kampf gegen Rußland einzugehen. So überschritt das Gebirgs-Armeekorps „Norwegen" erst am 22. Juni 1941, um 2.30 Uhr, im fahlen Scheine der Mitternachtssonne die norwegisch-finnische Grenze. Die 2. Gebirgs-Division verschob sich dabei in den Raum um und ostwärts von Parkkina, die 3. Gebirgs-Division in die Gegend um und ostwärts von Luostari, um sich hier zum Angriff über die finnisch-russische Grenze bereitzustellen. Major i. G. Wilhelm Heß, damals Quartiermeister beim Gebirgskorps und später als Oberst i. G. Oberquartiermeister bei der 20. Gebirgs-Armee, schrieb an jenem 22. Juni 1941 in sein Tagebuch:

„Ungeheuer lang ist die Gesamtfront vom Eismeer bis an das Schwarze Meer. Eine solche Schlacht hat die Geschichte bisher noch nie erlebt. Es wäre unverständlich, wenn man in diesem ungeheuren Augenblick nicht mit bewegtem Herzen an das Schicksal von Millionen Menschen denken würde. Nur im kleinen Ausschnitt des Gebirgskorps können wir einen Bruchteil dieser Erhebung sehen, und selbst dieses Bild ist so trügerisch, weil unser Korps nicht vor der russischen Grenze steht, sondern zunächst finnisches Gebiet passieren muß. Aber wie in dieser Nacht an der Brücke von Boris Gleb kilometerweit sich die einrückenden Kolonnen hinziehen, treten zu gleicher Zeit die deutschen Divisionen auf dem Durchmesser des ganzen alten europäischen Erdteils zum Kampf gegen den Bolschewismus an, ein Kampf, der unser aller Zukunft entscheiden wird."

Die sogenannte „Lappland-Armee", die unter dem Oberbefehl von Generaloberst Nikolaus von Falkenhorst stand, war für diesen Angriff wie folgt gegliedert:[71])

An der **Eismeerfront** operierte das Gebirgs-Armeekorps „Norwegen" (Anfang 1942 umbenannt in XIX. Gebirgs-Armeekorps) mit der 2. und 3. Gebirgs-Division, der 199. und 702. Infanterie-Division, finnischen Grenztruppen, dem finnischen Grenzschutz-Bataillon „Ivalo" sowie einem finn. Infanterie-Regiment (ohne 1. Bataillon, das erst später eingesetzt wurde).

An der **Sallafront** operierte das XXXVI. Gebirgs-Armeekorps mit der 6. SS-Gebirgs-Division „Nord“, der 169. Infanterie-Division und der 6. finn. Infanterie-Division.

An der **Louchifront** operierte das finn. III. Armeekorps mit der finn. 3. Infanterie-Division und der finn. Infanterie-Division „J“. (Die taktische Unterstellung dieses finnischen Korps erfolgte am 28. Juni 1941.)

Am 29. Juni 1941 war es dann auch im hohen Norden endlich soweit: Das Gebirgs-Armeekorps „Norwegen“ trat, unterstützt durch die Luftflotte 5 (Generaloberst Stumpff), deren Aufgabe es war, den Nachschub der Alliierten zur See nach Murmansk zu unterbinden, mit der 3. und 2. Gebirgs-Division unter der Führung von General der Gebirgstruppen Eduard Dietl über den Titowka-Abschnitt gegen die Liza an, mit dem Endziel, den Hafen Murmansk, der unentwegt von den immer größer werdenden Geleitzügen der Amerikaner und Briten mit Kriegsmaterial angesteuert wurde, zu erobern. Die erste Tagesmeldung, die zugleich einen Einblick in die für mitteleuropäische Verhältnisse ganz anders geartete Landschaft gibt, lautete:

„Am 29. Juni 1941, 0.00 Uhr, traten deutsche Gebirgsjäger im Scheine der Mitternachtssonne über noch schneebedeckte Tundren zum Angriff Richtung Murmansk an.“

Doch weder der erste, noch der zweite und später auch der dritte tapfer und verlustreich geführte Angriff brachte trotz eines Raumgewinns von rund 60 Kilometern jenen durchschlagenden Erfolg, den man erwartet hatte. Der eisfreie Hafen Murmansk, der den Alliierten nun als Umschlagplatz diente, blieb fest in russischer Hand.

Es gab dafür verschiedene Gründe. In erster Linie erreichte der deutsche Angriff zufolge der völlig unzulänglichen und ungeeigneten Nachschubeinrichtungen in dem fast wegelosen und versorgungsmäßig wohl schwierigsten Kampfraum der gesamten Ostfront nicht das ersehnte Ziel. Später erschöpfte er sich in den einsamen Tundren Lapplands.

„Aus Mangel an Kraft liefen sich die drei Stoßkeile der deutsch-finnischen Armee in den Einöden zwischen der finnischen Ostgrenze und der Murmanbahn fest“, resümierte Generalleutnant Hermann Hölter, der den Krieg im hohen Norden vom ersten bis zum letzten Tag, zuletzt als Chef des Generalstabes des Gebirgs-Armee-Oberkommandos 20,[72]) an entscheidender Stelle miterlebt hat. „Das ‚Gebirgs-Korps Norwegen‘ unter General der Gebirgstruppen Dietl kam nach wechselvollen und sehr harten Kämpfen in einem Brückenkopf ostwärts der Liza zum Stehen. Das XXXVI. Armee-Korps unter Gen. d. Infanterie Feige nahm die Bastion von Salla, zerschlug das russische XLVI. Korps und eroberte den Höhenblock des Wojta und Lyssaja. Damit war aber auch die Angriffskraft dieses gemischten deutsch-finnischen Korps erschöpft. Am Werman-Abschnitt konnten vor Einbruch des Winters noch Dauerstellungen bezogen werden. Die Fronten des finnischen III. Korps unter General Siilasvuo, dessen wechselvolle Kämpfe gegen überlegene Feindkräfte von finnischen und später auch deutschen Verbänden gemeistert wurden, erstarrten westlich Uhtua und in einem ‚Brückenkopf' ostwärts der Enge zwischen Top-See und Pjä-See.[73]) Die Heldenfriedhöfe am Top-See, auf der Bastion von Salla und am Petsamofjord sind beredte Zeugen vom Kampf und Sterben deutscher Soldaten aus allen deutschen Gauen in dieser urigen Landschaft."[74])

60 Kilometer vor dem naturhaft starken und wohlbefestigten Raum von Murmansk erstarrte die deutsche Front, die von hier aus über weit verstreute Stützpunkte und Feldwachen quer durch die unwirtliche Landschaft zum Hals der Fischer-Halbinsel am Polarmeer verlief.

In einem Tagesbefehl würdigte General Dietl am 1. Oktober 1941 die bisherigen Operationen seines Gebirgs-Armeekorps, die zuweilen mehr den Charakter einer Expedition hatten:

„Das Gebirgskorps Norwegen und die ihm zugeteilten Truppenteile ... haben seit Anfang September in schweren Angriffskämpfen in der arktischen Tundra trotz ungünstiger Witterung und härtester Kampfweise des Feindes Hervorragendes geleistet.

Die 2. Gebirgs-Division konnte wichtige, für die weitere Kampfführung entscheidende Höhen nehmen und gegen schärfste Gegenangriffe halten.

Die 3. Gebirgs-Division stieß bis über die wichtigste Versorgungsstraße des Feindes vor und wehrte dort starke feindliche Angriffe in mehrtägigen Kämpfen ab ...

Im Nachschub- und Versorgungsdienst wurde ungeachtet schlechtester Wege und ungünstiger Witterung Einzigartiges geschafft. Ein besonderes Lob verdienen dabei die Tragtierführer ...

Das Sanitätsoffizierskorps und -Personal und die im Bergungsdienst der Verwundeten eingesetzten Einheiten haben wieder ihr Bestes gegeben.

Die fliegenden Verbände der Luftflotte 5 und die I./Flak-Regiment 5 haben stets einsatzfreudig die Kämpfe des Gebirgskorps unterstützt ..."

Nun, bevor der Kampf im hohen Norden weitergehen konnte, ergingen zunächst einmal die Durchführungsbestimmungen zur „Weisung Nr. 37", mit welchen die weiteren operativen Ziele der deutschen Wehrmachtsführung im Nordraum festgelegt werden und in denen auch vom künftigen Einsatz der 7. Gebirgs-Division die Rede ist.

Um ihren weiteren Einsatzweg besser verfolgen zu können, erscheint es daher notwendig, die wesentlichsten Punkte dieser Bestimmungen anzuführen:

„I. **Teilung der Befehlsführung im Nordraum**

Die künftigen Aufgaben der Kriegführung im Nordraum, die u. a. festungsartigen Ausbau der norwegischen Küsten und eine erhebliche Verstärkung der Kräfte im norwegischen Raum durch schnelle Truppen vorsehen, erfordern es, den Wehrmachtbefehlshaber (AOK) Norwegen im Laufe des Winters von dem Einsatz in Finnland freizumachen und seiner ursprünglichen Aufgabe wieder zuzuführen...

Als Befehlshaber der Armee Nordland ist der General der Gebirgstruppen Dietl vorgesehen.

II. **Verstärkungen und Ablösungsbewegungen für Finnland**

Die seit langem unter schwierigsten Bedingungen im Nordraum eingesetzten Kommandobehörden und Truppen werden in den kommenden Monaten gegen weniger beanspruchte Teile der Wehrmacht abgelöst. Diese Bewegungen und die vorgesehenen Verstärkungen sind, soweit es die Bahnlage in Finnland und die Eisverhältnisse auf See zulassen, wie folgt durchzuführen:

1. **Geb. Korps Norwegen:**

   a) Das **Generalkommando** des Gebirgskorps ist durch das von OKH hierfür vorgeschlagene Gen.-Kdo. XVIII abzulösen, das durch OKH baldmöglichst in Serbien freizumachen ist.

   b) Die **3. Geb.-Div.** ist in die Heimat zur Verfügung des OKH abzubefördern. Diese Bewegung kann alsbald eingeleitet werden mit der Maßnahme, daß bis zum Eintreffen der 7. Geb.-Div. ein Teil der 3. Geb.-Div. als Armeereserve verfügbar bleiben muß. Bei ihrer Rückführung beläßt die Division die hierfür geeignete Ausstattung an Waffen und Gerät sowie die Tragtiere in Finnland zur späteren Übernahme durch die 5. Geb.-Div.

   c) Die **2. Geb.-Div.**, der in den kommenden Monaten im Rahmen des Möglichen Urlaub zu gewähren ist, verbleibt den Winter über im Einsatzgebiet. Später ist Ablösung (unter weitgehendem Austausch der Ausstattung) durch eine vom OKH neu aufzustellende leichte Division vorgesehen.

2. **Höh. Kdo. XXXVI:**

   a) Das **Höh. Kdo. XXXVI** ist durch OKH in ein für Gebirgskriegführung bestimmtes Generalkommando umzugliedern...

3. **Neu zugeführt werden**
   a) **7. Geb.-Div.** (transportbereit ab Mitte Dezember), die von OKH aus 99. lei. Div. gebildet wird.
   b) **5. Geb.-Div.** (nach Rückführung aus Kreta und kurzer Ausbildung im Bereich des Wehrkreises XVIII), die im wesentlichen als Personaleinheit zu überführen ist und in Finnland das Gerät der 3. Geb.-Div. übernimmt...

5. **SS-Verbände**
   SS Kampfgruppe Nord (einschl. SS-Rgt. 9) ist, sobald es die Lage im Einsatzgebiet und die Gesamttransportbewegung gestatten, nach Deutschland zurückzuführen. Dabei sind Großwaffen und Kraftfahrzeuge zur Entlastung des Transportweges weitmöglichst in Finnland zu belassen...

III. **Zusammenwirken mit den Finnen**
Feldmarschall Mannerheim ist gebeten, für den im März vorgesehenen Angriff auf Kandalakscha im jetzigen Einsatzraum des Höh. Kdo. XXXVI eine finnische Brigade zu belassen bzw. wieder einzusetzen.

Abgrenzung zwischen finnischer und deutscher Befehlsführung für diesen Angriff wird später geregelt werden...“[75])

Das Jahr 1942 begann zunächst einmal, nachdem es der Deutschen Wehrmacht nicht gelungen war, die Sowjetunion vor Einbruch des Winters 1941/42 in die Knie zu zwingen, mit der Ablehnung der ursprünglich zugesagten finnischen Beteiligung an dem für März geplanten gemeinsamen Vorstoß auf die Murman-Bahn! Sie wurde vom vorherigen Fall Leningrads abhängig gemacht, der allein mit deutschen Kräften erreicht werden mußte.

Das Bestreben Mannerheims, eine klare Trennung zwischen der finnischen und der deutschen Verantwortung an der langgestreckten Front vom Swir bis zur Eismeerküste herbeizuführen, hatte erst nach langen Bemühungen um einen Austausch der deutschen und finnischen Verbände, die dem „Waffenbruder“ unterstellt worden waren, am 3. Juli 1942 Erfolg.

Von da an gab es eine klare, ausschließlich deutsche Verantwortung für den „Hohen Norden“ an der Fischer-Halbinsel, an der Liza-Front, in den Abschnitten westlich Kandalakscha bis nördlich Uhtua (Gebirgs-AOK 20 unter Generaloberst Dietl), bereits seit Beginn des Ostfeldzuges ‚OKW-Kriegsschauplatz‘, und der rein finnischen Front an der Karelischen Landenge, am Swir und in Ostkarelien unter der Befehlsführung des finnischen Oberkommandos (Marschall Mannerheim)[76])

Die 3. Gebirgs-Division (General Kreysing) wurde herausgelöst und

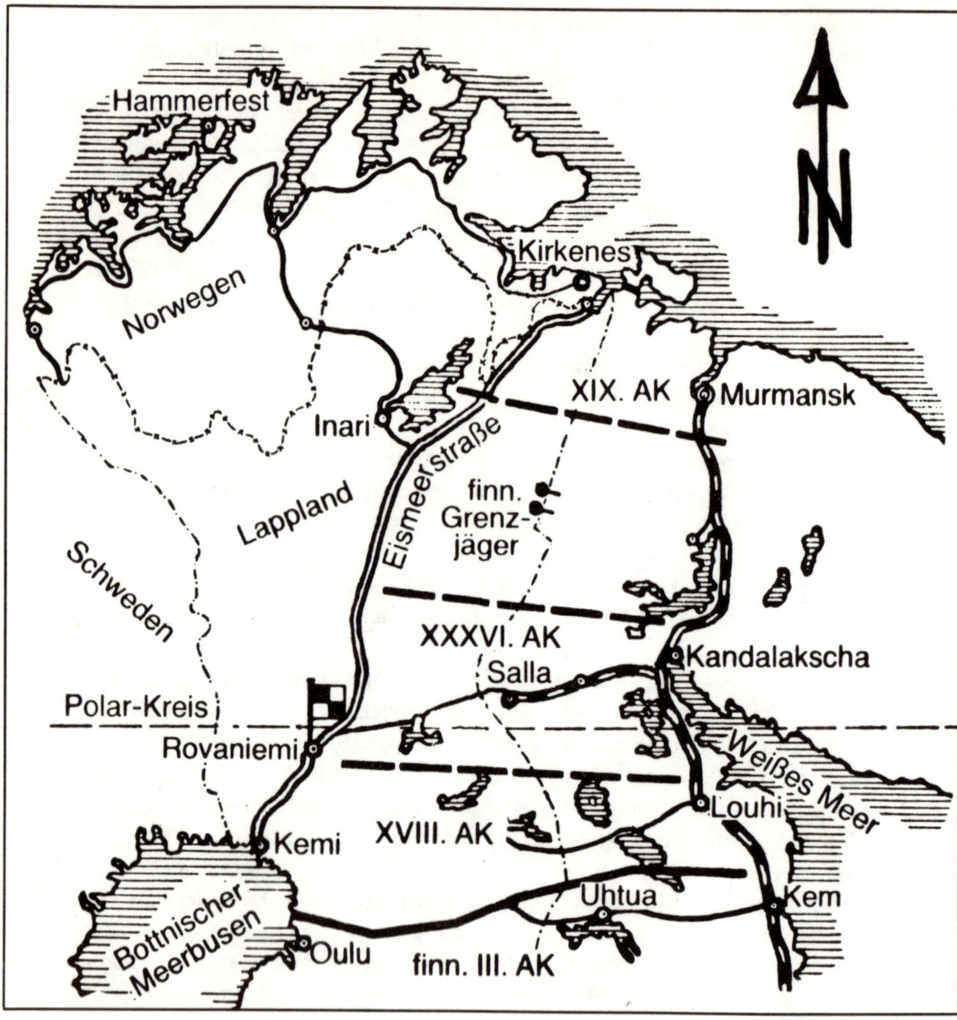

Die deutsche und finnische Front nach Abschluß des Bewegungskrieges gegen die UdSSR 1941/42

durch die 6. Gebirgs-Division (General Schörner, dann General Philipp) ersetzt. Infolge der Fortdauer der Transportschwierigkeiten über die Ostsee konnte die 3. Gebirgs-Division jedoch nur zum Teil abberufen werden. Das ihr bis dahin unterstellte Gebirgs-Jäger-Regiment 139 verblieb auf Betreiben Dietls im hohen Norden. Seine 20. Gebirgs-Armee, die auch noch durch die 7. Gebirgs-Division verstärkt wurde, umfaßte nach dem Herauslösen der finnischen Verbände ab Juli 1942 folgende Frontabschnitte und Verbände:

Abschnitt Louchi: Das General-Kommando XVIII. Gebirgs-Armee-Korps unter General der Gebirgstruppen Böhme mit der 7. Gebirgs-Division und der 6. SS-Gebirgs-Division „Nord“ sowie die Divisionsgruppe „Kräutler“, bestehend aus dem Gebirgs-Jäger-Regiment 139 und weiteren Einheiten, im Raum zwischen Toposero und Pjawosero (K. H. Qu. Kananinen).

Abschnitt Kandalakscha: Das General-Kommando XXXVI. Gebirgs-Armeekorps unter General der Infanterie Weisenberger mit der 163. und 169. Infanterie-Division, die für ihren ungewohnten Einsatz eine Gebirgsausrüstung — vor allem aber Skier — erhielten (K. H. Qu. Alakurtti).

Abschnitt Murmansk: Das General-Kommando XIX. Gebirgs-Armeekorps unter General der Gebirgstruppen Schörner mit der 2. und 6. Gebirgs-Division (K. H. Qu. Parkkina).

Später, vom Herbst 1942 bis zum Frühjahr 1943, traten im Küstenabschnitt noch 5 Festungs-Infanterie-Bataillone der 210. Infanterie-Division, das Luftwaffen-Feld-Regiment 503, der Stab der Divisions-Gruppe Petsamo, 8 Marine-Küsten-Batterien unter dem Seekommandanten Kirkenes sowie zeitweise das Gebirgs-Jäger-Regiment 139 hinzu.

Der Einsatz der „Gruppe Krakau“

Die „Gruppe Krakau“ führte ihren Namen nach Generalleutnant August Krakau, dem letzten Kommandeur der 7. Gebirgs-Division. Er wurde am 12. September 1894 in Pirmasens geboren. Im Ersten Weltkrieg war er als Leutnant im bayerischen 2. Jäger-Bataillon an der Westfront eingesetzt; später Zugführer und Kompaniechef in der Reichswehr. In der Deutschen Wehrmacht wurde er Adjutant der Kommandantur des Truppenübungsplatzes Grafenwöhr und Kommandeur des II./Infanterie-Regiment 41. Während des Zweiten Weltkrieges nahm Krakau zunächst als Bataillonskommandeur im Infanterie-Regiment 41 am Polen- und Frankreichfeldzug teil.

Als bei der Aufstellung der 5. Gebirgs-Division (General Ringel) das Infanterie-Regiment 85, das von der 10. Infanterie-Division abgegeben werden mußte, in die Reihen der „Gams“-Division eingegliedert wurde, war Krakau Bataillonskommandeur.

Vor dem Griechenlandfeldzug übernahm er jedoch das Gebirgs-Jäger-Regiment 85 selbst, mit dem er den Durchbruch durch die Metaxas-Linie erzwang. Für den folgenden Kreta-Einsatz erhielt der damalige Oberst das Ritterkreuz des Eisernen Kreuzes.

Im Juni/Juli 1942 wurde er als Generalmajor nach Finnland geholt, um die zusammengeführte „Bergschuh"-Division, die bekanntlich mit Teilen am Ilmensee und am Wolchow eingesetzt war, an der Louchi-Front zu übernehmen. Krakau hat die 7. Gebirgs-Division dann von ihrem vollständigen Eintreffen in Finnland im Juli/August 1942 bis zum Kriegsende (seit 1. Juni 1943 als Generalleutnant) geführt und sich in dieser Zeit das Vertrauen und die Achtung seiner Offiziere, Unteroffiziere und Mannschaften erworben.

Es war bereits Mai, als die tief zugefrorene Ostsee nach jenem bitterkalten Winter 1941/42 endlich größtenteils eisfrei geworden war. Schon verließen die ersten Transporte mit jenen Verbänden der 7. Gebirgs-Division, die auf Grund des unterbrochenen Seetransportweges seinerzeit in Grafenwöhr verblieben waren und dort die Ausbildung weiter fortgesetzt hatten, die Einschiffungshäfen an der norddeutschen Ostseeküste. (Die ersten Transporte der 7. Geb.-Div. waren am 14./15. Januar 1942 in Finnland bereits eingetroffen. Der Antransport weiterer Einheiten der „Bergschuh"-Division kam dann allerdings wegen der zugefrorenen Ostsee zum völligen Stillstand.) Die Überfahrt dauerte zwar nur zwei Tage, sie kam den Soldaten jedoch wie eine Ewigkeit vor, denn russische U-Boote und Flieger griffen wiederholt an und zwangen daher die Transportschiffe, die direkte Route von Deutschland nach Finnland abzuändern. So fuhren die Schiffe durch den Sund zwischen der schwedischen Ostküste und der Insel Gotland hindurch in Richtung Stockholm, um dann, als sie in Höhe der schwedischen Hauptstadt angelangt waren, nach Steuerbord abzudrehen und mit Hilfe von Eisbrechern, die ständig bemüht waren, eine Fahrrinne freizuhalten, Kurs auf den finnischen Hafen Hangö zu nehmen, den man schließlich nach einer bewegten Seefahrt bei schlechtem Wetter und rauher See erleichtert erreichte.

Doch es gab kein Verschnaufen — auch nicht für die seekrank gewordenen Kameraden der 7. Gebirgs-Division. Schon warteten finnische Lokomotiven, die mit Holz beheizt wurden, auf die deutschen Gebirgssoldaten, um sie in einer zweitägigen Fahrt durch endlos scheinende Fichten- und Kiefernwälder, vorbei an zahlreichen kleineren und größeren Seen und Lichtungen, auf denen sich Felder oder einige kleinere Ort-

Oben: Panzerschießen auf dem Truppenübenugsplatz...

Unten: Erprobung eines gepanzerten Fahrzeuges

WH-1305667

schaften ausbreiteten, nach Hyrinsalmi, den Endpunkt der eingleisigen Bahn, zu fahren. Südlich von dieser Ortschaft hatte im Winter 1941/42 ein Vorkommando der „Siebten" ein Lager für die Truppe errichtet, das als Ausgangspunkt für den Nachschub der Division im zukünftigen Einsatzraum bei Kiestinki, den sie nach rund 400 Kilometern erreichen sollten, vorgesehen war. Dann folgte der lange nicht endenwollende Marsch der Einheiten von Hyrinsalmi nach Kiestinki...

Die Gebirgssoldaten hatte es — das war ihr erster und auch bleibender Eindruck vom neuen Kampfabschnitt — im wahrsten Sinne des Wortes ans Ende der zivilisierten Welt verschlagen, weitab von jeder Kultur. Keine Siedlung, keine Hütte, kein Weg und Steg. 450 Kilometer waren es bis Oulu, der Hauptstadt am Bottnischen Meerbusen, von dem aus die Urlaubertransporte begannen; 200 Kilometer bis Kuusamo, dem östlichsten finnischen Kirchdorf. Eine Straße, von den Finnen angelegt und von deutschen Gebirgspionieren verbessert, führte von hier über Kananinen, den Gefechtsstand des XVIII. Gebirgs-Armeekorps, nach Kiestinki zum Divisionsgefechtsstand.

Doch auch hier war alles öde, denn beide Siedlungen waren zerstört und die wenigen Einwohner geflohen. Das machte die Einsamkeit, die über den karelischen Wäldern lastete, nur noch größer — und für allzu viele fast unerträglich.

Es war für die Deutschen nicht leicht, die Eigenarten der eintönigen Landschaft und die Unbilden des rauhen Klimas zu meistern und mit den ungewohnten Kampfbedingungen zurechtzukommen. Wie gut, daß es in dieser alles andere als zuversichtlichen Lage wenigstens die finnischen Waffenbrüder gab. Sie waren den Gebirgsjägern, Gebirgsartilleristen, Gebirgspionieren und Nachrichtlern in vielen Dingen und ungewohnten Situationen Lehrmeister und gute Kameraden. Im Sommer, wenn dichte Wolken von Mücken über das Land schwirrten und zu einer lästigen Plage wurden, gegen die weder Mückenschleier noch Hautöl halfen, zeigte das Thermometer bis zu 40 Grad Hitze an. Im Winter wurden dagegen Temperaturen unter 40 Grad Kälte gemessen. Der Sommer kannte keine Nächte und der Winter keinen Tag. Nur in den Mittagsstunden herrschte in der Polarnacht eine graue Dämmerung; heller Tag wurde es allerdings nie. Dagegen erlosch das Tageslicht in der Mittsommernacht nie ganz. Diese langen, dunklen Wintermonate brachten eine völlige Umstellung der Lebensweise und der Kampfbedingungen mit sich. Die Umwelt wurde

Generalleutnant Robert Martinek, der berühmte Artillerist, formte die 7. Gebirgs-Division während seiner Zeit als Divisionskommandeur

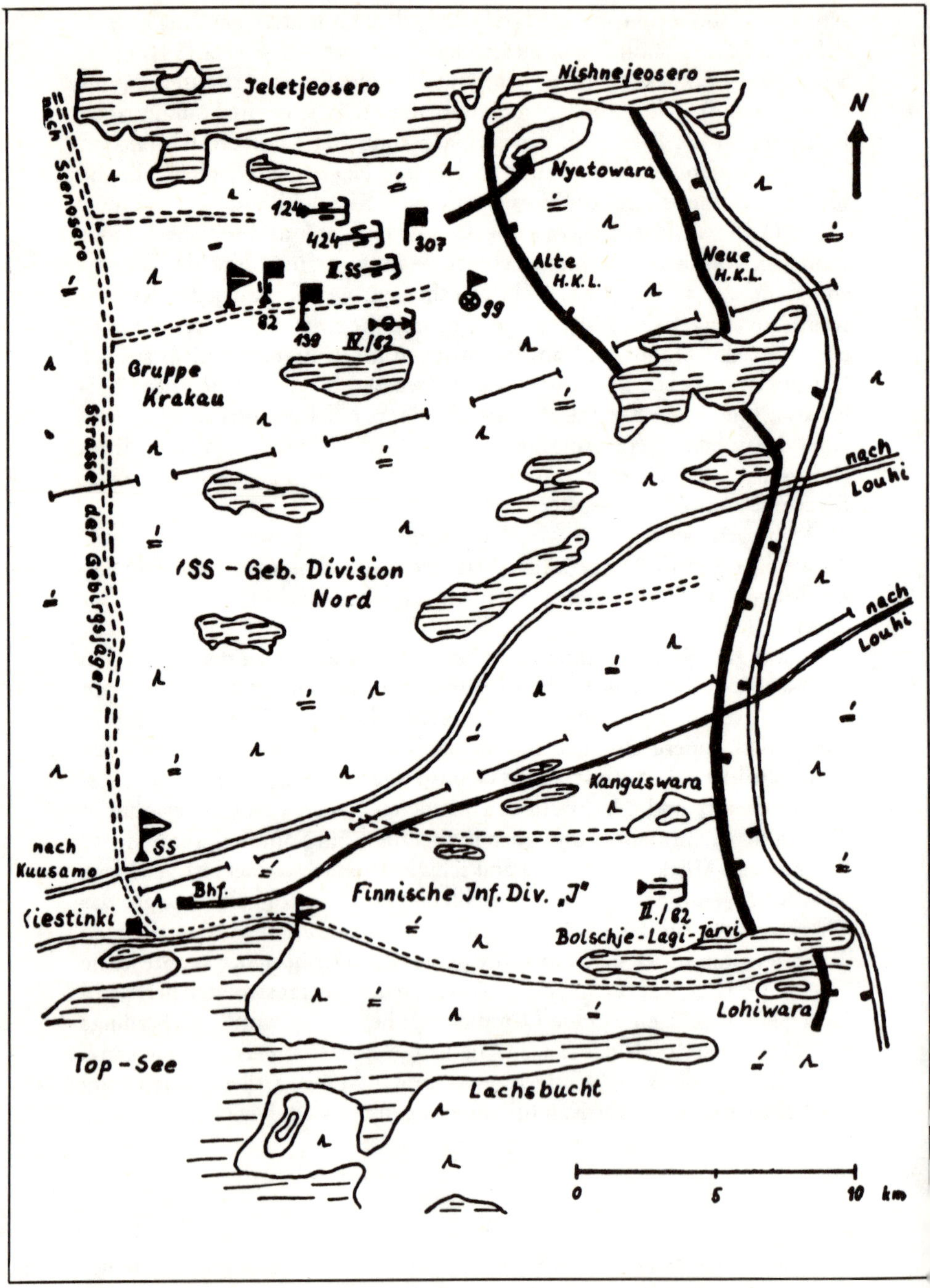

Die Gliederung der „Gruppe Krakau" in Karelien bis zum August 1942

Die „Krakau-Klause" im karelischen Urwald

noch trostloser und lastete schwerer denn je auf den Gemütern der Deutschen. So wurde die Truppenbetreuung zu einer wichtigen, weil lebensnotwendigen Aufgabe. Im Divisionsbereich der „Siebten" gab es einige Kinos und mehrere Soldatenheime.

„Mit Eisenbahn, Flugzeug und Kraftwagen wurden die Mitglieder der Wehrbetreuungsgruppen bis zu den vordersten Troßstellungen der Front gebracht. In den großen Etappenzentren wurden ständige Bühnen eingerichtet, die bekannte Schauspieler von Theater und Film als Gäste sahen. Der Landser, der oft viele Monate kein irgendwie ansehnliches weibliches Wesen zu sehen bekam, war hingerissen vom Anblick einer schönen Schauspielerin oder Filmheldin und verzaubert von dem Liebesgeschehen auf der Bühne oder der Leinwand, das so weit entfernt war von dem, was seit Jahren sein Alltag war. Eine Welt des Schönen und der Sehnsucht tat sich auf, die das Heimweh nach der friedlichen Vergangenheit wieder schmerzlich zum Bewußtsein brachte und den von der Propaganda bezweckten Wunsch wach werden ließ, der Heimat ihren Frieden zu erhalten und den Krieg durch verstärkten Einsatz so schnell wie möglich zum siegreichen Ende zu bringen.[77])

Hermann Hölter, Chef des Stabes bei verschiedenen Armeekorps in der „Lappland-Armee", ein Generalstabsoffizier mit reicher Erfahrung auf dem skandinavischen Kriegsschauplatz, beurteilt in seiner ausgezeichneten Schrift „Armee in der Arktis" das deutsch-finnische Verhältnis folgendermaßen: „Wo immer Deutsche und Finnen zusammen fochten, blieben sie einander nichts schuldig. Was sie zusammen erkämpft hatten, das hielten sie in guter Zusammenarbeit. Wo die Flügel finnischer und deutscher Verbände zusammenstießen, waren keine besonderen ‚Naht-Kommandos' zur Garantie des Zusammenhaltens der Front erforderlich, ganz selbstverständlich, als wären sie ein Stück ‚voneinander', traten sie zu gemeinsamen Angriffen an; wo ein Stützpunkt des einen in Bedrängnis geriet, zog der andere aus, um zu helfen. Uns waren die Finnen Lehrmeister in der Kampfführung in Waldgebieten und im arktischen Winter, wir lehrten sie den Umgang mit Waffen, die ihnen fremd waren. Die Finnen waren Gast in unseren Soldatenheimen, und wir wurden in finnischen Kantinen fürsorglich von Lottas betreut. Wir haben zusammen ‚sauniert' und manchen gehörigen ‚Cognaki' mit ‚Onnea!' einander zugetrunken. Wir waren gute Kameraden. Waffenbrüder in des Wortes wirklicher Bedeutung."[78])

Im Kiestinki-Abschnitt, der jenseits der finnischen Reichsgrenze auf russischem Boden lag, war südlich der Bahnlinie nach Louchi — Bahnknotenpunkt an der Murman-Bahn, von wo aus eine Straße und Stichbahn nach Kiestinki am Top-See führen — die finnische Infanterie-Division „J" unter Oberst Puroma eingesetzt; nördlich davon lag die 6. SS-Gebirgs-Division „Nord". An die Front führten die selbstgebaute „Straße der Gebirgsjäger" und die „Urwaldstraße". Von hier aus, wo die Welt zu Ende zu sein schien, gab es nur noch die sogenannten „Knüppeldämme", über die sich die Soldaten in ihren neuen Stellungen bewegten oder die Versorgung zwischen den Depots und den jeweiligen Kampfabschnitten sichergestellt und, so gut es eben ging, aufrechterhalten wurde. Die beabsichtigte Ablösung der Verbände des III. finnischen Korps aus diesem Frontabschnitt durch die 7. Gebirgs-Division, zu deren Kommandeur bekanntlich Generalmajor Krakau ernannt worden war, konnte vorerst jedoch nicht durchgeführt werden, denn noch stand die „Kampfgruppe Hoffmeister" am Ilmensee in schwerem Kampfeinsatz und das Gebirgs-Jäger-Regiment 218 — ohne das III. Bataillon — bei Uchtua. Aus den herangeführten Verbänden wurde daher die „Gruppe Krakau" gebildet — und zwar aus der Gebirgs-Aufklärungs-Abteilung 99, dem Gebirgs-Pionier-Bataillon 99, dem Feld-Ersatz-Bataillon 99, der Gebirgs-Nachrichten-Abteilung 99, dem Gebirgs-Jäger-Regiment 139, dem Infanterie-Regiment 307 und einer Artilleriegruppe aus Gebirgsartillerie- und Leichtgeschützabteilungen, die von Oberst Freiherr van der Hoop, dem Kommandeur der Gebirgs-Artillerie-Regiment 82, geführt wurde.

Adrian Freiherr van der Hoop, zuletzt Generalmajor, war als Kommandeur der Gebirgs-Artillerie-Regiment 82 der 7. Gebirgs-Division ein bewährter, fürsorglicher und beliebter Truppenkommandeur, ein Artillerist mit hervorragenden feuertaktischen Kenntnissen und Erfahrungen.

Noch während der Umgruppierung der deutschen und finnischen Verbände erfolgte im Mai 1942 ein russischer Umfassungsangriff bis in den Rücken der 6. SS-Gebirgs-Division „Nord", die unter dem Kommando des SS-Brigadeführers und Generalmajors der Waffen-SS Karl Demmelhuber stand.

Zur Abwehr dieses Angriffs wurde neben dem Gebirgs-Jäger-Regiment 139, das bekanntlich nach der Verlegung der 3. Gebirgs-Division aus dieser ausgeschieden war und so weiterhin der 20. Gebirgs-Armee zur Verfügung stand, und dem Infanterie-Regiment 307 auch die Gebirgs-Aufklärungs-Abteilung 99 eingesetzt. Sie war in den ersten Maitagen in Finnland eingetroffen und sollte von Oulu aus per Rad Kiestinki erreichen. Aber das ging den verantwortlichen Kommandeuren doch entschieden zu langsam und so wurde die Schwadron bereits am ersten Marschtag auf Lkws verladen und auf dem schnellsten Wege an die bedrohte Front geworfen. Währenddessen waren die Russen mit einigen Einheiten bereits bis zur „Straße der Gebirgsjäger" vorgedrungen und standen nun nördlich von Kiestinki.

Am 18. Mai trat die Gebirgs-Aufklärungs-Abteilung 99 mit ihren finnischen Waffenbrüdern zum Gegenangriff an. Nach schweren und erbittert geführten Kämpfen im urwaldähnlichen Gelände wurden die Sowjets in ihre Ausgangsstellungen zurückgeworfen. Es war der erste Einsatz, bei dem Gebirgssoldaten der 7. Gebirgs-Division Schulter an Schulter mit ihren finnischen Kameraden fochten. Der Kommandeur der Gebirgs-Aufklärungs-Abteilung 99, Major Pilgrim, erhielt für seine Tapferkeit und gewandte Führung das Deutsche Kreuz in Gold.

Schließlich lief sich die Offensive der Russen im April und Mai 1942 am energischen Widerstand der Gebirgssoldaten fest. Das Ende dieser Kämpfe kommentierte der Wehrmachtsbericht am 25. Mai 1942 wie folgt:

„In Lappland zerschlugen deutsche und finnische Truppen in mehrwöchigen harten Kämpfen feindliche Kräfte in Stärke mehrerer Divisionen. Hierbei hat die **Radfahrabteilung 99***) trotz schwierigster Geländeverhältnisse eine hartnäckig verteidigte, tiefgegliederte feindliche Bunkerstellung durchbrochen."

---

*)Wann die Umbenennung in Gebirgs-Aufklärungs-Abteilung 99 erfolgte, ist nicht mehr genau feststellbar. Tessin nennt zwei Aufstellungsdaten der Aufklärungs-Abteilung 99 — und zwar den 10. Dezember 1940 und den 1. April 1943. (A. a. O., Bd. 6, S. 158.)

An der Louchi-Front traten im Laufe des Sommers 1942 erhebliche Veränderungen ein, von denen sowohl der Truppeneinsatz als auch die höhere Truppenführung betroffen waren. Der Abschnitt wurde nunmehr unter deutsches Kommando gestellt. Am 3. Juli löste das XVIII. Gebirgs-Armeekorps unter General der Gebirgstruppen Franz Böhme das finnische III. Armeekorps unter Generalmajor Siilasvuo ab. Die Finnen behielten den Uchtua-Abschnitt. Schritt für Schritt wurden die finnischen Verbände der Division „J" durch die Einheiten der 7. GebirgsDivision abgelöst. Das letzte finnische Regiment verließ allerdings erst Mitte September die Louchi-Front. Am 3. Juli wurde der scheidende finnische General Siilasvuo anläßlich der Befehlsübergabe mit einem Zapfenstreich, bei dem eine Ehrenkompanie der 6. SS-Gebirgs-Division „Nord" sowie das Musikkorps der „Bergschuh"-Division mitwirkten, geehrt. Bei dieser Feierlichkeit verabschiedete sich der finnische General mit folgendem Tagebefehl, in dem er noch einmal an die zurückliegenden Kampfhandlungen an der Louchi-Front erinnerte, von der Truppe:

„Indem ich nun nach einer ereignisreichen Kampfperiode von einem Jahr und drei Tagen Dauer diesen — von den finnischen und deutschen Truppen gemeinsam genommenen und verteidigten — Abschnitt in die bewährte Führung des Generals der Inf. Böhme*) übergebe, danke ich allen denjenigen finnischen und deutschen Truppen, die aus meiner Befehlsgewalt ausscheiden, ihren Kommandeuren, Führern und Mannschaften für die Tapferkeit, Zähigkeit und Kampftüchtigkeit, die neue Ruhmesblätter in der Geschichte der Wildniskriege Finnlands und Deutschlands geschrieben haben.

Der unter den schwierigsten Verhältnissen erzwungene Übergang des Sohjana-Flusses und die Kämpfe um Kiestinki und Lohivaara, der kühne Vorstoß im Zuge der Bahn und tief in den Rücken des Feindes im August 1941 mit den damit verbundenen zähen und schweren Mottikämpfen, durch überlegenen Feind umzingelt, der mit aufs äußerste angespannten Kräften durchgeführte Abwehrkampf zwischen Top-See und Jaroschjärvi-See im Herbst 1941, unser Durchbruchs- und Vernichtungsangriff im November 1941, die mit ungeheuren Verlusten für den Feind durchgeführte Abwehr des feindlichen Großangriffs im April — Mai 1942, die unglaubliche Anforderungen an die Truppe stellte, und zahlreiche andere hier nicht erwähnte Kampfhandlungen berechtigen uns, verdiente Genugtuung zu fühlen, wegen der mit Erfolg ausgeführten Arbeit, und stolz darauf zu sein, daß wir, jeder für seinen Teil, an dem ehrenvollen Ergebnis dieser Kämpfe haben mitwirken können.

*) Richtig: General der Gebirgstruppen

Ich danke besonders den jetzt aus meinem Befehlsbereich scheidenden deutschen Truppen für das Vertrauen, das von ihnen mir — einem finnischen Kommandeur — entgegengebracht wurde und die Durchführung meiner Aufgaben ausschlaggebend erleichterte. Ich danke allen meinen Truppen für die vorzügliche und echte Waffenbrüderschaft, die unter den finnischen und deutschen Truppen herrschte. Ich halte es für eine ganz allein stehende Errungenschaft, daß die Soldaten zweier verschiedene Sprachen sprechender Völker in engster Zusammenarbeit unter wechselnden Unterstellungsverhältnissen diese feste Waffenbrüderschaft erreicht haben sowie daß sie während dieser langen schweren und nervenzerreißenden Kampfperiode immer noch besteht und sich verstärkt hat.

Ich beuge mich in Ehrfurcht vor dem Andenken der gefallenen Kameraden, die ihr Blut auf diesen Schlachtfeldern für die Freiheit und Zukunft des Vaterlandes vergossen haben ...“

Im Zeichen der deutsch-finnischen Waffenbrüderschaft stand auch Hitlers Finnlandbesuch Anfang Juni 1942.

„In Balkenüberschriften, wie sie selten in der finnischen Presse zu sehen sind, und in größter Ausführlichkeit berichten heute die finnischen Morgenzeitungen über den überraschenden Besuch, den der Führer — am 4. Juni 1942 — Finnland abgestattet hat, um dem Marschall Mannerheim persönlich zu seinem 75. Geburtstag seine und des deutschen Volkes Glückwünsche zu überbringen“, notierte Picker in seinem Dokumentarwerk „Hitlers Tischgespräche im Führerhauptquartier“ und fährt dann fort:

„Die Blätter sehen in dem persönlichen Besuch des Führers mehr als eine Geste der Höflichkeit und schätzen seinen Wert noch um so höher, da Adolf Hitler im Augenblick großer militärischer Entscheidungen sein Hauptquartier verließ, um im fernen Finnland dem großen Freiheitshelden als Gratulant zu begegnen. Weiter sehen die Blätter in der hohen Auszeichnung des Marschalls mit dem Goldenen Großkreuz des deutschen Adlerordens eine ungewöhnlich große Ehrung und Anerkennung seiner Leistungen sowie ein Zeichen der finnisch-deutschen Schicksalsgemeinschaft und Waffenbrüderschaft.“[79])

Der Angriff auf die Höhe des Njatowaara

Kehren wir an die karelische Front zurück. Zwar waren die Angriffe der Russen in den Rücken der 6. SS-Gebirgs-Division „Nord“, mit der die 7. Gebirgs-Division in den kommenden Monaten und Jahren auf dem finnischen Kriegsschauplatz noch so manchen Kampf Schulter an Schulter auszutragen hatte, erfolgreich abgewehrt worden, aber die beherrschende Höhe des Njatowaara, eine der wenigen dieser ansonst flachen und eintönigen Gegend, war weiterhin in der Hand der Rotarmisten geblieben, nachdem der finnische General Siilasvuo im Mai die Operationen des finnischen III. Armeekorps eingestellt hatte. Das war um so ärgerlicher, als man von dieser Höhe aus einen weiten Einblick in das Gelände des Gegners nehmen konnte. Es lag daher auf der Hand, den Russen diesen Aussichtsberg par excellence zu entreißen. So befahl das XVIII. Gebirgs-Armeekorps Ende Juli, das Massiv des Njatowaara in der Nordflanke der 6. SS-Gebirgs-Division „Nord" anzugreifen und zu erobern. Dazu erließ der Kommandierende General Böhme am 30. Juli 1942 folgenden Befehl, der in verkürzter Fassung lautete:

„1) Feind hat seine Verteidigungsstellungen vor allem in der Tiefe weiter ausgebaut. Stellenweise hat er die Hauptkampflinie nach Osten zurückgenommen und die bisherige vorderste Linie nur mit Gefechtsvorposten besetzt. Er erwartet anscheinend zunächst einen deutschen Angriff. Die Tatsache, daß die beim letzten Angriff beteiligten Truppen nicht weggezogen, sondern aufgefrischt wurden, gibt dem Gegner jederzeit die Möglichkeit, ohne sichtbare längere Vorbereitungen selbst zum Angriff anzutreten.
2) Das Korps führt ab 1. August 1942, 13.00 Uhr beginnend, die vorbereiteten Unternehmen durch:
   a) ‚Gruppe Krakau': Die Wegnahme des Berges Njatowaara im Handstreich,
   b) SS-Geb.-Div. NORD: Gewaltsame Erkundungen.
3) ‚Gruppe Krakau' stellt sich darauf ein, nach Erreichen des Angriffszieles das IR 307 durch Geb.-Jg.-Rgt. 139 abzulösen...
4) SS-Geb.-Div. NORD und Gruppe Puroma stellen sicher, daß beabsichtigte feindliche Angriffe frühzeitig erkannt und unter allen Umständen vor der Hauptkampflinie zerschlagen werden..."

Die Vorbereitungen der 7. Gebirgs-Division und auch die der 6. SS-Gebirgs-Division „Nord" für das Unternehmen „Florian", so der Deckname, begannen bereits in den ersten Junitagen, bildete doch der Njatowaara mit seiner Höhe von 217 m einen nicht zu übersehenden Eckpfeiler in der gegnerischen Verteidigungslinie. Der Divisionsstab — hier vor allem der Ia, Oberleutnant i. G. Walter Schmidt — begann unverzüglich mit dem Kommandeur des Artillerie-Regiments mit der Erkundung und Vorbereitung des Unternehmens. Die Gebirgs-Aufklärungs-Abteilung 99 wurde rechts, das Gebirgsjäger-Regiment 139 in der Mitte und das Infanterie-Regiment 307 am linken Flügel auf das Angriffsziel angesetzt. Artilleristisch sollte das Unternehmen durch zwei finnische Abteilungen unter den Kommandeuren Mäkkelainen und Pasanen unterstützt werden, außerdem durch die Gebirgs-Beobachtungs-Abteilung 38 des Oberstleutnant Will.

Der Divisionsbefehl der 7. Gebirgs-Division vom 30. Juli 1942 legt die Angriffsabsichten und Angriffstaktik beim Unternehmen „Florian“ fest:

„... Die 80. sowjetische Marine-Schützen-Brigade verteidigt sich gegenüber unserer Front in der bekannten Stellung zwischen See 70 und 60. Vermutlich ist ein Btl. beiderseits des russischen Versorgungsweges, ein Btl. nördlich davon, bis zum Südwesthang des Njatowaara und ein Btl. zur Verteidigung des Berges selbst eingesetzt. Als Reserve liegt ein Btl. des R. B. Rgt. 63 (23. Garde-Division), verstärkt durch die autom. Kompanie der 80. Marine-Schützen-Brigade nördlich des Versorgungsweges in Gegend See 65. Mit dem Eingreifen weiterer Feindreserven (Teile der 263. ID, 23. Garde-Div. oder 186. ID), die möglicherweise im Raum zwischen km 34 und 37 an der Straße Louhi — Kiestinki gegenüber SS-Geb.-Div. NORD stehen, muß gerechnet werden. Die feindliche Art. (bisher 9 Batt.-Stellungen) steht mit Masse tief gestaffelt längs des Versorgungsweges. Teile der an der Straße Louhi — Kiestinki gegenüber Div. NORD stehenden stärkeren feindlichen Artillerie können gegen unseren Angriff wirken ...

Hierzu greift die 7. Geb.-Div. am X-Tag nach Bereitstellung und eingehender Art.-Vorbereitung an, durchbricht die Feindstellungen in tief gegliedertem Stoßkeil südwestlich Berg Njatowaara, setzt sich in Besitz des Berges, rollt die Feindstellungen nach NO bis zum Südufer See 60 (Nishneje-See) auf und gewinnt eine neue Verteidigungsstellung in der Linie See 504 — See 63 — See 60. Die Überraschung muß bis zum Angriffsbeginn gewahrt werden...

Der Angriff wird durch das verst. IR 307 geführt (II. u. III. Btl. des IR 307; verst. durch das II. Btl. des IR 310, Teile des Geb.-Pi.-Btl. 99, 1 Zug 14./IR 307).

... Artillerie:

a) Gliederung:
Art.-Kommandeur: Oberst v. d. Hoop, Kdr. Geb.-Art.-Rgt. 82
III./SS-Geb. AR NORD mit 2 lFH-Batt.
I./Geb.-Art.-Abt. 124 mit 3 Batt. Geb. Gesch. 36
Schw. W.-Batt. 203
L. G.-Abt. 424 mit 3 Leichtgesch. Batt.
Auf Zusammenarbeit angewiesen:
II./SS-Geb. AR NORD am Straßenkreuz Kiestinki
Schw. Art.-Gruppe, Führer Kdr. IV./Geb. Art. Rgt. 82

IV./Geb.-Art.-Rgt. 82 mit 2 sFh-Batt.
10. und 11./SS-Geb. AR NORD mit 2 sFH-Batt.
3./s. Art.-Abt. 520 mit 15-cm-Kan. Frz.

...Gruppe ‚Kräutler', verteidigt sich in den bisherigen Stellungen, trägt mit Angriffsbeginn durch lebhafte Feuer- und Spähtrupptätigkeit auf der ganzen Front zur Ablenkung des Gegners von dem eigentlichen Angriffsschwerpunkt bei und hält sich bereit, hinter dem Angriff des IR 307 bis zum See 504 vorzubiegen. Ein Stoßtruppunternehmen unmittelbar nördlich des Versorgungsweges gegen die Pilgrimhöhe ist vorzubereiten und auf Weisung der Division durchzuführen ...

Gruppe ‚Lorenz' — (Führer Major Lorenz) mit 1./F. E. Btl. 99, 14. (Pz.-Jg.) IR 307 ohne 1. Zug hält ihre Stellung und lenkt den Gegner ab. Ein Nachstoßen bei Weichen des Feindes ist vorzubereiten.

... Gruppe ‚Lange' — (Führer Oblt. Lange) mit 6./G. J. R. 139, 1 Zug 12./G. J. R. 139, Radf.-Zg. IR 307, 1 Zg. Pz.-Jäg.-Abt. 99 schützt die Nordflanke See 60 in bisherigen Stellungen, fesselt ab X + 30 Min. durch Feuer aller verfügbaren schwer. Waffen den Gegner vor eigener Stellung.

... III./G. J. R. 139 (ohne 1 Zug) Divisionsreserve mit Standort Rohrweg.

... Luftwaffe — Durch Stuka-Gruppe I/5 werden für den X-Tag fünf Einsätze gemäß Absprachen vorbereitet und auf Anforderung geflogen. Ein verst. Schwarm der 4./JG. 5 wird durch Gen. Kdo. XVIII. (Geb.) AK zum Schutz der Stukastaffel eingesetzt.

... 4./SS-Flak Geb.-Div. NORD sichert mit einem Zug (1,5 cm-Fla.-MG) aus ihrer bisherigen Stellung an der ‚Straße der Gebirgsjäger' 380 m ostwärts See 206 die dort eingesetzte Art. und die Divisionsreserve ..."

In die Angriffsvorbereitungen mußten auch die Eigenheiten des Geländes, das sich mit dem mitteleuropäischen überhaupt nicht vergleichen läßt, einkalkuliert werden. Der Einsatzraum bestand aus einem unwegsamen und sumpfigen Urwald mit vielen kleinen Seen. In dieser wegelosen Wildnis war bisher erst ein einziger, jedoch kaum brauchbarer Weg, der zum Teil nur als Knüppeldamm fertiggestellt war, gebaut worden. Durch das dichte und unübersichtliche Urwaldgebiet zog sich eine dünne Linie von Stützpunkten. Die erste und dringlichste Aufgabe zur Vorbereitung des Angriffs bestand nun im Bau von Wegen und Knüppeldämmen, damit die Artillerie rechtzeitig in Stellung gehen und der Nachschub für die Kampftruppen sichergestellt werden konnte. Jetzt schlug für das Gebirgs-Pionier-Bataillon 99 die Stunde der Bewährung. Es baute die Waldschneise aus, die von Kiestinki zum Jeletjeosero führte, vom Gebirgsjäger-Regiment 139 „Straße der Gebirgsjäger" genannt, sowie zwei Wege, die im Nord- und Südteil des Abschnittes angelegt wurden. Doch das war leichter gesagt als getan, denn erst einmal mußten von den Pionieren unzählige Fichten gefällt und herantransportiert werden. Darüber hinaus behinderten wiederholt Regen- und Schneefälle bis Mitte Juni die Knochenarbeit.

Eine andere bedeutende Straße an der bis dato den Deutschen unbekannten Louchi-Front war mit der „Straße der SS" entstanden. Von dieser Straße aus, die ursprünglich als einziger brauchbarer West-Ost-Weg in einer unübersehbaren Waldzone über leichte Höhenrücken hinweg und durch sumpfige Niederungen nach vorne zog, führten später mehrere, in mühsamer Arbeit in die Wildnis vorgetriebene Wege, dann Knüppeldämme und später teilweise auch richtige Straßen zu den Troßstellungen und Einsatzräumen der Gebirgssoldaten — Straßen und Wege, die u. a. als „Otto-Weg", „May-Weg", „Casella-Weg", „Gudrun-Weg", „Tiroler Weg", „Wienerwald-Weg", „Peter-Weg" und „Ahlemann-Weg"[80]) bezeichnet wurden. Karl Pölzl, ein Störungssucher, der in Karelien eingesetzt war, beschreibt uns das Leben in dieser Landschaft so:

„Mir ist das trostlose Bild dieser Frontlandschaft mit den düsteren Föhren, den Schneisen, häßlichen Kahlschlägen und den dürren, oft seltsam geformten Baumkrüppeln in den Sumpfstreifen allmählich vertraut geworden. Nur auf den Bodenerhebungen sind die Föhren mit schöner gewachsenen Fichten, hellen Birken und anderen Laubbäumen vermischt. Hier haben die Trosse der eingesetzten Einheiten und rückwärtigen Stäbe ihre Wohnbunker und Blockhäuser errichtet. Wie meist wird auch heute vielerorts an Verbesserungen der Unterkünfte gearbeitet, beim SS-Regiment nahe km 13 ist wie immer lebhafter Betrieb und etwas weiter vorne ist rechts der Straße eine schwere französische Beutebatterie in Stellung gegangen."[81])

Zwischenzeitlich hatten Teile der 7. Gebirgs-Division finnische Verbände bei Kiestinki abgelöst. Die II./Gebirgs-Artillerie-Regiment 82 (Major d. R. Dr. Feiler) war am 24. Juni und das Gebirgsjäger-Regiment 218 — allerdings ohne das III. Bataillon — am 27. Juni in den neuen Abschnitt eingerückt. In der ersten Julihälfte war der Wegebau im Njatowaara-Abschnitt soweit abgeschlossen, daß die Batterien der Artillerie in Stellung gebracht werden konnten. Ab 26. Juli stand auch die IV./Gebirgs-Artillerie-Regiment 82 (Oberstleutnant Rhön), die Reval am 13. Juli verlassen hatten, zum Einsatz bereit. Sie wurde — im Zusammenwirken mit der Gebirgs-Beobachtungs-Abteilung 38 — zur Artilleriebekämpfung herangezogen. Kurz vor Angriffsbeginn bezog der Divisionsstab mit dem Artilleriekommandeur den vorbereiteten Gefechtsstand auf der kleinen Insel des Jeletjeosero, von wo aus der Njatowaara besonders gut zu sehen war.

Bei so viel Aktivität von Seiten der Deutschen in den stillen karelischen Wäldern mußte man davon ausgehen, daß den Russen die Angriffsabsichten der Gebirgssoldaten nicht verborgen geblieben waren. Zwangsläufig wurde die russische Artillerie von Tag zu Tag lebhafter. Die Aufklärung der Gebirgs-Beobachtungs-Abteilung 38 ergab, daß bisher unbekannte russische Batterien hinter dem Njatowaara aufgestellt worden waren.

Da die Sonne während der nordischen Sommermonate nur für kurze Zeit hinter dem Horizont untertaucht, wurde die Angriffszeit auf den Njatowaara auf die ersten Nachmittagsstunden des 1. August 1942 befohlen. In der Tat eine etwas ungewöhnliche Angriffszeit, aber das hatte seinen guten Grund: Nach vollzogenem Angriff sollten den Kampftruppen wenigstens ein paar Stunden in der Dämmerung zur Verfügung stehen, die dazu genutzt werden sollten, nach dem Erreichen der Angriffsziele die Verbände neu zu ordnen und um sich unbehelligt zur Abwehr einrichten zu können.

Der Störungssucher Karl Pölzl hat den Angriff der „Gruppe Krakau" auf die Höhe des Njatowaara aus der Sicht des einfachen Landsers niedergeschrieben:

„Nach zwei artilleristisch lebhaften Tagen geht am 30. Juli der Tanz der Granaten schon um 6.00 Uhr früh los. Als erste wird die Leitung zum ‚Vorwarner 2' am ‚Gudrun-Weg' abgeschossen und von Helm zusammen mit Betz, unserem dritten Mann, geflickt. Gegen Mittag beginnt der Russe plötzlich unsere Ecke mit seinem Feuer zuzudecken und seit Monaten riechen wir wieder Pulvergestank aus allernächster Nähe! Wir holen gerade Stämme für die Verstärkung der Bunkerdecke herbei, da haut er berstend auf den ‚Ahlemann-Weg' hin und Splitter und Erdbrocken fahren fauchend über uns hinweg. Bald nach den ersten Einschlägen hängen in unmittelbarer Nähe mehrere Leitungen in Stücken von den Bäumen und wir begeben uns an die Arbeit. Immer wieder suchen wir notdürftig hinter Erdaufwürfen Deckung oder lassen uns in den nächstbesten Granattrichter fallen, während wir von Erdbrocken förmlich zugedeckt werden. Erst nach fast zwei Stunden wandert der stählerne Segen zur Panzersperre zurück. Plachchch, pachchch hauen die Granaten da noch lange hin oder verpuffen als Blindgänger im Moor; das Echo schlägt von den beiderseitigen Höhenrücken zurück. Wir atmen auf, die Arbeit ist vorerst geschafft, und wir sind heil geblieben. Vorne in der HKL rumort es noch lange, dann tritt allmählich Ruhe im Abschnitt ein.

Am 31. Juli wird die Leitung zum Vorwarner 2 an der Abzweigung des ‚Gudrun-Weges' vom ‚Ahlemann-Weg' abgeschossen. An der Stelle, wo bis vor kurzem eine schwere SS-Batterie stand, gähnen mehrere weite und tiefe Trichter und haben sich schon bis zum Rand mit Moorwasser gefüllt, in dem sich die Kronen der Föhren spiegeln. Noch schwebt beklemmender Pulverdampf über dem Boden.

Den ganzen Tag über lösen sich heftige Artillerieduelle ab. Es gibt keinen Zweifel mehr darüber, daß etwas in der Luft liegt! Vom Vorwarner 3, der etwa 9 km von hier vor dem Njatowaara eingesetzt ist, wurde schon gerüchteweise von einem Angriff gegen die Urwaldhöhe gesprochen.

Früher als sonst kommen am 1. August die Essenfahrer heraus, es scheint also heute noch loszubrechen. Zu Mittag vernehmen wir auch schon das Dröhnen von Flugzeugen am linken Flügel und sehen vom Bunkerdach aus, wie über der Waldwildnis die Stukas zu kreisen beginnen, nacheinander niederstoßen und mit aufheulenden Motoren wieder hochziehen. Wir verfolgen mit unseren Gläsern das erregende, lang nicht mehr erlebte Schauspiel.

In das anscheinend rasch aufkommende bubbernde Abwehrfeuer hinein rummsen nacheinander die Bomben, deren Explosionen die Erde bis zu uns her spürbar erschüttern. Daneben sind in fast ununterbrochener Folge eigenartig schwere und dumpfe Schläge zu vernehmen, die wir uns zuerst nicht deuten können. Erst später erfahren wir, daß von unserer Seite schwere Werfer, ähnlich den uns in übler Erinnerung gebliebenen ‚Stalinorgeln', eingesetzt sind. Es ist ein einziges anhaltendes Dröhnen, Rollen und Beben um die Urwaldhöhe. Nach etwa einer Stunde setzt deutlich hörbar das Gehämmer und Gebrodel des Infanteriekampfes ein.

Noch stehen wir völlig im Banne dieses einmaligen Geschehens und merken kaum, daß eine mittelschwere Russenbatterie schon wieder die Gegend um Straßenknie und Panzersperre bearbeitet. Um 15.00 Uhr haben wir die erste Störung. Helm und Betz gehen zurück. Sie finden den Fehler in der Gegend der Panzerunterkunft nahe km 13. Kaum sind sie zurück, bricht im ganzen Straßenabschnitt der tollste Feuerwirbel los, bald rasselt abermals der Fernsprecher und hintereinander fallen unsere Leitungen aus. Wieder machen sich die beiden auf den schweren Weg. Helm ist ein prachtvoller Soldat, was ich schon beim Infanterieeinsatz an der ‚Rollbahn 2' merkte, und die bisher oft aufreizende Ruhe des phlegmatischen Rheinländers Betz wird in diesen Stunden zu einer wahren Tugend. Dennoch sorge ich mich jedesmal, wenn sie abgehen. Sie verwehren es mir einfach, abwechselnd mitzugehen, weil sie einerseits die Leitungswege besser kennen und andererseits meinen, für mich als ältesten Unteroffizier wäre dies überhaupt kein Geschäft hier.

Es ist drückend heiß im Bunker", erfahren wir dann weiter. „Draußen flimmert die Luft zwischen den gräßlich verstümmelten und täglich neu zerfetzten Baumstämmen, über die hinweg unsere Leitungsstränge ziehen und nebenan der Sendemast von Meßstelle D ragt. Ein Dunstschleier schwebt über der anschließenden ‚Mondlandschaft'. Die Rauchfahnen eingeschlagener Granaten ziehen darüber hinweg und immer von neuem winseln und jaulen weitere Geschosse schräg über mich hinweg. Unsere Ecke selbst verschonen sie heute noch. Die Minuten am Fernsprecher werden für mich zu Stunden und die Stunden zur Ewigkeit, während ich mit Bangen auf die Kontrollrufe des Trupps warte. Erst nach 20.00 Uhr sind alle Leitungen hergestellt, nachdem auch die Batterie einen Sondertrupp herausgeschickt hatte. Bis dahin gingen die Meßstellen auf Funkbetrieb. Schweißüberströmt und erschöpft, doch wohlauf kehren meine Leute zurück, unfähig, all das Erlebte dieses Tages wiederzugeben.

Der äußerst solid gebaute Pak-Bunker hatte einen Volltreffer erhalten, der aber kaum Schaden anrichtete. Ein Tragtiertrupp von uns, noch auf dem Rückweg vom Vorwarner, wollte der bekannt gefährlichen Straßenabzweigung ausweichen und kam durch das Minenfeld getrabt. Durch neuerliche Granateinschläge erschreckt, rissen die Tiere nach rückwärts aus.

Spät abends — trotz der vorgeschrittenen Jahreszeit bleiben die Nordlandnächte noch lange hell — wird noch bei der französischen Batterie abermals eine Leitung abgeschossen und noch einmal müssen die beiden in die vom Kampflärm erfüllte Nacht hinaus. Die schwere Batterie hat kaum ihren ersten Schuß abgegeben, als sie schon Antwort erhielt, wobei eine Granate mitten in der Feuerstellung einschlug. Einen jungen SS-Störungssucher traf in dieser Nacht unmittelbar in der Nähe unserer Leute ein tödlicher Splitter.

Am 2. August", fährt Pölzl in seinem Erlebnisbericht fort, „beginnt der Russe, nach anfänglicher Ruhe wieder unsere Gegend abzustreuen, und verursacht neuerlich vor der französischen Batterie eine Störung. Gegen Mittag setzt im gesamten Raum zwischen Njatowaara und Gankaschwara ein gewaltiges Artillerieduell ein; krachend fahren einige Lagen in den Minengürtel vor uns und nacheinander fallen die Leitungen zu ‚E' und ‚F' aus. Auch am ‚Gudrun-Weg' poltert ein Granatwerferüberfall nieder mit dem Ergebnis, daß die Vorwarnerleitung getroffen wird. Ich gehe mit einem Mann der Meßstelle den Weg entlang bis zu einer höher gelegenen Blöße, von wo aus unser Blick über das wogende Meer grüner Baumkronen hinweg zum Njatowaara geht, über dem gerade Flugzeuge kreisen. Erst dachten wir an Stukas, doch an den dicken Rümpfen und dem bekannt heiseren Brummen erkennen wir Russenjäger, die nun die erstürmte Höhe angreifen. In einem schönen Dickicht finden wir inmitten unzähliger frischer Trichter die abgeschossene Stelle der Doppelleitung und verbinden sie wieder einmal. Wir merken plötzlich, daß wir der Gudrunstellung ziemlich nahe sein müssen, denn über uns hinweg prasseln jäh die Garben eines Russen-MG.

Kaum bin ich zurück, gibt es in Richtung Peterhöhe eine Störung. Helm und ich pirschen uns an der nur mehr aus einem Wall verdorrten Reisigs und zerfallenen Schutzlöchern bestehenden Winterstellung entlang zur Höhe, auf der unsere Lichtmeßstelle ‚Rot' und ein SS-VB sitzen. Die Granaten haben arg unter den hier auffallend schön gewachsenen Bäumen gewütet und knallen noch jetzt als gefährliche Baumkrepierer herein. Der SS-VB hat einen Treffer abbekommen, aber zum Glück nur einen Verletzten zu beklagen. Wir finden unsere Störung und gelangen an einem kleinen, in einer kühlen Mulde gelegenen See vorbei wieder zur SS-Straße. Es hat eingetrübt, und Regenschauer überraschen uns auf dem Rückweg. Die Kameraden müssen am Abend noch einmal hinaus, und zwar bis in die Gegend der schweren SS-Batterie am ‚Tiroler Weg'. Am 3. August reißt uns um 5.30 Uhr eine 8 m vor dem Bunkereingang krepierte Russengranate jäh aus dem Schlaf, dann bleibt es ruhig, wohl ein ‚Fehlrichter' vom Iwan! Heute ist die ‚E'-Leitung ab, vier Russenjäger kurven während der Arbeit über der Gegend. Nachmittags kommt unser Kommandeur, Oberstleutnant Will, vorüber. Wie immer, wenn Vorgesetzte kommen, ist es gerade ruhig, und wir haben ausnahmsweise keine Arbeit. Ein Grund, uns bald abzulösen?

Tatsächlich haben wir in den folgenden Tagen weniger Störungen, der Russe hat sich anscheinend mit dem Verlust der Höhe abgefunden und knallt nur fallweise in der Gegend herum. Nach den Erfahrungen der letzten Tage legen wir einige Leitungen um.

Und dann hat der ‚Mohr seine Schuldigkeit getan'! Jetzt, wo wir uns etwas verschnaufen und den ‚Abstand' von der Batterie genießen könnten, holt man uns am 7. August 1942 vom Störtrupp zurück. Fast wehmütig", endet der Störungssucher Pölzl seinen Bericht vom Angriff der ‚Gruppe Krakau' auf die Höhe des Njatowaara, „nehmen wir Abschied von unserem so solid ausgebauten Bunker und von diesem Stück Erde, wo in den vorangegangenen Tagen hundertfach der Tod umsprang!"[82])

In die Abwehrkämpfe griffen wiederholt russische Schlachtflieger mit Bordwaffen und Bomben ein, während die feindliche Artillerie ihre Tätigkeit verstärkte. Nachdem die Gebirgs-Beobachtungs-Abteilung 99 eine Reihe neuer Feuerstellungen der Sowjets aufgeklärt hatte, erfolgte ein heftiger Gegenangriff, der jedoch im Sperrfeuer aller Batterien, das der Artilleriekommandeur selbst leitete, zusammenbrach.

Der Vormittag des 3. August verlief relativ ruhig. So konnte Gerät für den Stellungsbau und Material für die Hindernisse nach vorne gebracht werden. Der Transport erfolgte auf Pontonfähren, die das Gebirgs-Pionier-Bataillon 99 über den Jeletjeosero, der nach der Wegnahme des Njatowaara nicht mehr vom Feind einzusehen war, gebaut hatte. Als der Russe nochmals mit Unterstützung von Schlachtfliegern angriff, jedoch keinen Erfolg verzeichnen konnte, gab er die Wiedereroberung des Njatowaara schließlich auf. Das erfolgreiche Angriffsunternehmen wurde am 3. August 1942 im Wehrmachtsbericht wie folgt gewürdigt:

„In Lappland nahmen deutsche Infanterie und Gebirgsjäger, von Sturmkampffliegern wirksam unterstützt, eine vom Feind stark besetzte, ausgebaute Höhe. In hartnäckigen Waldkämpfen wurde eine große Zahl feindlicher Kampfstände zerstört."

Mit der Eroberung der Höhe des Njatowaara hatte die „Gruppe Krakau" ihre erste Bewährungsprobe auf dem finnischen Kriegsschauplatz bestanden — insbesondere die Batterien des Gebirgs-Artillerie-Regiments 82 unter der zielbewußten Führung des Oberst Freiherr van der Hoop. Aber nicht nur die Gebirgsartilleristen hatten sich in ihrem ersten Kampf im karelischen Urwald voll bewährt — auch die Gebirgspioniere und die Soldaten der Gebirgs-Nachrichten-Abteilung 99 hatten die Bewährungsprobe mit Bravour gemeistert. Oberfeldwebel Krutemaier vom Gebirgs-Pionier-Bataillon 99 wurde für seinen hervorragenden Einsatz mit dem Ritterkreuz des Eisernen Kreuzes ausgezeichnet. Und das mit Recht, denn als Stoßtruppführer hatte er sich bereits im Polen-, Frankreich- und Rußlandfeldzug bei Morosowisce bewährt. Bei den bisherigen Einsätzen hatte er rund vierzig Bunker geknackt und brach als Angriffsspitze mit seinem Zug als erster in die Höhenstellung des Njatowaara ein.

Die 7. Gebirgs-Division an der Kiestinki/Louchi-Front[83])

Die „Kampfgruppe Hoffmeister" war Mitte August 1942 aus der Front am Ilmensee gezogen worden und auf dem finnischen Kriegsschauplatz eingetroffen. Hier traf auch die III./Gebirgs-Artillerie-Regiment 82, die sich am Wolchow bewährt hatte, ein. Alle diese Einheiten der „Bergschuh"-Division wurden nun mit der „Gruppe Krakau" zusammengefaßt, so daß die „Siebte" endlich als Divisionsverband vereinigt war — und zwar

Oben: Durch Ostpreußen und das Baltikum nach Rußland...

Unten: ... zur Heeresgruppe Nord

MU

Rollbahn
Moskau-Petersburg
Unterkunft
785

unter dem Kommando von Generalmajor August Krakau, der den österreichischen General der Artillerie Robert Martinek in der Divisionsführung ablöste. Als Einsatzraum zugewiesen wurde der Division an der Louchi-Front im Rahmen des XVIII. Gebirgs-Armeekorps der Kiestinki-Abschnitt, wo bekanntlich die „Gruppe Krakau" eingesetzt gewesen war. Hier löste sie zunächst die finnische Infanterie-Division „J" ab. Mit ihrem Gefechtsstreifen zwischen dem Top- und dem Pja-See bildete sie den rechten Flügel der 20. Gebirgs-Armee des Generalobersten Eduard Dietl. Der Frontabschnitt dieser Armee erstreckte sich damit von der Louchi-Front bis zum nördlichen Eismeer. Zwischen dem XVIII. Gebirgs-Armeekorps (General der Gebirgstruppen Franz Böhme, dann General der Gebirgstruppen Karl Eglseer) und dem nächsten Korps, dem XXXVI. Gebirgs-Armeekorps (General der Infanterie Karl Weisenberger, dann General der Gebirgstruppen Emil Vogel) bei Alakurtti Salla klaffte eine Lücke von mehreren 100 Kilometern — allerdings, und das war für die Deutschen ein Trost, ungangbares Gelände. Ebenso groß war die Lücke vom XXXVI. Gebirgs-Armeekorps zum linken Flügelkorps, dem XIX. Gebirgs-Armeekorps (General der Gebirgstruppen Ferdinand Schörner, dann General der Gebirgstruppen Georg Ritter von Hengl), das an der Liza lag. Der rechte Nachbar der 7. Gebirgs-Division, das finnische Infanterie-Regiment 11, stand bei Uchtua. Das dazwischenliegende Gelände, vor allem aber die „Rohöstraße", wurde durch Feldwachen des finnischen Grenzjäger-Bataillons 7 gesichert. Links von der „Bergschuh"-Division lag die 6. SS-Gebirgs-Division „Nord".

Wie und wo waren nun die verschiedenen Einheiten der 7. Gebirgs-Division an der Kiestinki/Louchi-Front eingesetzt?

Das Gebirgsjäger-Regiment 218 hatte den rechten Abschnitt vom Lohiwara, eine beherrschende Höhe am Südufer des Bolschje-Lagijärvi, bis zur Bahnlinie nach Louchi besetzt. Hier schloß sich das Gebirgsjäger-Regiment 206, dessen Abschnitt bis zur Straße Kiestinki — Louchi reichte, an. Das II./Gebirgsjäger-Regiment 206 hatte das Infanterie-Regiment 307 am Njatowaara abgelöst und wurde dann dem SS-Gebirgsjäger-Regiment des SS-Standartenführers Schreiber unterstellt. Das I./Gebirgsjäger-Regiment 206 fand vorübergehend beim Ausbau der Bahnlinie Oulu — Kuusamo Verwendung. Die Gebirgs-Aufklärungs-Abteilung 99 sicherte währenddessen das Gelände an der Lachsbucht und südlich davon die rechte Flanke der Division. Hinter ihr lag das Gebirgs-

Links oben: Immer unterwegs – der Kradmelder

Rechts oben: Gebirgssoldaten an einer Straßenkreuzung im Bereich der Heeresgruppe Nord

Unten: ... Relikt aus der Zarenzeit an der Rollbahn der Gebirgsjäger in Nordrußland

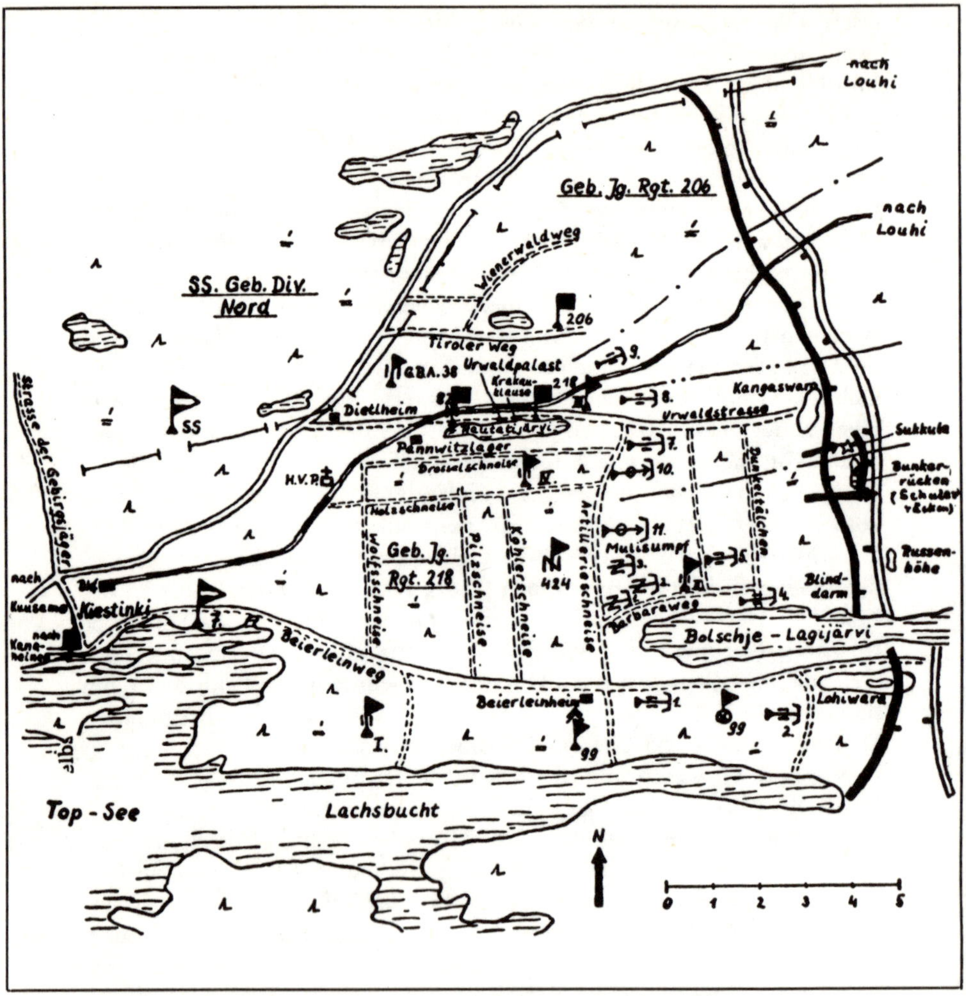

Die 7. Gebirgs-Division an der Kiestinki/Louchi-Front 1942 bis 1944

Pionier-Bataillon 99, das vier Feldwachen besetzt hielt. Das Gebirgs-Artillerie-Regiment 82 deckte die Abschnitte der Gebirgsjäger-Regimenter mit all seinen Abteilungen ab. Im Abschnitt der Gebirgs-Aufklärungs-Abteilung 99 war dies jedoch nur zum Teil möglich, da die Reichweite ihrer Geschütze zu gering war. Daher wurde hier speziell die I./Gebirgs-Artillerie-Regiment 82 eingesetzt, die nun entsprechende Feuerräume vor den Feldwachen der Gebirgs-Artillerie-Abteilung erschoß. Ein V. B. befand sich bei der südlichsten, der vierten Feldwache.

Darüber hinaus wurden Wechselstellungen für den Kampf in der offenen Flanke vorbereitet. Die Panzerjäger-Abteilung 99 war seit ihrem Eintreffen am 19. Mai 1942 der 6. SS-Geb.-Div. „Nord“ unterstellt, wo sie die „Ludendorff-Stellung“ bezog.

Die Kampfhandlungen der „Bergschuh“-Division 1942 im Kiestinki-Abschnitt der Louchi-Front bestanden zunächst aus zahlreichen Fernspäh- oder Lauerspähtrupps im karelischen Urwald. Die Linien bewegten sich kaum, der Stellungskrieg gehörte zum Frontalltag, sieht man von einigen Gefechten im Niemandsland der Ödmarken Kareliens ab. Erst später, 1943, führte die „Siebte“ die einzige offensive Kampfhandlung größeren Ausmaßes durch, nämlich den Kampf um den sogenannten „Bunkerrücken“. Bis zum Frühjahr 1944 hielt die Division dann die Kiestinki-Front und wehrte immer wieder russische Angriffe am „Kangaswara“, am sogenannten „Bahnabschnitt“, am „Blinddarm“ und am „Brandberg“ ab. Sogar die Gebirgs-Panzerjäger-Abteilung 99 wurde hierbei infanteristisch eingesetzt. Die Gebirgs-Aufklärungs-Abteilung 99 sicherte mit der I./Gebirgs-Artillerie-Regiment 82 die rechte Flanke gegen den Top-See am „Lohiwara“. Die II./Gebirgs-Artillerie-Abteilung 82, die III./Gebirgs-Artillerie-Abteilung 82 und die IV./Gebirgs-Artillerie-Abteilung 82 sowie die leichte Artillerie-Abteilung 424 unterstützten die Gebirgsjäger-Regimenter immer wieder wirkungsvoll. Die Gebirgs-Beobachtungs-Abteilung 38 arbeitete ausgezeichnet mit der Gebirgsartillerie zusammen; unter anderem überwachte sie vom „Kärntnerturm“ aus das Vorgelände. An klaren Tagen sah man von hier aus die Züge der Murmanbahn nach Leningrad oder Murmansk fahren. Ein endloser Strom an Kriegsgerät, Ausrüstungsgegenständen, Lebensmitteln und Versorgungsgütern aller Art rollte auf Grund des amerikanisch-sowjetischen Leih- und Pachtvertrages über diesen Schienenstrang für die Rote Armee aus den amerikanischen Rüstungsarsenalen und Vorratslagern in die Sowjetunion.

Doch eilen wir den Ereignissen bei der 7. Gebirgs-Division nicht allzusehr voraus. Selbstverständlich war den Sowjets die Ablösung der finnischen Infanterie-Division „J“ durch die „Siebte“ im Kiestinki-Abschnitt der Louchi-Front nicht verborgen geblieben. Was lag da näher, als daß sie ihre Spähtrupptätigkeit verstärkten, um sich die nötige Klarheit über die Gliederung und Stärke der neuen Verbände, die ihnen jetzt auf der anderen Seite der HKL gegenüberstanden, zu verschaffen? Das „Kriegstagebuch des Oberkommandos der Wehrmacht“ verzeichnet unter dem 3. August 1942 über die Lage an der finnischen Nordostfront folgende Eintragung:

„Dem eign. Angr. im Abschn. Louchi leistete der Feind zunächst geringen, später sich versteifenden Widerstand mit Gegenstößen aus südl. Richtung.“[84])

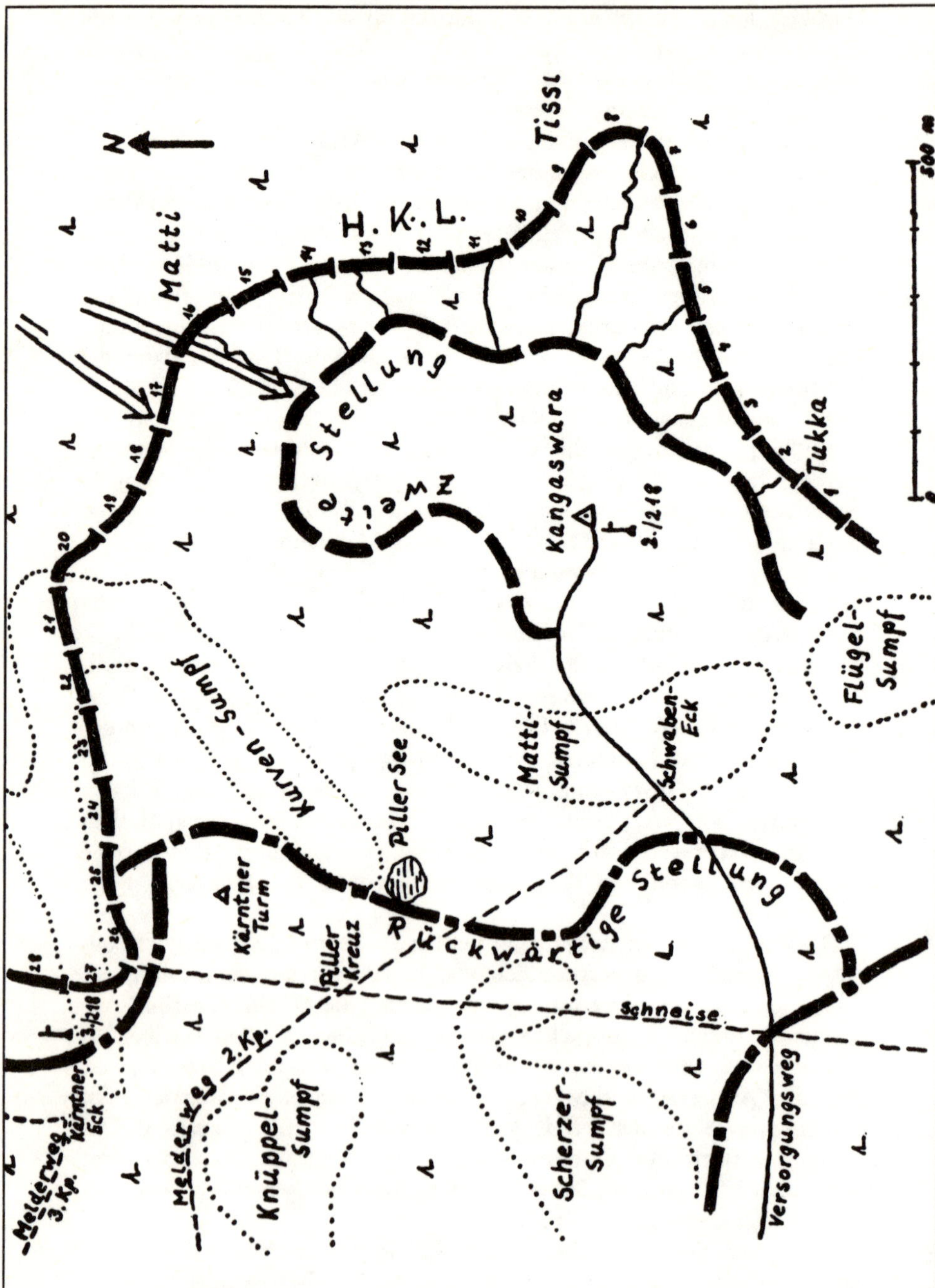

Der russische Einbruch am Kangaswara am 8. August 1942

So kam es bei der so lange auseinandergerissenen „Bergschuh"-Division bereits am 8. August zu mehreren Gefechten in der Front und Flanke am Kangaswara, einer beherrschenden Höhe, deren Verlust die Aufgabe und die Zurücknahme eines Großteils des Frontabschnittes bedeutet hätte. Obwohl das I./Gebirgsjäger-Regiment 218 unter der Führung des Majors Deglmann, das am Kangaswara eingesetzt war, die Höhe stützpunktartig ausgebaut hatte, war es den Russen an jenem 8. August, um 23.00 Uhr, gelungen, bei „Matti" an zwei Stellen mit stärkeren Kräften in die Stellungen der Gebirgsjäger einzubrechen. Als Verbündeter, dazu noch als ein unverwundbarer, diente den Rotarmisten ein großer Felsblock vor der deutschen HKL, der ihre Annäherung an das Stellungssystem der Gebirgssoldaten begünstigte. Als die Deutschen später die Russen wieder aus ihren Stellungen hinausgeworfen hatten, wurde dieser Felsblock von den Gebirgspionieren gesprengt. Aber soweit war es noch nicht.

Zunächst einmal mußte der russische Einbruch beim I./Gebirgsjäger-Regiment 218 zurückgeschlagen werden. Hier bewährte sich vor allem die 2. Kompanie unter Hauptmann Roser, die mit den örtlichen Reserven im linken Kompaniebereich die Russen im Gegenstoß zum Stehen brachte. Rechts waren die eigenen Kräfte allerdings zu schwach, um den Sowjets Paroli bieten zu können. Auch ein Gegenangriff, der vom I./Gebirgsjäger-Regiment 218 einschließlich der Regimentsreserve, der 1./218, durchgeführt wurde, brach im starken feindlichen Abwehrfeuer zusammen. Erst als der Bataillonskommandeur alles auf eine Karte setzte, das heißt, erst als er Pak und weitere Alarmeinheiten einsetzte, wendete sich das Blatt zugunsten der Deutschen, die den von den Sowjets gestürmten Bunker zurückeroberten und den Gegner bis zum vordersten Graben zurückdrängten. Anschließend rollte die 1. Kompanie den Graben von beiden Seiten her auf und säuberte ihn schließlich gemeinsam mit der Alarmeinheit. So kam der Kangaswara nach mehrstündigem Kampf um 8.10 Uhr wieder in die Hand der Gebirgsjäger, die nicht nur von den Gebirgspionieren, sondern auch von den 3,7 cm-Abwehrgeschützen der 16. (Panzerjäger-)Kompanie wirkungsvoll unterstützt worden waren.

Ab 10. September 1942 übernahm die 6. SS-Gebirgs-Division „Nord" den bisherigen Frontabschnitt der „Gruppe Krakau", wobei ihr zeitweise das II./Gebirgsjäger-Regiment 206 unterstellt wurde. Die 7. Gebirgs-Division übernahm am 11. September die südlichen Stellungen des XVIII. Gebirgs-Armeekorps und war damit rechter Nachbar der Gebirgsjäger der Waffen-SS. Die Grenze zwischen diesen beiden Gebirgsverbänden verlief nun von der Südostspitze des Sees 75 in ostwärtiger Richtung über den Straßenkilometer 11,8 an der Straße Kiestinki — Louchi zur Nordwestspitze des Jelowoje-Sees. Aus Anlaß dieser Umgruppierung erließ General Krakau als Kommandeur der „Bergschuh"-Division am 10. September 1942 folgenden Tagesbefehl an die Truppe:

„Mit dem 10. September 1942 habe ich den Befehl über den Nordabschnitt abgegeben und das Kommando über den Südabschnitt des Korps übernommen. Damit liegen über drei Monate gemeinsamen Kampfes und gemeinsamer Arbeit im Urwald Kareliens hinter uns, die den Höhepunkt in der Erstürmung des Meng-Berges (Njatowaara) am 1. August fanden.

Den Truppen des Heeres, die unterdessen aus meinem Befehlsbereich ausgeschieden sind, habe ich meine Anerkennung bereits ausgesprochen. Heute gilt mein Dank und meine Anerkennung den tapferen Truppen der Waffen-SS, die ich über einen Monat zu führen die Ehre hatte.

Die SS-Artillerie und die SS-Flak hat unseren Kampf hervorragend unterstützt, und die SS-Gebirgsjäger mit den SS-Pionieren haben durch ihre Initiative in Aufklärung und Gefecht ihren hohen Kampfgeist bewiesen. Ich wußte jederzeit, daß ich mich auf sie verlassen kann ..."

Wer geglaubt hatte, die Russen würden die in den vorausgegangenen Kämpfen geschwächten Deutschen im Kiestinki-Abschnitt in Ruhe lassen, der hatte sich geirrt, denn schon bald setzten sie den Kleinkrieg am Njatowaara fort. Und diese Gefechte spielten sich folgendermaßen ab: Obwohl das II./Gebirgsjäger-Regiment 206 durch das 6./Gebirgsjäger-Regiment 139, durch schwere Waffen und durch Pioniertruppen verstärkt worden war, forcierten die Russen in dem stark bewaldeten und von zahlreichen Sümpfen und Seen durchzogenen Gelände ihre Spähtrupptätigkeit. Als sie merkten, daß die Deutschen sich schneller als erwartet den eigentümlichen Kampfmethoden im karelischen Urwald angepaßt hatten, verstärkten sie ihre Aktionen. Ein erster mit großem Waffeneinsatz durchgeführter Aufklärungsvorstoß erfolgte am 11. September, um 22.30 Uhr. Doch die Gebirgsjäger waren auf der Hut. Die Septembernacht war noch hell genug, um die Russen trotz starker Feuerunterstützung abzuwehren. Und auch ein zweiter sowjetischer Vorstoß, der bereits um 23.25 Uhr durchgeführt wurde, brachte den Sowjets keinen Erfolg.

Aber die Russen waren bekanntlich, vor allem dann, wenn sie von ihren Kommissaren angetrieben wurden, hart im Nehmen. So ließ der dritte Angriff am Njatowaara, der von der russischen Artillerie wiederum mit starkem Feuer vorbereitet wurde, nicht lange auf sich warten. Am 15. September, um 00.50 Uhr, griffen sie abermals die Stellungen der Gebirgsjäger an — und wurden wieder einmal geworfen. Ein weiterer russischer Vorstoß scheiterte am 20. September. Dieses Mal sollten deutsche Spähtrupps abgeschnitten und vernichtet werden. Die russischen Absichten wurden jedoch frühzeitig erkannt und durchkreuzt. Und nochmals mißlang am 24. September 1942 ein feindlicher Vorstoß beim II./Gebirgsjäger-Regiment 206 am Njatowaara. Kein Wunder, daß der Kommandierende General des XVIII. Gebirgs-Armeekorps, General der

Gebirgstruppen Böhme, die erfolgreichen Abwehrkämpfe des Gebirgs-Jäger-Bataillons, das am 30. September abgelöst und als Divisionsreserve nach hinten geschickt wurde, in einem Anerkennungsschreiben entsprechend würdigte.

Eine anders geartete Form des Kampfes in Karelien stellte der Einsatz von Fern- oder Lauerspähtrupps dar, die nicht selten zu einer Art von „Partisanenjagd“ wurden, da die Russen in finnischer und deutscher Uniform sowie in Zivil auftraten.

Über den Kleinkrieg dieser Späh- und Stoßtruppunternehmen soll im folgenden berichtet werden. Die flexible Ausbildung gestattete den Gebirgsjägern, daß sie auch in verhältnismäßig kurzer Zeit außergewöhnliche Probleme in den Griff bekamen. Hierzu gehörte auch der Einsatz als Fernspähtrupp. Bereits im Sommer 1942 forderte das XVIII. Gebirgs-Armeekorps von der 7. Gebirgs-Division, daß Fernspähtrupps hinter den russischen Linien tätig werden sollen. Und das hatte seinen guten Grund, denn die deutsche Front in Karelien bestand zu jener Zeit im großen und ganzen lediglich aus vielen Stützpunkten. Dazwischen klafften große Lücken, gähnten leere Räume und breiteten sich wilde Wälder aus, durch die der Feind fast nach Belieben ungehindert einsickern konnte. Nur beiderseits der Louchi-Bahn exisitierten auf einigen Kilometern feste, durchgehende Frontabschnitte. Daraus resultierte ein mehr oder weniger reger „Sicker-Verkehr“ durch die gegnerischen Linien, um die Stellungen des Feindes auszukundschaften und um eventuell auch den einen oder anderen Gefangenen einzubringen.

Wahre Meister in der Kunst dieser Fernspähtrupps waren die Finnen. Kein Wunder, denn ihre Spähtrupps setzten sich in erster Linie aus Angehörigen der früheren finnischen Grenzbrigaden zusammen. Sie waren „Waldläufer“ im wahrsten Sinne des Wortes. Den deutschen Gebirgsjägern waren dagegen bis dato derlei Unternehmungen unbekannt. Verständlich, daß anfangs eine große Ungewißheit und Zurückhaltung festzustellen war, als der Befehl kam, an derartigen Kommandos teilzunehmen. So waren die Freiwilligenmeldungen für diese Aktionen vorerst sehr spärlich, denn man sah in diesen Fernspähtrupps Himmelfahrtskommandos, von denen man meist nicht mehr lebend zurückkam. Diese Bedenken fielen jedoch bald, als man ankündigte, daß die Spähtrupps nicht von den Deutschen allein, sondern in Zusammenarbeit mit den finnischen Spezialisten durchzuführen wären.

Bei den Fernspähtrupps handelte es sich um Unternehmungen, die bis zu 30 und mehr Kilometer hinter die russischen Linien beziehungsweise Stützpunkte führten. Im allgemeinen erstreckten sie sich über einen Zeitraum von zwei bis drei Tagen. Normalerweise hatten diese Spähtrupps keinen speziellen Kampfauftrag. Sie sollten lediglich herausfinden, inwieweit der Nachschub auf der gegnerischen Seite organisiert war und ob eventuell neue Truppeneinheiten eingetroffen waren. Nur in ganz seltenen Fällen wurde auch noch der Auftrag erteilt, mindestens einen Gefangenen einzubringen. Das war jedoch alles leichter befohlen als ausgeführt, denn die Schwierigkeiten, die einem derartigen Unternehmen im Wege standen, waren groß. In den karelischen Waldgebieten gab es weder Wege noch Stege. Meist lief man mit dem Kompaß und anderen gleichartigen Hilfsmitteln kilometerweit quer durch den Wald. Da es sich in Karelien jedoch zum großen Teil um versumpfte Waldgebiete handelte, konnten die Jäger der Fernspähtrupps nicht einfach in einer geraden Richtung losmarschieren, sondern sie waren darauf angewiesen, frühere, von den karelischen Fischern und Bauern angelegte Balkenpfade zu benutzen, um die vielen Moore und Sümpfe zu überqueren. Abgesehen von der Gefahr, auf diesen wackeligen Balkenpfaden wie die Hasen von den aufmerksamen Russen abgeschossen zu werden, war es außerordentlich schwierig, nach den vielen Abweichungen, die diese Wege hatten, nicht die Orientierung im Moor zu verlieren. Für Mitteleuropäer, selbst wenn sie sich im wegelosen Gelände mit Hilfe von Kompaß und anderen Hilfsmitteln relativ gut bewegen konnten, war diese Aufgabe fast unlösbar, denn es gehörte ein angeborener Instinkt für die richtige Richtung und eine in der Luft liegende Gefahr dazu; ein Instinkt, der offensichtlich nur den seit vielen Jahren darauf trainierten Finnen, die mit traumwandlerischer Sicherheit ihren Weg hin- und wieder zurückfanden, eigen war. Kurz und gut: Einige dieser waghalsigen Fernspähtrupps wurden nun unter deutscher Beteiligung durchgeführt. Wie ein solcher Spähtrupp ablief, erzählt Triglav Bauer:

„Als zum ersten Mal ein kleines Häufchen von fünf Jägern sich bei dem finnischen Spähtruppführer meldete, brach der schon in ein helles Gelächter aus, als er die Marschverpflegung für diese drei bis vier Tage erkannte, die wir im guten, alten Gebirgsjägerrucksack mit uns schleppten. Getreu der HDv hatte man uns eine Vielzahl von Büchsen, Kommiß-Brot und ähnlichen Dinge verabreicht, unter deren Gewicht wir schon leise stöhnten, denn außer diesen Dingen mußten ja auch noch Decken, Munition und leichte Waffen mitgenommen werden. Zum ersten Mal in unserem Leben sahen wir dann bei den Finnen eine sogenannte ‚Sissu' Kampf- bzw. Spähtruppverpflegung, die — für uns damals völlig neu — weitgehend aus konzentrierten Nahrungsmitteln bestand, die leicht zu handhaben und auch zu transportieren waren. Nescafé, Trockenmilch, Eipulver, Spezial-Schokolade und ähnliche Dinge wurden uns von den Finnen gegeben und das Gewicht unseres Rucksacks mindestens um $^{2}/_{3}$ verringert. Interessant war, daß diese Verpflegung fast ausschließlich amerikanischen Ursprungs war.[85]) Nach der Begrüßung und vorläufigen Einweisung wurde ein gemeinsamer Sauna-Besuch veranstaltet, um die müden Lebensgeister und die Moral aufzufrischen. Am nächsten Morgen ging es dann in aller Frühe los: acht Finnen unter Führung eines Fähnrichs und fünf deutsche Jäger. Der Auftrag lautete, feststellen, ob ca. 30—35 km hinter der russischen Linie neue Waffen- und Nachschubdepots bzw. Stützpunkte eingerichtet und in welcher Art sie bewacht wurden.

Mit erheblichen Vorbehalten und einigem Magensausen zitterten wir dann los, wobei eine sehr sinnvolle Formation gebildet wurde. Vorneweg marschierte ein sogenannter Pfadfinder und ca. 50 m hinter ihm der Spähtruppführer, der mit einem speziellen Kompaß diesen Pfadfinder durch Zeichen dirigierte. Der Pfadfinder selbst wurde spätestens jede halbe Stunde abgelöst. Es war wirklich für uns Mitteleuropäer erstaunlich, mit welcher Zielsicherheit — nur mit Hilfe des Kompasses — durch diese unendlichen Wälder — ohne wesentliche markante Punkte — marschiert wurde. Bei der kleinsten Unsicherheit gab der Pfadfinder ein kurzes Zeichen, alles legte sich in absoluter Stille sofort flach auf die Erde und sicherte nach allen Seiten. Auch dies war eine Aufgabe, die die Finnen mit wahrer Bravour lösten, da sie offensichtlich über einen zusätzlichen Sinn verfügten, um an Spuren, an leisen Geräuschen und anderen Merkmalen festzustellen, ob die Luft sauber war oder nicht. So marschierten wir Stunde um Stunde durch diese unendlichen Wälder, um zu den gesteckten Zielen zu kommen.

Nach jeder Stunde wurde grundsätzlich 10 Minuten Pause eingelegt. Unsere finnischen Kameraden entzündeten weit hinter der Front mit geschickten Händen sofort ein kleines Feuer, um den geliebten Café aufzubrühen. Es darf selbstverständlich nicht gefragt werden, welche Wasserquellen dazu benutzt wurden; manchmal war es grünes, sumpfiges Wasser oder Wasser aus einem See, der vielleicht gerade an der Route lag. Die Kunst lag einfach darin, ein absolut rauchloses Feuer aus bestimmten Hölzern, die abgebrochen wurden, zu machen, damit man auch im feindlichen Hinterland unentdeckt blieb. nach 1½ Tagen Marsch wurde dann das eigentliche Zielgebiet erreicht und die dementsprechende Aufklärung betrieben, wobei natürlich peinlichst darauf geachtet werden mußte, daß wir nicht entdeckt wurden, denn sonst wäre eine Rückkehr zum eigenen Stützpunkt mit Sicherheit nicht mehr möglich gewesen, da gerade in diesen rückwärtigen Gebieten doch relativ viele russische Nachschubeinheiten lagen. Auch bei den Russen war es ja so, daß in diesen unwirtlichen Gebieten fast 60—70 Prozent der Truppen im rückwärtigen Gebiet eingesetzt waren und nur höchstens ⅓ als Kampfeinheiten. ‚Nachts' wurde dann eine kurze Schlafpause von einigen Stunden eingelegt, die unsere finnischen Kameraden wirklich mit einem gesunden und festen Schlaf hinter sich brachten, während wir Neulinge doch recht nervös waren und hier kaum zur richtigen Ruhe fanden. Nach Lösung des Auftrags wurde dann der Rückweg angetreten und man kam dann mehr tot als lebendig und vollkommen ausgepumpt zurück, wobei noch die Schwierigkeit bestand, durch die russischen Linien, die ja ständig von sogenannten Pendelspähtrupps des Gegners kontrolliert wurden, durchzumarschieren. Die Anforderungen an Leistungskraft, Aufmerksamkeit und Durchhaltevermögen waren bei diesen Spähtrupps ganz enorm, und es muß ehrlich gesagt werden", resümiert Bauer, „daß ohne die Hilfe der finnischen Kameraden reine deutsche Fernspähtrupps dieser Art nicht möglich gewesen wären. Einmal ist ein solch rein deutscher Spähtrupp abmarschiert — und war nie wieder gesehen."[86])

Diese Schilderung über einen Fernspähtrupp in Karelien soll veranschaulichen, daß damit ganz außergewöhnliche Belastungen auf die Jäger der 7. Gebirgs-Division zukamen; eine Truppe, der man in dieser Hinsicht viel zutraute und die auch wiederholt bewiesen hat, daß sie den extremsten Anforderungen gewachsen war. Abschließend sei von Triglav Bauer zum Thema Fernspähtrupp noch eine kleine Begebenheit am Rande wiedergegeben, die uns die Unbekümmertheit der Finnen bei solchen Aktionen vor Augen führt.

„Wir waren am dritten Tag auf dem Rückmarsch und ungefähr in Höhe der wichtigsten russischen Stützpunktkette", so Bauer, „als ein junger Elch ausgemacht wurde. Unsere finnischen Mitläufer verständigten sich ohne ein Wort und mit zwei Schüssen wurde dieser junge Elch erlegt. In vollem Schweigen stürzten sich unsere Kameraden auf das Tier und in Null-Komma-Nichts waren die Fleischteile zerlegt und verteilt. Der Fähnrich kam zu uns und überreichte uns feierlich jeweils ein großes Stück Fleisch, um uns damit seine besondere Zuneigung zu bekunden. Für uns war dies ein wahres Danaergeschenk, da wir deutschen Teilnehmer uns kaum noch auf den Beinen halten konnten und uns das Übersteigen von querliegenden Bäumen schon große Schwierigkeiten bereitete. Nun hatten wir auch noch diese großen Fleischstücke zu bewältigen, die wir dann an einer Stange befestigten und zu zweit trugen. Bei der ersten Rast ‚vergaßen' wir diese Gabe, jedoch hatten wir ohne die Aufmerksamkeit der Finnen gerechnet. Schon nach einigen Metern kamen sie anmarschiert und erinnerten uns daran, daß wir ja das Fleisch vergessen hätten. Wir mußten dann wohl oder übel diese großen Fleischbrocken durch die Linien bis in unser eigenes Lager schleppen. Mehr tot als lebendig trafen wir dort ein ..."[87])

Die tapferen Einsätze der Gebirgsjäger und Gebirgspioniere, der Gebirgsartilleristen und Nachrichtler sollen hier keineswegs geschmälert werden, aber, im großen und ganzen gesehen, waren die Gefechte und Kampfhandlungen im Kiestinki-Abschnitt an der Louchi-Front nicht im entferntesten mit den opferreichen Schlachten an der Ostfront zu vergleichen. Der Kampf, den die Gebirgssoldaten hier während der Jahre 1942/43 in erster Linie zu bestehen hatten, war ein Kampf gegen die für Mitteleuropäer ungewöhnlichen klimatischen Gegebenheiten, gegen die außergewöhnlichen Lebensverhältnisse — und vielfach gegen den sogenannten inneren Schweinehund, der sich besonders immer dann meldete, wenn die physische und psychische Belastung des Einzelnen die letzten Kraftreserven verzehrt hatte.

Die klimatischen Gegebenheiten und Lebensverhältnisse an der karelischen Front wurden bereits an anderer Stelle beschrieben. Sehen wir uns jedoch etwas näher in diesen unerschlossenen und zuweilen unbewohnten weiten Gebieten um, die nun zum neuen Kriegsschauplatz der 7. Gebirgs-Division geworden waren. Eine unübersehbare Waldfläche mit teilweise urwaldähnlichem Charakter, zahllose Seen und Sümpfe prägten in vielfacher Hinsicht die Lebens- und Kampfweise — sowohl des Verbandes als auch der einzelnen Soldaten.

„Es war nicht leicht, Eigenart der Landschaft und des Klimas zu meistern und mit den neuartigen Kampfbedingungen zurechtzukommen", stellt Oberst Schuler, ein bewährter Truppenoffizier in den karelischen Wäldern, fest und fährt dann fort: „In vielem waren die finnischen Kameraden Lehrmeister. Sie waren von Jugend auf mit den eigenartigen Verhältnissen Kareliens vertraut, kannten die Unbilden des Klimas und wußten sich vor ihnen zu schützen.

Im Stellungskrieg bauten die Finnen zuerst Wohnbunker für vier bis fünf Mann. Jeder Bunker hatte seinen Ofen, der auch bei strengster Kälte die nötige Wärme spendete. Heizmaterial lieferten die Wälder in reichlichem Maße. Allerdings wurde das Holz nicht in seinem Urzustand verbrannt. Die Rauchentwicklung wäre zu stark gewesen und zum Verräter geworden. Eigene Köhlereien, die von den Finnen übernommen wurden, verarbeiteten deshalb die Holzscheite zu Kohle. So waren beim Gebirgsjäger-Regiment 218 ständig fünf Meiler zur Gewinnung von Holzkohle in Betrieb.

Weiter hinter der Front waren zerlegbare Finnenzelte aus Sperrholzplatten und Blockhäuser vor allem als Befehlsstände zu finden. Nirgends fehlte die Sauna. Sie ist das erste, was dem Gast gezeigt wird, der auch sofort zu einem Bad eingeladen wird ...

Die Gebirgsjäger wußten die wohltuenden Vorzüge eines finnischen Saunabades wohl zu schätzen und haben sich mit dieser neuen Badeart sehr bald angefreundet. Allerorten entstanden solche Einrichtungen, meist an kleinen Seen, in denen der Badende nach dem Aufenthalt in dem Schwitzraum von 60, 70 und mehr Grad durch ein Freibad Abkühlung fand ...

Lotta-Heime[88]) und Kinos, beide großräumig gebaut, standen nicht weit ab von der Front. Auch sie gingen in deutschen Besitz über und erfreuten sich stets eines eifrigen Besuches. An einer Front, wie sie der karelische Kampfabschnitt darstellte, wo Hunderte von Kilometern in Tiefe und Breite nur Wald, Sumpf und Seen diese Landschaft bilden, fernab jeglicher Zivilisation, wo auf Vorhandenes nicht zurückgegriffen werden konnte, war es zur Erhaltung des inneren Gleichgewichts besonders wichtig, solche Unterhaltungsmöglichkeiten zu schaffen...

Im Divisionsbericht gab es das ‚Jägerheim', ‚Dietlheim', ‚Barbaraheim', ‚Beierleinheim' und die ‚Krakauklause'. Unterhaltungsgruppen aus der Heimat sorgten für Frohsinn und Geselligkeit. Aber auch sonst ließen manch fröhliche Stunden im Kameradenkreis hier den Ernst des Krieges vergessen...

Nicht vergessen wurde die Anlage von Helden-Friedhöfen, auf denen alle Gefallenen, auch die des Feindes — soweit sie geborgen wurden — ihre letzte Ruhestätte fanden. Birkenkreuze kennzeichneten die Gräber, Tannengrün schmückte die Hügel."[89])

„In der Schreibstube", heißt es in einem anderen Bericht, „lagen, säuberlich geordnet, die kleinen Häufchen von Gegenständen, die den Toten abgenommen worden waren. Ein Spiegel, eine Brieftasche, ein rührendes Bild von ein paar pausbäckigen Kindern oder von einem kleinen Haus an einem Havelsee, manchmal eine Taschenuhr und manchmal ein paar mit Blut verschmierte Geldscheine."[90])

Wenn sich nicht gerade der Donner der Kanonen röhrend, berstend und krachend über der HKL ausbreitete und die Bomben der Flieger die große Stille mit ihren Detonationen zerrissen, wenn all dieser Kriegslärm nicht zu vernehmen war, dann lag eine tiefe, nicht selten beängstigende Einsamkeit über den karelischen Wäldern, durch die unter anderem die selbstgebaute „Straße der Gebirgsjäger" und die „Urwaldstraße" an die Front führten. Wenn der Alltag nicht durch den Kampf mit dem russischen Gegner bestimmt wurde, dann forderte er von den Gebirgssoldaten harte Straßen- und Wegearbeiten, den Ausbau der Knüppeldämme, das Befestigen der Verteidigungslinien und die Errichtung von Unterständen — aber auch die Ausbildung, die auf die neuen klimatischen Gegebenheiten und Lebensverhältnisse abzustimmen war, kam trotz der zahlreichen Verteidigungs- und Sicherungsaufgaben, trotz aller Spähtrupp- und Partisaneneinsätze nicht zu kurz. Im Gegenteil: die Ausbildung der Truppe im extremen nordischen Gelände erforderte mehr Zeit als in mitteleuropäischen Regionen. Allein die gesteigerte körperliche und seelische Überbeanspruchung der jungen Jäger in diesen Breitengraden forderte gerade eine besonders intensive Aus-und Weiterbildung, die die Eigentümlichkeiten dieses Geländes besonders berücksichtigte. Ja, eine gezielte Geländekunde war die Voraussetzung für die Orientierung in dieser fremden Welt.

Kehren wir wieder zum Kiestinki-Abschnitt der Louchi-Front zurück, an dem sich die deutschen Gebirgsjäger und die Soldaten der Roten Armee nach wie vor argwöhnisch belauerten. Wer würde sich zuerst die entscheidende Blöße geben? Wer besaß die besseren physischen und psychischen Reserven? Was wußte man eigentlich über die Sowjets?

Vor allem durch Erfahrungsberichte, welche die alten „Hasen“, die mit den Russen bereits vor Kiew und Leningrad erbitterte Kämpfe geführt hatten, dem jungen Nachersatz übermittelten, oder durch Merkblätter, die zur Belehrung an die Einheiten ausgegeben wurden, wurde man an der Front über den Gegner informiert. Darin stand dann u. a. folgendes zu lesen:

„Russe tapfer, zäh, verschlagen. Geschickt und schnell beim Eingraben und in der Anlage von Verteidigungsstellungen. Bewegt sich sehr gewandt im Gelände. Nähert sich in stundenlangem, mühseligem Kriechen und erscheint plötzlich in einer Entfernung von wenigen Metern. Verwendet ausgezeichnete Tarnmäntel, die ihn nahezu unsichtbar machen.

Feind sucht durch Spähtrupps (‚Jagdkommandos, Partisanen‘) dauernd insbesondere die rückwärtigen Verbindungen, Versorgungseinrichtungen, Gefechtsstände usw. zu beunruhigen und auszuheben. Macht sich dabei das Gelände, die großen Räume und die vielfach nur durch geringe Kräfte geschützten, ausgedehnten offenen Flanken zunutze.

Russe stellt sich häufig tot und schießt dann von rückwärts. Wird seine Verteidigung durchbrochen, so verkriecht er sich in Löcher, um von hier den Kampf bei nächster Gelegenheit wieder aufzunehmen ...

Jede Gutmütigkeit und Gutgläubigkeit ist dem hinterlistigen und fanatischen Gegner gegenüber fehl am Platze ...“[91])

Auf diese Art und Weise wurden die deutschen Soldaten über die Russen, bei denen sich, vor allem nach verlorenen Schlachten, rasch der östliche Fatalismus auszubreiten begann, aufgeklärt. „So lernten wir die Menschen Stalins kennen, die nicht einmal mit den Russen von 1914/18 gemeinsame Züge aufwiesen — entmenschlichte Menschen, Roboter, Automaten“, schrieb General der Gebirgstruppen Julius Ringel. „Wir sahen sie anrennen, umfallen, zusammensacken, in Haufen liegenblieben, ohne daß uns ihr Mut Bewunderung erregt, ihre Opferfreude gerührt hätte; denn sie waren nicht mutig und opferfreudig in unserem Sinne, sie waren bloß stumm, blind gehorsam und dem eigenen Dasein gegenüber gleichgültig. Es soll mehrmals vorgekommen sein, daß man gefangenen Abteilungen die Offiziere nahm, die Waffen beließ, sie gegen die eigenen

Landsleute führte. Und sie gehorchten, sie schossen, sie gingen vor, sie stürmten, ganz wie man es wollte. Hätte man General Wlassow mehr Vertrauen geschenkt", so der populäre Gebirgsjägergeneral abschließend, „er wäre ohneweiters imstande gewesen, Sowjetrußland mit gefangenen Russen zu schlagen. Er hätte sie dazu nicht einmal umschulen müssen."[92])

In die gleiche Kerbe schlug General Blumentritt, der ehemalige Operationschef von Rundstedts und Chef des Stabes der 4. Armee (von Kluge) in Rußland, der seine Eindrücke über die Russen wie folgt formulierte:

„Die Rote Armee von 1941—1945 war weit härter als die Zarenarmee, denn sie focht fanatisch für eine Idee. Das steigerte ihre Verbissenheit, machte umgekehrt aber auch unsere Leute härter, denn im Osten galt der Grundsatz: ‚Du oder ich!' Die Disziplin in der Roten Armee war weit strenger als in der Zarenarmee...

Wo immer in der Kriegsgeschichte die Russen in Erscheinung traten, war der Kampf hart, unbarmherzig, und er brachte schwere Verluste mit sich. Wo der Russe sich zum Kampf stellt oder verteidigt, ist er schwer niederzukämpfen, und es kostet eine Menge Blut. Da alle blind zu gehorchen haben, und da der slawisch-asiatische Charakter nur das Unbedingte versteht, gibt es keinen Ungehorsam. Die russischen Kommandeure können in jeder Hinsicht unglaubliche Anforderungen an ihre Leute stellen — ohne daß es Murren oder Beschwerden gibt.

Ost und West sind zwei Welten, und sie können einander nicht verstehen."[93])

Im folgenden soll auch noch dem deutschen Soldaten ein Denkmal gesetzt werden, dem vielzitierten Landser, einen „Mann ohne Namen", einem von Millionen, die an allen Fronten des Zweiten Weltkrieges — ob als Besatzungstruppe im Westen oder als erfahrener Ostkämpfer in Rußland, als „Wüstenfuchs" auf dem heißen nordafrikanischen Kriegsschauplatz oder als Nahkämpfer in der menschenfeindlichen Arktis — ihre „verdammte Pflicht" für ihr Vaterland getan haben. „Landser", so wurde der deutsche Soldat genannt: wie der Amerikaner „G. I.", der Franzose „Poilu" und der Engländer „Tommy". Marschieren, marschieren und nochmals marschieren, das war sein Los — vor allem in den unendlichen Weiten des Ostens. Sie waren nach Meinung des bekannten britischen Militärhistorikers Liddell Hart „als Einzelkämpfer ihren Gegnern im allgemeinen überlegen ... Die alliierten Angriffe haben selten Erfolg gehabt", schrieb Hart, „es sei denn", so Hart, „daß unsere Truppen eine zahlenäßige Überlegenheit von mehr als fünf zu eins hatten."[94])

Am 7. Oktober 1942 erhielt das Gebirgs-Armee-Oberkommando 20 vom OKW den Befehl, in die Abwehr überzugehen.

„Keine besonderen Kampfhandlungen", vermerkt das Kriegstagebuch des OKW am 31. Oktober 1942. „Die von den anderen Teilen der finnischen Ostfront gemeldeten Evakuierungen der finnischen Zivilbevölkerung wurden auch im Abschnitt Uhtua festgestellt. Sie sollte bis 30. Oktober durchgeführt sein."[95])

„Außer Späh- und Stoßtrupptätigkeit auf der ganzen Front keine besonderen Kampfhandlungen"[96]) heißt es dann am 1. November, und am 2. November 1942 steht zu lesen:

„An der finnischen Südostfront und an der Nordostfront des deutschen Geb.-Korps regere Spähtrupptätigkeit als an den Vortagen. Gegnerische Aufklärungsunternehmungen vor dem AOK 20 deuten auf ein Verschieben von Feindkräften hin. An der ganzen Front mehren sich die Aussagen, daß zum Jahrestag der Oktoberrevolution (6./7. November) mit einem größeren Feindangriff zu rechnen ist. Die Armee hält auf Grund bisher festgestellter Überläuferaussagen und der Feindbewegungen einen stärkeren feindl. Angriff an der Liza-Front mit Landungsunternehmungen an der Motowski-Bucht unter gleichzeitigem Angriff am Louchi-Ab schnitt zur Fesselung eigener Kräfte für wahrscheinlich. Entsprechende Maßnahmen sind getroffen."[97])

Doch die befürchtete russische Offensive ließ noch auf sich warten.

Wie das Oberkommando der Wehrmacht die Lage im finnischen Kampfraum beurteilte, darüber gibt eine „OKW-Weisung" an die 20. Gebirgs-Armee Auskunft:

„1. Alle Nachrichten und Ereignisse deuten darauf hin, daß unsere Feinde sich zu einer großen strategischen Umfassung des europäischen Raumes von Süden her entschlossen haben. Ob sie die Kraft haben, gleichzeitig auch von Norden her größere Operationen zu führen, ist fraglich. Derartige Operationen werden schwieriger und verlustreicher sein als Landungen in Afrika, wo nur ein Scheinwiderstand der Franzosen zu überwinden war. Immerhin könnte die Aussicht, Schweden als Verbündeten zu gewinnen, auch eine Angriffsoperation im Nördlichen Eismeer auslösen, wobei eine, wenn auch lose, Kooperation mit den Sowjets in Frage käme.

2. Unabhängig von eigenen Angriffsplänen ist es daher notwendig, den finn. Kampfraum zu verstärken, denn im Gegensatz zum östlichen oder westlichen Kriegsschauplatz ist der finn. Kampfraum im Falle einer akuten Gefahr auf seine eigene Kraft angewiesen und eine rasche Verstärkung unmöglich.

3. Zur Verstärkung des Geb. AOK 20 ist daher folgendes vorgesehen:
   a) Die Luftwaffe wird eine schwache Luftwaffen-Felddivision in Finnland aufstellen, die an Stelle der geforderten Festungs-Batail-

lone die Ablösung der MG-Bataillone 13 und 14 und der Sicherung von Kolosjoki ermöglichen wird.

b) die sowjetischen Großangriffe, die zur Zeit am Don und Nordflügel der Heeresgruppe Mitte im Gange sind und gegen den Nordteil der Heeresgruppe B noch erwartet werden, lassen eine sichere Disposition für die Aufgabe weiterer Kräfte zum Geb. AOK 20 nicht zu. Trotzdem kann die Armee damit rechnen, daß im Dezember die 28. Jäg.-Div. und Kriegsgefangene zugeführt werden. Es ist dann Sache der Armee, diese Jäg.-Div. in den Raum von Rovaniemi so langsam zuzuführen, daß eine nennenswerte Beeinträchtigung der finn. Eisenbahntransporte nicht eintritt. Ist es möglich, die Jäg.-Div. noch in Oulu auszuschiffen, kann ein Teil der Division auch auf Landmarsch verwiesen werden. Daß auch für den finn. Kampfraum eine Gebirgs-Division besser wäre als eine Jäger-Divsion, ist nicht abzustreiten, aber noch wichtiger sind die wenigen verfügbaren Gebirgs-Divisionen für den Kaukasus.

4. Die führenden Soldaten Finnlands werden anerkennen, daß es in einem solchen Kampf auf Leben und Tod, wie ihn vor uns nur Friedrich der Große geführt hat, ohne Enttäuschungen nicht abgeht. Ich bin überzeugt, daß die finn. militärische Führung einsehen wird, daß wir zunächst alles tun müssen, um die Positionen zu verstärken, wo uns ein tödlicher Schlag treffen könnte und wo wir zu raschen Verstärkungen nicht in der Lage sind.

Eine Verstärkung der deutschen Kräfte in Finnland mit einer Bedrohung der finn. Souveränität in Zusammenhang zu bringen, ist höchstens die Folge englisch-schwedischer Propaganda. Ich bin überzeugt, daß die politische und militärische Führung Finnlands mit derartig absurden Gedanken nichts zu tun hat.

Der Chef des Wehrmachtführungsstabes wird General Talvela hierüber unterrichten; aber auch der Befehlshaber des Geb. AOK 20 wie der deutsche General in Helsinki müssen jede Gelegenheit benützen, um in diesem Sinne aufklärend zu wirken.

Deutschland, Finnland und Rumänien sind auf Tod und Gedeih im Kampf gegen Rußland verschworen. Sie werden zusammen siegen oder untergehen. Für sie gibt es keine politischen Schleichwege. Wir

Oben: Stellungsbau am Ilmensee

Unten: „Zelthäuschen" am Ilmensee

haben die Blutlast dieses Jahres getragen und werden sie weiter tragen und damit beitragen, daß Finnland seine beschränkte Kraft schonen und erhalten kann.

OKW/WFSt gez. Jodl“[98])

An der Louchi-Front im Kiestinki-Abschnitt hielt die 7. Gebirgs-Division nach wie vor ihre Stellungen. Wenn der Frontalltag schon nicht immer allein aus Kämpfen und Gefechten bestand, dann war er allemal mit schwerer Arbeit am Ausbau der Stellungen und Wegverbindungen ausgefüllt, mit dem Bau neuer Kampfstände und Verbindungsgräben. Die einzelnen Stellungsabschnitte hatten Namen wie „Wiener Wald“, „Schneckenberg“, „Cognaksee“, „Waldeslust“, „Stadtpark“ und „Gardine“. Die Artilleristen benannten ihre B-Stellen nach heimatlichen Bergen wie „Alpspitze“, „Dreitorspitze“, „Brauneck“ und „Hochgern“.

Bis zu den russischen Linien und Stellungen waren es oft kaum 80 m. So mußte man das Vorfeld von den Postenständen aus stets aufmerksam beobachten. Die Grabenbesatzungen lagen dahinter in kleinen Wohnbunkern. Der Gegner war an einzelnen Stellen stets aktiv und versuchte immer wieder, in die Stellungen der Gebirgsjäger einzubrechen. Das dichte Urwaldgelände Kareliens nahm den Gebirgsartilleristen jegliche Möglichkeit, die feindlichen Stellungen einzusehen. Auch die Luftaufklärung zeitigte kaum brauchbare Ergebnisse. Das Gebirgs-Artillerie-Regiment 82 half sich daher mit einem größeren Einsatz von VB's. Die Gebirgspioniere waren fast ausschließlich im Gefechtsvorfeld tätig. Dort vertärkten sie die Hindernisse und Minenfelder, halfen aber auch beim Stellungsbau. Im Winter sperrten sie zugefrorene Sümpfe und Seen mit Eisminen und setzten neue Drahthindernisse über die tief verschneiten Drahtsperren.

„Als die Gebirgsjäger den Kiestinki-Abschnitt übernahmen“, berichtet Oberst Schuler, „begann alsbald mit deutscher Gründlichkeit der Stellungsbau. Das Schußfeld, das meist nur bis zu 30 m betrug, wurde verbessert, die Drahthindernisse wurden verstärkt, neue Minenfelder verlegt, höhere Beobachtungstürme gebaut. So entstand am Kangaswara der ‚Kärntnerturm‘, der einen Ausblick weit über die unabsehbaren Waldgebiete bis Louchi an die Murmanbahn ermöglichte und ständig von einer Lichtmeßstelle der Gebirgs-Beobachtungs-Abteilung 38 besetzt war.

Tiefe, zusammenhängende Gräben entstanden mit Scharten- und MG-

Oben: Vormarschstraße am Wolchow...

Unten: ... Schlamm, Schlamm und nochmals Schlamm

Ständen, Kampfständen und Verbindungsgräben zu einem tief gegliederten Grabensystem. Dahinter wurde eine 2. und 3. Stellung ausgebaut und zuletzt die Artillerie-Schutzstellung, deren Besetzung durch Alarmeinheiten der Trosse vorgesehen war. Neue Wege und Knüppeldämme, Stege und kleine Brücken entstanden, so daß Infanterie-Karren und Mulis nun bis hinter die vordere Linie herangeführt werden konnten."[99])

Auf Grund der Breite des Stellungsabschnittes war die 7. Gebirgs-Division auf ein ausgedehntes Draht- und Funknetz, das weit über den üblichen Rahmen hinausging, angewiesen. Für die Gebirgs-Nachrichten-Abteilung 99 bedeutete dies eine erhebliche Mehrarbeit. Neben ihren nachrichtentechnischen Aufgaben war sie in Zusammenarbeit mit der Gebirgs-Aufklärungs-Abteilung 99 auch in die Verteidigung der Südflanke eingegliedert und mußte hier, ebenso wie die Gebirgs-Panzerjäger-Abteilung 99, infanteristisch tätig werden.

All diese Tätigkeiten gehörten zum grauen Frontalltag der Gebirgssoldaten im Kiestinki-Abschnitt. Ebenso der Scharfschützenkrieg der Russen, die von Anfang an überall mit viel Erfolg Scharfschützen eingesetzt hatten, ferner ein immer lebhafter werdender Partisaneneinsatz der Sowjets im rückwärtigen deutschen Frontgebiet und eine immer wiederkehrende Spähtrupptätigkeit mit Feuerüberfällen sowie ständiger Granatwerfer- und Artilleriebeschuß sorgten dafür, daß man auch jene Tage, die nicht mit größeren Kampfhandlungen erfüllt waren, nicht allzu sorglos verbringen konnte. Und dann war da noch etwas, das für ständige Unruhe sorgte: die sogenannte „psychologische Kriegsführung" in Form der Propaganda — eine „Waffe, die auf die Seele zielt".[100])

Nicht selten überflogen auch russische Flugzeuge, von den Landsern „Nähmaschine" oder „Unteroffizier vom Dienst" genannt, die keine tödlichen Bomben in ihrem Rumpf bargen, die deutsche HKL. Denn das, was sie über den Stellungen der Gebirgsjäger entluden, zielte auf die Moral der Truppe; nämlich die dann allenthalben herumliegenden Flugblätter der sowjetischen Propaganda, die die Deutschen mit folgenden Parolen zum Überlaufen aufforderten:

„Deutsche Soldaten!
Eure Lage ist aussichtslos. Die Generaloffensive der deutschen Armee gegen Moskau ist schmählich zusammengebrochen. Die deutsche Armee zieht sich in Unordnung zurück. Macht Schluß mit dem Krieg! Kehrt heim!"

Oder:

„In Deutschland haben Demonstrationen gegen den Krieg eingesetzt.

Das Volk fordert die Einstellung des Krieges. Hitler antwortet mit Terrormaßnahmen. Hilf Deinem Volke, vernichte die Hitlerschen Offiziere an der Front und gehe heim, nach Deutschland!"

Diese Art von Propaganda erzielte vor allem dann ihre größte Wirkung, wenn es an der Front zu Rückschlägen oder gar zu militärischen Krisen gekommen war. Je raffinierter der Text abgefaßt war, desto gefährlicher war die Wirkung auf die Moral der gegnerischen Truppe, die auf diese subversive Weise letztlich kampfunfähig gemacht werden sollte. In diese Richtung der psychologischen Kriegsführung zielte auch „Das Neue Soldaten-Liederbuch" der sowjetischen Propaganda, das — als Fälschung der deutschen Vorlage — für die Soldaten an der Ostfront bestimmt war. Unter anderem enhielt diese Broschüre auch eine Persiflage des Liedes „Ich hatt' einen Kameraden ...":

„Ich hatt' einen Kameraden,
Einen besser'n find'st du nit,
Gleich bei den ersten Stürmen
Sprach er: ‚Komm, laß uns türmen!
Ich mach das nicht mehr mit!'

Ein Flugblatt kam geflogen,
Fliegt's zu mir oder fliegt's zu dir?
Er hat es aufgefangen
Und ist hinübergegangen!
Warum blieb ich bloß hier?"

Im allgemeinen gingen die deutschen Soldaten auf diese Art der Kriegsführung gar nicht ein. Vielmehr schien sie diese primitive Feindpropaganda zu belustigen, die die in jeder menschlichen Seele schlummernden archaischen Ängste zu wecken versuchte.

So ganz ohne Wirkung blieb die sowjetische Propaganda dennoch nicht, wie denn sonst hätte sich die deutsche Wehrmachtsführung zu entsprechenden Verfügungen veranlaßt gesehen, die der Feindpropaganda entgegenwirken sollten, und in denen es hieß:

„Wer als deutscher Soldat seine Seele und seinen Geist dieser feindlichen Propagandawaffe aussetzt, begeht seelische Selbstverstümmelung. Sie ist nicht minder verächtlich als die feige körperliche Selbstverstümmelung."

Andererseits wurde auch von deutscher Seite in bekannter Goebbels-Manier auf die Moral der Russen einzuwirken versucht, und Flugblätter über den Stellungen der Roten Armee abgeworfen, etwa mit folgenden Texten:

„Eure Kommissare belügen Euch. Die Deutsche Wehrmacht steht tief in Rußland. Sie will das russische Volk vom Joch des grausamen Kommunismus befreien. — Lauft über, wir behandeln Euch gut. Ihr bekommt Essen und Tabak ...“[101])

Inzwischen war es Winter geworden. Eisige Stürme fegten über die tiefverschneiten Wälder Kareliens, trieben Eiskristalle in die Gesichter der Gebirgsjäger, die sich schwerbeladen auf ihren Skiern von ihren rückwärtigen Kampfunterständen zu den vorderen Stellungen der HKL vorwärtskämpften. In ihren weißen Schneeanzügen waren die Gebirgssoldaten der „Bergschuh“-Division in der Winterlandschaft so gut wie nicht zu erkennen.

Die Seen und Sümpfe waren zugefroren und konnten jetzt sogar mit den Lkws befahren werden. Das war zweiffellos ein Vorteil — doch es gab auch Nachteile, da die bisherigen Hauptkampflinien und Flankensicherungen durch die zugefrorenen Seen weitgehend wirkungslos geworden waren. Was lag den Russen also näher, als ihre Stoßtruppunternehmungen und Überfälle gegen die Deutschen zu forcieren?

Nun, beim Geb. AOK 20 war man nicht untätig geblieben und hatte entsprechend vorgesorgt, um die eigenen Kampfabschnitte auch unter diesen winterlichen Bedingungen halten zu können.

Die 7. Gebirgs-Division, die bekanntlich seinerzeit bei der Umgliederung 1941/42 mit Skiern ausgerüstet und voll winterbeweglich gemacht worden war, setzte verstärkt das Ski-Bataillon 82, das sich einen Stützpunkt am Tschulmaniemi südlich der Lachsbucht einrichtete, zur Sicherung seiner Flanke ein. Am Nordufer der Lachsbucht wurde eine HKL für die Winterzeit ausgebaut, die im Bedarfsfalle durch das Gebirgs-Pionier-Bataillon 99 zu besetzen war. Das Gebirgs-Artillerie-Regiment 82 stellte aus Abgaben der I./82 und II./82 die bisher noch fehlende 3. Batterie auf, die mit der 3./Artillerie-Abteilung 424 auf der Halbinsel südlich von Kiestinki in Stellung gebracht wurde, um die artilleristische Sicherung der tiefen Südflanke zu übernehmen. Außerdem bereitete man eine Anzahl von Feuerstellungen, die nach Süden ausgerichtet waren, vor.

Weihnachten in Karelien.

„Keine besonderen Kampfhandlungen“,[102]) verzeichnet das KTB des OKW am 24. Dezember 1942.

An der Front war es ruhig, fast beängstigend ruhig — und dunkel, seltsam dunkel. Doch „plötzlich fing es da oben im Norden zu zucken an, sonderbare gelblichgrüne Lichtbündel fielen vom Firnament, verwandelten sich in Kringel mit weitem Bogen und standen auf einmal als unruhige Lichtfächer über dem geheimnisvollen Land. Das Nordlicht geisterte über den Himmel“,[103]) berichtet Karl Ruef in seinem Gedenkbuch über die „Gebirgsjäger zwischen Kreta und Murmansk“.

Mit der Feldpost kamen Briefe von den Lieben aus der Heimat; die aufkommende sentimentale Stimmung, die über der tiefverschneiten HKL lastete, steigerte sich für manche bis zur Unerträglichkeit. Die Lieder der Ringsendung, die am Heiligen Abend aus einem behaglichen Rundfunk-Studio ausgestrahlt wurden, standen in seltsamem Gegensatz zur eiserstarrten Front auf dem finnischen Kriegsschauplatz. Geradezu hingebungsvoll lauschten die Landser ihrer „Lili Marleen", die nach wie vor unter der Laterne vor dem großen Tor stand — und auch auf die Gebirgssoldaten der „Bergschuh"-Division vergebens wartete ...

Am 31. Dezember 1942, als die Lage der in Stalingrad eingeschlossenen 6. Armee bereits hoffnungslos geworden war, lesen wir im „Kriegstagebuch des Oberkommandos der Wehrmacht" über die Kampfhandlungen auf den Kriegsschauplätzen im Osten, Süden und Norden unter anderem:

„H. Gr. Don:

Am Don gelang es dem über den Fluß gegangenen Feind, weiter nach Westen vorzustoßen und mehrere Ortschaften zu nehmen. Bei 6. Armee sind die Einbruchstellen vom Vortage auf der Nordwestfront noch nicht bereinigt. An der Eisenbahnfront und dem linken Flügel der H. Gr. Don keine besonderen Kampfhandlungen ...

H. Gr. B:

XXIV. Pz. K. konnte seinen Südflügel in Richtung Kantemirowka vorverlegen. Feindangriffe mit Pz.n auf den Nordflügel des Korps südl. des Don wurden abgewehrt. Bei II. ung. A. K. werden Feindansammlungen mit Pz.n im Raume nördl. Swoboda gemeldet.

H. Gr. Mitte:

Bei Wel. Luki sind Angriffe aus südwestl. und nordwestl. Richtung noch im Gange.

H. Gr. Nord:

Sämtliche Angriffe auf die Landbrücke zum II. A. K. wurden abgewiesen. Zwischen Ilmensee und Leningrad feindl. Aufkl.-Tätigkeit reger als an den Vortagen.

Finnland

Keine besonderen Meldungen.

Afrika

Wesentliche Kampfhandlungen fanden am 30. Dezember nicht statt ..."[104])

Der letzte Tag des Jahres 1942 hatte sich im hohen Norden rasch verabschiedet. Bereits um 15.00 Uhr herrschte tiefe Nacht an der karelischen Front. Nur für eine halbe Stunde war um die Mittagszeit die Sonne zu sehen. Der Wald war tief verschneit, Schneehöhen bis zu 2 m wurden gemessen.

Da es nur für wenige Stunden am Tag hell war, kamen nahezu alle Bewegungen zum Erliegen. Besonders anstrengend für die Gebirgsjäger war der Postendienst. Die lang anhaltende Dunkelheit und der tiefverschneite Wald, der alle Geräusche verschluckte, verlangte in den vordersten Stellungen der „Bergschuh"-Division erhöhte Wachsamkeit. Der Gefahr, daß Gefechtsvorposten wegen Übermüdung einschlafen könnten, konnte nur durch laufende Kontrollen begegnet werden. Den Russen war jedes Mittel recht, um in die Stellungen der Gebirgsjäger einzubrechen. Tagelang beobachteten sie ihre Gepflogenheiten. Spähtrupps arbeiteten sich unter der Schneedecke die letzten Meter an den Graben heran und waren am Posten, bevor dieser Alarm geben konnte. Sogar mit Lassos holten sie diese aus dem Graben. Zeitlich unregelmäßige Ablösung und ständiger Wechsel der Postenstände waren wirksame Gegenmaßnahmen.[105])

Im großen und ganzen hemmte sowohl die Kälte als auch der meterhohe Schnee jede größere Kampftätigkeit an der karelischen Front. So rechneten Anfang 1943 weder die 20. Gebirgs-Armee noch das XVIII. Gebirgs-Armeekorps mit einem sowjetischen Großangriff.

Ja, die Gefechtsruhe an der Front im hohen Norden dauerte sogar auch nach der Schneeschmelze weiter an. Aufklärungs-, Lausch- und Meßergebnisse, die Feindtätigkeit und die Gefangenenaussagen untermauerten diese optimistische Beurteilung der Lage durch die Deutschen. Sie gaben aber auch Auskunft über die Feindkräfte, die bis Ende Januar im Louchi-Abschnitt festgestellt wurden: Die sowjetische 186. Schützen-Division, die sowjetische 61. und 65. Marine-Schützen-Brigade, das 27. selbständige Schützen-Bataillon und die 67. Marine-Schützen-Brigade, die in Reserve stand. Hinzu kamen die 85. Marine-Schützen-Brigade und das 27. selbständige Schützen-Bataillon; Verbände, die neu in den Kampfraum vorgezogen wurden. Dafür waren die 23. Garde-Division, die 263. Schützen-Division und die 80. Marine-Schützen-Brigade in den vergangenen Monaten abgezogen worden.

Am 18. Februar 1943 meldete das Gebirgs-Armee-Oberkommando 20, „daß der Feind vor seiner Front durch Abtransport von drei Schützendivisionen und einer Schützenbrigade, vielleicht außerdem noch einer Schützendivision und einer Marinebrigade, schwächer geworden sei. Als Grund wurde angenommen, daß der Feind keinen deutschen Angriff erwarte und die Finnen im Hinblick auf einen möglichen Sonderfrieden zur Zeit nicht angreifen wollen."[106])

Worum ging es im Grunde genommen schließlich bei allen Kampfhandlungen im hohen Norden?

Um nicht mehr und nicht weniger als um die Murmanbahn, die auf russischer Seite die ganze Front entlangführte. Und eine Front lebt und stirbt, so steht es in jedem militärischen ABC, mit dem Nachschub. Wir erinnern uns: 1941 hatte das Gebirgs-Armeekorps „Norwegen“ den Befehl erhalten, den Angriff gegen den strategisch überaus wichtigen sowjetischen Eismeerhafen Murmansk — unter Sicherung des Hafengebietes von Petsamo — durchzuführen. Eine schwierige Aufgabe, wie sich sehr bald herausstellte. Bereits im Ersten Weltkrieg hatte sich Murmansk für Rußland als die größte Nachschubbasis für Kriegsgerät aus den USA erwiesen. Trotz seiner nördlichen Lage am Eismeer ist der Hafen auf Grund der Warmwasserzufuhr durch die Ausläufer des Golfstromes eisfrei und daher das ganze Jahr über benutzbar. Rußland hatte deshalb 1915/16 die Murmanbahn und den Weißmeer-Kanal gebaut und eine Querverbindung nach Archangelsk angeschlossen. Nach dem Ersten Weltkrieg war Murmansk zu einer starken Seefestung mit einem befestigten Vorfeld nach Westen ausgebaut worden. Die Seeseite ist heute noch durch den Kriegshafen Poljarnoje, den Stützpunkt der sowjetischen Eismeerflotte, geschützt. Die vorgelagerte Fischer-Halbinsel bedeutete eine Flankensicherung besonderer Art. Berg- und Seenketten zwischen Petsamo und Murmansk boten dem Verteidiger große Vorteile, einem Angreifer dagegen erhebliche Schwierigkeiten. In den Felswüsten gab es keinen Weg in ostwärtiger Richtung. So kam, was viele vor Angriffsbeginn der deutschen Divisionen am Eismeer befürchtet hatten: Die Stoßkraft des Gebirgs-Korps „Norwegen“ war zu schwach, der Angriff kam zum Erliegen, bevor er noch Murmansk und die Murmanbahn, die beide in Feindeshand blieben, erreicht hatte. Aber auch an den anderen Frontabschnitten im hohen Norden — vor Kandalakscha und Louchi — war der deutsche Angriff in Richtung Murmanbahn zum Stehen gekommen. Es sollte in der Folge für die militärische Führung aber noch schlimmer kommen: Die Planungen über eine gemeinsame deutsch-finnische Offensive gegen die Murmanbahn beendete Feldmarschall von Mannerheim im Winter 1942/43 mit den schwerwiegenden Worten:

„Ich greife nicht mehr an.“

Damit konnten von den Alliierten nach wie vor die kriegswichtigen Güter, Waffen und Ausrüstungsgegenstände in einem nicht abreißenden Versorgungsstrom ungehindert von Murmansk über die Murmanbahn in das Innere der Sowjetunion transportiert werden.

Am 17. September 1943 legte US-Präsident Franklin D. Roosevelt dem amerikanischen Kongreß sein Aufrüstungsprogramm vor, nicht zuletzt auch deshalb, um vor aller Welt zu demonstrieren, daß Amerika die Herausforderung der Achsenmächte mit der Mobilisierung seiner Industrie und seiner Arbeitsreserven angenommen habe, und daß dieses Land der unbegrenzten Möglichkeiten auch die Macht besitze, jedem Angreifer die Stirn zu bieten.

„Welch ein gewaltiges Unternehmen dieser Krieg darstellt“, heißt es in der Botschaft an den Kongreß, die hier im Auszug wiedergegeben sei, „und wie wir ständig daran sind, das Tempo unserer Produktion zu beschleunigen, geht aus folgenden Angaben hervor:

Die Gesamtausgaben für den Krieg seit Mai 1940 belaufen sich bisher auf $ 128.123.000.000. Dies entspricht derzeit einem Kostenaufwand von $ 250.000.000 per Tag.

Aus der Masse des durch die Industrie seit Mai 1940, dem Beginn des Rüstungsprogramms, erzeugten und gelieferten Rüstungsmaterials seien die folgenden wichtigen Posten angeführt:

Flugzeuge	123.000
Flugzeugmotoren	349.000
Panzer	53.000
Geschütze	93.000
Kleinwaffen	9.500.000
Munition für Kleinwaffen, Patronen	25.942.000.000
Lastkraftwagen	1.233.000

Mehr als die Hälfte dieser bis zum gegenwärtigen Zeitpunkte gelieferten Mengen wurde in den meisten Fällen während der ersten acht Monate des Jahres 1943 herausgebracht, und zwar:

Flugzeuge	32.000
Panzer	23.000
Geschütze	40.600
Kleinwaffen	4.638.000
Munition für Kleinwaffen, Patronen	3.339.000.000

Die Zahl der seit Mai 1940 fertiggestellten Kriegsschiffe und Hilfskriegsschiffe aller Art beträgt 2380, ferner 13.000 Landungsboote.

In dem Zeitraum von zweieinhalb Jahren zwischen dem 1. Januar 1941 und dem 1. Juli 1943 erreichte die Gesamtpferdestärke der zum Antrieb von Kriegsschiffen hergestellten Motorenanlagen die gleiche Höhe wie die Energieproduktion aller Wasserkraftwerke in den Vereinigten Staaten im Januar 1941.

Während der letzten sechs Monate wurden ebensoviele Kriegsschiffe vom Stapel gelassen wie im ganzen Jahr 1942.

Die für den Bau eines Unterseebootes erforderliche Zeit wurde auf beinahe die Hälfte herabgedrückt.

Die in dem im Mai 1940 begonnenen Rüstungsprogramm erzeugten Flaks und Geschütze für Mehrfachverwendung könnten bei gleichzeitiger Abfeuerung 4600 Tonnen Munition in der Minute gegen den Feind schleudern.

Die Erzeugung von Unterseewaffen (Torpedos, Minen und Wasserbomben) während der ersten Hälfte des Jahres 1943 erreichte die Höhe der Gesamtproduktion des Jahres 1942.

Im August 1943 haben wir beinahe ebensoviele Torpedos hergestellt wie während des ganzen Ersten Weltkrieges.

Wir sahen uns vor der Aufgabe, eine Armee von nahezu zehn Millionen Mann aufzustellen und auszurüsten. Abgesehen von diesen Anforderungen an unsere verfügbaren Menschenreserven mußten wir gleichzeitig weitere Millionen von Männern und Frauen finden, um unsere Rüstungsindustrie, Waffenlager, Schiffswerften, Fabriken für lebenswichtigen Zivilbedarf sowie landwirtschaftliche Betriebe und Bergwerke Amerikas mit Arbeitskräften zu versehen.

Seit dem Ausbruch des Krieges in Europa", so US-Präsident Roosevelt abschließend in seiner Rede vom 17. September 1943 zur amerikanischen Aufrüstung, von der zweifellos die UdSSR, wie die Deutschen im Kampf gegen die Rote Armee bald bitter zur Kenntnis nehmen mußten, profitierte, „haben wir unsere Erdölerzeugung um 66 Prozent gesteigert. Wir haben unsere Braunkohlenproduktion um 40 Prozent erhöht, die chemische Produktion um 300 Prozent, die Eisenerzförderung um 126 Prozent, die Wasserkraftversorgung um 79 Prozent und die Stahlerzeugung um 106 Prozent."[107])

Die Murmanbahn führte, wie bereits erwähnt, die ganze russische Front entlang und versorgte die Rote Armee weiterhin mit alliierten Waffen und Gerät. Auf deutscher Seite sah das ganz anders aus. Hier fehlten sämtliche Transportmittel. Meist blieb nur der Fußmarsch. So marschierte zum Beispiel das Gebirgsjäger-Regiment 139 im Winter 1943/44 auf Skiern von Kirkenes bis Kiestinki. Das Auswechseln der Verbände war wegen der großen Entfernungen und des mangelhaften Transportraumes fast unmöglich. Die Verbände der 20. Gebirgs-Armee waren in Finnland geradezu an ihren jeweiligen Frontabschnitt gefesselt. Ein Transportproblem bildete bereits die Lösung der Urlauberfrage; vor allem ab Juli 1943, als die Transporte aller Art durch Schweden gesperrt wurden. Jeder Urlauber, der in die Heimat fuhr, war nicht nur die drei Wochen, die ihm als Urlaub zustanden, von seiner Einheit abwesend, sondern mit Einschluß der Ein- und Rückreisetage gar mehrere Wochen — in einigen Fällen sogar bis zu einem Vierteljahr! Zunächst einmal wurden die Urlauber mit dem Lkw bis Oulu und mit der Eisenbahn nach Hangö gefahren. Von dort erreichten sie mit dem Schiff Reval. Dann begann die lange Fahrt mit dem Urlauberzug in die Heimat, die meist im Süden Deutschlands lag.

Zurück zum Kiestinki-Abschnitt und der Louchi-Front, wo sich die 7. Gebirgs-Division und die sowjetischen Verbände nahezu bewegungs-

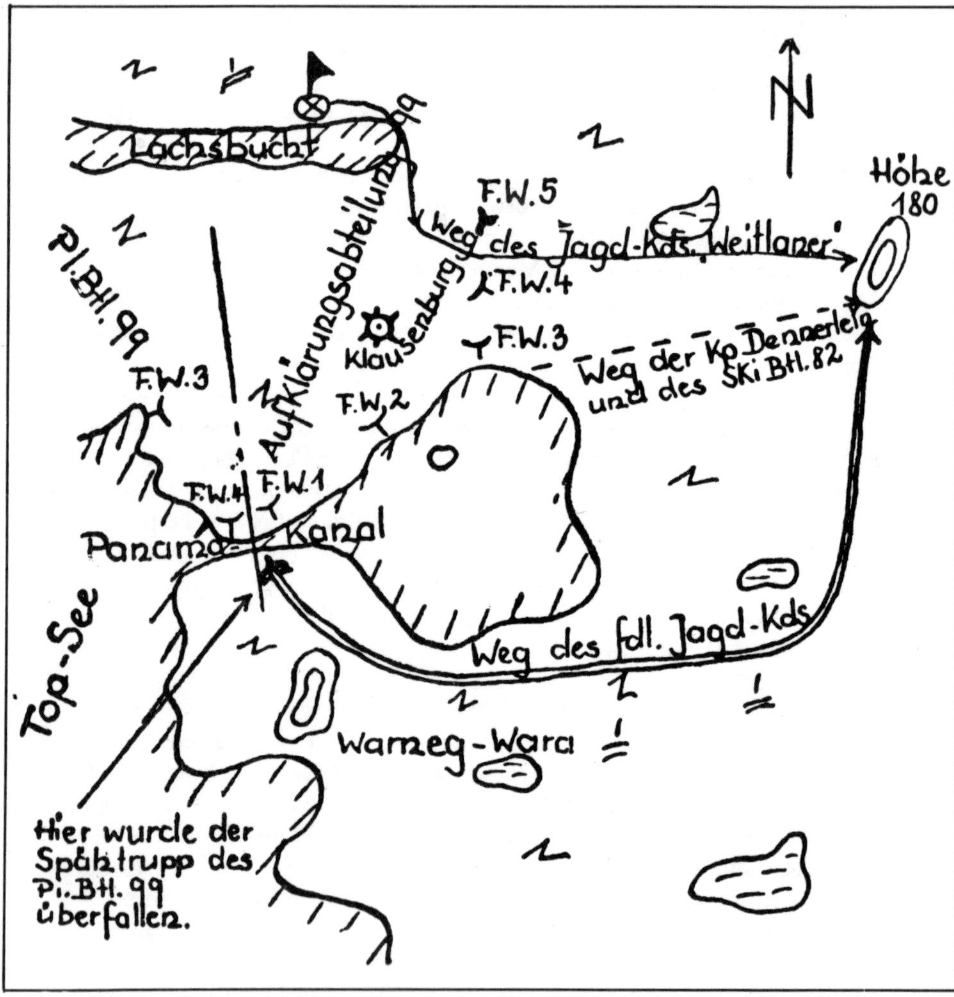

Der russische Angriff auf die Feldwachen des Gebirgs-Pionier-Bataillons 99 im Februar 1943

unfähig im meterhohen Schnee gegenüberlagen. Voller Erbitterung sahen die Gebirgsjäger über die HKL in Richtung Murmanbahn, die sie bisher trotz aller Bemühungen nicht erreicht hatten und auch nie mehr erreichen sollten …

Völlig unerwartet wurde die Feldwache 4 des Gebirgs-Pionier-Bataillons 99 am frühen Morgen des 17. Februar von den Russen angegriffen.

Rasch wurden das Jagdkommando „Weitlaner“ und Teile des Gebirgs-Pionier-Bataillons 99 zum Gegenstoß angesetzt. Da tauchte auf dem zugefrorenen Top-See, nördlich der Pantoffel-Insel, eine größere feindliche Skieinheit, das Ski-Bataillon der sowjetischen 67. Marine-Brigade, das nach Nordwesten vorging, auf.

Das Ski-Bataillon 82 erhielt den Befehl, über den Tschulmaniemi vorgehend, dem Gegner in die Flanke zu stoßen und ihn zurückzuwerfen. Von der Artillerie wurden Vorbereitungen zur Abwehr eines Feindangriffes in der Südflanke getroffen. Die 4./Gebirgs-Artillerie-Regiment 82 machte Front nach Süden, die 11. (s. F. H.)/82 bezog eine Wechselstellung am ‚Stallberg‘. So standen fünf leichte und eine schwere Batterie für den Kampf in der bedrohten Flanke zur Verfügung. Der Gegner erkannte die drohende Gefahr der Umfassung und wich über die Pantoffel-Insel nach Osten aus. Er geriet dabei in das Feuer der 3./Gebirgs-Artillerie-Regiment 82, das vom V. B. beim Skibataillon geleitet wurde. Auch die s. F. H.-Batterie konnte die Feindkräfte erfassen, bevor sie das Festland gewannen. Am Warnegwara setzten sich diese fest und wehrten das nachstoßende Skibataillon ab. Der Versuch des Jagdkommandos, den Gegner im Südosten zu umfassen, mißlang. Die Angriffsspitzen stießen in der Abenddämmerung auf starke feindliche Sicherungen. In der Nacht geriet das Skibataillon 82 in eine sehr bedrängte Lage und forderte dringend Unterstützung an. Alle verfügbaren Teile des Gebirgs-Pionier-Bataillon 99 wurden unter seinem Kommandeur zusammengefaßt und durch eine Kompanie der Divisionsreserve verstärkt. Diese Kräfte hatten über den „Panama-Kanal“ vorzugehen und den Warnegwara in Besitz zu nehmen. Die 2./Gebirgs-Artillerie-Regiment 82 wurde zur Unterstützung des Angriffs in die Gegend „Klausenburg“ vorgezogen. Sie stand ohne infanteristischen Schutz im Vorfeld, ein Wagnis, das der Regimentskommandeur auf sich nahm, eine wirksame Unterstützung durch andere Batterien war nämlich nicht mehr möglich, da ihre Schußweiten nicht mehr ausreichten.[108])

Am 18. Februar wurde ein weiterer Angriff erfolgreich vorgetragen, diesmal nicht nur mit den Gebirgsjägerregimentern, sondern auch mit der Gebirgs-Aufklärungs-Abteilung 99, dem Ski-Bataillon 82, dem Gebirgs-Pionier-Bataillon 99, der Gebirgs-Panzerjäger-Abteilung 99 und der Gebirgs-Nachrichten-Abteilung 99. Wiederum griff das Gebirgs-Artillerie-Regiment 82 wirksam in die Kämpfe ein. Das massierte Artilleriefeuer der Gebirgsartilleristen hatte die Russen zweifellos überrascht, denn bei den bisherigen kleineren Gefechten um die Feldwachen war die Artillerie eher weniger in Erscheinung getreten.

Nun wurde es wieder ruhiger an der Südflanke der „Bergschuh“-Division, die ihren Frontabschnitt weiterhin behaupten konnte. Das Ski-Bataillon 82 unter Hauptmann Lapp übernahm im Anschluß an die

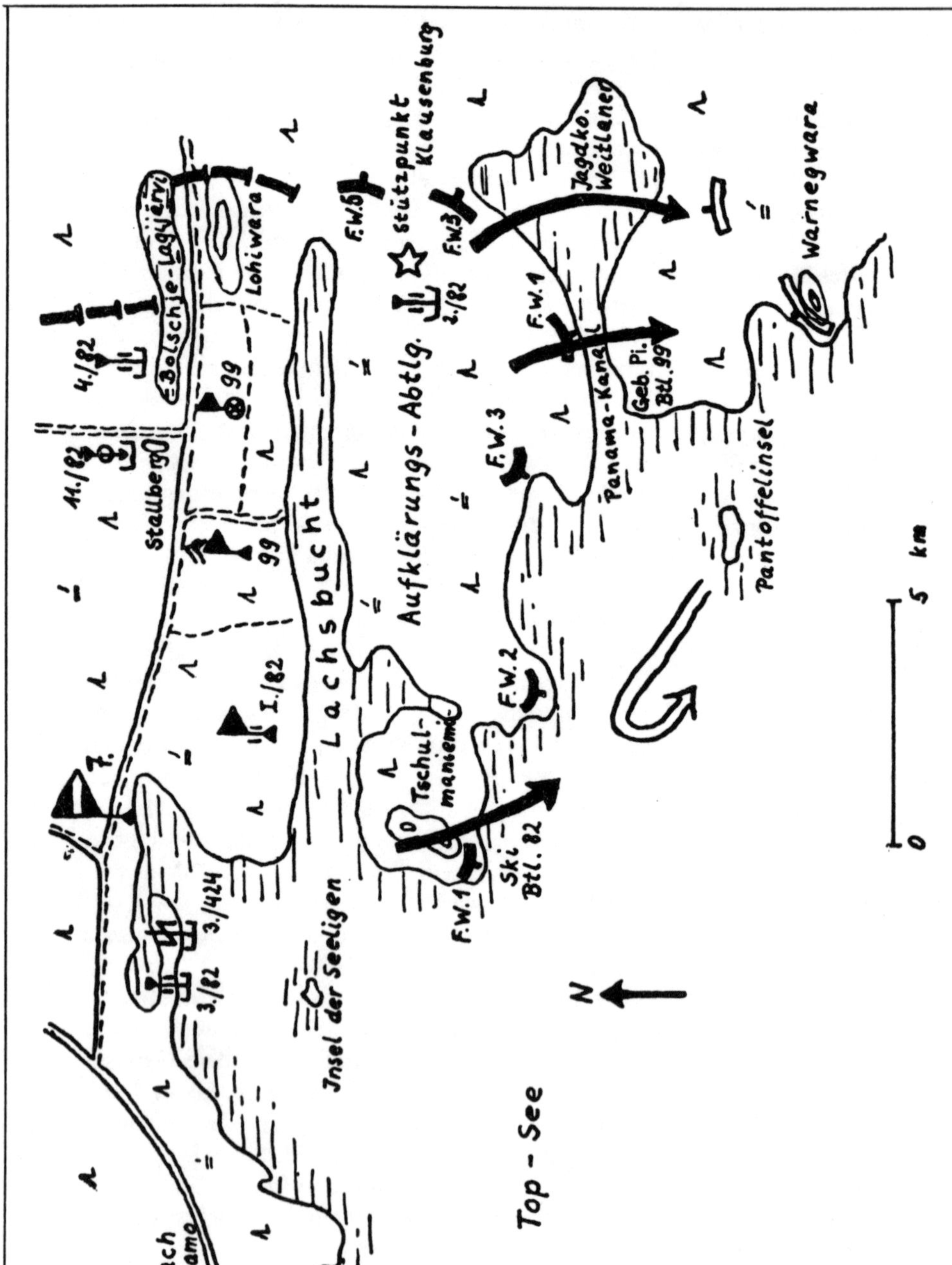

Das Gefecht in der Südflanke

Gebirgs-Aufklärungs-Abteilung 99 südlich des Lohiwara die Feldwachen, die im rechten Divisionsabschnitt auf 11 erhöht wurden. Vor allem bei Spähtruppunternehmungen war das Bataillon sehr erfolgreich und konnte manchen Gefangenen einbringen. Ein Fernspähtrupp war über acht Tage unterwegs und konnte sich mit wertvollen Aufklärungsergebnissen zurückmelden.

Ebenso gelang es Männern vom Nachrichtenzug, da und dort russische Fernsprechleitungen anzuzapfen und Gespräche abzuhören.

Ende März 1943 verstärkte der Russe seine Gefechtstätigkeit wieder. In zwei kurz hintereinander erfolgten Nachtangriffen versuchte er, den Kangaswara einzunehmen. Am 27. März, um 4.00 Uhr früh, begann nach starker Feuervorbereitung der erste Angriff. Dabei erzielten die Sowjets einen allerdings nur unwesentlichen Einbruch, der durch das Eingreifen der örtlichen Reserven rasch bereinigt werden konnte. Der nächste Angriff erfolgte am 30. März, um 1.00 Uhr nachts. Abermals versuchten Russen mit allen Mitteln, wie schon drei Tage zuvor, an der gleichen Stelle in die deutschen Stellungen einzubrechen. Zur unauffälligeren Annäherung hatte der Gegner Schneetunnels, die bis an die Stellungen der Gebirgsjäger heranführten, benutzt. Die sich entwickelnden Gefechte brachten manche Verwirrung, da Freund und Feind weiße Tarnhemden trugen. Schließlich wurde der russische Angiff, der zum Teil im Nahkampf ausgefochten werden mußte, vereitelt.

Nach diesem deutschen Abwehrerfolg blieb es am Kangaswara ruhig, ausgenommen gelegentlicher sowjetischer Feuerüberfälle, die weiter anhielten. Nunmehr häuften sich meist bei Nacht durchgeführte Fliegerangriffe. Verluste waren dabei Gott sei Dank kaum zu beklagen. Immer wieder näherten sich russische Spähtrupps den Stellungen der Gebirgsjäger. Bis zur Ablösung der 7. Gebirgs-Division blieb das I./Gebirgsjäger-Regiment 218 unter Major Wietfeld-Haltendorf als Besatzung am Kangaswara. Am sogenannten „Brandberg“ schoß der Gegner während der trockenen Jahreszeit wiederholt die Holzverschalungen der Stellungen in Brand (daher der Name des Berges), und auch am sogenannten Blinddarm erfolgten mehrmals gewaltsame russische Aufklärungsvorstöße, die jedoch stets ohne wesentliche Verluste erfolgreich abgewehrt werden konnten.

„In allen Abschnitten fdl. Späh- und Stoßtrupps bis in Zugstärke erfolgreich abgewiesen, keine größeren Kampfhandlungen“, meldete das Gebirgs-Armee-Oberkommando 20 am 5. April 1943. Und weiter heißt es dann im Kriegstagebuch des OKW:

„Feindbild unverändert.“[109])

Im Sommer 1943 verstärkten die Sowjets wieder ihre Partisanentätigkeit. Überall im Hinterlande streiften starke russische Spähtrupps umher, die

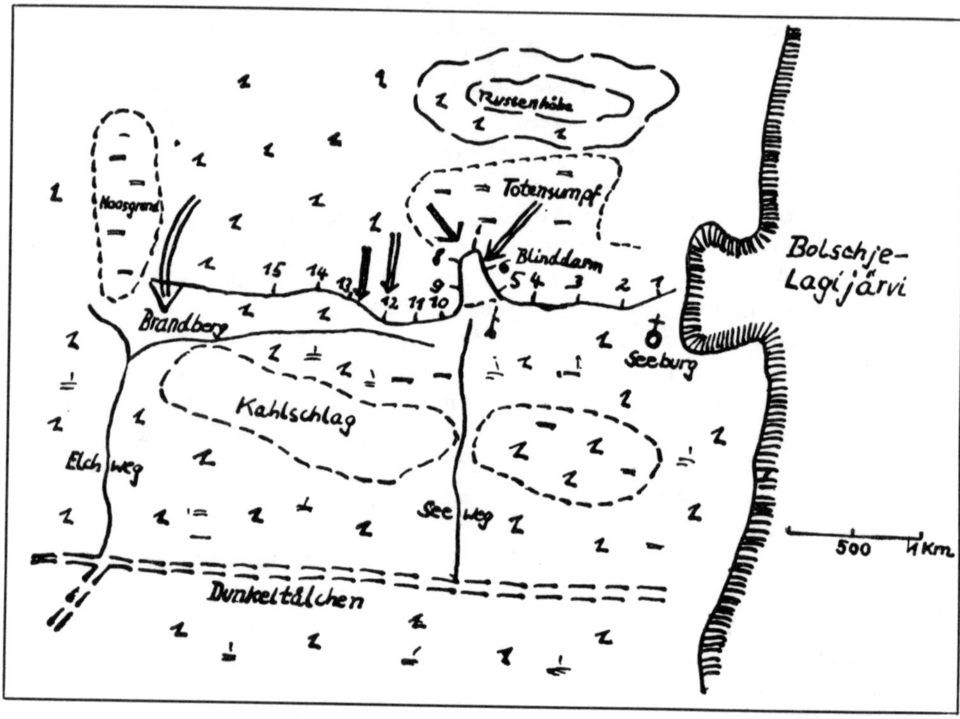

Der Angriff am sogenannten „Brandberg"

aus den offenen Flanken einsickerten und sich in dem unübersichtlichen und unwegsamen Gelände unbehelligt bewegen konnten. Überfälle auf einzelne Versorgungsplätze, Versorgungstrupps und alleinfahrende Kraftfahrzeuge erforderten neben dem Einsatz von Jagdkommandos erhöhte Sicherheitsmaßnahmen. So durfte die Straße nach Kuusamo nur im Geleit befahren werden. Trotzdem erlitt ein Urlaubertransport auf Lkw bittere Verluste bei einem Überfall durch Partisanen. Auch die Kolonnen der Divisionsnachschubtruppen, die an der Straße Kuusamo — Kiestinki in der Nähe von Kananeinen lagen, bedurften entsprechender Sicherungen. Sie holten den Nachschub für die Division vom Ausladebahnhof Oulu.[110]) Allzu oft gab es dabei im sogenannten „Hinterland" Ausfälle wegen der sich immer wieder einschleichenden Sorglosigkeit; vor allem dann, wenn die Truppe jedem Zivilisten als „normalem" Menschen vertraute. Die Ernüchterung, einmal wieder einer arglistigen Täuschung aufgesessen zu sein, war dann umso schmerzvoller.

Seine Eindrücke über den Sommer in Karelien und die Gefechtstätigkeit beiderseits der HKL hat Karl Pölzl in einem Bericht festgehalten:

„Nach sieben Wochen Abwesenheit treffe ich am 18. Juli 1943 im Kiestinki-Abschnitt ein, nach der langen und beschwerlichen Rückreise vom Urlaub froh, wieder bei der Batterie zu sein. Am Nachmittag sind, wohl zu meiner Begrüßung, Flieger da, und die 8,8 bei km 8 wuppert. Man sagt, es sei überhaupt lebhafter geworden hier oben! Der folgende Tag wird heiß, doch am Nachmittag kann ich mir am See gute Stunden gönnen. Daß ich in der anschließenden Nacht Batteriedienst habe, macht mir nichts aus. Es wird eine richtige nordische Hochsommernacht; die Stunde zwischen altem und neuem Tag webt geisterhaft über dem Wald, Bäume und Sträucher werden vorübergehend zu Schemen, und der See ist ein milchig schwebendes Etwas, bis alles wieder Gestalt annimmt. Aus dem Nebel am Seerand tritt das hohe Schilf, die schwarzen Moortümpel treten aus dem Grün des Sumpfgrases und die gefallenen Urwaldbäume recken wie vorher ihre dürren Arme empor. Der Reiz dieses Landes knapp unter dem Polarkreis hat mich von neuem eingefangen.

Zu Mittag trete ich den Weg zur Schallmeßstelle ‚Dora' an, die ich Ende Mai verließ. Ich bekomme keine Fahrgelegenheit und muß die 13 km abtippeln. Die Sonne steht brütend über dem Bahndamm, auf dem ich nach Verlassen der ‚Rollbahn Berger' vorwärts wandere. Bald ist das vertraute Dickicht bei km 9 da, die Seen schimmern durch die Stämme und das große Troßlager des G. J. R. 218 bleibt rechts zurück. Wie ich auf Höhe der Feuerstellung der 9. Batterie bin, spitze ich die Ohren, denn die Front nähert sich. Vorne haut es kurz hin und nimmt an Lautstärke zu; altvertraute Musik! Ich lasse den Einschnitt der Bahn bei km 12.5 zurück und meine Augen umfangen zur Linken den großen Sumpf, an dessen jenseitigem Rand meine Meßstelle liegt, die gleicherweise liebgewonnene wie verfluchte Heimat seit Anfang Mai. Den Weg über den Sumpf riskiere ich nicht, sondern gehe erst bei Bahnkilometer 15 auf bekanntem Pfad waldeinwärts. Lange genug schritt ich über festes Land; nun schwankt der Sumpfboden wieder unter den Füßen. Ich balanciere über halbvermorschte Baumstämme oder stapfe durch Moor. Ftscht, ftscht macht es unter den Bergschuhen. Myriaden Mücken summen um mich, und dann bin ich aus der lauten Welt in die grenzenlose Einsamkeit meiner Meßstelle zurückgekehrt. 1 km vor uns sind die Unterkünfte der Werfer- und I. G.-Stellung, 3 km zurück liegt die 9. Batterie versteckt im Wald; rechts dehnt sich Sumpf bis zur Bahn, dann schließt Wald an und links wuchert ebenfalls dichter, kaum durchstreifter Urwald...

Am frühen Morgen des 21. Juli", heißt es dann weiter, „lärmen Russenjäger über uns, Bomben krachen und Abwehr böllert. Unsere Leitungen zum ‚Ost-Mikrofon' sind auf einmal ab. Wie ich vor das Blockhaus trete, fährt im Sumpf blendender Feuerschein auf: Brandbomben! Den Leitungsfehler haben wir bald; frische Trichter weisen den Weg. Die

Männer der Werferstellung löschen gerade den im dürren Sumpfgras entstandenen Brand.

In den folgenden Tagen haben wir nach Regen mehrere Leitungsschäden infolge Ableitung. Der Wind bewegt die Bäume und die Isolierung des Kabels scheuert durch. In der Nacht zum 25. Juli — ich bin gerade unterwegs — kommen Bomber über das große Urwaldlager. Alarm in der schlafenden Bunkerstadt! Die dicken Hummeln werfen rasch einige Brocken und irgendwo drüben an der Baierleinstraße den Rest. Am Morgen kommt ein Arbeitskommando mit zwei Tragtieren zu uns, das Stämme für den neuen Vorwarnerbunker schlägern soll. Es wird eng im Raum, aber kurzweiliger. Die Russenbomber belästigen uns noch einige Tage, werfen Bomben und klären nebenbei auf. Hat der Iwan etwas vor; es ist ja wieder Hochsommer? Auch von uns soll ein Angriff vorbereitet werden. Jedenfalls fiebert die ganze Front vom Njatowaara bis hinüber zum Louhiwara unter meist jäh hereinbrechenden beiderseitigen Feuerüberfällen.

Am 31. Juli lege ich mich früh zur Ruhe, da ich später Nachtdienst habe. Um 20.00 Uhr weckt mich schwerstes Granatwerferfeuer. ‚Brockck' geht es ohne Pause und von der Decke löst sich das zur Abdichtung zwischen die Stämme gepreßte Moos. Schon klingelt es an beiden Feldfernsprechern: ‚V 2 ausgefallen!' ‚Habe d' Ehre!' sagt Ganster nur, während er den Fernsprecher umhängt und mit mir losgeht. Das Feuer scheint zurückgegangen; doch vorne ist noch ein einziges Wuppern und Heulen. Bei der Ost-Meßstelle ist die Erde aufgerissen, das Mikrofon wie durch ein Wunder ganz. Granaten hauen in die I. G.-Stellung davor; wir ziehen die Köpfe ein und spuren sacht über das Sumpfstück zur Bahn. Bei den Unterkünften des Regimentspionierzugs sind hohe Föhren geknickt, einen Bunker hat es gräßlich aufgerissen, doch gab es nur einen Verletzten. Nun legen die beiden schweren Batterien drüben an der Artillerieschneise los und antworten dem Iwan. Melder hetzen zurück, überhören unsere Fragen. ‚Russe im Graben', erfahren wir schließlich. Der Tragtierführer Schierl vom Arbeitskommando kommt mit wippendem Stahlhelm über den Bahndamm gelaufen. Sein ‚Seebald' ist weg, wohin, weiß er nicht. Der Russe beginnt wieder zurückzustreuen, knallt mit der ekelhaften Ratschbumm. Die Splitter rasieren die Äste über uns und pfauchen in die Stämme. Dann kommen die anderen vom Bautrupp gelaufen, die im nahen Bunker des Regimentsnachrichtenzuges Schutz gesucht hatten. In der Verwirrung zogen sie das zweite Tragtier in den vollen Raum, daß es bei allem Schrecken noch Gelächter gab. Als die Hölle überstanden war und unsere Leute ins Freie traten, stand auch ‚Seebald' mit traurig hängendem Schädel und blutendem Bein mitten im zerfetzten Wald. Der brave vierbeinige Kamerad kann noch zur Batterie zurücktraben...

Ein russischer Stoßtrupp lief gegen einen Grabenvorsprung im Bahnabschnitt, der den Graben wohl aufgeräumt hätte, wenn unsere Vorwarnerbesatzung mit Oberwachtm. Krebs nicht gewesen wäre. Dies war seine große Stunde; mit MP und Handgranaten hielt er die Erdbraunen solange auf, bis die ersten Alarmgruppen da waren.

Nach zwei Stunden erst haben wir Drahtverbindung mit dem V 2. Bei den Jägern gab es zwei Tote ...“[111])

Was war an jenem 31. Juli 1943 geschehen?

Am sogenannten „Brandberg“ war es zu einer ernsten Krise gekommen. Ein starker russischer Stoßtrupp war in die Stellung, die nur durch Alarmeinheiten besetzt war, eingedrungen. Der Obergefreite Heidingsfelder schlug sich mit seinem Maschinengewehr durch, packte den Gegner mit gezieltem Feuer in der Flanke und brachte mit dieser kühnen Tat den Angriff zum Stehen. Unverzüglich griffen Reserven, die die Russen dann aus den Stellungen warfen, in den Kampf ein. Nach diesem Gefecht waren die Gräben eingeebnet worden. Der Stellungsbau begann wieder von neuem.

„Der 1. August bleibt ruhig“, erfahren wir von unserem Berichterstatter Karl Pölzl. „Mild scheint die Sonne über dem sich allmählich verfärbenden Wald. Kurz ist der Lapplandsommer! Sonntäglich schöne Musik klingt aus dem Funkgerät, und Heimweh will uns ans Herz greifen. Mittags hole ich das Essen von der kleinen Umschlagstelle an der Bahn bei km 15. Da ist immer Leben; bis hierher fahren die Karren der I. G., die Pioniere laden aus, die Essenfahrer der eingesetzten Kompanien rumpeln vorbei und unser Tragtier bringt zur gewohnten Stunde Essen und Post, beides gleich begehrt.

Nachmittags gehe ich zum entgegengesetzt gelegenen ‚West-Mikrofon‘, etwa 800 m von der Unterkunft entfernt. Hier ist viel Moos und Heidekraut und man geht wie auf einem weichen Teppich, kann aber auch im trügerischen Moorboden versinken. Tritt man auf umherliegende Föhrenstämme, um trocken zu gehen, brechen diese — nur mehr Hülle über Holzmehl und Gewürm — meist auseinander. Um das Mikrofon herum stehen dürre Föhrenkrüppel, in denen alles Leben erstorben ist. Sieht man sie länger an, bekommt man das Grausen, und man möchte wie ein geschrecktes Kind vor den geisterhaften Armen weglaufen. Doch überall umgibt einen düsterer Wald oder trostloser Sumpf. Überall sind nur Gespenster. Kein Weg führt aus dieser Hölle, die jedoch über den Augenblick wieder zum Inbegriff der Ruhe und des tiefsten Friedens werden kann.

Der 2. August ist regnerisch. Dem Chef, der mit dem ‚Oberfu‘ zu Besuch kommt, tropft es zuviel durchs Dach; er geht gleich wieder. Das Arbeitskommando beginnt die Leitungen von uns nach vorne unter ausgehöhlte Baumstämme zu legen. Die Arbeit muß bis Sonntag fertig sein. Ob es dann etwas gibt?

Am Sonnabend rollt es schwer an allen Abschnitten, Bomben fallen, und dazu regnet es mitunter. Wir sitzen mit sauren Gesichtern und trüben Gedanken in unserer Wasserburg. Das Kabel hat wieder starke Ableitungen und stundenlang hören wir ‚Lodenrock' nach ‚Klosterbruder' rufen. Sonntag mittag hole ich wieder das Essen. Ohne Gummistiefel schaffe ich es nicht mehr. Übrigens ist es ruhig; nur einige Male schießt der Russe mit einer 17,2 weit zurück. Die Abschüsse klingen wunderbar tief, doch das Winseln der schweren Koffer behagt uns schon weniger. In der Nacht regnet es abermals und ich muß mit meinem Kopf öfter ‚Stellungswechsel' machen.

Dann steigt der 9. August 1943 herauf. Das Tragtier kommt heute nur bis zum Störtrupp an km 12. Was bedeutet dies? Ich gehe also auf dem wohl ausgekundschafteten Pfad über den großen Sumpf zurück. Es ist bereits Mittag vorbei. Wie ich an den verfallenen Finnenbunker vorbei den Bahneinschnitt erreiche und meinen Blick wende, sehe ich friedliche Wolkenballen über Wald und Sumpf schweben. Da schreckt mich plötzlich etwas auf. Ist es das lang Erwartete?

Unsere Batterien beginnen zu schießen, und im nächsten Augenblick fegt ein tobender Orkan von Granaten aller Kaliber über mich hinweg. Die Abschüsse lassen die Erde erzittern, und die Geschosse jaulen mit wilder Musik zum Feind. Die 9. Batterie feuert nicht weit von meinem Standpunkt, so daß ich die Mündungsblitze unter den Tarnungen sehe. Drüben orgeln von der Artillerieschneise die schweren Koffer der 10. und 11. Batterie feindwärts, deren Abschüsse fast den gleichen wunderbaren Klang haben wie die gefürchteten 17,2 der Russen. Ich beeile mich, denn lange werde ich mich kaum am Klang der eigenen Geschütze erfreuen. Im Störtruppbunker herrscht bereits Hochspannung; hier weiß man auch, daß es ‚der Angriff' ist ...

Rasch hänge ich den Eßkanister und den Rucksack mit der Post über und trete den Rückweg an, auf dem ich einen jungen Kameraden vom letzten Ersatz mitnehme. Trotz des Brüllens der Artillerie liegt die Landschaft mit den Sumpfstreifen und dem dahinterliegenden undurchdringlichen Waldgürtel noch ungemein friedlich vor mir. Im Sumpf, der hier unmittelbar an den Bahndamm herantritt, wird das hohe, büschelig stehende Gras schon bleich. Über den tiefblauen Himmel ziehen Wolken wie Traumschiffe in die Unendlichkeit. Ich liebe dieses Stück der Bahn, denn von hier aus hat man noch einen weiten Blick zum Himmel, und die drohende Mauer des Urwaldes scheint zurückgeschoben. Leuchtend klar und drohend düster zugleich ist dieses Land um mich — **Karelien** ...

Wir haben wenig Zeit zum Träumen, und kaum habe ich den Kameraden grob in unseren Abschnitt eingewiesen, bellen beim Russen die ersten Abschüsse. Siiüüühh heult es heran und schlägt in den Sumpf, wo die Granaten allerdings wirkunslos verpuffen. Um einen winzigen Ton verschieden sind die nächsten Abschüsse, und nicht weit von der Feuerstellung der 9. Batterie springen Erdfontänen hoch. Beruhigt darüber, daß die Schüsse nicht der Bahn gelten und anscheinend auch unsere Leitungen noch nicht gefährden, verfolgen wir die nächsten verdammt gut liegenden Lagen in der Feuerstellung. Unbeirrt feuern die Kanoniere in raschester Schußfolge weiter. Wir möchten im Augenblick nicht mit ihnen tauschen! Es dauert nicht allzulange, da hebt vorne in Gegend Kangaschwara ein wildes Gebrodel an. Ob unser Angriff schon beginnt? Es wird 13.00 Uhr. Besonderen Lärm verursachen nun unsere schweren Werfer, deren sonderbares Pfauchen hörbar wird. Soweit wir gehört haben, sollen sie knapp hinter dem Kangaschwara in Stellung liegen. Unter den Einschlägen schüttelt sich die Erde bis zu uns her. Wie wir auf der Meßstelle sind, fahren immer noch in der Feuerstellung der 9. Einschläge hoch. Über dem Waldrand in Richtung Straße der SS sehen wir plötzlich den Beobachtungsballon hochgehen. Es ist der erste Einsatz unserer bisher vom Pech verfolgten 4. Batterie, deren gesamte Erstausrüstung in der Ostsee liegt. Die meisten Leitungen sind inzwischen natürlich ab. Zur Instandsetzung sind heute sogar Störtrupps vom Troß unterwegs.

Im Schutz von Wolken pfeifen auf einmal Russenjäger über den Abschnitt, und überall ballert Abwehr los. Vorne brodelt und hämmert es ununterbrochen weiter; die schon zwei Jahre hindurch zertrichterte Erdkruste über den endlosen Sümpfen bebt unter dem gewaltigen Materialeinsatz. Rasch vergehen die Stunden unter dem Eindruck dieses Geschehens. Erst gegen Abend legen unsere Batterien Feuerpausen ein. Mit der Nachtruhe wird natürlich nichts; die Flieger kommen auch wieder, und die 9. Batterie schießt neuerdings besonders heftig. Ein tieffliegender Russe wird über uns von der 8,8 Flak gefaßt, kann aber entkommen. Sprengstücke pfauchen bös über uns hinweg. Etwas später ebbt der Zauber ab, bis um Mitternacht der Iwan schwerste Feuerüberfälle, vor allem mit Granatwerfern, auf unsere Stellungen richtet. ‚Brockckck' geht es in einem fort, dann starrt die Nordlandnacht wieder in unheimlicher Stille, als sei bald noch Schlimmeres zu erwarten.

In den Nächten weicht die Dunkelheit erst gegen 3.00 Uhr. Wie so oft schält sich auch heute um diese Zeit Wald und Sumpf aus der Dämmerung, und aus der bleichen ‚Wiese' vor meinem Fenster treten die Moorpfützen. Was mag dieser Morgen bringen?

Bald wird es unruhig, doch erst um 6.00 Uhr bricht es schlagartig los. Schwerpunkt scheint wieder die Gegend um den Kangaschwara zu sein. Wie wir erfahren, war ein Höhenrücken weiter rechts davon das Angriffsziel, das auch erreicht wurde. Der Russe wird die Höhe natürlich wiedergewinnen wollen, und darum geht es heute verderblich auf sie nieder. Wer dies noch ertragen kann, Freund wie Feind? Der Russe setzt heute auch seine schwere Artillerie wirkungsvoller ein; die Luft scheint von den ziehenden Geschoßen zu schwingen. Beim V 2 vorne hauen die ‚Mungo' in unerhört rascher Schußfolge hin. Auf seiner Leitung hören wir ununterbrochen: ‚Schuß 2, Schuß 2', dazu kurze Bemerkungen, wie: ‚... Überfallartig ... hält an ... hält unvermindert an ...' Das Ampéremeter an unserem Meßkästchen kommt nicht mehr zur Ruhe. Es wird 7.00 Uhr, 8.00 Uhr. ‚...hält unvermindert an ...'! Vor meinem Fenster tummelt sich eine Schar Vögel mit sorglosem Gepipse; sie kümmert das alles nicht! 9.00 Uhr ist es, 10.00 Uhr. Das Feuer unserer Batterien wechselt in der Stärke; andere Ziele werden genommen, was wir am Klang der Abschüsse und am Jaulen der Granaten erkennen. Der Russe streut mehr, und wir sind noch ungeschoren. Schräg hinter uns lärmt in der Gegend ‚Tirolerweg' eine 10,5 cm-Kanonenbatterie der SS-Nord, daß es kaum zu ertragen ist, und doch ist gerade diese schwere Kanone mit dem berstend harten Abschußknall eine wunderbar weittragende Waffe.

Zu Mittag läßt das Toben der Feuerschlünde etwas nach; nur der Infanteriekampf rumort weiter. Wie es heißt, ist der genommene Höhenrücken weiterhin in unserer Hand. Der Name **‚Bunkerrücken'** fällt auf einmal, ein uns bisher unbekannter Begriff."[112])

Der Kampf um diesen Höhenrücken war die einzige offensive Kampfhandlung größeren Ausmaßes, die von der 7. Gebirgs-Division 1943 durchgeführt wurde.

Chronik des Kriegsjahres 1943

Januar: Ganz Libyen verloren. Reste der Armee Rommel treffen in der Mareth-Stellung ein

10. Januar: Beginn des russischen Angriffs auf Stalingrad

14.—21. Januar: Konferenz zwischen Roosevelt und Churchill in Casablanca. Verkündung der Forderung nach der „Bedingungslosen Kapitulation"

30. Januar: Entlassung des Großadmirals Raeder; Dönitz dessen Nachfolger

30./31. Januar: Ende und Kapitulation der 6. Armee in Stalingrad

14. Februar: Rommel wird zum fünften und letzten Mal in Nordafrika offensiv. Er stößt auf algerisches Gebiet vor

15. Februar: Ryti wird wieder zum Präsidenten von Finnland gewählt

18. Februar: Propagandaminister Goebbels verkündet im Berliner Sportpalast den „totalen Krieg"

Ende Februar: Beginn der britischen (RAF) und der amerikanischen

(USAF) Luftangriffe in einem bisher unbekannten Ausmaß auf Deutschland

9. März: Generalfeldmarschall Rommel als Befehlshaber in Nordafrika abgelöst. Er kehrt auf Hitlers Befehl nach Europa zurück

13. März: Mißglücktes Attentat auf Hitler durch Offiziere der Heeresgruppe Mitte in Rußland

März: Letzte große Versenkungserfolge im deutschen U-Bootkrieg

19. April—16. Mai: Aufstand im Warschauer Ghetto

12./13. Mai: Kampf in Tunesien beendet. Kapitulation des deutschen „Afrika-Korps“

19./21. Juni: See-Luft-Schlacht bei den Marianen

9./10. Juli: Landung der Alliierten auf Sizilien

24./25. Juli: Sturz Mussolinis und völliger Zusammenbruch des faschistischen Regimes in Italien. Marschall Badoglio übernimmt im Auftrag des Königs die Bildung eines neuen Kabinetts ohne faschistische Mitglieder

August: Konferenz zwischen Roosevelt und Churchill in Quebec

13. August: Sizilien von den deutsch-italienischen Truppen geräumt

25. August: Errichtung eines alliierten Südostasien-Kommandos

3. September: Englische Landung auf dem italienischen Festland (Kalabrien)

8. September: Veröffentlichung des am 3. September geheim unterzeichneten Waffenstillstandes zwischen Italien und den Alliierten

9. September: Alliierte Landung bei Salerno. Deutsche Truppen besetzen Italien

12. September: Befreiung des auf dem Gran Sasso gefangenen Mussolini. Bildung einer bedeutungslosen republikanischen Regierung. Rom in deutscher Hand

13. Oktober: Die neue italienische Regierung erklärt dem Deutschen Reich den Krieg

27. Oktober: Durchbruch der Roten Armee zum unteren Dnjepr

9. November: Hitler proklamiert den „totalen Krieg“

26. November—3. Dezember: Konferenz zwischen Roosevelt, Stalin und Churchill in Teheran. Beschluß über die Invasion der Alliierten 1944 in der Normandie („Overlord“)

Der Kampf um den Bunkerrücken

Der Angriff auf den sogenannten „Bunkerrücken“ durch die „Kampfgruppe Schuler“, an der auch die Jäger-Bataillone 3 und 6 der „Divisionsgruppe Kräutler“ teilnahmen, zählte 1943 in Karelien zur herausragenden Waffentat. Dieser Bergrücken, der im Abschnitt der sowjetischen 85.

Marine-Schützen-Brigade südlich des Kangaschwara (Kangasvaara) lag und den die Sowjets in rund eineinhalbjähriger Schanzarbeit zu einem festungsartigen Stützpunkt ausgebaut hatten, war auch nach der finnischen Offensive im Jahre 1941 in russischem Besitz geblieben. Es war eine Höhe, die mit dichtem Wald bedeckt war. Von ihr aus konnte derjenige, der sie besaß, das ganze Hinterland des Gegners einsehen. Bei einem Frontbesuch im Frühjahr 1943 befahl Generaloberst Eduard Dietl, der Oberbefehlshaber der 20. Gebirgs-Armee, die Wegnahme dieses Rückens; wobei gleichzeitig auch der seitwärts dem Bunkerrücken vorgelagerte Stützpunkt Sukkula in deutsche Hand kommen sollte.

Zunächst wurde der Angriffsbeginn von Anfang August auf den 9. August 1943 verschoben. Der Führung war klar, daß die Durchführung und der Erfolg dieses Unternehmens weitgehend von den klimatischen Verhältnissen des Landes abhängig war. Dabei ging man zunächst von folgenden Überlegungen aus: Im August begannen bereits die längeren Nächte, während es bis zu diesem Zeitpunkt etwa bis 22.00 Uhr hell blieb und der Tag bereits wieder um 2.00 Uhr begann. Der Angriffsbeginn sollte um die Mittagszeit erfolgen, so daß einerseits die Helligkeit noch ausreichte, das Angriffsziel zu erreichen, andererseits sollten aber auch die kurzen Nächte zum Ausbau der neuen Stellungen ausgenutzt werden.

Mit den ersten Vorbereitungen des Unternehmens war bereits im Juni 1943 begonnen worden. Die Sturmtruppen des II./Gebirgsjäger-Regiment 218 unter der Führung von Major Herrlein sowie zwei Züge der 16. (Pz. Jg.) Kompanie, zwei Granatwerfergruppen, schwere Panzerbüchsentrupps und das 12./Gebirgsjäger-Regiment 218 unter Hauptmann Stützer wurden aus der Front herausgezogen und im Hinterland gründlich geschult. Hinzu kamen als weitere Sturmtruppen Gebirgspioniere des 2./Gebirgs-Pionier-Bataillon 99 mit ihren wirkungsvollen Flammenwerfern, Pak und schweren Waffen.

Täglich übten die Gebirgsjäger an einer Höhe, die in der Nähe des „Dietlheimes" lag und geländemäßig etwa dem Bunkerrücken glich. Die Zusammenarbeit zwischen der Gebirgsartillerie und den schweren Waffen wurde ebenso geprobt, wie man die Gebirgspioniere des Gebirgs-Pionier-Bataillons 99 immer wieder Stege, Sumpfteppiche und Sumpfschlitten bauen ließ. Für die Pak-Geschütze wurden Stellungen, von denen aus sie die russischen Bunker wirkungsvoller bekämpfen konnten, erkundet, ausgebaut und sorgfältig getarnt.

Eine intensive Aufklärung durch Spähtrupps und Beobachtung, an der sich besonders die 7. Kompanie beteiligte, brachte gute Ergebnisse über die Lage heim. Ein Infanterie-Schallmeßtrupp unter Leutnant Kiesewetter bewährte sich bei dieser Tätigkeit besonders. Die Luftaufklärung kam nicht zum Tragen, da die russischen Stellungen im dichten Urwald nicht zu erkennen waren. All diese Vorbereitungen durften vom Russen nicht erkannt werden, denn das ganze Unternehmen gegen den Bunkerrücken mußte völlig überraschend erfolgen. Mit der Leitung des Unternehmens „Emil“, wie der Deckname für den Kampf um den Bunkerrücken hieß, wurde der Kommandeur des Gebirgsjäger-Regiment 218, Oberstleutnant Emil Schuler, beauftragt. Hierzu wurden ihm folgende Einheiten unterstellt:

— 2./Gebirgs-Pionier-Bataillon 99 als Verstärkung der Sturmtruppe,
— 1./Gebirgs-Pionier-Bataillon 99 für den Ausbau der neuen Stellung,
— 1 Zug 3./Gebirgs-Pionier-Bataillon 99 mit Ladungswerfer,
— s. I. G.-Zug/Gebirgsjäger-Regiment 206,
— Nebelwerferzug (zu drei Gruppen) des Gebirgs-Jäger-Regiments 206,
— Panzerjägerzüge der Jäger-Bataillone 3 und 6,
— 1 Infanterie-Schallmeßtrupp,
— 1 Träger-Kompanie des Marschbataillons, sowie
— Sanitätstrupps der Divisions-Sanitäts-Abteilung 99.

„Das gesamte Gebirgs-Artillerie Regiment 82 mit der ihr unterstellten Leichtgesch.-Abteilung 424 wurde mit 10 V. B. bei den Angriffskompanien angesetzt. Hiezu mußte die I. Abteilung vorübergehend nach Norden verschoben werden. Das SS-Gebirgs-Artillerie-Regiment ‚Nord‘ übernahm die Sperr- und Vernichtungsfeuerräume vor dem linken Divisionsabschnitt. Als Artilleriebekämpfungsgruppe unter Führung von SS-Standartenführer Göbel wurde die IV./Gebirgs-Artillerie-Regiment 82 und die IV./SS-Gebirgs-Artillerie-Regiment ‚Nord‘ in Zusammenarbeit mit der Gebirgs-Beobachtungs-Abteilung 38 und dem von der Armee zugeteilten Artillerieflieger eingesetzt. Mit den schweren Infanteriewaffen standen mehr als 100 Rohre mit reichlichen Munitionsmengen zur Unterstützung bereit. Diese starke Feuergruppe war zweifellos notwendig. Denn nur dadurch konnte damit gerechnet werden, die in dichtem Urwaldgelände liegenden feindlichen Kampfanlagen hinreichend zu zerstören. Zu deren Bekämpfung waren neben Flammenwerfern auch die zugeteilten Panzerbüchsen vorgesehen.

Flak der SS-Gebirgs-Division ‚Nord‘ und der Jäger-Bataillone 3 und 6 übernahm die Fliegerabwehr aus Stellungen bei ‚Pol‘ und ‚Jägerkreuz‘. Sie hatten besonders die Nachschubwege ‚Urwaldstraße‘, ‚Jägerweg‘ und ‚Dunkeltälchen‘ zu überwachen. Als Reserven wurden der Division das Jäger-Bataillon 3 und 6 zugeführt. Die Sturmtruppen wurden mit modernen Kampfanzügen ausgerüstet, die die 6. SS-Gebirgs-Division ‚Nord‘ in kameradschaftlicher Weise zur Verfügung stellte. Diese Tarnanzüge haben sich bestens bewährt. Sie hielten einmal die Feuchtigkeit beim Vorarbeiten durch das nasse Gestrüpp ab, und zum andern war die Tarnung in dem Waldgelände so vollendet, daß man die Träger solcher Anzüge selbst auf allernächste Entfernung nicht erkennen konnte. Das Auftauchen dieser ungewohnten Gestalten, die ihre Tarnung noch durch Zweige und Grasbüschel ergänzten, mag zur Überraschung beigetragen haben, zumal wenn sie mit Flammenwerfern ankamen. Der Angriffsplan sah die handstreichartige Wegnahme von ‚Sukkula' durch eine Kompanie, verstärkt durch 2 Pioniertrupps, vor, die unterstützt wurde durch die III. Artillerie-Abteilung, eine Nebelwerfer- und eine Granatwerfergruppe. Teile des SS-Artillerie-Regiments hatten durch flankierendes Feuer die durch den Infanterie-Schallmeßtrupp (Ltn. Kiesewetter) aufgeklärten, ostwärts ‚Sukulla' festgestellten Granatwerfer niederzukämpfen und das Heranführen von Eingreifreserven durch Feuer zu verhindern. Die Masse des II. Bataillons, verstärkt durch die 2./Pionier-Kompanie 99, 2 Züge der 16. Kompanie/218, 2 schwere Panzerbüchsentrupps, 1 schweren I. G. Zug und 2 Nebelwerfergruppen, hatte mit Unterstützung durch die I., II. und IV. Artillerieabteilung, die schwere Werfer-Batterie 203 und Ladungswerfer der Pioniere über die ‚Landenge' vorzustoßen und den ‚Bunkerrücken' zu nehmen. Sobald durch die vorderste Kompanie der ‚Waldwärter' ein am Nordhang des ‚Bunkerrücken' gelegener Bunker, der die ‚Landenge' voll beherrschte, genommen war, mußte die nächste Kompanie folgen und die Feindanlagen nach rechts aufrollen.

Die 12. Kompanie wurde diesseits des ‚Totensumpfes' gegenüber dem ‚Bunkerrücken' bereitgestellt und sollte erst dann über den Sumpf angreifen, wenn die am Südhang der Stellung gelegenen Bunker durch die Pak der Jägerbataillone niedergekämpft waren und der Angriff des II. Bataillons entsprechend Boden gewonnen hatte. „Diese Angriffsführung" schreibt Emil Schuler, „wurde deshalb für besonders erfolgversprechend gehalten, weil die Russen über das offene, ungangbare Gelände kaum einen Angriff erwarteten. Maßgebend dabei war jedoch der richtige Zeitpunkt, zu dem die Kompanie antrat, um rasch den Sumpf zu überwinden. Der Hauptangriff mußte zu dieser Zeit bereits wirksam, die Bunkerbesatzungen durch die Bedrohung im Rücken abgelenkt sein. Das Regiment hatte sich deshalb den Zeitpunkt des Einsatzes der 12. Kompanie vorbehalten. Die Kompanie war durch den Gebirgspionierzug des III. Bataillons verstärkt ...

Die 11. Kompanie mußte die Bereitstellung der Sturmkompanien in ihren bisherigen Stellungen sichern, mit Angriffsbeginn diese räumen und sich anschließend als Regiment-Reserve westlich ‚Tor' bereithalten... Den Russen schien das Angriffsvorhaben nicht verborgen geblieben...

In kurzer Zeit entwickelten sich außerordentlich heftige infanteristische Kämpfe..."[113])

Der Angriffsbeginn war bekanntlich für den 9. August 1943, und zwar um 12.35 Uhr, angesetzt. Die Kompanien erreichten ihre Sturmausgangsstellungen vom Gegner unbemerkt und stürmten dann aus ihnen gegen das anvisierte Ziel vor. Dabei mußte Bunker um Bunker, ihre Zahl war bedeutend größer, als man ursprünglich vermutet hatte, geknackt und erobert werden. Sie waren von den Russen in dem schlecht einzusehenden Waldgelände so geschickt angelegt worden, daß sie von den Gebirgsjägern erst aus nächster Nähe ausgemacht werden konnten. Große Sorgen bereitete den Angreifern auch ein größeres Minenfeld in der „Landenge", das erst am Vortag entdeckt wurde. Wollte die 7. Kompanie ungehindert ihr Angriffsziel erreichen, so mußte dieses gefährliche Hindernis beseitigt werden. Pioniere mit Ladungswerfern und Sprengtrupps erhielten den Auftrag, mit Angriffsbeginn eine Gasse für die Sturmtruppen zu schaffen. Parallel dazu sollte im Nachbarabschnitt durch die 6. SS-Gebirgs-Division „Nord" ab 12.40 Uhr ein Scheinangriff erfolgen, um die Russen zu verwirren.

Bereits um 12.20 Uhr, zehn Minuten vor dem eigentlichen Angriffsbeginn, erbebte der karelische Urwald unter dem Feuerschlag der Do-Werfer, sämtlicher Geschütze der Gebirgsartillerie und der zugeteilten Pak-Geschütze. Sie bekämpften die Bunker, soweit sie im Urwald des Feindgeländes erkannt werden konnten, in direktem Beschuß. Der Gefechtsraum war mit einem Male vom Wuchten der Abschüsse und vom schmetternden Krachen der Granateinschläge erfüllt.

Angespannt hockten die Gebirgsjäger in ihren Ausgangsstellungen. Würde der Überraschungsangriff gegen die „Waldfestung" der Russen gelingen?

Punkt 12.35 Uhr war es dann soweit: „Emil - Feuer Frei!"

Das bedeutete Angriff! In einem beherzten Sprung war die 6. Kompanie an Sukkula herangekommen und brach in den Stützpunkt ein. Die 7. Kompanie überwand in kühnem Anlauf die „Landenge", unterstützt durch die 2./Gebirgs-Pionier-Bataillon 99 unter der Führung von Oberleutnant Dennerlein, der schon einen Tag später, am 10. August 1943, fiel.

Wider Erwarten dauerte es verhältnismäßig lange, bis das Sperrfeuer der Russen einsetzte. Ein Anzeichen dafür, daß den Gebirgsjägern die Überraschung gelungen war. Gefangene Sowjets berichteten später, daß sie gerade bei der Essenausgabe waren, als das Feuer der Deutschen einsetzte. Schon meldete die 6. Kompanie:

„Sukkula genommen, nur noch örtliche Kämpfe in dem Ostteil des Stützpunktes."

Die 7. Kompanie hatte bereits den Nordausläufer des Bunkerrückens mit dem Eckpfeiler der Stellung, den „Waldwärter", in ihren Besitz gebracht. Das Sperrfeuer der Russen nahm jetzt, nachdem sie sich gefaßt hatten, mehr und mehr zu. Es lag vorwiegend auf der „Landenge", diesseits von Sukkula und rings um den Regimentsgefechtsstand herum. Beim Regiment selbt herrschte der Eindruck, daß alles planmäßig verlief. Nun

Der Angriff des Gebirgs-Jäger-Regiments 218 am 9. August 1943 auf den Bunkerrücken

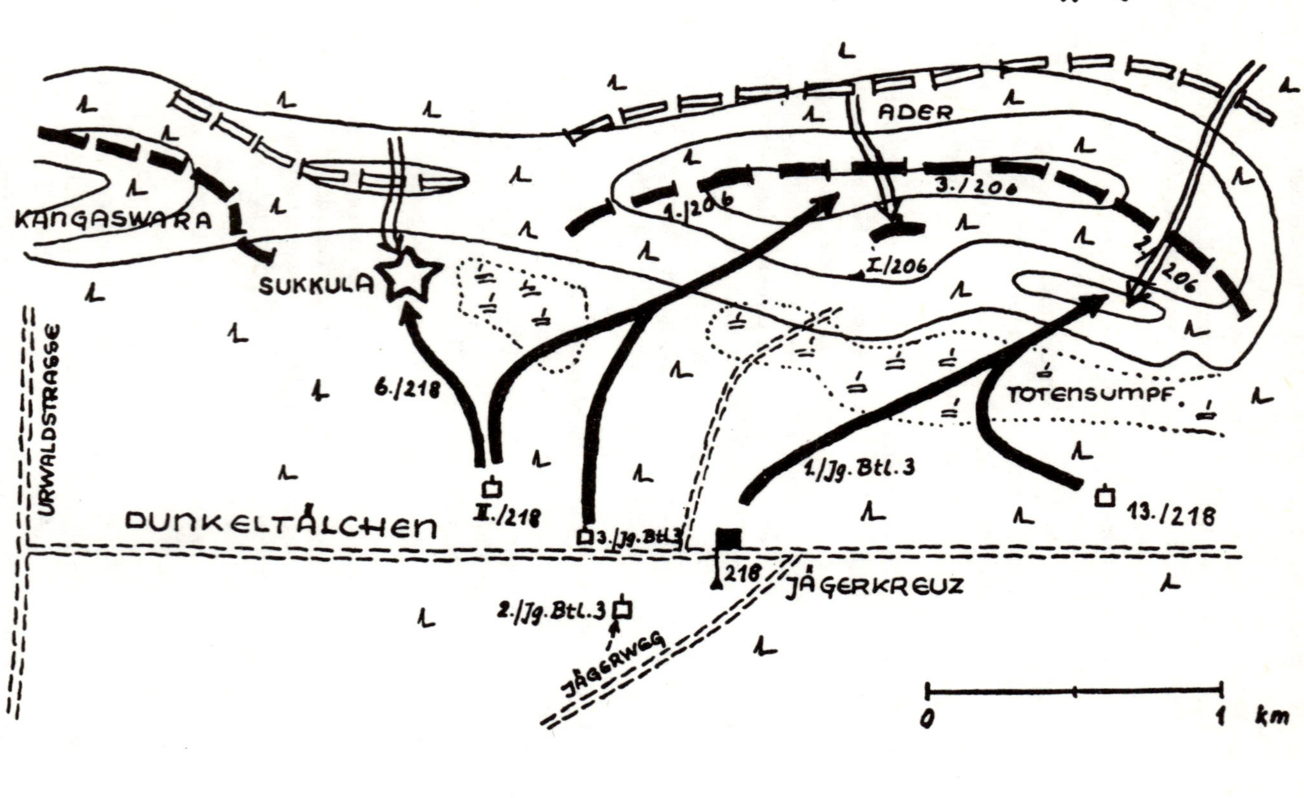

erhielt die 12. Kompanie den Befehl zum Angriff. Schon bald griffen auch russische Schlachtflugzeuge in den Erdkampf ein, warfen Bomben und feuerten mit ihren Bordwaffen auf die Angreifer. Dadurch war ein Nachführen von Reserven kaum möglich. Die 7. Kompanie, der es gelungen war, dieses konzentrierte Feuer zu unterlaufen, mußte, vorerst auf sich allein gestellt, sehen, wie sie allein mit dem Feind fertig wurde. Um 14.45 Uhr war Sukkula endgültig in deutscher Hand. Dabei hatte sich vor allem der Oberjäger Karl Oberkirchner vom 6./Gebirgs-Jäger-Regiment 218 als Stoßtruppführer ausgezeichnet. Er erhielt für seine kühne Tat am 12. Oktober 1943 das Ritterkreuz zum Eisernen Kreuz.

Der 12. Kompanie war zunächst der Übergang mit einem Zug über den Totensumpf ohne Verluste gelungen. Dann hatte sie eine Art Brückenkopf gebildet und die anderen Züge nachzuziehen begonnen. Dagegen fehlte zur 7. und 8. Kompanie noch jegliche Verbindung. Eine Rückfrage beim Kommandeur des II. Bataillons ergab, daß auch dort der Überblick fehlte. Der Regimentskommandeur entschloß sich daher, selbst die Lage zu klären. Der Kommandeur des II. Bataillons wurde zur „Landenge" befohlen, die 11. Kompanie hatte bis „Brandberg" zu folgen. Beim Vorgehen stieß der Regimentskommandeur auf die 8. Kompanie. Sie war erst bis „Brandfläche" gekommen und hatte die Verbindung mit der 7. Kompanie verloren. Der Regimentskommandeur befahl ihr daher, bis zur „Landenge" vorzugehen.

Und so geschah es dann auch. Um 15.00 Uhr erreichte der Regimentskommandeur die vordersten Teile der 7. Kompanie auf dem Bunkerrükken: Kompaniechef Hauptmann Geisinger und sieben Mann. Das war dann auch alles, was dort eintraf, denn die Russen hatten durch ihr Sperrfeuer auf der „Landenge" eine so starke Nebelwand erzeugt, daß die Masse der Kompanie sich beim Vorgehen nicht mehr zurechtfand, dem Infanterielärm nachlief und, um 90 Grad von der Angriffsrichtung abweichend, schließlich bei Sukkula ankam. Währenddessen erhielt Hauptmann Geisinger vom Regimentskommandeur den Befehl, mit seinen verbliebenen sieben Mann weiter vorzustoßen, den Höhenrand zu gewinnen und zu halten. Durch Melder wurden dann die versprengten Teile der 7. Kompanie wieder herangeholt.

Die 8. Kompanie war zum Flankenstoß gegen die feindlichen Stellungen auf dem Bunkerrücken eingesetzt worden. An die Gebirgsartillerie war die Weisung ergangen, die feindliche Artillerie zu bekämpfen und auszuschalten. Als das gelungen war, ließ das feindliche Abwehrfeuer spürbar nach. Nun konnte die 11. Kompanie als Reserve mit verhältnismäßig geringen Verlusten herangeführt werden.

Nicht viel Soldatenglück hatte der Regimentskommandeur, Oberstleutnant Schuler: Er war von Granatsplittern im Rücken getroffen worden und mußte auf seinen Gefechtsstand zurück. Die 8. Kompanie kam unterdessen nur sehr langsam vorwärts. Bunker um Bunker mußte erst genommen werden. Zur Unterstützung der 8. Kompanie wurde schon bald die 11. Kompanie nachgezogen und eingesetzt. Einer ihrer Züge sicherte die Lücke zwischen der „Landenge“ und Sukkula.

Der 12. Kompanie war es überraschend gelungen, in die Bunkerlinie der Russen einzubrechen. Im weiteren Verlauf des Angriffs war sie auf eine Hinterhangstellung gestoßen, die aus starken Bunkern bestand. So gelang es ihr nicht, die vom Regiment befohlene Verbindung mit der 8. und der 11. Kompanie herzustellen. Auch Leutnant Klein, der damit beauftragt wurde, kam wieder unverrichteter Dinge zurück. Die Kompanien waren selbst in harte Kämpfe verwickelt und kamen nur mühsam vorwärts. Der 12. Kompanie wurde der Regimentsradfahrzug, ein Zug der 13. Kompanie und ein Gebirgspionierzug des III. Bataillons nachgeführt und unterstellt. Nur der Tatkraft und der hervorragenden Führung des Hauptmanns Stützer war es zu verdanken, daß der Angriff weiter vorwärts kam. Nach ihm erhielt später der vorspringende Teil des Bunkerrückens den Namen „Stützernase“. Beim Divisionsstab wurde beantragt, die Divisionsreserve, nämlich das I./Gebirgs-Jäger-Regiment 206, dem Gebirgs-Jäger Regiment 218 zu unterstellen, da alle verfügbaren Teile des Regiments vorne im Gefecht standen und somit keinerlei Reserven mehr vorhanden waren.

Über die Härte der Kampfhandlungen um den Bunkerrücken und dessen Stärke ist uns ein Gefechtsbericht überliefert, in dem es heißt:

„Eine Besichtigung des Kampffeldes zeigte, daß es sich hier nicht etwa um eine landesübliche Feldbefestigung handelte, sondern um eine im Verlauf von 1 ½ Jahren mit stärksten Kräften in rastloser Arbeit — ähnlich einer Befestigung — ausgebaute Stellung. Es ist kaum zu glauben, daß diese ohne Unterstützung von Stukas und schwerster Artillerie durch die Gebirgsjäger genommen wurde. Etwa 50 Bunker mit bis zu 8 Balkenanlagen und noch 1 Meter Sand und Steine davor wurden erstürmt.“

Am 9. August 1943, um 23.00 Uhr, war Sukkula fest in der Hand der Deutschen. Wiederholte Gegenangriffe der Russen wurden abgewiesen. Die 7., die 8. und die 11. Kompanie hatten die letzten Bunker genommen und richteten sich unter Ausnützung der kurzen Nacht zur Abwehr ein. Die Trägerkolonnen brachten Munition und Stellungsbaugerät nach vorn. Der 12. Kompanie gelang es kurz vor Einbruch der Dunkelheit, den letzten Widerstand zu brechen. Sie übernahm jetzt den rechten Flankenschutz. Doch an die verdiente Ruhe war weiterhin nicht zu denken.

Nach dem Erreichen der befohlenen Ziele übernahm der Ia der 7. Gebirgs-Division, Oberstleutnant i. G. Schmitt, vorübergehend das Gebirgs-Jäger-Regiment 218. In aller Eile mußten Stellungen gebaut, Hindernisse errichtet, Munition ergänzt und Verpflegung nach vorn gebracht werden.

Die Gebirgspioniere begannen unverzüglich, vor den Stellungen Minen zu verlegen. Soldaten von der Gebirgs-Nachrichten-Abteilung 99 verlegten neue Feldkabel und bauten ihre Funkgeräte auf, bevor es wieder hell zu werden begann.

Und Eile tat auch not. Denn schon mit dem ersten Büchsenlicht erfolgte der erste russische Gegenangriff. Doch die stark übermüdeten Gebirgsjäger hielten die eroberte Höhe. Auch tagsüber gelang es ihnen immer wieder, mehrere Feindangriffe abzuweisen.

Die Kompanien in den vorderen Linien waren infolge zahlreicher Ausfälle stark zusammengeschmolzen. Sie wurden daher in der Nacht vom 11. zum 12. August durch das I./Gebirgs-Jäger-Regiment 206 abgelöst. Das II./Gebirgs-Jäger-Regiment 218 hielt mit der 6. Kompanie Sukkula und wurde großteils Regimentsreserve. Sorge bereitete den Kommandeuren weiterhin der Ausbau der Stellungen, denn die russischen Feuerüberfälle zwangen die Gebirgsjäger immer wieder, in Deckung zu gehen, so daß die Kampfgräben kaum fertiggestellt werden konnten. Dringend wurden darüber hinaus leichte und schwere Kampfstände benötigt, doch für ihren Bau waren keine Arbeitskräfte vorhanden. Die Divisionsführung befahl daher allen Einheiten, die zum Bau von Kampfständen im Hinterland eingesetzt waren, diese dort fertigzustellen und dann nach vorne zu bringen. Für Trägerzwecke wurden 60 Mann rückwärtiger Einheiten eingesetzt. Eingebaut wurden die Kampfstände von Bautrupps. Durch ein herangeführtes Bau-Bataillon wurde auch ein neuer Versorgungszug geschaffen. Bei dem sumpfigen Boden war dies alles andere als eine einfache Aufgabe, die aus dem Handgelenk heraus zu lösen gewesen wäre. So wurde jede Gefechtspause gründlich zum Stellungsbau genutzt, denn alle Anzeichen deuteten auf einen russischen Gegenstoß, mit dem er den Verlust der Höhe wettmachen wollte, hin.

Am 11. August 1943 meldete der deutsche Wehrmachtsbericht über die vorausgegangenen Kampfhandlungen:

„Im hohen Norden nahmen deutsche Gebirgsjäger im unwegsamen Gelände eine vom Feind zäh verteidigte Höhenstellung und hielten sie gegen zahlreiche, mit Artillerie- und Luftwaffenunterstützung geführte feindliche Gegenangriffe. Die Sowjets erlitten dabei schwere Verluste."

Und in einer Meldung vom 12. August 1943 hieß es:

„...Im hohen Norden wiederholten die Sowjets gegen die im Louchi-Abschnitt neugewonnene Stellung ihre Gegenangriffe, die bereits vor der Hauptkampflinie zerschlagen wurden."

Unser Augenzeuge Karl Pölzl schildert uns aus seiner Sicht als Beobachter, was sich am 12. und 13. August am Bunkerrücken abgespielt hat:

„Der 12. August zieht mit prächtigem Wetter herauf, dem aber eine für diese Zeit seltene gewittrige Stimmung folgt. Die Batterien feuern

7. Gebirgs - Division
Kommandeur

Div.Gef.Stand, den 11.8.43

D i v i s i o n s b e f e h l .

Das Gebirgsjäger-Regiment 218 hat mit seinem II.Btl., Teilen des III.Btl., 2./Ski-Btl. und der 2./Geb.Pi.Btl.99 in hartem und heissem Kampf dem Russen einen wichtigen Höhenrücken, sowie einen starken Stützpunkt genommen und bis jetzt gegen neun, teils sehr schwere Gegenangriffe gehalten.

Hervorragend wurden die Angriffstruppen unterstützt durch die gesamte Divisions-Artillerie, im kameradschaftlichen Zusammenwirken mit Teilen der Artillerie SS-Gebirgs-Division "Nord", der schweren Werfer-Batterie 203, der Leichtgeschütz-Abt. 424, der Panzerjäger-Kp. der Jäger-Btl. 3 und 6, sowie den Ladungswerfern der 3./Geb.Pi.Btl.99.
Die le.Geb.Beb.Abt.38 mit dem Ballon-Zug trug ebenso zum Gelingen des Angriffs und der Abwehr bei.

Russische Flieger wurden durch die Flak der SS-Gebirgs-Division "Nord" und der Jäger-Btl. 3 und 6 abgewehrt.
Einem Flak-Zug der SS gelang ein Abschuss.
Messerschmitt-Jäger schossen aus einem Verband 8 russischer Flugzeuge 6 Maschinen ab.

Die 1./Geb.Pi.Btl.99 mit Träger-Zug des Marsch-Btl.6 folgten der stürmenden Truppe unmittelbar und brachten das zum Halten der Stellung notwendige Hindernismat erial in kürzester Zeit an die Front.

Die Krankenträger der Truppe und der San.Kp. setzten sich rücksichtslos bei der Bergung der Verwundeten ein. Die Sanitäts-Offiziere und ihr Personal arbeiteten aufopferungsvoll Tag und Nacht, sei es unmittelbar an der Front, in vorgeschobenen Verbandsplätzen, auf den Hauptverbandsplätzen oder im Feldlazarett.

- 2 -

Die Geb.-Nachrichten-Abteilung 99 wurde in vollem Masse allen an sie herantretenden Aufgaben gerecht.

Die Nachschubdienste arbeiteten vorbildlich.

Der Vetr.-Dienst klappte ausgezeichnet.

Ich kann daher mit Stolz allen am Angriff Beteiligten meine vollste Anerkennung aussprechen.
Meine ganz besondere Anerkennung:

Dem Kommandeur des Gebirgsjäger-Regiment 218, Oberstleutnant S c h u l e r, der im schweren Angriff in die vorderste Linie eilte und seine Gebirgsjäger durch persönlichen Einsatz vorriss. Verwundet führte er noch das Regiment bis es sein Angriffsziel in hartem Kampf erreicht hatte,

dem Oberstleutnant i.G. S c h m i d t, dem Ia der Division, der aus freiem Entschluss sofort die Führung des Regiments in schwerer Stunde übernahm, in vorderster Linie die Abwehr organisierte und in den harten Abwehrkämpfen das Regiment straff mit Erfolg führte.

Nun hat das I.Btl. Gebirgsjäger-Regiment 206 die neue Front übernommen. Ich bin überzeugt, dass es dem Btl. des Schwester-Rgt. nicht nachsteht.

Mit stolzer Wehmut gedenken wir derer, die auch hier für den Endsieg den Heldentot fanden. Ihr Tod verpflichtet uns, das was wir erkämpften, unerbittlich zu halten.
Den Verwundeten wünsche ich baldige Genesung.

Alles für unser Vaterland und unseren Führer!

Generalleutnant und Div.-Kommandeur

Dank des Divisionskommandeurs

zeitweise. Ob sich der Russe mit dem Verlust des Bunkerrückens abfinden wird?

Wir machen uns über die nun üppig reifenden Waldbeeren rund um die Unterkunft her. Nach dem Lärm der letzten Tage ist es fast friedlich geworden. Über den Wald hinweg pfeifen nur unsere Jäger. Auch der Focke-Wulf-Aufklärer ist wieder da, und drüben am Topsee startet in Abständen die Henschel, die die Verwundeten wegbringt.

In der Nacht greift ein Russenbomber noch einmal das Troßlager an der Rollbahn Berger an. Wlupppp geht es, aber es hört sich an, als nicke die getroffene Erde nur mehr schwach dazu, nachdem sie schon soviel ertragen mußte! Der Bomber wendet zur SS-Straße hinüber und knallt in der Gegend Tiroler- und Wienerwaldweg auf erkannte Unterkünfte. Die Batterien schweigen vorübergehend; sie wollen sich nicht unnötig verraten.

Am 13. August klingelt um 3 Uhr der Fernsprecher. ‚Ost' auswechseln, das Mikrofon spricht nicht an! Die Sonne kommt eben und färbt den Himmel, den Wald und die Nebelschwaden über dem Sumpf rosarot. Die Natur gibt sich in den herrlichsten Farbtönungen! Solche Augenblicke entschädigen mich für böse Tage.

Die 10. Batterie feuert; klar hallen die klangschönen Abschüsse in den Morgen, wie ich zur Unterkunft zurückwandere. In der Hütte nicke ich etwas, bis Ganster wieder mit dem Aufladen der Batterien beginnt, wobei jedesmal die Nerven mit ‚geladen' werden. Wolken kommen, und Regen setzt ein. Wir überhören wieder die Abschüsse, als gegen 12 Uhr im Sumpf vor uns plötzlich eine Wand aus Erde und Sumpfwasser auffährt. Das gleiche Spiel wie vor Tagen! Der Russe streut aber stark und bringt nur einige Lagen an unsere Hütten heran. Wir sind schon hellhörig geworden und wissen, wann es Zeit ist, Deckung zu suchen. Es geht auch diesmal gut ab; nach 20 Minuten ist der Zauber vorbei — und sind die Leitungen ab! Nicht weit von der Unterkunft liegen drei Doppelleitungen zerschossen und hoffnungslos verwirrt im Sumpf, daß wir eine volle Stunde arbeiten müssen, bis über die Knöchel im Wasser. Mit dem ersten Anruf kommt dann von der Aufnahme der Befehl: ‚Obergefr. Matosec zur Batterie einrücken!' Wir nehmen schwer Abschied, denn in den vergangenen Wochen haben wir uns hier in der Einsamkeit so gut aneinander gewöhnt. Später hole ich über den Sumpf hinweg den Obergefr. Trippold als Ersatzmann

Links oben: Feuer frei!

Rechts oben: Wolchow-Bahn

Unten: Knüppeldamm am Wolchow

von der Bahn ab. Nach dem Regen hat sich ein klarer Abend herniedergesenkt. Die Stimmung ist großartig und unheimlich zugleich. Auf den Bunkerrücken hauen immer noch schwere Wurfgranaten hin. Um mich herum ist das Moor vielfach aufgerissen. Statt des ohnehin spärlichen und schon verbleichten Grüns des Sumpfgrases quillt es überall schwarz und drohend. Wehe, hier einen falschen Tritt zu tun, besonders wenn man allein ist! Am Sumpfrand starren hellgraue Baumkrüppel mit dürren Armen geisterhaft in den sattblauen Himmel. Ein Sumpfvogel zieht mit heiserem Schrei vorüber. Winzig klein stehe ich hier in der Unendlichkeit der Wildnis Kareliens.

Dann gehe ich noch zum West-Mikrofon. Ich sehe, daß die letzten Granaten eine richtige Schneise in den hier noch vorhanden gewesenen schönen Fichtenbestand geschlagen haben. Kreuz und quer liegen die wenigen schönen Stämme dieser Art übereinander.

Es wird kühl, während ich zurückgehe, und ich empfinde die Wärme des Bunkerinneren angenehm. Ganster brutzelt gerade aus Brotrinden einen zünftigen ‚Karelienschmarrn'. Dann richten wir unseren Dienst für die Nacht ein. Während der Nacht feuert eine Zeitlang wieder die uns wohlbekannte schwere Russenkanone. Wir haben sie schon aufgeklärt und bekämpft, doch immer wieder meldet sie sich. Ob sie vom Schienenstrang aus schießt? Meist hat sie es auf die unscheinbare und doch bedeutende Bahnbrücke nächst dem Lazarett an der Regensburger Straße abgesehen. Bomben fallen auch in der Nähe der Umschlagstelle. Um 4 Uhr setze ich mich an das Gerät. Der neue Tag kommt. Ich nehme die Verdunkelungspappe vom Fenster und lasse meinen Blick über den Sumpf streifen. Es wird leider abermals ein Regentag, doch ohne besondere Vorkommnisse."[114])

Über diese Kampfhandlungen berichtete der Wehrmachtsbericht am 14. August 1943:

„An der nordfinnischen Front blieben erneute sowjetische Gegenangriffe im Louchi-Abschnitt ohne Erfolg."

Am 16. August übernahm Oberstleutnant Emil Schuler wieder die Führung seines kampferprobten Gebirgs-Jäger-Regiment 218. „Nach Gefangenenaussagen", so der bewährte Regimentskommandeur, „war die 85. Marine-Brigade durch die 45. Schützen-Div., die bisher in Reserve lag, abgelöst worden. Die Beob.-Abtlg. hatte 6 neue Batterien aufgeklärt. Die

Oben: In der Feuerstellung

Unten: Abgeschossener Russenpanzer

Lichtmeßstellen meldeten Verkehr auf der in den Abschnitt führenden Stichbahn der Murmanbahn. Aus allem war zu schließen, daß der erwartete Gegenangriff unmittelbar bevorstand. Die Division führte deshalb dem Geb.-Jg.-Rgt. 218 das 3./Jg.-Btl. 3 zu.

Innerhalb des Regiments wurde die 13. Kp. aus der Front herausgelöst und in Gegend ‚Waldeslust' bereitgestellt. Die 1./Jg.-Btl. 3 mußte ihre Trägerarbeiten jeweils um 5 Uhr früh beendet haben und ab diesem Zeitpunkt einsatzbereit am ‚Jägerkreuz' stehen. Der Rgt.-Gefechtsstand wurde ebenfalls dorthin verlegt. Mit der Artillerie wurden nochmals eingehend die Feuerräume abgesprochen. Die Pioniere ergänzten die Minenfelder und Drahtsperren.

Die Nacht vom 16./17. verlief ziemlich unruhig. Das Feindfeuer riß nicht ab. Zwei russische Angriffe konnten abgewiesen werden. Dabei ließ sich nicht feststellen, ob es sich um Versuche handelte, die eigenen Stellungsarbeiten zu stören, oder ob es Aufklärungsvorstöße waren."[115])

Doch dann war es endlich soweit. Am 18. August 1943 erfolgte in den Morgenstunden der von den Deutschen erwartete große sowjetische Gegenangriff am Bunkerrücken. Nach einem starken Feuerschlag der russischen Artillerie, die auch wieder die gefürchteten „Stalinorgeln" einsetzte, griffen überlegene Feindkräfte Sukkula und den Bunkerrücken an. Sukkula ging nach überaus harten Kämpfen verloren, am Bunkerrücken erzielte der Feind an zwei Stellen einen Einbruch. Das II./Gebirgs-Jäger-Regiment 218 erhielt Befehl, sofort mit einer Kompanie zum Gegenstoß gegen Sukkula anzutreten. Durch ein Mißverständnis trat der Bataillonskommandeur jedoch mit seinem gesamten Bataillon an — und hatte Erfolg, als es ihm gelang, den Gegner aus dem Stützpunkt zu werfen.

Allmählich wurde die Lage chaotisch. Die Fernsprechverbindungen waren längst zerschossen, und zu allem Unglück fiel nun auch der Funk aus. Die Artillerie hatte ebenfalls keine Verbindung mehr zu den Artillerieverbindungskommandos und vorgeschobenen Beobachtern. Die Geschützbedienungen, auf sich allein gestellt, griffen zu Gewehr und Handgranate und verteidigten damit ihre Kampfstände. In diesem allgemeinen Durcheinander kamen die Russen der deutschen Führung selbst entgegen: Sie funkten sich in ihrer Siegeseuphorie unverschlüsselt ihre Erfolge zu, ihre Gliederung und Stärke, so daß man sich bei der Divisionsführung der 7. Gebirgs-Division und ihrem Angriffsregiment ein klares Bild über die Gefechtslage machen und somit die entsprechenden Gegenmaßnahmen treffen konnten. Das aber brauchte auch seine Zeit.

Und vorläufig arbeitete die Zeit noch für die Russen.

„Urrä — Urrä — Urrä!" hallte ihr Angriffsgeschrei durch den karelischen Wald.

Unter Einsatz von Flammenwerfern drangen sie auf dem Bunkerrücken

Der russische Gegenangriff am 18. August 1943 und seine Abwehr durch die Gebirgsjäger am Bunkerrücken

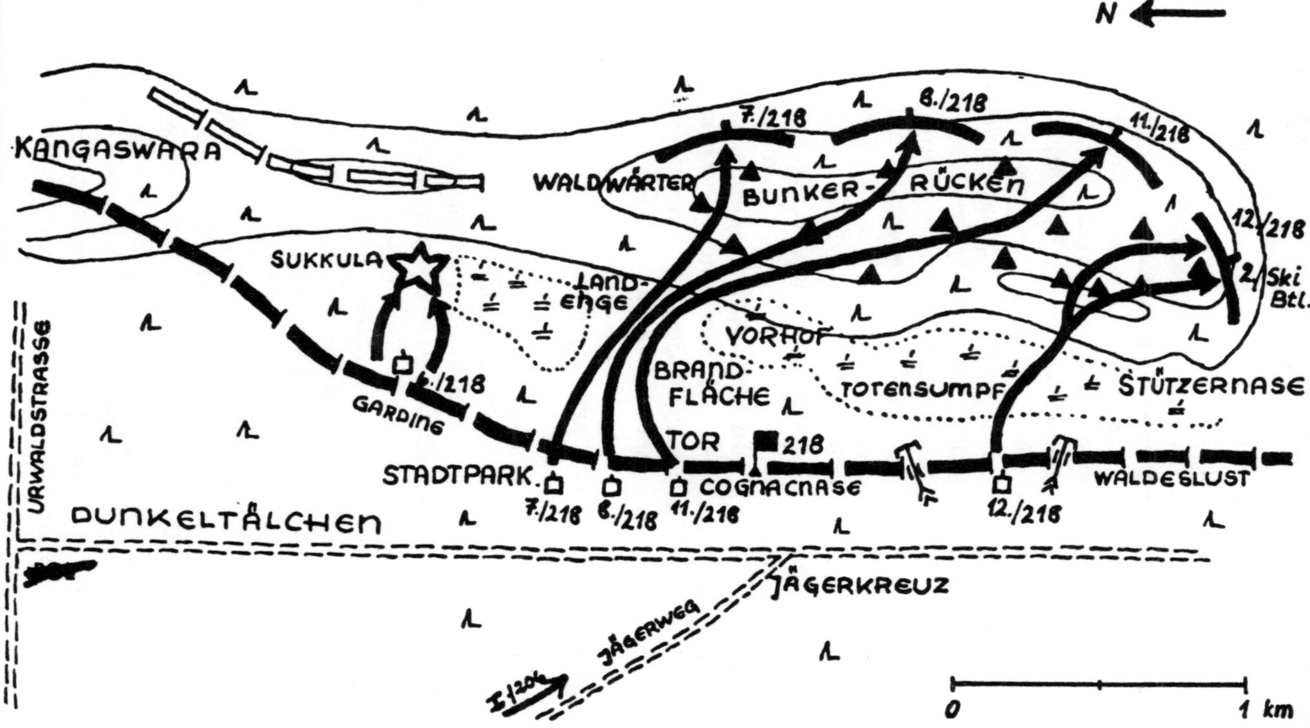

bis zum Bataillonsgefechtsstand vor. Dort hielt zunächst einmal alles den Atem an.

Führer und Mannschaften hatten bange Minuten durchzustehen.

Die Zeit schien den Deutschen förmlich davonzulaufen. Rasche Hilfe tat Not, denn der Bataillonsstab unter Hauptmann Storm konnte, das war jedem klar, der feindlichen Übermacht nicht allzu lange Widerstand leisten. Kurz und gut: man war dringend auf Hilfe und Unterstützung, und zwar auf massive, angewiesen. Diese erhielten die Bedrängten auf dem Bunkerrücken zunächst von der 13./Gebirgs-Jäger-Regiment 218 und von der 2./Ski-Bataillon 82 unter Führung des Kommandeurs des III./218, Major Gschwandtner, der den klaren Auftrag hatte, den eingebrochenen Gegner zurückzuwerfen und anschließend die alte HKL wiederzugewinnen. „Nicht kleckern, sondern klotzen", lautete die Parole!

Das II. Bataillon erhielt den Befehl, nur eine Kompanie in Sukkula zu belassen und mit der Masse zum Gegenstoß gegen den Nordteil des Bunkerrückens anzutreten. Hierzu wurde das 1./Jäger-Bataillon 3 dem Bataillon der Gebirgsjäger unterstellt. Das 3./Jäger-Bataillon wurde bis zum „Jägerkreuz" vorgezogen.

Die energisch vorgetragenen Gegenstöße der Gebirgsjäger trafen den Gegner schließlich vernichtend. In harten Einzelgefechten wurde er durch die Kompanien in erbittertem Nahkampf soweit zurückgeworfen, so daß die deutsche HKL bis zum Abend wieder in den Besitz der 7. Gebirgs-Division kam.

Hunderte von Rotarmisten und Geschützen blieben auf dem Gefechtsfeld zurück: Pak, Flak und Haubitzen, die sogenannten russischen „Kartoffelschmeißer", wie die Landser die sowjetischen 5 cm-Werfer nannten, und die „Ratschbum", womit man die russische 7,62 cm-Kanone meinte.

Von jenem Tage an, als der kurze karelische Sommer bereits sichtbar zu Ende ging, blieb der Bunkerrücken, der bald von den Gebirgssoldaten der „Bergschuh"-Division in „Schulerrücken" umgetauft wurde und auf den dann durch die Zuführung des erprobten Oberquartiermeisters der 20. Gebirgs-Armee, Oberst i. G. Wilhelm Heß, eine Drahtseilbahn für den Material-, Verpflegungs- und Verwundetentransport gebaut wurde, bis zum Rückzug aus Finnland in deutscher Hand.

Bei den Kämpfen der 7. Gebirgs-Division im Kiestinki-Abschnitt waren die Geländeabschnitte um den besetzten „Bunkerrücken" so stark vom Feind einzusehen, daß es bei der ständigen Helle der nordischen Sommernacht immer wieder unangenehme Verluste zu beklagen gab, wenn die Truppe versorgt und abgelöst werden mußte. Eine Seilbahn ist dagegen weit weniger leicht zu treffen. Aus diesem Grunde fragte Oberst Schuler den Oberquartiermeister der 20. Gebirgs-Armee bei dessen Besuch vor Ort, wie es mit dem Bau einer Seilbahn stünde. Oberst i. G. Heß vermutete, daß es von den altösterreichischen und damals sehr erfolgreich verwendeten Seilbahngeräten des Ersten Weltkrieges in den Alpen noch einige ungenutzte Reserven geben könnte. Und in der Tat wurde nach entsprechender Anfrage alsbald eine derartige „Veteranenanlage“ samt noch immer tauglichen Motoren geliefert. Als Seilbahnstützen dienten die Baumstämme des karelischen Urwaldholzes. Am 19. August 1943 meldete der Wehrmachtsbericht über die Kämpfe in Südkarelien:

„...Deutsche Gebirgsjäger warfen im Louchi-Abschnitt den auch gestern wieder anstürmenden Feind unter hohen Verlusten zurück.“

Die deutschen Verbände waren bei diesen erbitterten Kampfhandlungen naturgemäß ebenfalls stark durcheinandergeraten und mußten daher erst neu geordnet werden. Auch waren erhebliche Verluste eingetreten. Das Regiment unterstellte die 13./218 deshalb dem I./206. Sie blieb im Südteil der Stellung eingesetzt, die 3./206 in der Mitte und die 2./206 am linken Flügel. Die 7./218 verblieb als Reserve am Westhang. Man wollte starke Eingreifreserven unmittelbar hinter der Front zur Hand haben, ohne sie erst durch die Sperrfeuerräume der russischen Artillerie heranführen zu müssen, sofern weitere Angriffe erfolgen sollten. Die 1./206 hatte schwere Verluste erlitten und mußte aus dem Kampf gezogen werden. Die 1./206 blieb dem Regiment unterstellt und wurde Rgt.-Reserve am „Jägerkreuz“. Die 6./218 hielt „Sukkula“. Die 8. Kp. wurde durch das II. Btl. als Reserve in die Gegend „Gardine“ zurückgenommen. Die 2./218 stand zur Verfügung der Division bei „Pol“. Kampfkommandant auf dem „Bunkerrücken“ blieb der Kommandeur des I./206. Die 2./Ski-Bataillon 82 schied aus dem Verbande des Regiments.[116])

Die Tage nach der endgültigen Eroberung des Bunker-, sprich „Schulerrückens“ blieben folglich auch nicht immer ganz ohne Störungen durch die Russen. Karl Pölzl hielt die Tage vom 20. bis 23. August 1943 in seinem lesenswerten Karelienbericht fest:

„Am 20. August hätte ich keinen Nachdienst, doch da geht es um 22.00 Uhr wieder urgewaltig los“, lesen wir dort. „Der V 2 fällt gleich aus und meldet sich auch auf Funk nicht. Der Russe schreit auf Frequenz 37 wie verrückt; es wird durcheinandergemorst und alle erdenklichen Decknamen sind zu hören, nur ‚Verlust‘ nicht. Um 2 Uhr geht Ganster mit Trippold los; hoffentlich geht es diesmal gut! Die Nacht ist unheilschwanger, und wir erleben bange Stunden, bis wir um 5 Uhr hören: ‚Verlust hier! Alles lebt!‘ ich atme auf. ‚Warum meldet Ihr euch nicht?‘ weiß die Aufnahme zu fragen. ‚Saudumme Frage, wenn alles hin ist!‘ kann Oberwachtmeister nur antworten.

Und dann ist ein Sonntag mit etwas Ruhe da. Ein paarmal allerdings schießt dieses Teufelsgeschütz wieder, und wir vernehmen die böse Nachricht von unserem Ballon. Während er gerade eingezogen wurde, wurde er von Zufallstreffern dieser Kanone vernichtet.

23. August: Trüb, regnerisch. Ich will zur Nachbar-Meßstelle ‚C' hinüber. Der Versuch, den Sumpf in gerader Richtung zu ihr zu überqueren, mißlingt. Ich muß zurück und über die kleine Umschlagstelle gehen. Wie ich die Urwaldstraße am Lagerrand erreiche, kenne ich sie kaum wieder, so verschlammt und ausgefahren ist sie. Auch der mir vom letzten Herbst her wohlbekannte Wald hat sein Aussehen stark geändert. Überall liegen zersplitterte Bäume, abgeschossene Strünke starren in die Höhe und Baumkronen hängen herunter. Die Erde ist von unzähligen Granaten aufgerissen; zwischen dem Moos tritt das dunkle Moor zutage.

Nach einer Plauderstunde auf der Meßstelle ‚C', wo ich im vergangenen Herbst selbst drei Monate saß, wandere ich durch Wald und Sumpf wieder zum Störtrupp hinüber und gehe mit dem Tragtier vor nach ‚D'. Es hat aufgeheitert, sogar die Sonne scheint. Ruhig ist es dieses Mal, und friedlich breiten sich die Sümpfe aus, zuerst zur Rechten, dann nach dem Bahneinschnitt ‚mein Sumpf' zur Linken. Die dürren Baumkrüppel stehen darin, schwere Wolkenballen schweben wieder über dem dunklen Wald am jenseitigen Sumpfrand und noch wölbt sich der Himmel über dem Land. Ein Bild, erhebend und erdrückend zugleich", heißt es dann abschließend: „Wunderland **Karelien** ..."[117])

Nach Abschluß der Kämpfe um den Bunkerrücken meldete der Wehrmachtsbericht am 24. August 1943:

„An der Lapplandfront hat sich die 7. Gebirgs-Division unter Führung des Generalleutnant Krakau, von Verbänden der Luftwaffe des Generaloberst Stumpff wirksam unterstützt, bei der Erstürmung eines Höhenrückens und bei der Abwehr der daraufhin einsetzenden, wochenlang anhaltenden Gegenangriffe überlegener feindlicher Kräfte besonders ausgezeichnet. Die Sowjets verloren allein an dieser Stelle über 1000 Tote; 50 stark ausgebaute Bunker wurden genommen."

Und auch Generaloberst Eduard Dietl, der Oberbefehlshaber des Gebirgs-AOK 20, auf dessen ausdrücklichen Befehl der deutsche Angriff gegen diesen Rücken erfolgte, fand bei einer Besichtigung des Kampfgeländes anerkennende Worte für den tapferen Einsatz der Gebirgsjäger im Angriff und in der Verteidigung.

Oberstleutnant Emil Schuler, der bekanntlich das Unternehmen „Emil" leitete, wurde für seine umsichtige Führung mit der „Ehrenblattspange", Major Herlein mit dem Deutschen Kreuz in Gold ausgezeichnet. Später erhielt auch Hauptmann Stützer diese Auszeichnung.

Bei den Kämpfen um den Bunkerrücken am Kangaswara gab es außerordentlich hohe Verluste, nicht zuletzt auch deshalb, weil sich der ganze Kampf im menschenleeren Ödland des karelischen Urwaldes abgespielt hat. So wie die gesamte Kriegsführung im hohen Norden ganz erheblich von den bisherigen Maßstäben abwich und unter extremen Lebensbedingungen ablief, so gestaltete sich auch die Versorgung der Verwundeten in vielen Fällen außerordentlich schwierig, ja oft fast unmöglich. Meist mußte eine Vielzahl von Beförderungsmitteln eingesetzt werden, um transportfähige Verwundete zu den jeweiligen Verbandsplätzen oder Lazaretten zu bringen. Um sich einmal die großen Entfernungen, die bei derartigen Transporten zurückzulegen waren, zu verdeutlichen: Die nächste Ortschaft lag von der Front bei der 7. Gebirgs-Division ca. 250 Kilometer entfernt; die nächste Bahnstation ca. 500 bis 600 Kilo Triglav Bauer berichtet uns von einem Verwundetentransport in Karelien:

„Der Oberjäger B. wurde bei einem Angriff auf den Bunkerrücken an der rechten Hand schwer verwundet, und nun spielte sich folgender Transportweg ab. Zuerst einmal mußte er ca. 1 Stunde durch das Kampfgebiet zu Fuß, um zum ersten Notverbandsplatz zu kommen, der dann auch total überfüllt war, und wo das Sanitätspersonal nahezu am Zusammenbrechen war. Nach der ersten Versorgung in einem unterirdischen Waldbunker wurde er — da doch ein ziemlicher Blutverlust gegeben war — auf eine sog. Krankenschleppe gebunden. Diese Krankenschleppe bestand praktisch aus zwei gebogenen Fichtenstämmen in Art von Kufen, von denen freischwebend eine Auflageplatte — ebenfalls aus dünnen Fichtenstämmen — zusammengekoppelt herausragte. Dieses ganze Gefährt wurde dann über den Moosboden des Waldes von einem Maultier oder von einem Rentier gezogen. Auf den Knüppeldämmen konnte es nicht fahren, da dort die Erschütterungen einfach zu groß gewesen wären und auch die Einsicht von russischen Jagdfliegern gegeben war. Nach einem ziemlich zermürbenden Transport auf diesem vorsintflutlichen Gerät bzw. Gefährt erreichte man dann nach ca. 1 Stunde einen weiteren Versorgungspunkt, der an der einspurigen Eisenbahnlinie nach Louchi auf der russischen Seite lag. Es handelte sich um einen Schienenstrang von maximal 80 bis 100 km Länge, der die Mittelachse der dortigen Front bildete. Auf diesem Strang war ein ehemaliger Automotor auf eine Art Draisine aufgebaut. Gleichzeitig war dieses Gefährt auch mit einem großen Segel versehen, so daß wegen Benzinersparnis zum Teil mit dieser Draisine bis zum Hauptverbandsplatz gesegelt werden konnte. Die Besatzung bestand meistens aus ca. 8 bis 10 Verwundeten, die sich noch setzen konnten. Im Hauptverbandsplatz wurde dann die Wunde erst richtig versorgt. Meist bestand Brandgefahr, so daß sehr schnell etwas mit dem Verwundeten zu geschehen hatte. Das nächste Kriegslazarett war jedoch mindestens 1000 bis 1500 km entfernt im Süden Finnlands gelegen. Also mußte der Oberjäger B. mit einem Beiwagen-Krad zum Feldflugplatz gefahren werden. Dabei muß man bedenken, daß alle Wege im dortigen Frontbereich nur aus Knüppeldämmen bestanden. Man kann sich lebhaft vorstellen, wie einem Schwerverletzten zumute war, wenn er mit 10 bis 15 km Geschwindigkeit ca. 30 bis 35 km oder noch mehr, im Beiwagen sitzend, verbringen mußte. Dies war wahrlich eine Tortur für den Verletzten als auch für den Fahrer gewesen, die beiden den Angstschweiß auf die Stirn trieb. Am Ende dieser Schüttelfahrt war dann mitten im Wald ein Feldflugplatz, auf dem die Junkers 52, die altvertraute und bewährte ‚Tante JU' wartete. Mit dieser überaus bewährten Transportmaschine wurde dann der Verletzte nach Südfinnland geflogen, um dort in einem gut eingerichteten Lazarett operiert zu werden."[118])

Das war jedoch nicht die Regel. In allzu vielen Fällen konnten die Verwundeten nur mit behelfsmäßigen Mitteln in den Sanitätszelten und Unterständen, wo sich im wahrsten Sinne des Wortes das „ganze Elend des Krieges"[119]) staute, versorgt und dann durch den aufopfernden Einsatz der erfahrenen Truppenärzte, der bewährten Sanitäter und der nimmermüden Krankenschwestern gepflegt werden. Aber auch von den unermüdlichen Krankenwagenfahrern, die „Rekorde der Nächstenliebe" fuhren, soll hier berichtet werden.

„Eines Nachts", erfahren wir von dem schreibenden Chirurgen Bamm, „trat ich an einen eben angekommenen Wagen heran, um den Fahrer zu fragen, was er geladen habe. Im Blech der Tür zum Stand des Fahrers war ein großes Loch. Der Fahrer versuchte, die Tür zu öffnen. Plötzlich wurde er bewußtlos. Ich machte die Türe auf. Er fiel heraus, mir in die Arme. Sein linker Fuß war abgerissen. Zwei Kilometer vor dem Dorf hatte eine Granate neben dem Wagen eingeschlagen. Mit dem rechten Fuß auf der Kupplung war er noch zwei Kilometer gefahren. Im Wagen hatte er drei Schwerverletzte. Wäre er mit seinem Wagen stehengeblieben, die Verwundeten wären verloren gewesen. Eine halbe Stunde später standen die Russen am Dorfrand.

Wir legten eine Abschnürbinde um das verletzte Bein. Dann verluden wir den Tapferen als vierten zu den drei Verwundeten, die er gebracht hatte. Ein neuer Mann setzte sich an das Steuerrad und fuhr den Wagen nach hinten. Glücklicherweise war die Blutung nicht erheblich gewesen. Das Skalpell des Aristoteles konnte den Soldaten der Humanitas retten."[120])

Aber nicht nur unter den widrigen Transportverhältnissen hatten die Verwundeten in Finnland zu leiden, sondern auch unter einer regelrechten Stechmückenplage, die in den feuchten Sumpfwäldern Kareliens an der Tagesordnung war. Gar mancher Schwerverwundete, der sich kaum regen konnte, hatte hier zusätzliche Qualen auszustehen, wenn sich die Mücken wie Vampire auf die blutenden Wunden stürzten. Bauers Schilderung über einen „Verwundeten-Transport an der Lapplandfront" veranschaulicht recht deutlich, daß die klimatischen und geographischen Bedingungen an der karelischen Front vom Landser nahezu mehr abverlangten als das eigentliche Kampfgeschehen, das sich im hohen Norden nicht so sehr in großen Schlachten auszeichnete, als vielmehr in einem kontinuierlichen Kleinkrieg. Spektakuläre Aktionen wie der Kampf um den Bunkerrücken im Kriegsjahr 1943 waren in Finnland verhältnismäßig selten. Die Gebirgsjäger waren meistens auf sich allein gestellt. Besonders bedrückend empfanden die Gebirgssoldaten diese lebensfeindlichen Umstände in den langen Wintermonaten, wenn das Tageslicht immer kürzer wurde und das Thermometer von Tag zu Tag weiter unter den Gefrierpunkt fiel, vor allem aber in der Weihnachtszeit und in den Wochen davor. Karl Pölzl hat die „Vorweihnacht in Karelien" in seinem Bericht festgehalten:

„Es ist ein schöner Wintertag an der ‚Rollbahn Berger'", lesen wir dort einleitend. „Die Föhren um die Schallmeßstelle ‚C' herum recken ihre Wipfel mit dem dicken Rauhreif in den zartblauen Morgenhimmel, auf dem rosig gerandete Wölkchen dahinziehen. An der Front ist es seit Tagen ungewohnt ruhig. Da kommt zu Mittag der Befehl, ich solle Leutnant Schwabl auf dem ‚Vorwarner 2' im Bahnabschnitt für einige Tage ablösen.

Als ich am nächsten Morgen die Ski anschnalle, ist der Himmel noch fahl, erst langsam kommt das Licht. Ich laufe durch den Wald zu meiner ehemaligen Meßstelle ‚D' und dann den Bahndamm entlang nach vorne. Der Russe schießt in Gegend ‚Straße der SS' in den Wald; es hallt mächtig durch den klaren Morgen. Ich bin neugierig auf den kommenden Dienst, war noch auf keinem Vorwarner eingesetzt. Bald stehe ich vor dem erst im Herbst erbauten, unter einer Baumgruppe halb versteckten Bunker. Im Innern ist es gemütlich, warm und vor allem sicher, denn man hat den neuen Bunker hervorragend abgedeckt. Die Wände sind schön ausgetäfelt; hier macht ja auch ein Leutnant Dienst. Schwabl ist übrigens schon weg, als ich ankomme.

Ich lasse mich kurz in die Aufgaben einweisen und steige nach einigen Stunden schon zum Beobachtungsturm hinauf, um den Gefr. Ilkerl abzulösen. Der Turm erhebt sich frontseitig so hoch über das Bunkerdach hinaus, daß ausreichender Beobachtungsraum vorhanden ist. Mit dem Richtkreis einschließlich Nachtbeleuchtung und dem Fernsprecher finde ich mich bald zurecht. Wo ist nun die Front?

Es ist ein eigenartiges Gefühl, so unvermittelt mitten in der HKL, zumindest nahe hinter dem eigenen Graben zu sitzen. Während der alte Bunker kaum 30 m hinter der Blende im sumpfigen Gelände seinen eigentlichen Zweck kaum erfüllte, steht der neue auf einem leichten Erdrücken, etwa 200 m hinter dem Graben. Mein Blick geht durch den schmalen Sehschlitz auf die Bäume ringsum, die wie hinten bei ‚C' im schönsten Rauhreif prangen. Zwischen ihnen bleibt nicht mehr viel Sicht und über ihnen reicht es gerade noch für etwas blauen Himmel. Weiter vorne wird der Urwald schütterer. Ich kenne die Gegend von einem Gang zu Oberwachtmeister Krebs im Herbst. In einer trostlosen Öde zerschossener Baumstrünke erheben sich da die Bunker und Gefechtsstände der eingesetzten Kompanien.

Die HKL! Es klatscht links und rechts, Geschosse pfeifen vorüber, klatschen gegen die Baumstämme, ab und zu bellt ein Granatwerfer kurz und trocken. Einmal faucht etwas in kurzen Abständen heran, verpufft aber anscheinend wirkungslos im Gelände; alles Blindgänger? Ich kann es mir nicht erklären, bis man es mir sagt: Der Iwan schießt Propagandagranaten, Flugzettel! Auch eine Waffe des modernen Stellungskrieges! Ich wollte, er verwendete nur mehr solche Granaten, denn für Papier haben wir bessere Verwendung als für die scharfgezackten Splitter.

Während ich mich langsam in meine neue Aufgabe einlebe, wird es unter mir lebhaft; da haben sie offensichtlich etwas Süffiges hervorgeholt. Als ich zur Ablösung nach unten komme, schwankt mir Saliger etwas unsicher entgegen. Die Katze ist wohl aus dem Haus in diesen Tagen! Nun, dieses einsame, fast unerträgliche Dasein muß ab und zu aufgelockert werden, deshalb sind die Männer doch auf ihrem Posten, wenn es sein muß.

Von 22.00 bis 01.00 Uhr ist es recht kühl auf meinem luftigen Platz. Es herrscht übliche Gefechtstätigkeit. Ich gebe ab und zu Meldungen durch, wie ‚Eiserner Vorhang aus 2400, vereinzelt' oder ‚Jungfrau aus 2200 bis 2300'! So lauten die Decknamen für die verschiedenen Arten der Feindtätigkeit. Zur Aufklärung werden nur lohnende Ziele an die Aufnahme durchgegeben, wie Abschüsse von Geschützen oder schweren Granatwerfern. ‚Schuß 2!' heißt es dann kurz. Der Kamerad in der Aufnahme, der jede Meldung im Kopfhörer mithört, hat noch genug Zeit, das Mikrofonsystem einzuschalten. Die Meßstellen liegen so weit hinter dem Vorwarner, daß sie von den Schallwellen erst nach Sekunden erreicht werden. Neben diesen eigentlichen Vorwarnermeldungen werden die vorhin erwähnten allgemeinen Lagemeldungen durchgegeben, die eigentlich ‚taktische Gefechtsaufklärung' darstellen und Hauptaufgabe unserer 3. Batterie sind.

Mit ziemlich unterkühlten Beinen steige ich zur Ablösezeit die steile Leiter hinab, während der Kamerad weiter in das Dunkel hinausstarrt.

Am 7. Dezember", heißt es dann weiter, „benütze ich die beobachtungsfreien Stunden, um Offz. Etzer von der ehemaligen ‚Ersten' aufzusuchen, der die Lichtmeßstelle ‚Blau' auf einem Beobachtungsturm halblinks von uns leitet.

Über einen leichten Hang erreiche ich einen ausgefahrenen Schlittenweg, der gegen Feindsicht mit Blenden abgedeckt ist. Eine ungemütliche Ecke. Mehrere Male pfaucht und miaut es heran, daß ich hinter Baumstämme hechte. Zum Glück sehe ich bald den in einer Baumgruppe aufragenden Beobachtungsturm, dessen Dach ungefähr mit den Baumkronen abschneidet. Der Bau ist ein Meisterwerk fachkundiger Abteilungsangehöriger, doch mir ist er zu ‚windig'; ich plaudere lieber mit Etzer im massiven Bunker darunter. Auf dem Rückweg sehe ich erst, welch schöner Baumbestand hier vorne noch ist. Vorhin hat mich wohl das Russen-MG am Betrachten gehindert. Ich lasse meine Bretter immer noch vorsichtig über den Schnee gleiten. Zur Rechten sehe ich jetzt den verlassenen Turm der SS-Beobachtungsbatterie, auf dem es infolge mangelhafter Tarnung fünf Tote bei einem plötzlichen Feuerüberfall gab.

Leutnant Schwabl läßt sich Zeit mit dem Zurückkommen, was mir aber nichts ausmacht. Am Nachmittag schießt es lange Zeit im Abschnitt. Während ich in der Nacht zum 8. Dezember Beobachtungsdienst versehe, ist es wunderbar hell. Der Iwan brummt mit seinem Nachtflieger über der Front, und weiter hinten kracht es mehrmals dumpf. Ein prächtiger Morgen folgt. Die 10. Batterie an der Artillerieschneise schießt mehrere Feuerüberfälle. Hoch über uns hinweg winseln die schweren Granaten und knallen breit ausladend in das russische Hinterland. Dann geht auch dieser Tag zu Ende; doch was ist ein Tag hier, wo es Weihnachten zugeht!

Ein weiterer wunderbarer Wintertag folgt. Schwabl ruft an: ‚Morgen!'. Nachmittags lege ich mich auf die Pritsche und schlafe infolge der angenehmen Temperatur richtig ein, so daß ich um 22.00 Uhr gar keine Lust habe, auf den Turm zu klettern, wo es gute 20 Grad kälter ist. Ich schlage eine Wolldecke um die Beine, rechts wärmt das Ofenrohr noch eine Zeitlang. Nachts wird nur ganz schwach geheizt, damit die Funken nicht Bomben auf uns ziehen. Je tiefer es in die Nacht hineingeht, desto unangenehmer wird es. Vorne ist der übliche Betrieb; es knallt, pfeift und rummst mit kurzen Pausen. In den Bäumen knarrt der Frost, als würden die Stämme zerrissen. Dazwischen liegen Minuten völliger Stille und lenken die Gedanken auf andere Dinge. So sitzt man mehrere tausend Kilometer von der Heimat entfernt allein in dunkler Nacht, unsagbar verloren in der karelischen Waldwildnis, rundum der prachtvolle verschneite Wald, darüber der sternenübersäte Himmel. 200 m vorne einsame Posten, die ebenfalls in die Finsternis starren, hinweg über eine unsichtbare Schicksalslinie zwischen Völkern, ja Kontinenten ...

Es ist, als wäre es ewig so gewesen, daß man hier hinter dem Gerät säße, auf seine Aufgabe bedacht. Man sagt seine Sprüche, die auf der anderen Seite schlaftrunken wiederholt werden: ‚Gustav Anton aus 3400 bis 3600 ... Ende!' Bis es dann wieder so weit ist, daß es sich im Bunker regt und der Ablöser heraufsteigt. Für Sekunden starren zwei Männer hinaus, ohne sich viel sagen zu müssen über Lage und Aufgabe. Vielleicht sagen die Augen auch: Schön ist diese Nacht wieder, oder: Gräßlich sind diese einsamen Stunden ...

Während der Nacht ist drüben beim V 3 in der Gudrunstellung etwas los. Man sagt es sich als alltägliches Geschehnis durch die Strippe, ohne noch zu denken, was solche Stunden im Granatenhagel für den einzelnen Kameraden bedeuteten. Diesmal ging es ohne Tote ab.

Es trübt überraschend ein und beginnt zu schneien. Unsere Schwere rührt sich wieder; es grollt dumpf und anhaltend, ohne daß der Russe antwortet. Schon seit Tagen ist er artilleristisch sehr zurückhaltend. Zu Mittag hat es ausgeschneit. Wolkenfetzen ziehen noch über den Himmel, der mit alter Bläue und beißender Kälte zu strahlen beginnt. Um 13.00 Uhr ist Schwabl da; ich rüste mich zum Rückweg. Der Essenschlitten nimmt mich mit, doch hat er noch einiges zu erledigen, so daß ich so lange vor dem Gefechtsstand einer Jägerkompanie warte. In der Wärme des Bunkers vergaß ich, die Hemdärmel vor dem Anziehen herunterzustreifen, so daß es mir nun eisig den Arm hinaufzieht und ich am ganzen Körper zu frieren beginne. Die Dämmerung bricht früh herein; das ganze Wetter ist heute so eigenartig. Der Schlitten ist da und gleitet über den hart gefrorenen Schnee. Ungemein kalt ist es geworden, stelle ich immer nur fest, ohne es wahrhaben zu wollen, und die Temperatur scheint schlagartig weiter zu fallen. Ich lasse den Wald in seinem Winterschmuck an mir vorüberziehen. Wir haben die Bunkerzeile der Kompanien hinter uns; auf dem schnurgeraden Bahndamm gleitet der Schlitten nun rascher dahin. Was wäre diese Gegend ohne Bahndamm, der nicht nur ein wertvoller Nachschubweg ist, sondern auch etwas Leben in die sonst trostlose Einsamkeit des Urwaldes bringt und den Blick auf ein größeres Stück Himmel freigibt. Hoch wölbt sich dieser hier über den Baumkronen und dann über dem dunklen Saum des Waldes am großen Sumpf bei ‚D‘. Trotz fortschreitender Dämmerung ist mir, als würde es zugleich auch heller. Der Himmel ist von den letzten Wolkenfetzen reingefegt und strahlt unerträgliche Kälte aus. An der Umschlagstelle der Pioniere steige ich vom Schlitten, auf dem ich es vor Kälte nicht mehr aushalte. Während ich mir zum Anschnallen der Ski die Handschuhe ausziehe, scheinen mir die Finger zu erfrieren, daß ich wie ein Kind heulen könnte vor Schmerzen. Am Körper wird mir allmählich wärmer, als ich eine längere Strecke über die schöne Bahn geglitten bin. Ich mache einen richtigen Schnellauf zum Störtruppbunker zurück, wo ich eine Pause einlege. Seit dem vergangenen Winter auf dem Topsee habe ich nie mehr so gefroren. Hofer hat tüchtig eingeheizt; hier fühle ich mich rasch wieder wohl. Auf dem Tisch liegt ein Pack neuer Frontzeitungen, in die ich mich kurz vertiefe. Sie bringen immer Neues oder Unterhaltsames, daneben die lustigen Zeichnungen Kassekers.

Als ich den Bunker verlasse, schwebt im Westen letztes verblassendes Abendrot. Während der Fahrt über den Sumpf in Richtung Rollbahn Berger ist die Welt um mich herum ein wahres Zauberreich geworden. Ist es Tag oder Nacht? Dunkel und zugleich unwirklich hell ist es und dabei immer noch gräßlich kalt, daß man kaum zu atmen wagt. Über dem Waldrand steht die mattrote Scheibe des Mondes und wandert zwischen den einzelnen Baumkrüppeln im Vordergrund. Das Schneefeld glitzert im magischen Licht, und die kleinen Tännchen am Sumpfrand sind wie Zuckerhüte, über die das Mondlicht hinfließt. Mit zunehmender Dunkelheit wird das Mondlicht stärker, und markanter strecken sich die Baumschatten über das Schneefeld. Ich fühle die ausgelaufene Spur, mehr als ich sie sehe, doch kenne ich ohnehin jede Biegung, jeden Baum und Strauch an ihr.

Etwas vor der Feuerstellung der 7. Batterie erreiche ich die Rollbahn Berger, wo mir, aus dem dunklen Waldstück kommend, wieder die Helle des schmalen Sumpfstreifens vor der Meßstelle entgegenschlägt. Der mit mir gewanderte Mond steht jetzt über unserem Bunkerdach, und sein mildes Licht erhellt den baumlosen Sumpf. Die unzählbaren Schneekristalle glitzern wie ein einziger funkelnder Teppich. Übrigens ist es 15.00 Uhr nachmittags.

Das ist Karelien — zwei Wochen vor Weihnachten!"[121])

Die karelische Front war in den tiefverschneiten Wäldern zum Jahresende wieder einigermaßen ruhig. Eintöniger Feldposten- und Feldwachdienst und die alltäglichen Späh- und Stoßtruppunternehmen sowie Feuerüberfälle mit schweren Waffen — ein Kleinkrieg ohne spektakuläre Kesselschlachten, der „in schärfstem Gegensatz zu dem dramatischen Geschehen auf der deutschen Ostfront"[122]) stand — wechselten sich, sofern es die Witterungsbedingungen zuließen, mit dem Wegebau, den Träger- und sonstigen Nachschubarbeiten ab. Aber die langen Wintertage, an denen die Sonne nur ganz kurz über den Baumwipfeln stand und schon wieder verschwand, noch ehe sie sich richtig gezeigt hatte, mehr aber noch die endlos langen Winternächte, wenn eine unheimliche Stille sich über die vor Kälte klirrenden Wälder und Seen legte, all das verleitete die Gebirgssoldaten, die im hohen Norden eingesetzt waren, zum Grübeln und Sinnieren; vor allem jene, die ahnten, daß die bereits am Ende des Kriegsjahres 1942 an allen Fronten eingetretene Wende infolge der erdrückenden personellen und materiellen Überlegenheit zugunsten der Alliierten im Kriegsjahr 1943 immer augenfälliger geworden war. Diese wurde auch in einem Vortrag, den Generaloberst Alfred Jodl, der Chef des Wehrmachtführungsstabes im OKW, am 7. November 1943 vor den Reichs- und Gauleitern der NSDAP in München gehalten hatte, schonungslos angesprochen:

„Ich fasse den Ablauf der großen Kampfgeschehnisse bis zum Herbst 1943 nochmals kurz zusammen:

Die beiden ersten Kriegsjahre sahen Deutschland und seine späteren

Verbündeten in einem fast beispiellosen Siegeslauf. Die Feldzüge in Polen, Norwegen, Frankreich, in Nordafrika, auf dem Balkan und der Angriff in Rußland bis an den Donez, vor die Tore Moskaus und an den Wolchow schufen für die Verteidigung Europas ein weites Vorfeld und durch die Besetzung und Sicherung reicher Rohstoff- und Ernährungsgebiete die Voraussetzungen für eine Kriegsführung auf lange Dauer. Überlegene Führung, besserer Einsatz der modernen Kampfmittel, eine überlegene Luftwaffe und ein selten hoher Kampfwert und Kampfgeist der Truppe gegenüber den in all diesen Elementen schwächeren Gegnern haben zu diesen Erfolgen geführt. In diesem Zeitabschnitt des Krieges, in dem unsere Überlegenheit zu Lande unbestritten und die zur Luft sogar die hoffnungslose Unterlegenheit zur See wenigstens in den küstennahen Gewässern ausgleichen konnte, blieb uns bei dem letzten Griff nach der Palme des Sieges der Erfolg versagt.

Die Landung in England, bis ins kleinste, aber mit improvisierten Übersetzmitteln vorbereitet, konnte nicht gewagt werden, solange die britische Luftwaffe nicht völlig niedergekämpft war. Das aber gelang ebensowenig wie die restlose Zertrümmerung der sowjetischen Wehrmacht. Spätere Geschlechter werden uns nicht vorwerfen können, daß zur Erreichung dieser kriegsentscheidenen Ziele nicht das Äußerste gewagt und an Kraftanstrengung angesetzt worden wäre.

Aber das Wagnis, die deutsche Luftwaffe im Kampf gegen England völlig ausbluten zu lassen, konnte in Anbetracht des bevorstehenden Kampfes gegen Sowjetrußland niemand übernehmen.

Im Osten aber setzt die Naturkatastrophe des Winters 1941 selbst dem härtesten Willen ein gebieterisches Halt entgegen.

Das dritte Ziel, Spanien in den Krieg und auf unsere Seite zu ziehen und dadurch die Möglichkeit der Wegnahme von Gibraltar zu schaffen, scheitert an dem Widerstand des spanischen oder besser jesuitischen Außenministers Serrano Suner.

Damit wurde klar, daß mit einer schnellen Beendigung des Krieges nicht mehr zu rechen war, daß es hart und schwer sein und das ganze Volk vor gewaltige Anstrengungen stellen würde", setzte Jodl, selbstkritisch genug, seinen Vortrag fort. „Denn jeder Angriff, der nicht zum Waffenstillstand oder zum Frieden führt, muß notwendigerweise mit der Verteidigung enden — sagt Clausewitz.

Nach den ersten Rückschlägen an der Ostfront und auf dem nordafrikanischen Kriegsschauplatz im Winter 1941 rafften das Reich und seine Verbündeten nochmals alle Kräfte zusammen, um in einem erneuten Ansturm den östlichen Gegner endgültig zu schlagen und die ägyptische Operationsbasis der Engländer zu nehmen. Die große Operation gegen Kaukasien und gegen das Nildelta scheiterte aber aus Mangel an Kräften und ausreichender Versorgung. Zum ersten Mal trat im Mittelmeer eine technische und zahlenmäßige Überlegenheit unserer Westgegner in der Luft in Erscheinung. Der sowjetrussischen Führung gelang es, die Front bei Stalingrad und vor dem Kaukasus zum Stehen zu bringen und dann im Winter mit neugeschaffenen starken Reserven die erstarrten und zu weitgedehnten, zum großen Teil von Verbündeten besetzten Fronten an der Wolge und am Don zu durchbrechen. Die aus besten deutschen Verbänden bestehende 6. Armee erlag, ohne genügende Versorgung den eisigen Winterstürmen ausgesetzt, der feindlichen Überlegenheit.

Ebenso vermochten es die Westmächte, in Ägypten eine Konzentration der Kräfte auf der Erde, zur See und in der Luft aufzubringen, die uns vor den Toren Ägyptens aufhielt und nach der Schlacht bei El Alamein zum Rückzug und schließlich nach der Landung starker englisch-amerikanischer Armeen in Französisch-Nordafrika zur Aufgabe der gesamten afrikanischen Positionen zwang. Wieder fielen beste deutsche Divisionen dem Würgegriff einer überlegenen feindlichen Luftwaffe gegen unseren Nachschub über See zum Opfer, aber nicht ohne einen Zeitgewinn erzielt zu haben, der jedes Opfer wert war ..."

Über die Sowjetunion, die Lage des Kriegsjahres 1943 und die kriegswichtigen Räume für 1944 bemerkte Jodl dann:

„Obwohl es uns weder im Jahre 1941, noch im Jahre 1942 gelungen ist, die feindliche Streitmacht völlig zu vernichten und damit Rußland auf die Knie zu zwingen, so ist doch als positives Ergebnis zu buchen, daß die bolschewistische Gefahr weit von unseren Grenzen weg verwiesen werden konnte.

Wenn heute angesichts der wiederholten und andauernden Rückschläge des Jahres 1943 immer wieder die Frage auftaucht, ob wir nicht die Stärke des bolschewistischen Gegners grundlegend unterschätzt haben, so mag diese Frage bezüglich der Durchführung einzelner Operationsabschnitte sicher bejaht werden. Auf den Angriffsentschluß im ganzen und das langmöglichste Festhalten an ihm ist dieser Zweifel jedoch nicht zutreffend. Ebenso wie die Politik, so besteht auch die Kriegsführung nicht nur aus Rechenexempeln, und es gehört zu den wichtigsten Kriegserfahrungen, daß die richtige Einschätzung des Gegners zum Schwersten vom Schweren gehört und daß auch dann noch viel Unwägbares übrigbleibt, was sich erst im Kampfe selbst klärt.

Eine Klärung entscheidendster Art ist darin zu erblicken, daß wir durch den Vorstoß in das Dunkel des russischen Raumes nicht nur die personelle Kraft, sondern auch einen technischen Rüstungsstand beim Feind erkannt haben, die uns erst zur Durchführung des totalen Krieges und zu einer technischen Gegenleistung gezwungen haben, die wir aus eigenem Antrieb kaum hervorgebracht hätten. Man kann nur mit einem gewissen Schaudern daran denken, was geschehen wäre, wenn wir uns gegenüber dieser Gefahr abwartend verhalten hätten und früher oder später von ihr überrannt worden wären...

Die Wehrkraft Deutschlands und seiner Verbündeten war mit dem Ausklang der Winterkämpfe 1942/43 und nach dem Verlust der afrikanischen Armee außerordentlich gespannt. Es gelang zwar, die 5. Pz.-Armee und die 6. Armee wieder neu aufzustellen, aber vier verbündete Armeen fielen aus.

Die operativen Reserven im Osten konnten zwar hervorragend ausgerüstet, ihrer Zahl nach aber nicht mehr so vermehrt werden, um irgendwo weitreichende Operationen ins Auge fassen zu können. Verlorengegangen war die große Beweglichkeit des Heeres und vom russischen Kriegsschauplatz abgesehen, auch die Überlegenheit in der Luft. Die überlegene wirtschaftliche Stärke unserer Gegner und ihr größeres Menschenreservoir, schwerpunktmäßig gegen Europa zusammengefaßt, machte sich bemerkbar. Das völlige Absinken Italiens auf allen Gebieten und das Fehlen einer nennenswerten Kriegsproduktion bei unseren übrigen Verbündeten konnte auch durch die gewaltigen Anstrengungen Deutschlands nicht ausreichend wettgemacht werden.

Zwangsläufig mußte damit die Intiative an den Gegner übergehen und das Reich und die an seiner Seite kämpfenden europäischen Nationen in die Defensive fallen...“[123])

Aber nicht nur im Süden, wo Mussolini und sein faschistisches Regime am 24./25. Juli 1943 gestürzt und am 3. September ein geheimer Waffenstillstand zwischen Italien und den Alliierten unterzeichnet wurde, in dessen Folge die Westmächte mit der Eroberung der Apenninen-Halbinsel begannen, sondern auch im hohen Norden zeigte die deutsch-finnische Waffenbrüderschaft gefährliche Risse. Im August fanden in Stockholm Besprechungen, die noch ergebnislos verliefen, zwischen finnischen und englischen Vertretern statt, und im September erklärten die Finnen demonstrativ, daß sie einen eigenen, eben den „Finnischen Krieg“ führten und somit am Krieg der Großmächte nicht interessiert seien.

Man war sich auf deutscher Seite schon seit längerem im klaren, daß es über kurz oder lang zu einem Sonderfrieden zwischen Finnland und den Alliierten kommen würde, und ging daran, die sich daraus ergebenden militärischen Konsequenzen zu ziehen. Hitler befahl daher in seiner

Der Soldatenfriedhof des III./Gebirgs-Jäger-Regiment 206 südlich von Staraja Russa.

„Weisung Nr. 50“ vom 28. September 1943 die „Rückführung des Geb. A. O. K. 20 nach Nordfinnland und Nordnorwegen.“ Darin hieß es unter anderem:

„1.) Die Lage bei der Heeresgruppe Nord ist völlig gefestigt, eine Zurücknahme ihrer Front nicht beabsichtigt. Der operativ gefährlichste Abschnitt bei Welikije Luki wird nachhaltig verstärkt. Trotzdem wird für den Fall einer ungünstigen Entwicklung, insbesondere in Finnland selbst, zur Zeit hinter dem Peipus-See und der Narva eine zweite Stellung gebaut.

2.) Der Fall des Ausscheidens Finnlands oder sein Zusammenbruch muß von uns pflichtgemäß in Rechnung gestellt werden.

3.) Aufgabe des Geb. A. O. K. 20 würde es in diesem Fall sein, den für uns wehrwirtschaftlich lebenswichtigen Nordraum unter Zurückschwenken der Armeefront in Linie Karesuando — Ivalo — gegenwärtiger Kampfraum des XIX. (Geb.) A. K. zunächst weiterhin zu halten. 230. und 270. I. D. würden ihm hierzu zu gegebener Zeit unterstellt werden...

4.) Die außerordentlichen Schwierigkeiten der unter diesen Umständen notwendig werdenden Bewegungen und späteren Kampfführung machen es erforderlich, die lange Zeit beanspruchenden Vorbereitungen hierfür schon jetzt in Angriff zu nehmen. Sie haben sich auf folgende Gebiete zu erstrecken:

   a) Ausbau und Offenhalten der in Frage kommenden Marschstraßen, Anlage von Rastplätzen.
   b) Vorbereitungen für die Versorgung der Armee auf dem Rückmarsch.
   c) Vorbereitung der Zerstörung für den Feind wichtiger Anlagen in den zu räumenden Gebieten.
   d) Verlagerung der Bevorratung.
   e) Vorbereitung von Unterkünften in den späteren Einsatzräumen der zurückzuführenden Teile der Armee.
   f) Vorbereitung der Nachrichtenverbindungen...

5.) Die befohlenen Maßnahmen sind, soweit sie nicht völlig unauffällig getroffen werden können, gegenüber der eigenen Truppe und den Finnen ausschließlich mit dem Ausbau der Verbindungswege zwischen Norwegen und Finnland zu begründen. Durch diesen

Generalleutnant August Krakau, der langjährige Kommandeur der 7. Gebirgs-Division

Ausbau ist anzustreben, im Bedarfsfall auch im Winter Divisionen aus der Reserve des Wehrmachtsbefehlshabers Norwegen nach Finnland zuführen zu können...

6.) Durch Geb. A. O. K. 20 ist dem Oberkommando der Wehrmacht/Wehrmachtsführungsstab eine kurze Studie über die Durchführung der vorgesehenen Kampfführung unter besonderer Berücksichtigung der Versorgung vorzulegen...“[124])

Das waren allesamt keine hoffnungsfrohen Perspektiven für die Deutschen, von denen sich nach den Worten Jodls der „Kriegsgott... abgewandt und... in das andere Lager begeben hatte.“

Chronik des Kriegsjahres 1944

3. Januar: Die Rote Armee erreicht die ehemalige polnische Ostgrenze

22. Januar: Alliierte Landung im Rücken der deutschen Front auf der italienischen Halbinsel bei Anzio und Nettuno

11. Mai: Beginn des alliierten Großangriffs bei Cassino

18. Mai: Räumung von Monte Cassino

24. Mai: Alliierte Offensive aus dem Landekopf von Anzio und Nettuno

4./5. Juni: Rom in der Hand der Alliierten

6. Juni: Operation „Overlord“. Beginn der alliierten Landung in der Normandie

9. Juni: Beginn der sowjetrussischen Offensive gegen Finnland

20. Juni: Beginn der sowjetrussischen Offensive im Mittelabschnitt der Ostfront. Ribbentrop erreicht in Helsinki, daß Finnland vorerst noch nicht aus dem Krieg ausscheidet

17. Juli: Beginn der sowjetrussischen Offensive im Südabschnitt der Ostfront

20. Juli: Mißglücktes Attentat durch Oberst Graf Stauffenberg auf Hitler

30./31. Juli: Durchbruch der Amerikaner bei Avranches

4. August: Amerikanische Truppen besetzen Florenz

15. August: Operation „Anvil“. Landung der Alliierten in Südfrankreich

23. August: Rumänien schließt sich den Alliierten gegen Deutschland an

25. August: Bulgarien bittet um Frieden

3. September: Finnland bittet um Frieden

11. September: Amerikanische Truppen überschreiten die deutsche Westgrenze

Oktober: Aachen als erste deutsche Großstadt in alliierter Hand
20. Oktober: Landung der Amerikaner auf den Philippinen
7. November: Roosevelt zum vierten Male zum US-Präsidenten gewählt; Truman wird Vizepräsident
16. Dezember: Beginn der Ardennen-Offensive, sogenannte Rundstedt-Offensive
31. Dezember: Beginn der deutschen Offensive aus den Nordvogesen

Die Maßnahmen der 20. Gebirgs-Armee 1943/44

Deutschlands militärische Lage hatte sich auch 1943 auf sämtlichen Kriegsschauplätzen weiterhin verschlechtert. Sorgenvoll sah man daher am Beginn des Kriegsjahres 1944 bei der deutschen Wehrmachtsführung der Zukunft entgegen. Der finnische Kriegsschauplatz und die dort operierende 20. Gebirgs-Armee — „die stärkste und beste Armee ..., über die das Reich im Herbst 1943 noch verfügte"[125]) — mit ihren Gebirgs-Armeekorps und Gebirgsdivisionen — inklusive der „Siebten" — bildeten hierbei keine Ausnahme. Der deutschen Führung war nicht verborgen geblieben, daß die Finnen wegen des unbefriedigenden, ja geradezu besorgniserregenden Kampfverlaufes der Heeresgruppe Nord an der Front um Leningrad, das nicht mehr erobert werden konnte, und „zum Teil unter amerikanischem Druck", wie es im Kriegstagebuch des OKW heißt, „politische Verhandlungen mit den Sowjets aufgenommen" hatten, und zwar „mit dem Bestreben, einen Sonderfrieden zu erhalten."[126])

Und weiter heißt es dann im KTB des OKW: „Im Hinblick auf diese zahlreichen und von verschiedenen Seiten eingehenden Meldungen wird der Deutsche General beim Oberkommando der Finnischen Wehrmacht, General der Infanterie Erfurth ... angewiesen, über Lage und Stimmung im finnischen HQu. dem OKW laufend Bericht zu erstatten und das Gebirgs-AOK 20 ebenfalls zu unterrichten."[127])

Das gegenseitige Mißtrauen trübte, trotz aller Dementis und gegenteiligen Beteuerungen, das deutsch-finnische Verhältnis immer mehr, das im Grunde genommen nur noch durch die herzliche und gewinnbringende Art des Oberbefehlshabers der 20. Gebirgs-Armee, Generaloberst Dietl, und die Wertschätzung, die ihm der finnische Marschall, Freiherr von Mannerheim, entgegenbrachte, vor dem vorzeitigen Bruch bewahrt wurde. So befaßte sich die deutsche Führung immer intensiver mit vorbereitenden Maßnahmen für den Fall eines finnischen Kriegsaustrittes. „Im Unterschied zu den Absichten für den Fall ‚Achse'", womit der Abfall Italiens gemeint war, war „für den Fall eines Ausscheidens Finnlands aus dem Krieg von Anfang an nicht die Besetzung des Landes, die Entwaffnung des Heeres usw. vorgesehen, sondern lediglich das Zurückgehen des Geb.-AOK 20 auf die Nordwestecke Finnlands und die Behauptung des Nickelgebietes von Petsamo", wie es bereits in der „Weisung Nr. 50" vom 28. September 1942 zum Ausdruck kam.[128]) Über die Rückzugsbewegungen gab es zwischen dem Wehrmachtführungsstab und dem Gebirgs-Armeeoberkommando 20 divergierende Auffassungen.

Das Zeichen der 20. Gebirgs-Armee

„Das (Geb.) AOK 20", heißt es nämlich, „hat in Verfolgung der Führerweisung 50 vom 28. September am 9. Oktober eine **Studie über die Kampfführung** im Falle einer Rückführung der Armee nach Nordnorwegen vorgelegt und ist zu dem Schluß gekommen, daß die Armee dort auf die Dauer nicht versorgt werden kann. Der WFSt (Wehrmachtführungsstab) stimmt dieser Ansicht zu, spricht sich aber gegen den Vorschlag aus, daß die Masse der Armee sich nach Süden durchschlägt, da der Erfolg einer solchen Bewegung und der Abtransport aus Südfinnland zweifelhaft sind, andererseits nicht vorzeitig auf das Nickelgebiet von Kolosjoki verzichtet werden kann. Zu den Anforderungen des AOK (Erhöhung des Kw-Transportraums, vermehrte Zuweisung von Betriebsstoff und Sperrholzzelten, Ausbau von Häfen, Straßen und Versorgungsstützpunkten in Nordnorwegen, Verstärkung des Schiffsraums ebenda) nimmt der WFSt im einzelnen Stellung. Um Einsparungen zu erzielen, faßt der WFSt für die rückw. Stellung des XVIII. (Geb.) AK. eine andere Linienführung als das (Geb.) AOK 20 ins Auge, deren Vorteile dargelegt werden..."[129])

Noch am 19. November 1943, einen Monat später, verbreitet das „Kriegstagebuch des Oberkommandos der Wehrmacht" Optimismus über den finnischen Kriegsschauplatz:

„In der am 28. September für die **Kampfführung im Bereich des (Geb.) AOK 20** erlassenen Weisung Nr. 50 ist die Möglichkeit eines Ausscheidens Finnlands in Rechnung gestellt worden. Da damit jetzt nicht mehr gerechnet wird, stellt der WFSt in einer Vortragsnotiz fest, daß im Rahmen der Weisung nur noch die Kampfführung der Armee für den Fall, daß Finnland erstens eine entscheidende Niederlage erfährt, zweitens mit unserem Einverständnis einen Sonderfrieden abschließt, zu regeln ist. Die zu treffenden Maßnahmen bestimmen sich nach dem Auftrag.

1. Falls wegen des Nickels der Raum von Kolosjoki trotz des damit für die Gebirgsarmee verbundenen Risikos gehalten werden soll, müssen auch die für ein Halten des Nordraums erforderlichen Kräfte dort belassen werden (XIX. Geb.-Korps, XXXVI. Geb.-Korps und bei Zurücknahme des rechten Flügels 1 Div. des XVIII. Geb.-Korps) ...
2. Für den Fall, daß auf das Nickelgebiet verzichtet und eine Räumung des Gebietes nördlich Narvik beschlossen wird, wird eine weitere Möglichkeit für den Abtransport des (Geb.) AOK 20 erörtert (XIX. Geb.-Korps über Reichsstraße 50 nach Nordnorwegen, XVIII. und XXXVI. Geb.-Korps nach Südfinnland, von dort im Seetransport über die Ostsee)...“[130])

Eine überaus wichtige Rolle spielte naturgemäß das Versorgungssystem, von dem das Wohl und Wehe jeder Truppe abhängt. Angesichts der unsicheren militärischen Lage war man auf deutscher Seite gezwungen, auch diesbezüglich alle Eventualitäten ins Auge zu fassen. Am 11. Dezember 1943 heißt es darüber im Kriegstagebuch des OKW:

„Im Zuge der Durchführung der Führerweisung 50 ist das **(Geb. AOK 20** bestrebt, seine **Verpflegungsbasen** nach rückwärts aufzulockern. Hierüber hat der OQu Skandinavien im FHQu Vortrag gehalten und darauf hingewiesen, daß der Stand der Einrichtung von Verpflegungsbasen in Nordnorwegen und Nordwest-Finnland zur Zeit noch unbefriedigend ist. Vor allem läßt sich die Holzbeschaffung nur langsam durchführen. Es fehlt an Arbeitskräften und Transportmöglichkeiten. Deshalb ist geplant, trotz Devisenschwierigkeiten auch auf schwedische und finnische Holzbestände zurückzugreifen.

Nach Ansicht des WFSt“, so die wiederum vom Gebirgs-Armee-Oberkommando 20 abweichende und zuversichtliche Lagebeurteilung des OKW, „erscheinen diese Maßnahmen zur Zeit jedoch nicht so vordringlich, da auf Grund der Feindbeurteilung weiterhin mit einer Passivität der Russen an der finnischen Front und damit mit einer Weiterführung des Kampfes von Finnland an unserer Seite zu rechnen ist.“[131])

Nun, die Rote Armee griff in der Tat im Winter 1943/44 an der finnischen Front weniger massiert an. Daß sich die militärische Lage im hohen Norden damit für die Deutschen weniger dramatisch gestaltete, das anzunehmen war jedoch ein Trugschluß, denn nach wie vor hing die Möglichkeit des Abfalls Finnlands wie ein Damoklesschwert über der 20. Gebirgs-Armee und damit auch über der 7. Gebirgs-Division.

„... Für den Fall, daß die Notwendigkeit des Ausscheidens im Frühjahr 1944 oder später eintritt", lauteten die teilweise divergierenden Ansichten des OKW gegenüber jenen des Gebirgs-AOK 20 gemäß einer Eintragung im Kriegstagebuch des OKW vom 15. Dezember 1943, „müssen die Vorbereitungen eingeschränkt und weniger Kräfte sowie kürzere Versorgungswege, als vom AOK vorgesehen, benutzt werden. Das OKW sieht folgende Möglichkeiten:

1. Zurücknahme des rechten Flügels bis an die finn.-norweg. Grenze ..., wodurch 1 Div. eingespart und die Weglänge verkürzt wird;
2. im Winter Zurückführung der ganzen Gebirgs-Armee über Ivalo, Übernahme der Sicherung an der norweg.-finn. Grenze durch den WBfh. Norwegen, dann durch zurückgeführte Kräfte des (Geb.) AOK 20, wodurch der wintersichere Ausbau der Straße Muonio, Skibotten wegfällt."[132])

Trotz des zur Schau gestellten Optimismus, was die deutsch-finnische Waffenbrüderschaft anbetraf, die Situation, in der sich die 20. Gebirgs-Armee und somit auch die 7. Gebirgs-Division befand, war alles andere als rosig. Generaloberst Dietl verbrachte deswegen in seinem Hauptquartier in Rovaniemi nicht gerade wenige schlaflose Nächte. „Was ließ sich wie und in welcher Zeit bewerkstelligen?" lautete immer wieder die bange Frage.

Am 20. Februar 1944 rief er seinen bewährten Chef des Generalstabes, Generalleutnant Ferdinand Jodl, zu sich, besprach mit ihm die letzten Details, bevor er entschied — und diktierte nach reiflicher Überlegung ein Fernschreiben an das OKW/WFSt (Generalmajor von Buttlar) folgenden Inhalts:

„AOK faßt nachstehend nochmals die wesentlichsten Tatsachen zusammen, die bei Durchführung der Führerweisung 50 bekannt sein müssen:

1. AOK verfügt bis Ende Mai nur über die einzige Rückmarschstraße Rovaniemi, Ivola, Skoganvarre. Auf dieser Straße soll der Abmarsch von $4^1/_2$ Divisionen, Heerestruppen, Armeetruppen, Luftwaffe, OT (mindestens 120.000 Mann, 22.000 Pferde, 20.000 Kfz.) sowie der gesamte Abschub von lebenswichtigen Versorgungsgütern erfolgen. Ob es gelingt,

Straße Muonio, Skibotten im Spätwinter doch noch zu öffnen, wird untersucht. Erfolg im wesentlichen abhängig von der Witterung.

2. Vorbereitungen für Rückmarsch nach Nordnorwegen lassen sich in nennenswertem Umfang nicht treffen, da Transportraum, Bau-, Verwaltungs- und Bewachungskräfte, Schneeräumdienste und Betriebsstoff hierfür fehlen. Sie sind zur Versorgung der Front restlos ausgelastet.

3. Übernahme Uchtua-Abschnitt ist von keinem entscheidenden Einfluß auf Rückzugsproblem.

4. Bevorratung in jedem Falle verloren, soweit sie in Süd-Finnland liegt. Es handelt sich dabei für den mittelfinnischen Versorgungsraum um:

2 Monate Otto (6400 cbm)
3 Monate Diesel (3100 cbm)
2 Monate Hafer (2400 t)
2 Monate Rauhfutter (6900 t)
2 Monate Kartoffel (4000 t)
Reste (Spitzen) an Mundverpfl., besonders Mehl (8400 t).

5. Versorgungsgüter im Armeebereich können nur zu geringsten Teilen abbefördert werden, Verpflegung nur in einem Umfange, der für den Rückmarsch gebraucht wird.

Inwieweit wertvollste Teile Armeekraftfahrzeugpark, Zentralersatzteillager, Armeesanitätspark, Armeeveterinärpark, Armeegerätepark, Armeemunitionslager, Armeenachrichtenpark, Armeebekleidungslager usw. abbefördert werden können, hängt von verfügbarer Zeit und Möglichkeit des Bahntransports über Schweden ab.

6. Im Falle starken feindlichen Drucks wird ganzer Transportraum zur Versorgung fechtender Truppe benötigt. Freier Transportraum zur Rückbeförderung von Versorgungsvorräten nach Nordnorwegen außer Bahn durch Schweden dann nicht verfügbar. Es werden also in jedem Falle unersetzliche Vorräte und Einrichtungen der Zerstörung anheimfallen müssen.

7. Rückzug wird ab Ende Mai erleichtert
a) durch Befahrbarkeit aller Straßen, auch in Norwegen
b) Biwakierungsmöglichkeit für Mann und Pferd,
c) größere Abwehrkraft der zahlreichen Gewässer für Kampf der Nachhuten.

Halten derzeitiger Stellungen bis Ende Mai also in jedem Falle anzustreben.

8. Längere Verteidigung in Nordnorwegen nur möglich, wenn Versorgung über See sichergestellt, was nach Auffassung Marineoberkommando Norwegen nicht gewährleistet.“[133])

Von all diesen Vorbereitungen, die von Seiten des Gebirgs-AOK 20 für den Fall des Falles, womit der Abfall Finnlands gemeint war, in weiser

Voraussicht getroffen wurden, wußte der Großteil der Soldaten der 7. Gebirgs-Division selbstverständlich nicht das geringste, ausgenommen die Divisionsführung, die über die eine oder andere Absicht und Entscheidung zwangsläufig informiert werden mußte, und, wie sollte es anders sein, jene Oberschnapser, die überall das Gras wachsen hörten und ihre Latrinenparolen in die Welt setzten.

Die Gebirgssoldaten der „Siebten" waren vor ihrem Abtransport nach Finnland gut ausgerüstet worden: Anoraks und Pelzmäntel, Filz- und Pelzstiefel schützten sogar vor den empfindlichen Kältegraden zwischen 15, 25, 30, ja zuweilen sogar 40 Grad minus; Schneehemden und -hosen dienten der Tarnung. Nun waren sie in den karelischen Wäldern ständig auf Skiern unterwegs. Im Winter kamen sie auf diese Art und Weise viel schneller durch den Wald als im Sommer zu Fuß. Erst kurz hinter der vorderen Stellung brauchte man die Skier abzuschnallen, da die dichte weißverschneite Baummauer dem Feind die Sicht versperrte. Hinzu kam, daß alle Unebenheiten und Sümpfe durch den zuweilen meterhohen Schnee gangbar geworden waren. Jetzt war es auch möglich, die entfernten Stützpunkte in der offenen Flanke aufzusuchen, ohne daß man stundenlang, wie in den anderen Jahreszeiten üblich, unterwegs sein mußte. Dabei durften allerdings nur genau festgelegte Spuren gefahren werden. Und das hatte seinen guten Grund: Alle anderen Spuren, auf die man traf, waren damit als feindliche Spuren erkennbar. Je nach ihrem Zustand ließ sich nun feststellen, ob der Feind in der Nähe oder ob er schon vor viel längerer Zeit hier gewesen war.

All das war Karelien zu Beginn des Kriegsjahres 1944. Eine urwüchsige Landschaft, die in den kommenden Monaten zum Brennpunkt heftiger Auseinandersetzungen werden sollte.

Wie man auf deutscher Seite die Lage auf dem finnischen Kriegsschauplatz in jenem Winter einschätzte, das steht im „Kriegstagebuch des Oberkommandos der Wehrmacht" vom 4. Februar 1944 zu lesen:

„1. **Die geographischen Gegebenheiten**

Bei den auf der Karte verzeichneten Orten handelt es sich immer nur um eine oder mehrere Hütten. Mehr Menschen wohnen nur entlang den Bahnen. Es handelt sich um Krüppelwald mit Fels, im Norden um ein Gebiet von Tundra-Charkter, das im Steilhang zur Küste abfällt. In der Mitte breiten sich Sümpfe und Seen aus. Dazwischen zieht sich ein felsiges Mittelgebirge hin. Das bedeutet also, daß nur ein Marschtempo von 1 km/Stunde erzielt werden kann. Außerhalb der Wege sind Tragtiere nicht zu verwenden. Alles muß also auf menschlichen Schultern herangeschafft werden. Krieg läßt sich nur entlang der Bahnen und Straßen führen. Die Möglichkeit zu Umgehungen ist begrenzt. Die Aufstellung von Dauden ist nicht möglich, da Ortschaften, an die sich die Verpflegung anschließen könnte, nicht vorhanden sind. Möglich sind daher nur Fernkampftrupps. Dabei ist zu bedenken, daß für einen Verwundeten vier Träger notwendig sind. Es ist also unmöglich, kleinere Kommandos vorzuschicken.

2. **Stellungen**

Es handelt sich im Winter um Schneestellungen, im Sommer ist der Ausbau eigentlicher Stellungen sehr erschwert, da er nur mit Hilfe von Sprengungen durchzuführen ist. Die kurzen Nächte machen es unmöglich, intensive Arbeit zu leisten, denn an einzelnen Stellen liegen sich die Gegner bis auf 100 m gegenüber. Obwohl es sich um eine ‚ruhige Front' handelt, haben die eingesetzten 5 Divisionen im Laufe des Dezember doch 410 Mann Verluste gehabt, darunter 75 Tote. Der Charakter dieser Gegend macht nur den Einsatz von Gebirgstruppen möglich. Das AOK liegt in Rovaniemi, d. h. 500 km abgesetzt von dem einen Flügel, aber dies ist der einzige Ort, von wo aus die verschiedenen Abschnitte erreicht werden können.

3. **Die Versorgung**

Da der Bottnische Meerbusen im Winter zufriert, muß die Versorgung in diesen Monaten über die südfinnischen Häfen geleitet werden. Es ist deshalb notwendig, einen großen Teil der Versorgung im Schiffstransport um das Nordkap herum heranzuführen. Der Feldbahnbau macht große Schwierigkeiten, eine bereits gebaute Strecke ist nach dem Auftauen wieder im Sumpf versunken. Jetzt ist eine Bahn bis Kusano geführt worden. Dadurch ist die Entfernung zur Front von 300 auf 150 km herabgesetzt.

4. **Der Schiffsverkehr**

um das Nordkap muß etwa 300 km über mehr oder weniger offene See geführt werden, ist also dem britischen und russischen Zugriff ausgesetzt. Häfen fehlen, es kommen nur Petsamo und Kirkenes in Betracht. Petsamo liegt nur 10 km von der vom Feinde besetzten Fischerhalbinsel entfernt, kann also eingesehen werden. Im Sommer liegt daher das Schwergewicht auf Kirkenes. Von hier sind es 60—100 km bis zur Front. Die Kapazität der Häfen ist gesteigert worden. Schwierig ist es, die Versorgung nach Süden hin aufzulockern, denn das bedeutet, daß die Güter erst von der Front weggefahren werden. Es handelt sich darum, 100.000 Mann auf neun Monate zu bevorraten und dazu die Verpflegung für die Maultiere der Geb.-Truppen sicherzustellen.

5. **Operationsmöglichkeiten**

Im Jahre 1941 sind überall Vorstöße gegen die Murman-Bahn

versucht worden, doch haben sie nur im finnischen Abschnitt Erfolg gehabt. Der Grund liegt darin, daß nur schwache Kräfte eingesetzt werden können, da starke eine zu umfangreiche Versorgung beanspruchen. Außerdem geht der Aufmarsch nur langsam vonstatten, er erfordert vier bis sechs Wochen. Den Sowjets steht dagegen die elektrifizierte Murman-Bahn mit verschiedenen Stichbahnen zur Verfügung. Selbst wenn es also gelingt, die Bahn abzuschneiden, dann ist der Gegner sogleich imstande, von Norden nach Süden überlegene Kräfte heranzuführen, die die eigenen entweder abschneiden oder zum Ausweichen zwingen würden...

6. **Verhältnis zu Finnland**

   Die Finnen erheben (nicht zu Unrecht) den Vorwurf, wir hätten die Zusagen, die wir ihnen gemacht hätten (u. a. die Einnahme von Leningrad), nicht erfüllt. Jetzt müssen die Finnen wegen ihrer Front am Swir besorgt sein. Die politische Krise, die im Oktober ihren Höhepunkt erreicht hatte, kann jetzt als beseitigt angesehen werden. Was aber geschieht, falls die Finnen doch noch auf Verhandlungen eingehen oder falls sie eine Niederlage erleiden? Dann würde die Versorgung der 20. Geb.-Armee von Süden aus unterbunden und die Flanke der Armee aufgerissen sein.

7. Im Hinblick auf diese Möglichkeit ist die **‚Weisung 50'** erlassen worden. Erwogen wurde
   a) eine Zurückführung über Finnland und über Nordnorwegen
   b) ein Belassen deutscher Kräfte im Nordraum, um das dortige Nickelvorkommen weiter ausnutzen zu können.

   Diese zweite Möglichkeit wurde gewählt. Durch die Feststellung des Gen.-Oberst Dietl ergab sich, daß die bei der Weisung mit einbezogene Straße entlang der schwedischen Grenze im Winter nicht schneefrei ist und in diesem Raum gar kein Holz zur Verfügung steht. Ein Abmarsch in diesem Raum ist daher im Laufe des Winters nur über Ivalo möglich ...

8. Die Forderung, die Marschall Mannerheim auf die Ankündigung der Zurücknahme der Hr. Gr. Nord, die mit dem Angebot weiterer deutscher Unterstützung verbunden war, gestellt hat, läuft darauf hinaus, daß der Abschnitt Uchtua am rechten Flügel der 20. Geb.-Armee, der früher schon zu dessen Abschnitt gehört hat, wieder von diesem übernommen wird. Diese Forderung, die im Hinblick auf die Lage als sehr gemäßigt zu bezeichnen ist, wird erfüllt werden.

9. **Zustand der Truppe**

   Dieser ist als sehr gut zu bezeichnen. Der Gedanke, diese ausgezeichneten Kräfte personell auszutauschen, um sie an anderen Fronten zum Tragen zu bringen, ist wegen der Transportschwierigkeiten nicht durchführbar. Dagegen werden der 20. Geb.-Armee dauernd Unterführer weggenommen (bisher etwa 7000). Jährlich werden jetzt 2000 Unteroffiziere gegen jungen Ersatz ausgetauscht. Von der letzten Quote sind 1300 bereits weggezogen."[134])

Die „Planung des Geb.-AOK 20 für den Fall des Ausscheidens Finnlands aus dem Kriege" vom 29. 2. 1944 hatte dieser Entwicklung ebenfalls in vorausschauender Weise Rechnung getragen, indem es dort heißt:

I.

Für den Fall des Ausscheidens Finnlands aus der Reihe der mit uns kriegführenden Mächte ist durch **Führerweisung 50** der 20. Geb.-Armee aufgegeben, den für uns wehrwirtschaftlich lebenswichtigen Nordraum (Kolosjoki) zu behaupten.

Hierzu hat die Armee die bisherigen Fronten des XVIII. u. XXXVI. Geb.-A. K. aufzugeben, diese Kräfte in den nordfinn. bzw. nordnorw. Raum zurückzuschwenken und zum Schutze des Nordraumes eine neue Front aufzubauen und zu halten. Das XIX. Geb.-A. K. wird dabei zunächst seine derzeitigen Fronten behaupten müssen. In Nordnorwegen stehende Kräfte würden zu gegebener Zeit unterstellt werden.

Für den **Sommer** sind nach Durchführung der Absetzbewegung als HKL vorgesehen:

Für das **westliche (XVIII.) Korps** mit nur einer Div. in Front die Gegend Sukavuopio ..., mit Sicherungen an der Grenze südl. Kautokeino.

Für das **mittlere (XXXVI.) Korps** die Linie Kiwelä — südl. Vuotso — Talkkunapäa.

Die Bewegungslinien und Lebensadern bei dieser Sommeroperation sind:

Für XVIII. Geb.-A. K. die Straße Rovaniemi, Muonio, Karesuando, Skibotten und die Nebenstraße über Kolari.

Für XXXVI. Geb.-A. K. die Eismeerstraße bis Ivalo und weiter die Straße Ivalo, Inari, Karasjok, Skoganvarre, Lakselv.

Im Winter ist die westliche Straße über Muonio nicht offenzuhalten und zu benutzen. Dadurch bedingt, müßten bei einer Winteroperation alle Kräfte aus Mittelfinnland über die Eismeerstraße abfließen. Ein Korps (gedacht ist an das XVIII.), würde dann in den nordnorw. Raum zurückgeführt werden. Die Grenzsicherungen an der westl. Straße würden von Verbänden in Nordnorwegen übernommen.

Für den Kampf südl. Ivalo ist das XXXVI. Geb.-A. K. vorgesehen.

Für diese Operationen sollen die nötigen Vorbereitungen getroffen werden:

Für Ausbau und Offenhalten der **Straßen**,

für die **Versorgung** bei den Bewegungen und in den neuen Kampfräumen,

für **Unterkünfte,**

für Nachrichtenverbindungen.

Hierbei sind Geb.-AOK 20 und AOK Norwegen auf enge Zusammenarbeit angewiesen.

Alle Vorbereitungen sind unauffällig zu treffen, gegenüber den Finnen ausschließlich mit dem Ausbau der Verbindungswege nach Nordnorwegen zu begründen.

Diese Weisungen sind ‚Chefsache' und dürfen nur einem scharf begrenzten Kreis von Persönlichkeiten zur Kenntnis kommen.

II.

Auf Grund der Führerweisung 50 sind folgende Überlegungen angestellt, die entscheidend durch die Wegeverbindungen und die Versorgungsmöglichkeiten beeinflußt werden.

Die Armee muß sich, von Süden beginnend, ‚einrollen'.

Die Rückführung der Armee wird im großen in zwei Phasen notwendig werden:

I. Das Absetzen der zwei südl. Korps in den Raum um Rovaniemi,

II. Das Zurückführen aus dem Raum Rovaniemi nach Norden und der Aufbau der neuen Front im Anschluß an den Südflügel des XIX. Geb.-A. K.

Der am weitesten vorgestreckte Finger ist die Kiestinki-Front. Ihr Schicksal hängt entscheidend von der Entwicklung der Lage an der Uchtua-Front ab. Wenn die Uchtua-Front nicht hält, wird das Loslösen der Masse der Kräfte des XVIII. Geb.-A. K. vor drohender Umfassung von Süden her rasch und unter starkem frontalem Druck erfolgen müssen.

Klarer werden die Verhältnisse beim XVIII. Geb.-A. K. sein, wenn die 7. Geb.-Div. den Uchtua-Abschnitt übernommen haben wird.

Wenn die Uchtua-Front zusammenbricht, müssen die Kräfte aus der Kiestinki-Front sich der Gefahr einer Umfassung über Röhö auf Kananainen und einer Überholung über Juntusranta auf Kuusamo durch beschleunigtes Absetzen in den Raum ostw. Kuusamo entziehen. Angelehnt an das Seengebiet ostw. Kuusamo und mit dem versorgungsmäßigen Rückhalt an Kuusamo wird das Korps etwa in der Linie Poussa — Määlänvaara günstige Nachhutstellungen finden, unter deren Schutz das weitere Absetzen auf Rovaniemi durchgeführt werden kann.

Nach Übernahme der Uchtua-Front durch 7. Geb.-Div. und bei einheitlicher Befehlsführung über Uchtua- und Kiestinki-Front werden die Kräfte aus der Kiestinki-Front zunächst hinter die Sohjana-Enge zurückgenommen werden können.

Aufgabe des XVIII. Geb.-A. K. ist es dann, sich im Zuge der beiden

Straßen in den Raum von Kuusamo abzusetzen, 7. Geb.-Div. über Juntusranta, Masse XVIII. Geb.-A. K. auf dem direkten Wege. 7. Geb.-Div. wird ganz oder mit Teilen im weiteren Verlauf Richtung Taivalkoski — Pudasjärvi nehmen müssen, um einen schnellen Feindvorstoß Richtung Oulu und überholende Verfolgung Richtung Rovaniemi zu verhindern...

In der Durchführung des Zurücknehmens der beiden südl. Korps bis in den Brückenkopf Rovaniemi liegen keine außergewöhnlichen Schwierigkeiten, wenn es gelingt, einen Umfassungsversuch des XVIII. Geb.-A. K. über Röhö oder Juntusranta zu verhindern. Die Straßen sind im allgemeinen gut und leicht zu sperren. Ortschaften und Unterkünfte rückwärtiger Dienste bieten der Truppe auch im Winter einigen Schutz. Geländegängige Seitendeckungen müssen Umfassungen oder Überholungen selbst kleiner bewegl. Feind-Abt. verhindern, weil sonst empfindliche Störungen entstehen können. Achtung auf Winterwege (Eisstraßen!). Zahlreiche Versorgungseinrichtungen im Zuge der Marschstraßen erleichtern die Versorgung.

Inwieweit es gelingt, wenigstens den wertvollsten Inhalt von Versorgungseinrichtungen zu retten, hängt von der Lage, der verfügbaren Zeit und dem verfügbaren Transportraum ab. Was nicht gerettet werden kann, muß vernichtet werden, auch Unterkünfte (bes. im Winter!). Die Truppe muß sich dabei rücksichtslos „gesundmachen", in Bekleidung, Ausrüstung, Munitionierung und Verpflegung.

III.

Fortsetzung der Absetzbewegung aus dem Raum Rovaniemi nach Norden und der Aufbau einer neuen Abwehrfront im Anschluß an Südflügel XIX. Geb.-A. K.

Der neue Auftrag der Armee, den für Deutschland wehrwirtschaftlich lebenswichtigen Nordraum zu behaupten, erfordert vor allem, eine Umfassung des XIX. Geb.-A. K. von Süden zu verhindern. Diese Aufgabe wird einem Korps (wahrscheinlich dem XXXVI.) im Raum südl. Ivalo zufallen.

Im **Sommer** kann XVIII. Geb.-A. K. über Kittilä und Kolari nach NW abmarschieren. Dieser Weg führt freilich in ein Gebiet, in dem keinerlei Versorgungseinrichtungen und kaum mehr Unterkünfte vorhanden sind.

Dem XXXVI. Geb.-A. K. stünde die Eismeerstraße zur Verfügung, die immer einer gewissen Bedrohung von Osten her ausgesetzt ist.

Im **Winter** dagegen müssen beide Korps über die Eismeerstraße zurückgeführt werden. Diese Bewegung wird verkehrstechnisch ungewöhnliche Schwierigkeiten bereiten.

Erwünscht wäre dabei, das XXXVI. Geb.-A. K. als erstes nach Norden abfließen zu lassen, weil es ja im Raum südl. Ivalo eine neue Abwehrfront aufbauen muß. Das wird sich aber kaum ermöglichen lassen, weil ja auch der Brückenkopf Rovaniemi wieder von Süden her eingerollt werden muß unter Abschirmung nach Osten, besonders an der Salla-Straße. Die Seeenge bei Kemijärvi ist die Schlüsselstellung für den Brückenkopf Rovaniemi. Immerhin wird anzustreben sein, wenigstens eine Div. des XXXVI. Geb.-A. K. als erste nach Norden abmarschieren zu lassen.

Es erübrigt sich, jetzt schon Betrachtungen über das Räumen des Brükkenkopfes Rovaniemi anzustellen. Wichtig wird sein, daß sich das AOK bewegliche (mot.) Kräfte an die Hand stellt, die schnell an gefährdete Punkte geworfen werden und dank ihrer Beweglichkeit wieder den Anschluß an die Hauptkräfte finden können...

Die Truppe findet bei ihren Bewegungen kaum Unterkünfte vor. XIX. Geb.-A. K. muß zunächst möglichst unverändert seine derzeitigen Stellungen halten. Ein Preisgeben der ausgebauten Stellungen erschwert den Abwehrkampf, besonders im Winter, in bedeutendem Maße...

Was nicht zum Kampf gebraucht wird, muß abgeschoben werden in den nordnorw. Raum.

Durchführung der Verteidigung in Nordlappland:

Ein Halten der neuen Stellung ist auch längere Zeit möglich, wenn zwei Voraussetzungen erfüllt sind:

a) Die Versorgung Nordnorwegens über See muß sichergestellt bleiben
b) Der Armee dürfen keine wesentlich stärkeren Kräfte gegenübertreten, als sie bisher vor der Armeefront standen.

Folgende Punkte seien als wichtigste Ergebnisse der bisherigen Überlegungen noch einmal hervorgehoben:

1. Das schwierigste Problem ist die dem AOK befohlene **Vorbereitung** dieser operativen Bewegungen,
   a) weil im Winter keine Straßenbauarbeiten größeren Stils durchgeführt werden können
   b) weil die Mittel der Armee zu Kampf und Versorgung schon jetzt voll ausgelastet sind (Arbeitskräfte, Kraftwagen, Betriebsstoff). Nicht zuletzt durch die Übernahme des Uchtua-Abschnittes durch 7. Geb.-Div. Die vorbereitenden Maßnahmen können nur in bescheidenstem Umfange getätigt werden.
2. Der schwierigste Teil des Absetzens auf Rovaniemi ist das Zurückführen des XVIII. Geb.-A. K. bei drohender Umfassung von Süden und unter starkem frontalen Druck.
3. Der Abmarsch aus dem Brückenkopf Rovaniemi nach Norden ist in jedem Fall eine äußerst schwierige Bewegung. Das Hochziehen auf der Eismeerstraße muß u. U. im Kampf erzwungen werden. Das Raum Ivalo ist ohne das Einschieben eines Korps nicht zu halten.
4. Die Aussichten eines längeren Kampfes in Nordlappland sind günstig,

sofern der Feind nicht eine erdrückende Überlegenheit aufbringt, die Versorgung Nordnorwegens über See nicht unterbindet oder gleichzeitig ein groß angelegtes britisch-amerikanisches Landungsunternehmen die Armee nicht auch noch zum Kampf nach Norden und Nordwesten zwingt ..."[135])

Die 7. Gebirgs-Division verlegt an die Uchtua-Front

Am 6. Februar 1944 sandte Generaloberst Alfred Jodl, der Chef des Wehrmachtführungsstabes im OKW, zwei gleichlautende Schreiben an das Gebirgs-Armee-Oberkommando 20 und an den deutschen General beim Oberkommando der finnischen Wehrmacht, General der Infanterie Waldemar Erfurth, die sich mit der Übernahme der Uchtua-Front durch die deutsche Gebirgstruppe befaßten. Darin ist zu lesen:

„1. Der Wunsch des Marschalls Mannerheim auf Übernahme des Abschnittes Uchtua durch Geb.-AOK 20 stützt sich auf die feste deutsche Zusage, bei Zurücknahme der Heeresgruppe Nord die finnische Front zu verstärken. Seine Ablehnung ist daher nicht möglich, seine Erfüllung dagegen, da die Bedeutung des finnischen Kriegsschauplatzes im Rahmen der gesamteuropäischen Verteidigung seine transportmäßig ungünstige Lage ohnehin die Belassung der derzeitigen deutschen Kräfte in Finnland erfordert hätte, die für uns billigste Art der Einlösung unseres Versprechens.

2. Den Vorschlag des Geb.-AOK 20, den bisherigen Abschnitt der finn. 3. Div. zu teilen, haben die Finnen mit Rücksicht auf die örtlichen Verhältnisse für unzweckmäßig erklärt und daher angeboten, zwei Grenz-Jäger-Bataillone und nötigenfalls auch eine Art.-Abteilung im Abschnitt Uchtua zu belassen. Das OKW stimmt der finn. Auffassung zu und nimmt das Angebot an.

3. Die Absichten des Geb.-AOK 20 für die Kräftegliederung nach Ablösung der finn. 3. Div. werden im übrigen gebilligt. Durch Übernahme auch des Südteiles des Abschnittes etwa noch erforderlich werdende Änderungen sind zu melden.

4. Die Übernahme des ganzen Abschnittes Uchtua durch Geb.-AOK 20 ist umgehend einzuleiten und so zu beschleunigen, daß wenigstens Teilkräfte der Finnen vor dem bisher vom Geb.-AOK 20 vorgesehenen Zeitpunkt frei werden ..."[136])

Noch konkreter — vor allem auch darüber, was die weitere Verwendung der 7. Gebirgs-Division anbetraf — wurde Generaloberst Eduard Dietl als OB des Gebirgs-AOK 20 in seinem Brief vom 12. März 1944 an den finnischen Marschall von Mannerheim als er schrieb:

„...Es verdichten sich die Anzeichen, daß die Sowjets einen einheit-Angriff gegen meine Armeefront planen und vorbereiten. Den Schwerpunkt des Feindangriffs erwarte ich an Louchi- und Kandalakscha-Front. Ich rechne mit Angriffsbeginn in der zweiten Märzhälfte.

Es ist als sicher anzunehmen, daß Feind im Zuge einer solchen Operation auch die Uchtua-Front angreifen wird, umso mehr, als diese Front ja in einer Rückwärtsstaffelung zur Louchi-Front steht.

Ich lasse, unbeschadet der Dehnung meiner Kräfte, die Ablösung der 3. (finn.) Division in der Uchtua-Front durch 7. Geb.-Div. weiterlaufen. Am empfindlichsten gestreckt werden dadurch die Kräfte beim XVIII. Korps, das jetzt mit 7. Geb.-Div. die Uchtua-Front übernimmt und dem ich an neuen Kräften in die durch Herausziehen der 7. Geb.-Div. entstandene Kräftelücke nur 1 verstärkte Rgt.s-Gruppe zuführen kann. Eine gewisse Schwächung der Abwehrkraft des XVIII. Korps liegt außerdem in der Tatsache, daß 7. Geb.-Div. und die neu zugeführte Kampfgruppe Kräutler in neue Verhältnisse kommen.

Ich richte an Sie, Herr Marschall, daher die gehorsamste Bitte, die abgelöste 3. (finn.) Div. vorläufig hinter der Uchtua-Front zu belassen, damit auf der Naht zwischen der finn. Wehrmacht und meiner Armee noch eine Eingreifreserve zur Verfügung steht.

Desgleichen bitte ich, das finn. II./I. R. 14 und finn. selbständige Abt. 8 zunächst in ihren derzeitigen Sicherungsaufgaben unter dem Kdo. des Gen.-Kdo. XVIII. Geb.-A. K. stehen zu lassen, weil sonst das XVIII. Korps hochwertige ski-bewegliche Kampf-Btl.e zu diesen Sicherungsaufgaben einsetzen müßte.

Diese 2 ski-beweglichen deutschen Btl.e werden im Augenblick aber dringend auf dem Nordflügel des XVIII. Korps benötigt zur angriffsweisen Abwehr einer sich abzeichnenden Nordumfassung.

Beide Bitten sind zugleich begrenzt. Mit Beginn der Tauperiode, also etwa in 4 Wochen, werden sie voraussichtlich hinfällig werden.

Ich richte diese Bitte an Sie, Herr Marschall, weil ich entschlossen bin, in den derzeitigen Stellungen einen Angriff des Feindes anzunehmen und zu

Generaloberst Eduard Dietl, der Oberbefehlshaber der 20. Gebirgs-Armee, besucht in Lappland einen Schulgarten, der von den Kindern angelegt wurde. Hier unterhält sich der Oberbefehlshaber mit einem finnischen Jungen, der sich erfolgreich als Junggärtner betätigt hat. Neben Dietl der bekannte finnische Oberst O. J. Willamo, genannt der „Kaiser von Lappland"

bestehen im Interesse unseres gemeinsamen Kampfes und zum Schutze des finnischen Nordraumes ..."[137])

In diesen Briefen stand es also schwarz auf weiß: die 7. Gebirgs-Division hatte den Uchtua-Abschnitt zu übernehmen.

Wie war es zu dieser Front gekommen?

Wir erinnern uns: Der Louchi-Abschnitt war bereits im Frühsommer 1942 geteilt worden. Die Uchtua-Front, der südliche Frontabschnitt, wurde den finnischen Truppen (finnisches III. Korps), die Kiestinki-Front, der nördliche Frontabschnitt, wurde dem neugebildeten XVIII. Gebirgs-Armeekorps mit der 6. SS-Gebirgs-Division „Nord" und der neu herangeführten 7. Gebirgs-Division zugewiesen.

Im April 1944, der Winter zog sich mehr und mehr, wenn vorerst auch noch unwillig, in die ostkarelischen Wälder zurück, war es dann endlich soweit: Die 7. Gebirgs-Division wurde in ihrem bisherigen Frontbereich, im Kiestinki-Abschnitt, durch die „Divisionsgruppe Kräutler"[138]) abgelöst. Damit stand der Verlegung der „Bergschuh"-Division, die bereits im Januar 1944 Einheiten vom Kiestinki-Abschnitt an die Uchtua-Front verlegt hatte, an die neue Front nichts mehr im Wege. Zuvor hatte es bei der „Siebten" noch einige entscheidende personelle Veränderungen gegeben. Unter anderem verließ Oberst Freiherr van der Hoop, der ritterliche Kommandeur des Gebirgs-Artillerie-Regiments 82, die Division, um an der Eismeerfront eine nach ihm benannte Divisionsgruppe zu übernehmen. Oberstleutnant i. G. Walter Schmidt, seit dem Bestehen der Division ihr bewährter Ia, kam als Chef zum XXXVI. Gebirgs-Armeekorps. Das Gebirgs-Artillerie-Regiment übernahm nun Oberst Ostermann; Ia wurde Oberstleutnant i. G. Zdenko von Paumgartten.

Als erster Verband wurde das I./Gebirgs-Jäger-Regiment 218 aus dem bisherigen Frontabschnitt der 7. Gebirgs-Division herausgezogen und rückte Ende März zur Uchtua-Front ab, wo es zunächst im sogenannten „Hufeisen", das später das Gebirgs-Jäger-Regiment 206 übernahm, eingesetzt wurde. Schon bald, Mitte April, folgte die Masse der „Bergschuh"-Division diesen Einheiten. Zurück blieb die II./Gebirgs-Artillerie-Regiment 82, die in die „Divisionsgruppe Kräutler" eingegliedert und damit aus dem Verband des Gebirgs-Artillerie-Regiment 82 ausgeschieden wurde. Das Ski-Bataillon 82 wurde der 6. SS-Gebirgs-Division „Nord" zugeführt, mit der es schon bald harte Kämpfe bei Ssennosero zu bestreiten

Landschaft in Karelien

hatte. Den Kangaswara, diesen einst so hart umkämpften Höhenzug, übernahm das MG-Bataillon 13. Auch die 16. (Panzerjäger)Kompanie übergab dort ihre Pak-Stellungen.

„Die Verlegung der Division nahm erhebliche Zeit in Anspruch", schreibt Oberst Schuler, „da für die Marschbewegung nur die Rohöstraße zur Verfügung stand, die nur an ungeraden Tagen in südlicher Richtung benützt werden durfte. Trotzdem verursachte immer wieder Gegenverkehr finnischer Schlitten Marschstockungen auf der engen, verschneiten Straße. Erstaunlich war allerdings die Gewandtheit und Rücksichtslosigkeit, mit der die finnischen Fahrer ihre Pferde seitwärts in den tiefen Schnee trieben, um die Straße freizumachen."[139])

Bei Uchtua rückte die 7. Gebirgs-Division teilweise in Stellungen ein, die bereits im Frühjahr 1942 vom Gebirgs-Jäger-Regiment 218 besetzt worden waren. So erinnerte z. B. im südlichen Abschnitt ein Pfahl mit dem Nürnberger Wappen an diese Zeit. Die finnische 14. Infanterie-Division, die einst diese Stellungen von den deutschen Gebirgsjägern übernommen und jetzt wieder an diese übergeben hatte, wurde nach Südkarelien verlegt, wo die russische Sommeroffensive verhement gegen die finnische Front anlief, um sie aus den Angeln zu heben.

Das Gebirgs-Jäger-Regiment 206 war links, das Gebirgs-Jäger-Regiment 218 — ohne sein II. Bataillon, das auf dem Marsch nach Uchtua den Befehl erhielt, als Korpsreserve nach Kananeien abzurücken, um dort die Kokosalmi-Stellung auszubauen — rechts eingesetzt. Der Abschnitt jedes Gebirgs-Jäger-Regiments betrug etwa 20 Kilometer. Die Beobachtungsverhältnisse und das entsprechende Schußfeld waren nur selten ausreichend. Das Gebirgs-Artillerie-Regiment 82 unterstützte mit der III. Abteilung das Gebirgs-Jäger-Regiment 206 und mit der I. Abteilung das Gebirgs-Jäger-Regiment 218. Die südlichsten Stützpunkte konnten allerdings nicht gedeckt werden. Die IV. Abteilung und die schwere Werfer-Abteilung wurden so postiert, daß sie vor dem Divisionsabschnitt, und zwar beiderseits der Straße nach Uchtua, wirken konnten. Das II. Bataillon des finnischen Infanterie-Regiments 14 sicherte als rechter Nachbar durch Feldwachen bei Jyvälahti am Keski-Kuitti-Järvi-See. Die Überwachung der linken Flanke, vor allem die der Rohöstraße, wurde der Gebirgs-Aufklärungs-Abteilung 99 übertragen. Zur Bekämpfung der Partisanen blieben finnische Grenzjäger südlich von Kananeien im Einsatz. Am Südflügel hatte das III./Gebirgs-Jäger-Regiment 218 eine Ausdehnung von sage und schreibe 12 Kilometern. Die Stellung bestand im Südteil aus Stützpunkten, die den Keski-Kuitti-Järvi zu überwachen hatten.

„Das Tagewerk der Gebirgsjäger", schreibt Oberst Schuler, „war auch im neuen Frontabschnitt maßgeblich durch den Stellungsbau bestimmt. Die Namen ‚Hufeisen', ‚Schröckkopf', ‚Touristhöhe', ‚Eiberg', ‚Minenhöhe', ‚Millionenhöhe', ‚Mooshöhe', ‚Jägerstand', ‚Tafelberg', ‚Wolfsschlucht', ,Wursthöhe' u. a. wurden allen zu Begriffen von festungsartig ausgebauten Feldstellungen und Stützpunkten. Teilweise felsiger Untergrund bedingte größere Sprengungen und verursachte viel Schweiß. Im besonderen wurden Kampfstände gefertigt und tiefgestaffelt im Hauptkampffeld eingebaut. Sie fanden bei einer Besichtigung durch Generaloberst Dietl dessen volle Anerkennung. Die von den Finnen übernommenen Troßlager entsprachen nicht den deutschen Bedürfnissen und mußten weiter rückwärts neu angelegt werden."[140])

Noch hatten die Russen die Ablösung der finnischen Verbände durch die Einheiten der 7. Gebirgs-Division im Uchtua-Abschnitt nicht registriert, denn die Propaganda wurde von den Sowjets weiterhin über die Lautsprecher in finnischer Sprache verbreitet.

Je länger die Tage nun wurden, desto mehr verstärkten die Russen ihre Stoßtruppunternehmen im Abschnitt der „Bergschuh"-Division — vor allem aber bei den beiden Gebirgs-Jäger-Regimentern. So erfolgten zum Beispiel Ende Mai 1944 kurz hintereinander, von sowjetischen Fliegern unterstützt, zwei feindliche Angriffe im sogenannten „Hufeisen-Abschnitt", die jedoch erfolgreich abgewehrt werden konnten. Schwere Kämpfe entbrannten auch bei einem russischen Angriff auf die „Vorhöfe". Aber auch hier zogen die Sowjets schließlich den kürzeren.

Vornehmlich spielte sich das Kampfgeschehen im Vorfeld zwischen den Spähtrupps und Jagdkommandos ab; aber auch hier wurden die Russen in die Defensive gedrängt. Eine lange Stützpunktkette hatte Anschluß an den finnischen Nachbarn am Südrand des Keski-Kuitti-Järvi-Sees; ein Abschnitt, den die Gebirgssoldaten im Juni, nachdem die Umstellungsphase der 7. Gebirgs-Division gerade abgeschlossen war, von den Finnen übernehmen mußten, damit diese für einen anderweitigen Einsatz an der hart bedrängten ostkarelischen Front eingesetzt werden konnten. Insbesondere wurde hier das II./Geb.-Jäg.-Rgt. 218, das bekanntlich in Kananeinen lag, herangezogen und übernahm nun die geräumten finnischen Stellungen. Gerade rechtzeitig erreichten die Gebirgsjäger, auf dem Wasserwege kommend, die Stützpunkte — der südlichste war in Vuokkiniemi, Jyvälahti wurde Bataillons-Gefechtsstand — am Kuitti-See. Auf einer Gesamtfrontlänge von nicht weniger als 40 Kilometern waren fünfundzwanzig Stützpunkte zu besetzen gewesen. Das brachte naturgemäß Probleme mit sich. Aber diese konnten schließlich von den einfallsreichen Gebirgsjägern bewältigt werden. So wurde der Stützpunkt „25" durch einen täglichen Spähtrupp mit „Lato" verbunden, während man im Sommer die Verbindungen durch den Einsatz von Kähnen gewährleistete.

Rege war nach wie vor auf beiden Seiten die Scharfschützentätigkeit. Sie mahnte täglich zu besonderer Vorsicht und Wachsamkeit. Das Gebirgs-Jäger-Regiment 218 verlor dennoch einen seiner besten Zugführer, nämlich Feldwebel Fuchs, durch einen russischen Scharfschützen. Auf

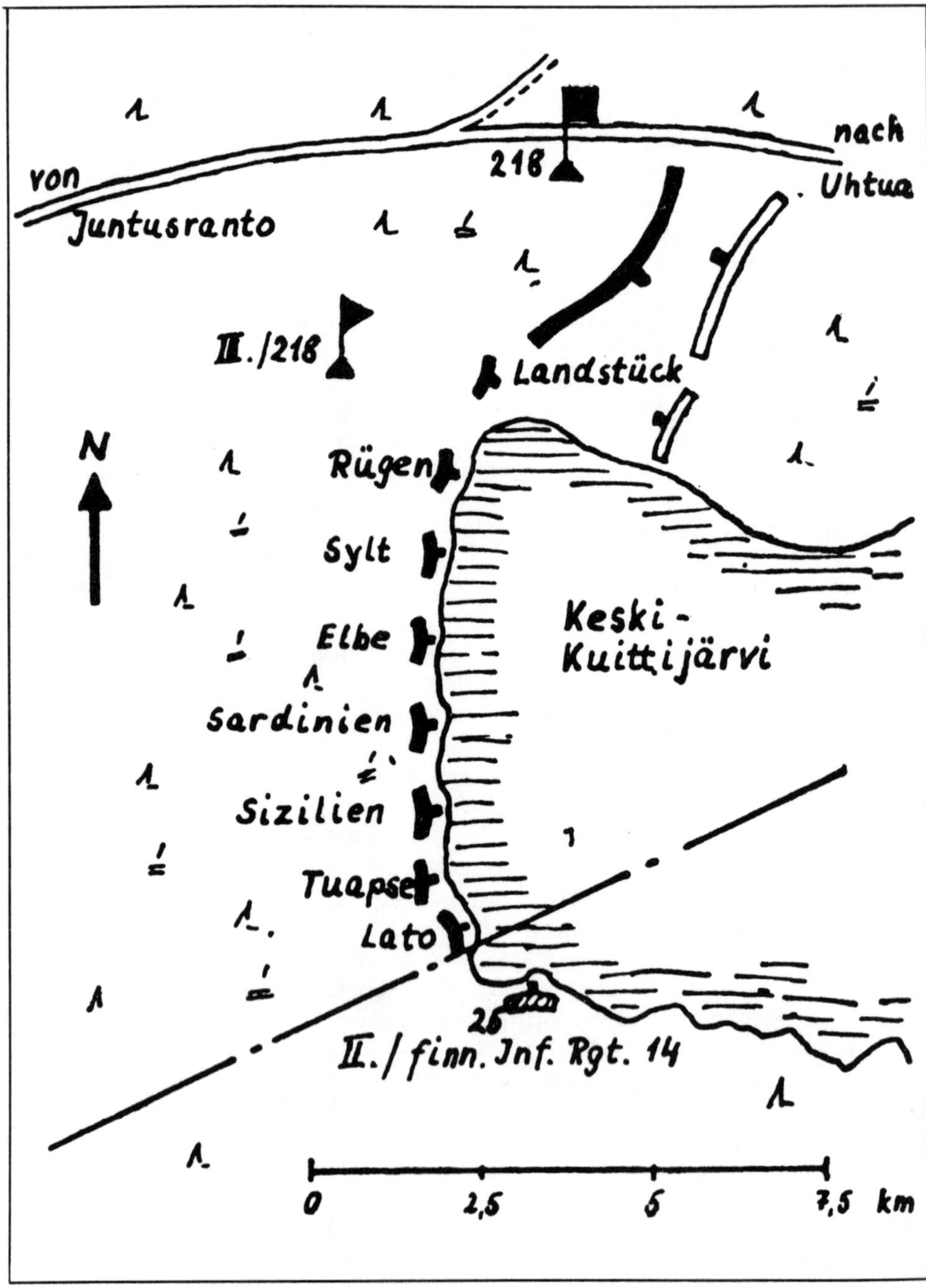

Das Gebirgs-Jäger-Regiment 218 am Südflügel der Uchtua-Front

deutscher Seite war Oberfeldwebel Schwarzensteiner vom 2./Gebirgs-Jäger-Regiment 218 einer der erfolgreichsten Scharfschützen der 7. Gebirgs-Division.

Im April begann die alljährliche Tauperiode. Sie brachte so manche Überraschung ans Tageslicht. Felshalden, Baumstümpfe, alte Stellungen, ehemalige Abfallgruben und anderes mehr kam da zum Vorschein. Die Stellungen waren ja bei meterhohem Schnee von den Finnen übernommen worden. Da sah alles sehr „rosafarben" aus. Aber jetzt, als der Frühling unaufhaltsam ins Land zog, änderte sich dieses trügerische Bild von Tag zu Tag. Der Stellungsbau forderte einmal mehr viel harte Knochenarbeit. Knietief stand das Wasser in den Gräben, ja sogar das gesamte Vorfeld war überschwemmt und machte infanteristische Unternehmungen diesseits und jenseits der HKL nahezu unmöglich.

„Die Zufahrts- und Versorgungswege glichen kleinen Bächen. Was man bisher bequem mit dem Schlitten erreichen konnte, mußte nun mit dem Muli, dem Reitpferd oder zu Fuß geschafft werden. Der gesamte Nachschub mußte umorganisiert werden. Knüppeldämme, Brücken, Stege waren zu erneuern und auszubauen. Für die Pioniere gab es viel Arbeit. Vor den Stellungen hatten sie Hindernisse zu ergänzen und Minenfelder anzulegen. Gebirgsjäger übernahmen die Nahsicherung dieser Arbeiten. Die Schlammperiode wirkte sich besonders in der rückwärtigen Versorgung aus. Die Straße nach Hyrinsalmi war auf 30 Kilometer unterbrochen. Die Bevorratung an der Front reichte drei Wochen. Was aber ganz besonders unangenehm war — die Urlaubertransporte stockten, und die Post blieb aus!"[141])

Diese Jahreszeit hatte aber auch zweifellos ihre Vorteile: Die Tage wurden immer länger, so daß sich der Feind nicht mehr überraschend vom See her, der seine Tragfähigkeit auch schon verloren hatte, an die Stellungen der Gebirgsjäger heranschieben konnte.

Die Kämpfe des Ski-Bataillons 82 bei Ssennosero

Im Zuge der Verlängerung der Front der 7. Gebirgs-Division bis zum Südrand des Keski-Kuitti-Järvi-Sees war das Ski-Bataillon 82, das wiederholt der 6. SS-Gebirgs-Division „Nord" unterstellt war, zur Ablösung der finnischen Grenzjäger am Nordteil der Rohöststraße in die Nähe des Korpsgefechtsstandes verlegt worden. Doch nicht für lange Dauer, denn bereits am 26. Juni wurde das bewährte Bataillon an die Nordflanke zurückgeholt. Und das hatte seinen guten Grund: Die Russen hatten die Sicherungen der 6. SS-Gebirgs-Division „Nord" umgangen und waren drauf und dran, mit starken Kräften dem XVIII. Gebirgs-Armeekorps einen tödlichen Stoß in dessen Rücken zu versetzen. So kam es bei Ssennosero zu Kampfhandlungen, bei denen sich das Ski-Bataillon 82 mit den dort eingesetztend Verbänden der 6. SS-Gebirgs-Division „Nord“ an exponierter Stellung besonders ausgezeichnet hat.

Am unmittelbarsten und eindringlichsten schildert uns ein Gefechtsbericht einer SS-Einheit dieses Kampfgeschehen:

„**29. Juni 1944**: Es müssen bereits harte Kämpfe stattgefunden haben, denn der ‚Sanitätsstorch‘ pendelt ständig zwischen Okunjewa — Guba am Westufer des Jeletjosero-Sees und dem Lazarett Schaari-See, ca. 20 Kilometer rückwärts an der Straße von Kiestinki nach Sohjana — Kuusamo. Es herrscht eigene und feindliche Fliegertätigkeit. Im Norden ist Gefechtslärm zu hören. Eigene Artillerie fährt vor. Die ersten Versprengten der AA und des norw. Ski-Btl. treffen ein. Sie haben sich teilweise schwimmend über größere Seestrecken gerettet. Die Hasselmannstellung und die Kaprolatstellung gingen verloren. Damit ist für die sowjetischen Kräfte der Weg nach Westen weitgehend frei, sowohl in Richtung Seenge Sohjana als auch nördlich des Pja-Sees vorbei nach Kuusamo. Zwar kämpfen noch Teile der AA nördlich und ostwärts des Ssennosero-Sees, aber es ist wohl nur noch eine Frage von Stunden oder höchstens Tagen, bis auch sie aufgerieben sind. Die Sowjets sollen mit starken Bautrupps eine Nachschubstraße durch den Urwald bauen, die jeden Tag fast 1 Kilometer vorankommt.

Das Schtz.-Btl. wird anfänglich der K. Gr. ‚Schreiber‘ unterstellt und erhält den Auftrag, auf dem Landwege Ssennosero zu erreichen, sich mit dem Ski-Btl. 82 auf dem Heeres-Bau-Btl. 6 zu vereinigen und unter allen Umständen den Vormarsch des Feindes aufzuhalten. Um 18.00 tritt das Bataillon, ohne 1. Kp., Pak- und IG-Zug der 5. Kp., den beschwerlichen Marsch an. Unterwegs begegnet es den Resten der AA und dem Bau-Btl. 6 des Heeres. Sie erhalten vom K. Gr. Kdr. den Befehl, die Sperraufgaben in der alten Baustellung zu übernehmen.

30. Juni: Nach ca. 30 Kilometer langem Marsch durch Urwald und Sumpf erreicht das Bataillon in den frühen Morgenstunden des 1. Juli das freie Feld des ehemaligen Dorfes Ssennosero am Nordufer des Ssennosero-Sees. Um 07.00 Uhr wird im Osten ein feindlicher Spähtrupp gesichtet. Der Kradschtz.-Zug geht, natürlich ‚per pedes‘, zur Aufklärung vor, verliert aber auf halbem Wege zu dem weitergelegenen Schapkosero-See die Feindberührung zu dem offenbar den Kampf meidenden feindlichen Spähtrupp. Währenddessen wird das in Bereitschaft liegende Bataillon von schwachen feindlichen Kräften aus Norden angegriffen.

Teile der 4. Kp. und der zurückgekehrte Krad-Zug versuchen, den Gegner einzuschließen. Sie können ihm empfindliche Verluste zufügen.

Am **1. Juli 1944** ist das Ski-Btl. 82 eingetroffen, und die Kampfgruppe wird unter den Befehl des dienstälteren Kommandeurs, Hauptmann Lapp vom Ski-Btl. 82, gestellt. Bald meldet die Aufklärung, daß sich der Gegner von allen Seiten nähert. Darum igelt sich die Kampfgruppe ein. Die beiden Bataillone liegen nun in einem großen Halbkreis um den ehemaligen Ort Ssennosero am Nordufer des Sees, wobei noch mit zwei Zügen der 3. Kp. des Schtz.-Btl. eine beherrschende Höhe am Nordrand der Stellungen, die sogenannte ‚Mungohöhe', besetzt wird.

Der Tag vergeht mit beiderseitigen Spähtruppbegegnungen und kleineren Aufklärungskämpfen.

Am **2. Juli** haben die Sowjets den Igel eingeschlossen und greifen zunächst die ‚Mungohöhe' an. Der Angriff wird aber mit empfindlichen Verlusten abgewiesen. Dagegen verstärkt der Feind sein Granatwerfer- und Art.-Feuer in sehr unangenehmer Weise. Hier muß die eigene Artillerie schweigen, um die wenige Munition für die Abwehr direkter Angriffe zu sparen. Nur die Kanonen-Batterie der Div. NORD kann die beiden Btl. zunächst unterstützen, und das tut sie in meisterlicher Weise.

Am **3. Juli** greift der Feind energisch die Westflanke des Igels und die ‚Mungohöhe' an. Alle Angriffe werden, verlustreich für den Feind, abgewiesen. Aber auch das immer heftiger werdende feindliche Artillerie- und Granatwerfer-Feuer führt zu ersten größeren eigenen Verlusten.

Die eigene Kampfgruppe wird aus der Luft versorgt. In wiederholten waghalsigen Anflügen werfen Stukas Fallschirmbomben mit Munition und Verpflegung ab. Die Fallschirme kommen den Verwundeten zugute, die leider nicht abtransportiert werden können. Soweit es die Feuertätigkeit des Feindes erlaubt, werden die eigenen Stellungen von allen Kräften intensiv ausgebaut, um gute Deckungsmöglichkeiten zu gewinnen.

Die ‚Mungohöhe' ist auch am **4. Juli** das Hauptangriffsziel des Gegners", erfahren wir über die Kämpfe bei Ssennosero weiter. „Immer wieder werden die Angriffe gegen diese Höhenstellung vorgetrieben und scheitern ebenso oft. Wenn die eigenen Stukas die Munitions- und Verpflegungsbomben abwerfen, liegt der ganze Igel unter schwerem Feindbeschuß. Die Sowjets haben die absolute Feuerüberlegenheit. Sie greifen auch mit Pak ein.

Am **5. und 6. Juli** wechseln die Angriffe der Sowjets mit eigenen Versuchen ab, den Igel nach Westen zu öffnen. Durch Sturmboote wird vom Südufer her die Verbindung zur eigenen Truppe vorübergehend hergestellt. Die ersten Verwundeten können abtransportiert werden. Teile des Rgt. 11 stehen zwischen Ssennosero- und Jeletjosero-See nach Osten hin mit den Sowjets in Angriffskämpfen, um die Ssennosero-Stellung abzusichern. Harte Nahkämpfe entwickeln sich um die ‚Mungohöhe', die von der tapferen Besatzung immer wieder mit Erfolg beendet werden. Weil es nachts nicht dunkel wird, verlieren die Männer im Igel immer mehr das Zeitgefühl. Größere Kampfpausen gibt es nicht.

Am **7. Juli** steht die Kampfgruppe in schweren Kämpfen. Das feindliche Feuer steigert sich in den Mittagsstunden. Von Nordosten, Norden, Nordwesten und besonders von Westen her tritt der Gegner zum konzentrischen Angriff an. Er unterläuft dabei sein eigenes Art.-Feuer und kann vor allem im Westen beim Pi.-Zug überraschend einbrechen. Der Pi.-Zug wird nahezu aufgerieben. Die Granatwerfer-Stellungen der 4. Kp. gehen verloren. Der Chef der 5. Kp. wird schwer verwundet. Die Angriffsspitze der Sowjets muß noch vor dem Btl.-Gef.-Std. zum Stehen gebracht werden.

Dort befinden sich nicht nur die vielen, noch nicht abtransportierten Verwundeten, dort ist die Anlegestelle der Sturmboote, dort wirkt auch der Art.-VB. Der Btl. Kdr. wirft sich mit einer kleinen Reserve des 3./Schützen-Btl. den feindlichen Angriffsspitzen entgegen und schlägt sie zurück... Aber noch ist der Kampf nicht gewonnen. Das unübersichtliche Waldgelände ist weiterhin von Kampflärm erfüllt. Der Art.-VB läßt auf den ‚eigenen Standpunkt' schießen. Da schleppt sich Hstuf. Renz in den einzigen nicht angegriffenen Abschnitt der 3. Kp., um von dort einen neuen Gegenangriff einzuleiten und die Funkverbindung nach draußen aufrechtzuerhalten.

Unter Führung von Ostuf. Bauer treten zwei schnell zusammengestellte Einsatztrupps der 3. und 4. Kp. zum Angriff an. Erst nach hartnäckigem Nahkampf können alle eingedrungenen Sowjets zurückgeworfen werden... Die alte HKL wird schließlich erreicht, und ein erneuter Angriff der Sowjets bricht im Feuer der eigenen Artillerie, Granatwerfer- und Infanterie-Waffen zusammen... Etwa 90 Tote und ebenso viele Verwundete hat das Bataillon bisher verloren. Doch der Igel hält, und dem Vordringen der Sowjets ist eine Barriere gesetzt.

Ein fast gleichzeitig erfolgender Einbruch beim Ski-Btl. 82 bringt auch dort den Feind bis zum K. Gr.-Gef.-Std. In einem Kampf Mann gegen Mann bereinigt der Kommandeur mit dem Adjutanten und weiteren Angehörigen des Stabes die gefährliche Situation, so daß die Truppe die alten Stellungen wieder in Besitz nehmen kann. Die offensichtliche Absicht des Gegners — die Vereinigung der beiden Angriffskeile — scheitert damit. Ihr Gelingen wäre für die Kampfgruppe tödlich gewesen. Auch Hauptmann Lapp, der Kampfgruppen-Kommandeur, wird bei seinem Gegenangriff schwer verwundet. Beide Kommandeure, Hauptmann Lapp und Hstuf. Renz, werden später mit dem Ritterkreuz ausgezeichnet.

Am **8. und 9. Juli** lassen die Angriffe des Feindes nach; seine Kraft scheint gebrochen, wenn auch Artillerie und Granatwerfer noch immer heftig trommeln. Das Bataillon braucht auch ‚Ruhe', um die Toten zu bergen und zu bestatten und die Verwundeten versorgen zu können. Es müssen viele neue Deckungslöcher für die Verwundeten gegraben werden; denn noch immer beherrschen die schweren Feindwaffen auch den See und machen ein Durchkommen der Sturmboote für Entsatz und Abtransport der Verwundeten unmöglich.

Zur ‚Mungohöhe' kann keine Verbindung hergestellt werden. Die Kampfkraft des Bataillons reicht nur noch zur Verteidigung aus, aber sie wird verbissen und zäh geführt. Der Funk gibt Hoffnung auf baldigen Entsatz, und die Stukas lassen uns nicht im Stich. Schon 14 Tage sind die Männer ohne warmes Essen; sie liegen in der Nässe und Nachtkälte des Urwaldbodens in ununterbrochener Kampfbereitschaft. Nur wenige sind übriggeblieben.

Am **10. Juli** versuchen die Sturmbootfahrer erneut, den feindlichen Feuerriegel zu durchbrechen. Für kurze Zeit schaffen sie es. Auch die Kämpfe des 11. Rgt. und die Heranführung sowie der Einsatz neuer eigener schwerer Waffen im Raum südlich des Sees machen Fortschritte.

Am **11. Juli** setzen zehn Sturmboote zu einem neuen Vorstoß an. Artillerie, Flak und Granatwerfer halten vom Südufer aus die sowjetischen Waffen nieder. Mit Todesverachtung gelingt es den Sturmbootfahrern, fast sämtliche Verwundeten heraus- und wertvollen Nachschub hineinzuschaffen. Noch kann die am Südufer wartende 1. Kp. des Bataillons nicht übergesetzt werden, weil sich der feindliche Feuersturm wieder verstärkt. Aber dafür kommen die Gegenstöße über Land — um die Westspitze des Sees herum — zum Tragen.

Das bewährte Rgt. 139 und viele Kampfeinheiten der Division marschieren zum Entsatz nach Norden und sind nahe. Die Gebirgsartillerie der Division hat mit einer Abteilung ebenfalls den Stellungswechsel nach Norden vollzogen.

Am **12. Juli** bringen die Sturmboote neuen Ersatz... Zur Herstellung einer Verbindung mit der ‚Mungohöhe' wird der erste Entlastungsangriff geführt.

Die Kämpfe gehen am **13. und 14. Juli** weiter. Ein Angriff aus der eigenen Linie nach Westen bringt noch nicht die ersehnte Verbindung mit dem sich von Südwesten vorkämpfenden Rgt. 139. Die hartnäckig geführten Kämpfe sind verlustreich.

Am **16. Juli** kann sich das Rgt. 139, bei dem sich an der Spitze die 1. Kp. des Schtz.-Btl. NORD befindet, endlich an den Igel herankämpfen und die Sowjets nach Nordosten zurückdrücken. Das nächste Ziel ist das Freikämpfen der ‚Mungohöhe' und die Befreiung ihrer tapferen Besatzung. Ein am **17. Juli** geführter Entlastungsangriff bleibt aber im Feuer zwischen den sowjetischen Stellungen liegen, die der Feind in mehreren Linien ausgebaut hat. Die Zeit ist kostbar, jede Stunde ist kostbar für die nur noch kleine, schwerringende Mannschaft.

Am **18. Juli** kann mit einem Angriff von Westen her die Höhe entsetzt werden...

Aus dem Igel der Kampfgruppe am nördlichen Ssennosero-Ufer ist nunmehr eine feste Kampfstellung nach Osten geworden. Obgleich bis zum äußersten erschöpft, treten die Männer des Bataillons, zusammen mit den Heereseinheiten, noch am **19. Juli** zum Angriff auf die Stellungen der sogenannten ‚Russenhöhe' und die feindlichen Granatwerferstellungen an. Die erste Linie wird genommen, der Angriff bleibt aber vor der zweiten stecken. Der Kampf kostet wieder viel Blut. Obwohl die eigene Artillerie und die schweren Infanteriewaffen gut unterstützen, ist die Wirkung des massierten feindlichen Granatwerferfeuers verheerend. Oberstleutnant Beyerlein, der Kommandeur des Rgt. 139, und der Chef der 1. Kp. des SS-Schtz.-Btl. NORD werden verwundet...

Am **20. Juli**", schließt der Gefechtsbericht über die Kampfhandlungen bei Ssennosero, „können, nach einem erneuten Angriff auf die ‚Russenhöhe', die letzten Männer des Bataillons — ca. 30 Mann — zum Gef. Std. ‚Schreiber' zurückgenommen werden. Hier verbleibt das Bataillon mehrere Tage in Reserve und kann nach den Strapazen der letzten Wochen wieder zu Atem kommen."

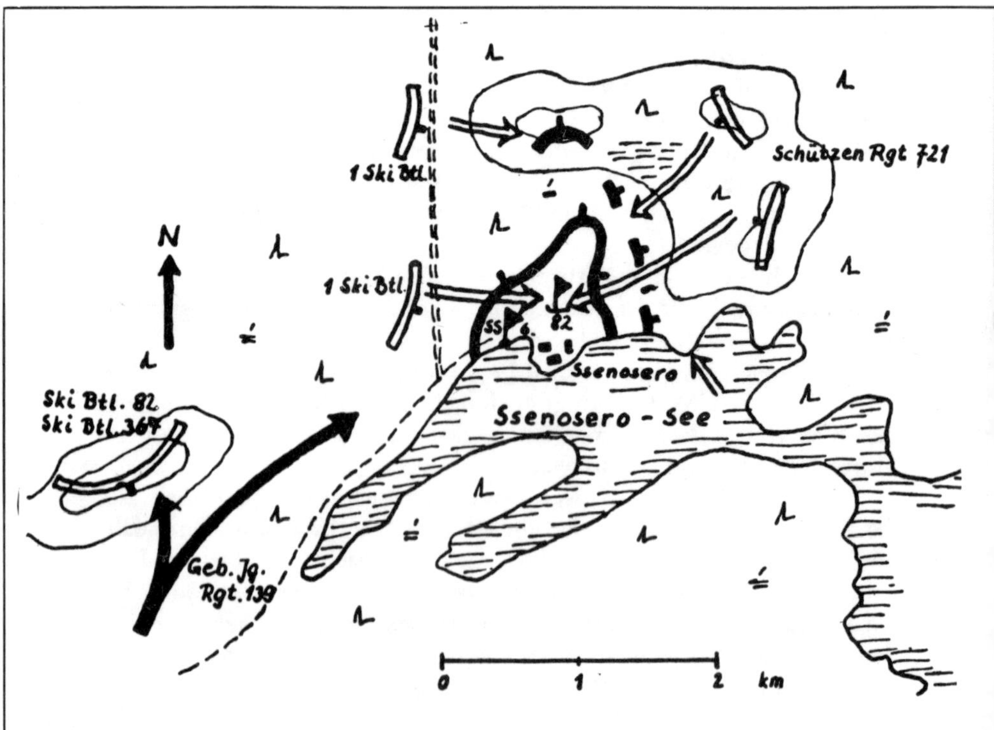

Die Kämpfe des Ski-Bataillons 82 im Juli 1944 bei Ssennosero

Der Führer der „Kampfgruppe Lapp", der mit seinem Ski-Bataillon 82 Schulter an Schulter mit den Gebirgssoldaten der 6. SS-Gebirgs-Division „Nord" im harten Kampf gestanden und sich wieder einmal mehr bewährt hatte, wurde zum Major befördert.

Zum Abschluß der Kämpfe bei Ssennosero sprach der neue Kommandierende General des XVIII. Gebirgs-Armeekorps, General der Infanterie Friedrich Hochbaum, der nach dem tödlichen Flugzeugabsturz des bisherigen Kommandierenden, General der Gebirgstruppen Karl Eglseer, am 22. Juni 1944 das Generalkommando XVIII. Geb.-A. K. übernommen hatte, den „eingesetzten Kräften des Heeres und der 6. SS-Geb.-Div. NORD seinen Dank und seine Anerkennung" aus. Anläßlich der Verleihung des Ritterkreuzes zum Eisernen Kreuz an Major Lapp erließ Generalleutnant August Krakau, der Kommandeur der 7. Gebirgs-Division, am 17. August 1944 folgenden Tagesbefehl:

„Der Führer hat am 14. August 1944 dem
Major Lapp, Kdr. Ski-Btl. 82,
das
Ritterkreuz des Eisernen Kreuzes
verliehen.

Major Lapp hat mit seinem tapferen Ski-Btl. und den ihm unterstellten Kameraden des SS-Schtz.-Btl. (mot.) 6, zwölf Tage von sieben sowjetischen Bataillonen eingeschlossenen und auf sich allein gestellt, auf dem Luftwege und später auf dem Wasserwege nur mangelhaft versorgt, in stärkstem feindlichen Artillerie- und Granatwerferfeuer die Stellungen gehalten, so daß durch diese Tat ein für die ganze Front des Korps entscheidender Erfolg erzielt wurde. Am 7. Juli, als der Feind mit zwei Bataillonen von Westen und einem Bataillon von Osten angriff, gelang den Sowjets ein Einbruch bis zum Btl.-Gef.-Std. Persönlich, mit seinem Adjutanten, hat er sich den Sowjets entgegengeworfen und die Lage bereinigt. Schwerverwundet hat er noch fünf Tage bei seinem Bataillon ausgehalten, bis alle Verwundeten versorgt waren und der neue Kampfgruppen-Kommandeur eingetroffen war.

Für das heldenhafte Ausharren, den kämpferischen Mut und die ausgezeichneten Leistungen spreche ich Major Lapp und den Soldaten des Ski-Btl. 82 meinen Dank und meine besondere Anerkennung aus..."

Aber auch der neue Oberbefehlshaber der 20. Gebirgs-Armee, Generaloberst Dr. Lothar Rendulic, würdigte die Einsätze der „Kampfgruppe Lapp", des SS-Schützen-Bataillons (mot.) 6 und des Gebirgs-Jäger-Regiments 139 bei Ssennosero in einem Tagesbefehl des Geb.-AOK 20:

„Ende Juni 1944 trat der Feind mit der 205. Schützen-Division, Teilen der 83. Schützen-Division und 367. Schützen-Division gegen den Nordflügel der 6. SS-Geb.-Div. NORD zum Angriff an mit dem Ziel, in Flanke und Rücken der Louchi-Front vorzustoßen.

Die ‚Kampfgruppe Lapp', bestehend aus Ski-Btl. 82 und SS-Schützen-Btl. (mot.) 6, hat in wochenlangen harten Kämpfen im Raum Ssennosero, von jeder Landverbindung abgeschnitten, aus der Luft und auf dem Wasserwege über den Ssennosero-See nur mit dem Nötigsten versorgt, gegen die Angriffe überlegener Feindkräfte standgehalten und dadurch dem Feind den Weg verlegt. Kräfte der SS-Geb.-Div. 6 und die Geb.-Jg.-Brig. 139 [das ehem. Gebirgs-Jäger-Regiment 139, seit 5. Juni 1944 Gebirgs-Jäger-Brigade 139] haben durch schneidig geführte Angriffe ihre in Ssennosero eingeschlossenen Kameraden entsetzt und taktisch wichtiges Gelände zurückgewonnen. Sie wurden dabei von fliegenden Verbänden der Luftwaffe wirkungsvoll unterstützt.

Die Taten der Kampfgruppen am Nordflügel des XVIII. (Geb.) AK haben durch den Führer ihre sichtbare Anerkennung durch die Verleihung des Ritterkreuzes zum Eisernen Kreuz an

Hauptmann Lapp, Kommandeur Ski-Btl. 82, und
SS-Hauptsturmführer Renz, Führer SS-Schtz.-Btl. (mot.) 6,

gefunden.

Durch diese hohen Auszeichnungen sind nicht nur diese beiden Offiziere ausgezeichnet, sondern auch alle tapferen Männer aus den Kämpfen am Nordflügel des XVIII. (Geb.) AK geehrt.

In Ehrfurcht und Dankbarkeit gedenken wir der Männer, die ihr Leben ließen für ihre Kameraden, für Volk und Führer.

In diesem Kampf haben Gebirgsjäger des Heeres Schulter an Schulter mit den Gebirgsjägern der Waffen-SS wieder ihre kämpferische Überlegenheit gegenüber den an Zahl und Kampfmitteln überlegenen Rotarmisten bewiesen.

Wo der Wille zum Sieg ist, wird jeder Kampf bestanden ..."

Neuer OB der 20. Gebirgs-Armee war also Generaloberst Dr. Rendulic. Wie der Kommandierende General des XVIII. Gebirgs-Armeekorps, General der Gebirgstruppen Karl Eglseer, so war auch der erste OB der 20. Gebirgs-Armee, Generaloberst Eduard Dietl, am 23. Juni 1944 bei einem Flugzeugabsturz im steirischen Wechselgebiet ums Leben gekommen.

Der Umschwung in Finnland im Sommer 1944

Im Juni 1944 hielt die finnische Armee eine insgesamt gesehen „löchrige" Front. Sie verlief von der Karelischen Landenge — und zwar an deren schmalster Stelle, in der Nähe jener Grenze, die bis 1940 gültig gewesen war —, überquerte diese, führte dann jenseits des Ladoga-Sees am Swir entlang, unterbrach den Weißmeerkanal und zog sich schließlich am Onega-See entlang nach Norden. Von Mittelfinnland bis zur Liza-Linie am Eismeer stand die deutsche 20. Gebirgs-Armee, um die für die deutsche Rüstungsindustrie so entscheidende Nickelgewinnung zu sichern. Die übrige Front hielten die Finnen, trotz eines immer stärker werdenden Nervenkrieges von Seiten der Sowjets, aber auch der westlichen Alliierten gegen Suomi, aus eigener Kraft.

Am 9. Juni 1944 begann nun die seit langem befürchtete, aber dennoch überraschend in Angriff genommene große sowjetrussische Sommeroffensive gegen Finnland. Die Karelische Front wurde unter Merezkow, der die sowjetische karelische Front befehligte, durchbrochen. Zwischen dem 8. und 11. Juni hatten starke Einheiten dieser Front beiderseits des Ladoga-Sees von Süden her die starken finnischen Verteidigungslinien angegriffen. Am 20. Juni ging Wiborg (Viipuri) verloren. Am 29. Juni besetzte die Rote Armee das ostkarelische Petrosadowsk. In Karelien selbst konnte noch eine Zeitlang an der Landesgrenze von 1940 eine neue Front, die rasch aufgebaut worden war, gehalten werden. Aber unter dem auch oder gerade für die Finnen deprimierenden Eindruck der Niederlagen der deutschen Armeen an der Ostfront verloren die Anhänger eines Zusammengehens mit Deutschland immer mehr den politischen Rückhalt in Finnland. Nach dem Abfall Rumäniens im August 1944 kündigte der neue finnische Ministerpräsident Hackzell am 2. September den von den Deutschen bereits einkalkulierten Abbruch der diplomatischen Beziehungen zum Dritten Reich an und verlangte — was ungleich schwerwiegender war, zumindest für die im hohen Norden stehenden Gebirgs-Armeekorps und Gebirgsdivisionen — den Abzug der deutschen Truppen aus Suomi.

An jenem unheilbringenden 2. September 1944 wies Marschall Mannerheim, der im August 1944 neuer Staatspräsident geworden war, nach dem Rücktritt von Risto Ryti, in einem Brief an Hitler drauf hin, „daß Finnland nicht wie Deutschland den Krieg weiter durchhalten könne; denn im Falle einer Niederlage könnten die Finnen, im Gegensatz zu Deutschland, völlig ausgerottet werden.“[142]) Und weiter heißt es dann in dem Schreiben:

„Ich kann Ihnen bezeugen, daß während der ganzen vergangenen Jahre in Finnland nichts geschehen ist, das uns dazu hätte verleiten können, in den deutschen Truppen Eindringlinge oder Eroberer zu sehen. Ich glaube, daß das Verhältnis der deutschen Armee in Nordfinnland zu der lokalen Bevölkerung und zu den einheimischen Behörden als ein unter ähnlichen Verhältnissen vielleicht einzig dastehendes Beispiel von korrekten und herzlichen Beziehungen in unsere Geschichte eingehen wird.

Ich halte es für meine Pflicht, mein Volk aus dem Kriege zu führen. Ich kann und ich will unsere Waffen, die uns so freigebig geliefert wurden, nie aus eigenem Willen gegen Deutsche wenden. Ich hege die Hoffnung, daß Sie, wenn Sie auch meinen Schritt mißbilligen, ebenso wie ich und wie alle Finnen doch den Wunsch und das Bestreben haben werden, die Abwicklung der bisherigen Verhältnisse ohne jede nur irgendwie zu vermeidende Zuspitzung durchzuführen. In Verehrung und Dankbarkeit

gez. Mannerheim, Marschall von Finnland,
Staatspräsident der finnischen Republik"

Damit war die deutsch-finnische Waffenbrüderschaft, die sich in den langen Monaten der gemeinsamen Kämpfe gegen die Rote Armee bestens bewährt hatte, aufgekündigt. Finnlands Waffen waren nicht mehr auf die Russen gerichtet, die bereits auf die nächstbeste Gelegenheit warteten, um den Deutschen ein „Stalingrad des Nordens" zu bescheren. So schloß der letzte finnische Wehrmachtsbericht vom 4. September 1944 mit den Worten:

„... Dem abgeschlossenen Vertrag... gemäß werden die Feindseligkeiten an den Fronten am 4. September um 8.00 Uhr eingestellt."

Das Oberkommando der Deutschen Wehrmacht gab am 16. September 1944 bekannt:

„Als Finnland in der Nacht vom 2. zum 3. September an Deutschland überraschend die Aufforderung richtete, die Truppen bis zum 15. September aus Finnland zurückzuziehen, standen die deutschen Divisionen fast 400 Kilometer von den Häfen des Bottnischen Meerbusens und über 600 Kilometer von der nordfinnisch-norwegischen Grenze entfernt. Schon die reine Marschzeit erforderte ohne Behinderung durch den Feind zur Bottnischen Bucht 30, und bis zur norwegischen Grenze mindestens 30 bis 35 Tage.

Der Feind, der diese Forderung gestellt, und das finnische Oberkommando, das sie angenommen hat, wußten, daß sie unerfüllbar waren. Die deutsche Armee in Finnland wird daher auch nach dem 15. September sich bei allen Bewegungen und Maßnahmen nur von dem Gesichtspunkt ihrer eigenen Sicherheit gegen jeden Angreifer leiten lassen."

Das Schicksal nahm von nun an für die Deutschen und Finnen seinen verhängnisvollen Lauf. Am 3. September 1944 wurde der Waffenstillstand zwischen der Sowjetunion und Großbritannien einerseits und Finnland andererseits unterzeichnet. Darin heißt es u. a.:

„...**Art 1:** Mit Einstellung der Kampfhandlungen von seiten Finnlands, 1944 Sept. 04, verpflichtet sich dieses, seine Truppen hinter die **Linien der sowjetisch-finnischen Grenze von 1940** zurückzuziehen.

Art 2: Finnland verpflichtet sich, die deutschen Land-, See- und Luftstreitkräfte zu entwaffnen, die nach dem 15. Sept. 1944 noch in Finnland geblieben sind, und sie dem Alliierten (Sowjet.) Oberkommando als Kriegsgefangene auszuliefern. Bei dieser Aufgabe wird die sowjetische Regierung die finnische Armee unterstützen. Außerdem verpflichtet sich die finnische Regierung, die auf finnischem Gebiet befindlichen deutschen und ungarischen Staatsangehörigen zu internieren ..."[143])

Da steht es also schwarz auf weiß: „Finnland verpflichtet sich, die deutschen Land-, See- und Luftstreitkräfte zu entwaffnen." Doch dazu sollte es nicht kommen, denn die im Süden Finnlands eingesetzten deutschen Kräfte und Dienststellen konnten rechtzeitig abgezogen werden oder das Land der tausend Seen verlassen. Für die im hohen Norden anwesenden deutschen Truppen kam wegen des Zeitmangels und des zu geringen zur Verfügung stehenden Schiffsraumes ein Abtransport über die Ostsee jedoch nicht mehr in Frage. So blieb für diese Verbände, bei denen es sich überwiegend um Gebirgstruppen handelte, nur noch der weite Rückmarsch auf der einzigen, unter dem Nordkap entlangführenden Straße auf nordnorwegisches Gebiet, um sich so dem drohenden Zugriff der Russen zu entziehen. An diesem gewaltigen Rückzug durch die Arktis und Lappland war neben der 2. und 6. Gebirgs-Division und der „Divisionsgruppe Kräutler"[144]) auch die 7. Gebirgs-Division beteiligt.

Die Operation „Birke"

Das Ausscheiden Finnlands aus dem gemeinsamen Krieg gegen die Sowjetunion im Herbst 1944 zwang also die Deutsche Wehrmacht zur Räumung Suomis. Doch das war in jedem Falle leichter gesagt als getan, denn das im äußersten Norden eingesetzte XIX. Gebirgs-Armeekorps (General der Gebirgstruppen Ferdinand Jodl) mit der 2. Gebirgs-Division (Generalleutnant Hans Degen) und der 6. Gebirgs-Division (Generalleutnant Max-Josef Pemsel) konnte nur unter Aufbietung seiner letzten Kraftreserven die Rückzugsbewegungen der beiden aus Mittelfinnland herankommenden Armeekorps, nämlich des XVIII. Gebirgs-Armeekorps unter General der Infanterie Friedrich Hochbaum und des XXXVI. Gebirgs-Armeekorps unter General der Gebirgstruppen Emil Vogel, gegen den mächtigen sowjetischen Angriff aus Richtung Murmansk abschirmen.

Bereits „im September 1943", erfahren wir von General Hölter, ab März 1944 Chef des Generalstabes der 20. Gebirgs-Armee, „erkundeten Generaloberst Dietl und sein Chef, Generalleutnant Ferdinand Jodl, zum ersten Male die Möglichkeit für eine solche Bewegungsoperation, bei der

Zigtausende von Menschen ,mit Roß und Wagen' über Hunderte von Kilometern nach Norden ziehen sollten...

Am 3. September 1944 gab das OKW die Durchführung der Operation ,Birke'*) frei. Idee und Ziel dieser geplanten Operation war: unter Festhalten der Eismeerfront die deutschen Kräfte aus den Fronten vor Louchi und Kandalakscha vom Feinde zu lösen, sie über den Raum Rovaniemi nach Norden zu führen und mit ihnen schließlich neue Fronten rittlings der Grenzstraße im Dreiländerzipfel mit einer nach Osten verlaufenden Sicherungsfront hart südlich Kautokeino und rittlings der Eismeerstraße südlich Ivalo aufzubauen...

Den Schutz des südlichsten Eckpfeilers der 20. Gebirgs-Armee — der 7. Gebirgs-Division in der Uhtua-Stellung — und der offenen Südflanke der Armee im Zuge der Wasserlinie Oulujoki — Oulujärvi und der anschließenden nach Nordosten ziehenden Seenkette übernahmen die zu diesem Zwecke gebildeten ,Kampfgruppen West' und ,Ost'. Schnelle Verbände, die mot. M. G./Ski-Brigade ,Finnland', mot. Schützen, Aufklärungsabteilungen, leichte Panzer (frz.), Panzerjäger, mot. Artillerie und mot. Pioniere wurden hierzu aus den Korpsfronten, selbst aus der viele hundert Kilometer entfernten Eismeerfront, herausgezogen, ungeachtet der Einwendungen der Generalkommandos, in deren Plänen für die zu erwartende hinhaltende Kampfführung gerade diesen beweglichen Verbänden wesentliche Aufgaben zugedacht waren...

Dem Anlauf der Operation ,Birke' lag folgender Plan zugrunde: das XVIII. Gebirgs-A. K. sollte sich vom Feinde lösen, absetzen und über Rovaniemi nach Norden geführt werden, Masse in den Dreiländerzipfel. Das Korps unter General der Infanterie Hochbaum stand mit der 7. Gebirgs-Division in der Front bei Uchtua, mit der 6. SS-Gebirgs-Division „Nord" und der Divisionsgruppe K (Kräutler) in der Kiestinki-Front. XXXVI. (Geb.) A. K. unter General der Gebirgstruppen Vogel mit der 163. und 169. Division, das in der Werman-Front stand, sollte mit seiner Masse den Weg über Rovaniemi Richtung Ivalo nehmen.

Dabei hatte das XVIII. Gebirgs-A. K. bis in den Raum Rovaniemi einen wesentlich weiteren Weg zurückzulegen als das XXXVI. Gebirgs-A. K.

---

*) = Durchführung der „Führerweisung 50" (Räumung Finnlands).

Links oben: Wegweiser im karelischen Urwald...

Rechts oben: ... an der „Straße der Gebirgsjäger"

Unten: Gebirgsjägerkolonne in einem karelischen Dorf

rwaid-Strasse
Berger
Dietl Heim

Urwald-Strasse
Berger
Putzker

Innerhalb des XVIII. Gebirgs-A. K. mußte zunächst die nach Osten vorspringende und in ihrer Nordflanke gefährlich umfaßte Kiestinkifront eingeholt werden. Die 7. Gebirgs-Division durfte sich den Bewegungen der Verbände des XVIII. Gebirgs-A. K. aus der Kiestinkifront erst anschließen, wenn diese die ‚Bollwerk-Stellung' an der Sohjana-Enge zwischen Top-See und Pjä-See bezogen hatten.

Die Bewegungen der ‚Kampfgruppe West' und ‚Ost' waren", stellte Hölter abschließend fest, „wiederum an die Bewegungen der 7. Gebirgs-Division gebunden."[145])

Insgesamt nahmen an der Operation „Birke" — wie auch später an der Operation „Nordlicht" — unter der zielstrebigen Führung des Oberkommandos der 20. Gebirgs-Armee folgende Großverbände und Kommandobehörden teil:

I. (Heer)

Gen.-Kdo. XVIII. Gebirgs-A. K. unter General d. Inf. Hochbaum
Gen.-Kdo. XIX. Gebirgs-A. K. unter General d. Geb.-Tr. F. Jodl
Gen.-Kdo. XXXVI. Gebirgs-A. K. unter General d. Geb.-Tr. Vogel
2. Gebirgs-Division unter Generalleutnant Degen
6. Gebirgs-Division unter Generalleutnant Pemsel
7. Gebirgs-Division unter Generalleutnant Krakau
Divisionsgruppe „K" unter Generalmajor Kräutler
163. Infanterie-Division unter Generalleutnant Rübel
169. Infanterie-Division unter Generalleutnant Radziey
Divisionsgruppe van der Hoop unter Generalmajor van der Hoop
210. Infanterie-Division unter Generalleutnant Ebeling
230. Infanterie-Division unter Generalmajor Pampel

II. (Kriegsmarine)

Der Seekommandant Kirkenes unter Konteradmiral von Hohnhorst
Schwimmende Verbände des Marine-Oberkommandos Norwegen (Oslo)

III. (Luftwaffe)

Der Kommandierende General der Luftwaffe in Finnland, General der Flieger Harmjanz
Fliegende Verbände der Luftflotte 5 (Oslo)

Oben: Soldatenfriedhof der 7. Gebirgs-Division an der „Urwald-Straße Berger" – benannt nach dem ersten Kommandeur des Geb.Jäg.Rgt. 218, Oberst Berger

Unten: Generaloberst Eduard Dietl in der Edelweißstellung. Von links nach rechts: Oberst Esch, General der Gebirgstruppen Böhme, Generalleutnant Krakau, Generaloberst Dietl, Feldwebel Lieb und ein unbekannter Gebirgssoldat, dem Dietl kameradschaftlich auf die Schulter klopft

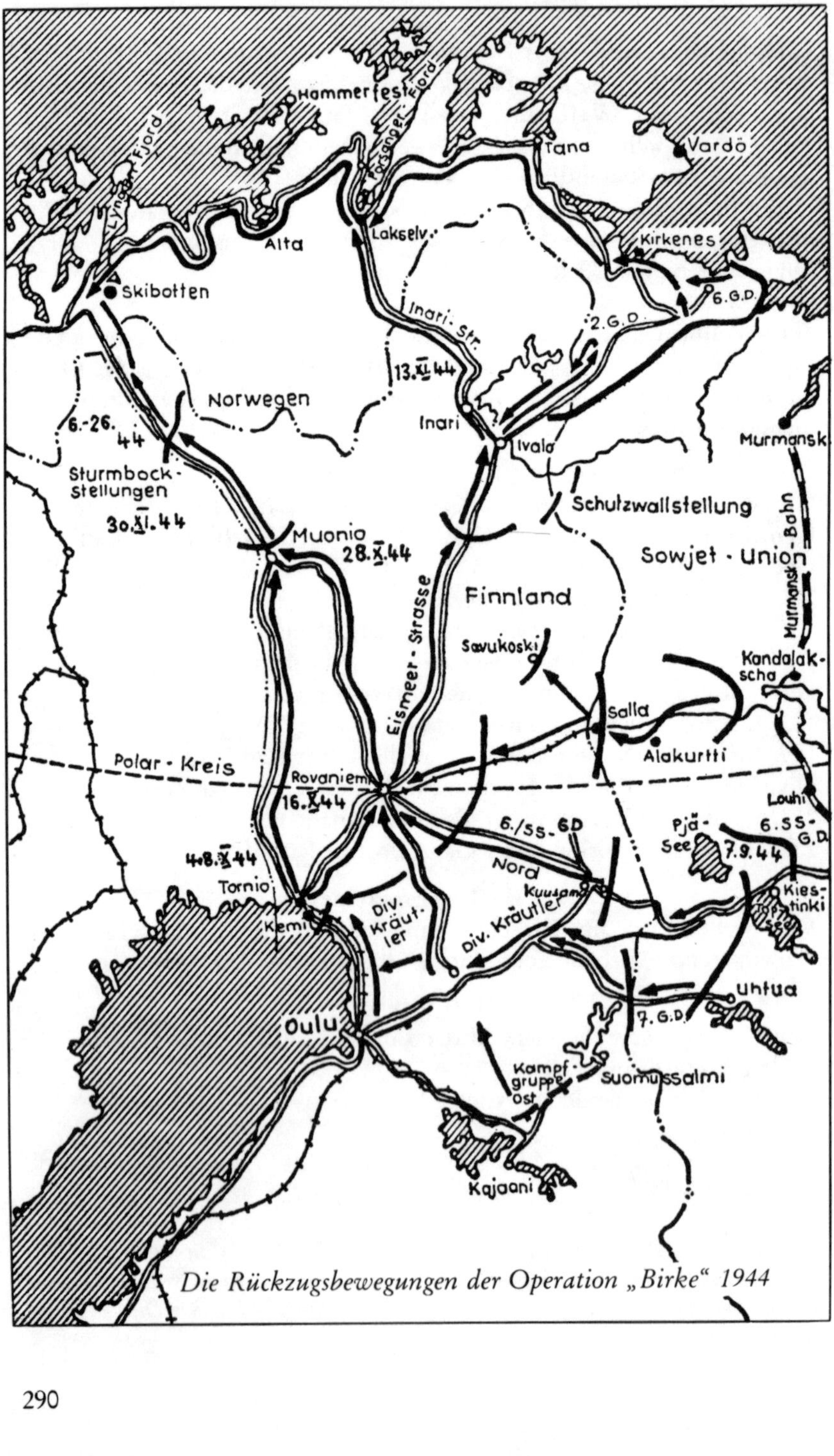

Die Rückzugsbewegungen der Operation „Birke“ 1944

IV. (Waffen-SS)

6. SS-Gebirgs-Division „Nord“ unter Generalleutnant der Waffen-SS Brenner.

Der Rückzug der Geb.-Armee in den Nordraum bedeutete — darüber waren sich alle Beteiligten einig —, auch wenn es zu keinen Kämpfen kommen sollte, eine ungewöhnlich schwere Operation, die umso schwieriger wurde, je mehr ihre Endphase bereits in den Winter fiel. Es handelte sich um die Rückführung von rund 200.000 Menschen (Verpflegungsstärke des Gebirgs-AOK Mitte August: 204.064, davon Heer: 132.554) und von sehr beträchtlichen Vorräten; denn in Mittelfinnland waren diese für vier, in Nordfinnland für neun Monate sichergestellt.[146])

Doch das war nur die eine Seite der Medaille Fall „Birke“. Die andere, nicht weniger gewichtig, die berücksichtigt werden mußte, bestand aus dem sowjetisch-finnischen Waffenstillstandsabkommen vom 19. September 1944, in dessen Artikel 2 bekanntlich festgeschrieben stand:

„Finnland verpflichtet sich, die deutschen Land-, See- und Luftstreitkräfte zu entwaffnen, die in Finnland nach dem 15. September verblieben sind, und deren Personalbestand dem Alliierten Sowjetischen Oberkommando als Kriegsgefangene zu übergeben, wobei die sowjetrussische Regierung der finnischen Armee Hilfe leisten wird. Die finnische Regierung verpflichtet sich außerdem, die sich auf ihrem Territorium befindenden deutschen und ungarischen Staatsbürger zu internieren.“

Auf Grund dieses sowjetrussischen Diktats zeichnete sich schon bald ein Kampf zwischen den Deutschen und Finnen ab; und das, obwohl erst Anfang März 1945 die finnische Regierung Paasikivi, dann allerdings rückwirkend ab 15. September 1944, den Kriegszustand zwischen Suomi und dem Deutschen Reich erklärt hat.

Der Rückzug der 7. Gebirgs-Division aus Karelien

Es war wieder Herbst geworden in Karelien. Bereits seit Mitte August mußten die Blockhütten und Unterstände beheizt werden. Nun kam die Dunkelheit, die wieder um 21.00 Uhr jäh hereinbrach, hinzu.

Schon brausten die ersten Herbststürme durch die karelischen Wälder, aus denen sich die verschiedenen Einheiten der 7. Gebirgs-Division, nachdem in der Nacht vom 11. auf 12. September für sie das Stichwort „Birke abgeschlagen“, was den Beginn des Rückzuges ankündigte, ausgegeben worden war, in Nachtmärschen über Juntusranta und Pudasjärvi in Richtung Rovaniemi zurückzogen. Es war in der Nacht vom 7. zum 8. September, als die ersten Absetzbewegungen der „Bergschuh“-Division begannen. Zuerst wurde das am Keski-Kuitti-Järvi liegende Bataillon nach

Juntusranta zurückgenommen und dann die exponiert liegenden Stützpunkte und Feldwachen in den Flanken der Division aufgegeben. In der darauffolgenden Nacht, vom 8. auf den 9. September, gingen die an den Flügeln eingesetzten Teile und am 11. September, ab 20.00 Uhr, die in der Mitte der Stellung, beiderseits der Straße Uchtua — Juntusranta liegenden Einheiten zurück. Währenddessen blieben schwache Nachhuten am Feind, um ihn über das Ausmaß und den Verlauf der deutschen Absetzbewegungen im unklaren zu lassen. Am Morgen des 12. September lösten sich dann auch diese Einheiten von den Russen und schlossen ohne nennenswerte Schwierigkeiten zu den abziehenden Verbänden auf. Lediglich an der „Touristhöhe" kam es zu einem erbitterten Nachhutgefecht, als Feindkräfte versuchten, die Stellung der Gebirgssoldaten vorzeitig in Besitz zu nehmen. Von einer kleinen Gruppe des I./Gebirgsjäger-Regiment 218, von Feldwebel Schönweiß angeführt, wurde dieses Vorhaben der Russen jedoch vereitelt.

Schon frühzeitig hatte die 20. Gebirgs-Armee die MG-Ski-Brigade und andere bewegliche Verbände in den Raum um Suomussalmi zusammengezogen, um das Absetzen des XVIII. Gebirgs-Armeekorps im Süden abzuschirmen. Die 7. Gebirgs-Division stellte hierzu die Gebirgs-Panzerjäger-Abteilung 99 und die Gebirgs-Aufklärungs-Abteilung 99 ab. Die Russen, die so manches Mal in den bisherigen Kämpfen mit den Gebirgsjägern den kürzeren gezogen hatten, folgten zunächst nur zögernd den abziehenden Soldaten der „Bergschuh"-Division, die die Straße zur Grenze mit Minen und durch Sprengungen nachhaltig zerstört hatten. Zu einem ersten Gefecht kam es dann bei Korpijärvi, als russische Infanterie, die durch Panzer unterstützt wurde, die Nachhuten des Gebirgsjäger-Regiment 206 zu umfassen versuchte. „Mit Sturmbooten und auf Fähren hatte der Gegner seinen Umfassungsversuch eingeleitet, um die einzige Straße, an der die Kämpfe stattfanden, zu unterbrechen. Wenn sich auch dadurch kritische Situationen und Gewaltmärsche mitten durch die regennasse Sumpfwildnis ergaben, um nicht abgeschnitten zu werden, so konnten doch alle Störversuche erfolgreich abgewiesen werden. Ein durch eine Brückensprengung bereits abgeschnittener Zug der Nachhut konnte sich schwimmend zu den eigenen Linien durchschlagen. Auch Versuche der feindlichen Luftwaffe, den Abzug der Division zu stören, blieben erfolglos. Ein letzter Versuch bei Lonkka, einer ehemaligen russischen Grenzgarnison, die Nachhut abzuschneiden, mißlang. Fast ohne Verluste und mit allen Waffen, Fahrzeugen und Gerät überschritten am 20. September, einem herbstkühlen Regentag, die letzten Teile der Division die russisch-finnische Grenze. Die zur Flankensicherung eingesetzten Armeetruppen konnten abgezogen werden."[93])

Wer jedoch geglaubt, ja befürchtet hatte, daß die Russen den Gebirgsjägern weiterhin im Nacken sitzen und ihren Vormarsch fortsetzen würden, der wurde schon rasch eines Besseren belehrt, denn die Rote Armee stoppte zur allgemeinen Überraschung ihre Truppen an der finnisch-russischen Grenze. So vollzog sich der weitere Rückmarsch der 7. Gebirgs-Division über Halasenac bis Pudasjärvi ohne russische Störungsversuche. Stattdessen folgte der „Siebten" ab Suomussalmi mit einem Abstand von einem Tagesmarsch die 6. finnische Division — jedoch ohne Kampfabsichten. Auch deutscherseits wurde jeder Anlaß, der zum Blutvergießen hätte führen können, vermieden. So wurden im Divisionsbereich keine Häuser zerstört, das finnische Hab und Gut wie eigenes angesehen und behandelt; lediglich die Straßen wurden vermint und die Brücken gesprengt.

Zunächst einmal, so hatte es zeitweilig jedenfalls den Anschein, glich der Rückzug der 7. Gebirgs-Division aus Karelien einem großangelegten Manöver. „Nur die scharfe Munition erinnerte an den Krieg, der dann bald darauf bei Ranua in voller Schärfe entbrannte. Wieder waren Pioniere der Nachhuten voraus beim Verminen der Straße, so wie sie es bisher jeden Tag durchgeführt hatten. Unversehens wurden sie von finnischen Soldaten umstellt, entwaffnet und abgeführt. Alle Proteste der Division halfen nichts. Die Finnen forderten vielmehr entgegen der bestehenden Abmachungen die sofortige Räumung von Pudasjärvi, das noch von Nachhuten gehalten wurde. Dies wurde vom Divisionskommandeur im Einvernehmen mit dem AOK abgelehnt. Ein Feuerschlag der III./Gebirgs-Artillerie-Regiment 82 vor die Angriffsspitzen einer zum Angriff auf die Nachhutstellungen der Division bei Pudasjärvi ansetzenden finnischen Einheit ließ die Finnen von ihrer Absicht Abstand nehmen und hielt sie einige Tage in Schach. Danach", so Schuler, „war offener Kampf."[147])

Es wurde immer augenfälliger, daß die Finnen auf Grund der inhaltlichen Aussage des Artikels 2 der russisch-finnischen Waffenstillstandsbedingungen ihre Hand auf den Raum um Rovaniemi zu legen hatten, um die Rückzugsbewegungen des XVIII. Gebirgs-Armeekorps nach Norden zu vereiteln, und zwar deshalb, weil es den Russen nicht gelungen war, das Korps in seinen ehemals karelischen Stellungen und Frontabschnitten festzuhalten, zu schlagen und zu vernichten. Da die Rote Armee an der russisch-finnischen Grenze stehenblieb, war die ursprüngliche Gefahr, daß sowjetische Kräfte in Richtung Salla auf Rovaniemi vorstießen, um den südlichen Teilen der 20. Gebirgs-Armee den Rückzug zu verbauen, nicht mehr gegeben. Jedoch blieb die Frage, ob sie auch norwegisches Hoheitsgebiet respektieren oder ob sie auf der „Reichsstraße 50" vordringen würden, vorläufig noch unbeantwortet. Man wußte lediglich, daß überlegene Feindkräfte an der Eismeerfront zum Angriff bereitstanden. Jeden Augenblick konnte dort die rote Flut losbrechen. Um dieser Bedrohung zu entgehen, hatte die 20. Gebirgs-Armee alle

Reserven, die ihr zur Verfügung standen, am linken Flügel zusammengezogen.

„Hinauf nach Lappland!“ lautete die allgemeine Parole der Deutschen auf dem finnischen Kriegsschauplatz 1944.

Mehr denn je wurde diese urwüchsige Region im hohen Norden zum Gelobten Land. Als Lebensraum der Lappen gehört Lappland zu Norwegen, Schweden und Finnland, denn die Weidegebiete der Renntiere greifen über die politischen Landesgrenzen hinweg. Im Gegensatz zu Karelien, so erfuhren die Soldaten der 7. Gebirgs-Division schon bald, ist die vom Meer überformte Rumpfflächenlandschaft nur in den tieferen Lagen bewaldet; höher hinaus — bis an die Schneegrenze — reicht nur die von Flechten durchsetzte Kiefernheide mit ihren Zwergbirken und dem Weidengestrüpp. Als Futter für die Herden der Lappen, aber vielfach auch für die Tragtiere der deutschen Gebirgstruppe während ihres Einsatzes am Eismeer, diente in diesem Weidegebiet vor allem die Rentierflechte.

Dieses Land der Lappen — soweit es zum Staatsgebiet Suomis gehörte — wurde nun auf Anordnung der finnischen Regierung evakuiert. Die Bevölkerung der kleinen Gehöfte zog sich in die tiefen Wälder zurück. Bemerkbar machte sich die lappländische Bevölkerung für die Angehörigen der „Bergschuh“-Division allerdings nur bei Vaaropalo. Hier kam es zu einem folgenschweren Zwischenfall: Ein Erkundungskommando unter der Führung des Majors Wietfeld-Haltendorf fand sämtliche Häuser der Ortschaft geräumt vor. Keine Menschenseele war zu sehen, geschweige denn zu hören. So begab sich der Major in die weitere Umgebung, um sie zu erkunden. Als er jedoch zurückkam, war sein Kraftfahrer, der mit dem Fahrzeug gewartet hatte, aus dem Hinterhalt erschossen worden.

Das sollte der Auftakt zu den nun beginnenden verlustreichen Kampfhandlungen mit dem ehemaligen Waffenbruder sein. Aus dem geschätzten Freund war über Nacht ein Feind geworden, von dem man wußte, daß er sich im Kampf einer eigenen Taktik, die er „Motti“ (= auf Deutsch soviel wie „Kessel“) nannte, bediente. Diese „Motti“-Taktik — Umgehung durch Sumpf und Wald, Umfassung des an die Straße gebundenen Gegners und Einkesselung desselben —, der die Finnen bekanntlich ihre großen Erfolge im Winterfeldzug 1939/40 verdankten, und mit der sie sich nun erhofften, gegenüber den deutschen Gebirgsjägern die gleichen Erfolge zu erzielen, diese Art der Kampfführung ist bedingt durch die eigene zahlenmäßige Unterlegenheit und durch die besonderen geographischen Verhältnisse, denn Finnland, das Land der tausend Seen, ist insbesondere an seiner Ostgrenze eine „Wildmark“, wo es nur Wälder, Seen und Sümpfe gibt. Und durch die Urwälder und Tundren führen nur vereinzelte Straßen, Wege und Pfade. Jeder Gegner, der in dieses Land einfällt, ist an diese wenigen Verkehrswege, die in keiner Weise den mitteleuropäischen Vorstellungen entsprechen, gebunden. Ein offenes Feldgefecht, eine Schlacht, kann sich daher in einem derartigen Gelände nicht entfalten. Kompanien und Abteilungen, Bataillone und Regimenter nebeneinander einzusetzen, ist daher kaum möglich. Diesen Umstand haben die Finnen ihrer Taktik zugrunde gelegt und darauf ihre ganze Ausbildung und Gefechtsführung abgestellt. Die Gebirgssoldaten sollten diese Taktik bei ihren Rückzugskämpfen zum Eismeer bald in verstärktem Maße am eigenen Leibe zu spüren bekommen.

Verständlich, daß die Anforderungen, die bei den sich nun entwickelnden Rückzugskämpfen zwischen den Deutschen und den Finnen im winterlichen Polargebiet sowohl an die Führung als auch an die Truppe gestellt wurden, außerordentlich groß waren. Wenn das allgemeine Kampfgeschehen im hohen Norden auch weitgehend unbemerkt verlief und um ein Vielfaches vom Schlachtenlärm und den schweren Rückzugskämpfen der Ostfront übertönt wurde, so verlangten die Eigenarten der Gelände- und Witterungsverhältnisse in dem nordischen Ödland mit seiner Wildnis und die ungewohnte Kampfweise des Gegners doch eine besondere Einsatzbereitschaft, Zähigkeit, Ausdauer und Wendigkeit von Offizier und Mann, um den Unbilden des arktischen Winters und der Weite des menschenfeindlichen und kaum erschlossenen Landes trotzen zu können. Hinzu kam die besondere seelische Belastung für die Truppe, die von nun an gegen einen Feind zu kämpfen hatte, mit dem sie bisher beste Waffenbrüderschaft gepflogen und Schulter an Schulter gar manchen Kampf gegen die verhaßten Rotarmisten ausgefochten hatte.

Nachhutgefechte südlich von Rovaniemi

Bei den harten Nachhutgefechten mit dem ehemaligen Waffenbruder südlich von Rovaniemi, der Hauptstadt Lapplands und dem Sitz des Gebirgs-Armee-Oberkommandos 20, wo das XVIII. Gebirgs-Armee-Korps mit Front nach Süden Stellung bezogen hatte, handelte es sich im wesentlichen um die Kampfhandlungen bei Ranua und Ylimaa, in der Zwischenstellung bei Narkaus und Taipale, wo die eingeschlossene Gebirgs-Aufklärungs-Abteilung 99 im wahrsten Sinne des Wortes den Klauen des Gegners durch das Gebirgsjäger-Regiment 218 entrissen werden mußte, sowie um das Nachhutgefecht bei Rovaniemi selbst.

Es war bei Pudasjärvi, als die Gebirgs-Panzerjäger-Abteilung 99 und die Gebirgs-Aufklärungs-Abteilung 99, die bisher den Armeetruppen zugeteilt und zur Sicherung der Südflanke eingesetzt waren, wieder zur 7. Gebirgs-Division zurückkehrten. Die Gebirgs-Aufklärungs-Abteilung 99 wurde dem Gebirgsjäger-Regiment 206, das als Nachhutregiment eingeteilt wurde, unterstellt und erhielt den Auftrag, das Absetzen des

Gebirgsjäger-Regiments zu sichern. Dabei kam es südlich von Ranua zur ersten Gefechtstätigkeit mit den Finnen.

In den späten Nachmittagsstunden des 2. Oktober 1944 hatte ein finnisches Bataillon die Nachhutstellung der Gebirgs-Aufklärungs-Abteilung 99 umgangen, stieß in dessen Westflanke und traf bei dieser Aktion auf eine Batteriestellung, die sich sogleich massiv zur Wehr setzte. Mit ihren Geschützen, die sie im direkten Beschuß auf den Gegner richteten, hatten die Kanoniere auf die kurze Entfernung allerdings nicht den erhofften Erfolg. Schlimmer noch: In erbittert geführten Nahkämpfen ging die Protzenstellung der Deutschen verloren. Ein Geschütz

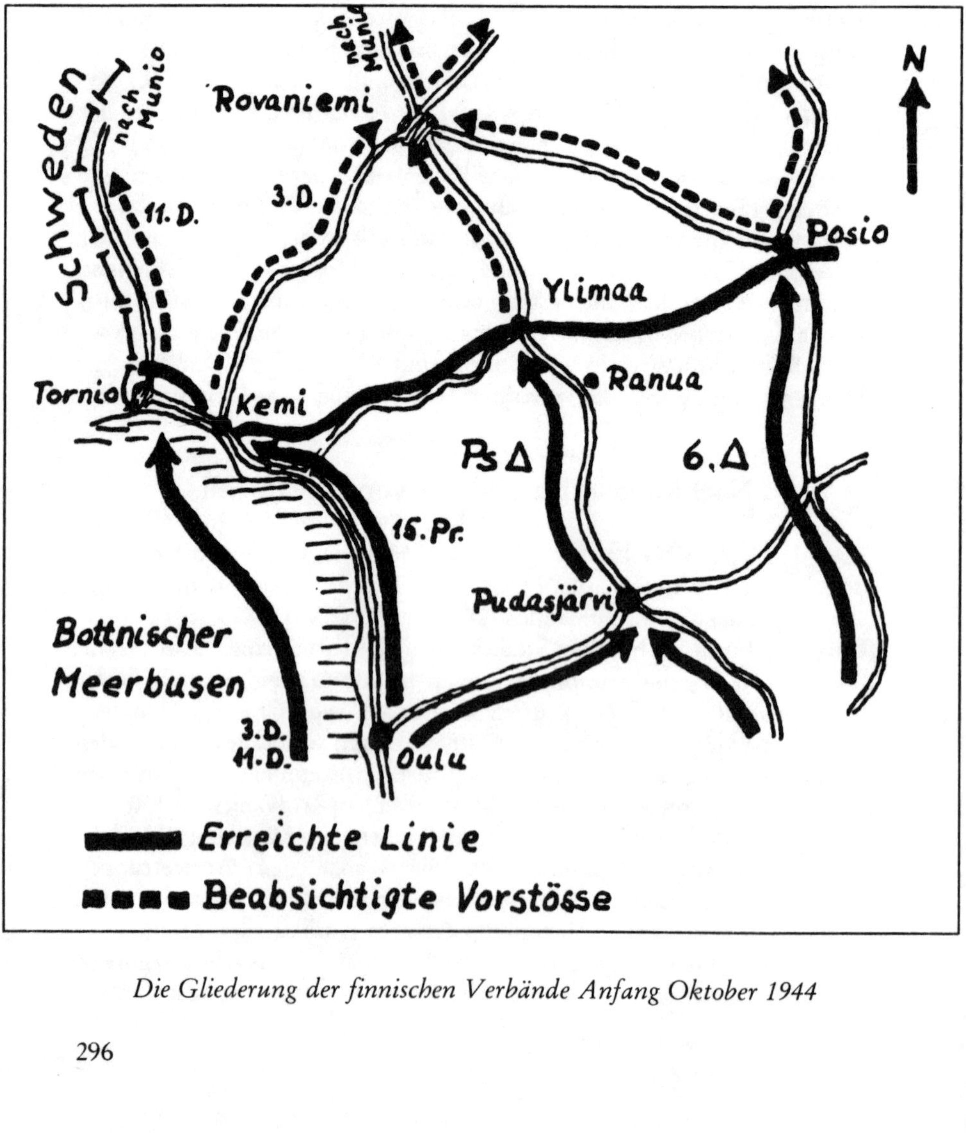

Die Gliederung der finnischen Verbände Anfang Oktober 1944

fiel gar in die Hand der Finnen. Daraufhin wurde das III./Gebirgs-Jäger-Regiment 206, das Major Angerer führte, zum Gegenstoß angesetzt. Mit den eingeschlossenen Teilen der Gebirgs-Aufklärungs-Abteilung 99 hatte man über einen Feldfernsprecher noch für kurze Zeit Verbindung aufnehmen können. Zunächst gelang es den Deutschen, die Straße freizukämpfen, auf der dann ein Kradfahrer bei einer vorne eingesetzten Batterie Unterstützung anforderte. Die fast gänzlich eingeschlossene Batterie leitete nun mittels Funk das Feuer auf den ringsum stehenden Gegner und hielt sich im „Motti". Eine weitere finnische Kompanie hatte inzwischen in der Front angegriffen, so daß die vordere Batterie mit zwei Geschützen wieder umkehren mußte. Währenddessen blieben die beiden anderen Geschütze nach hinten gerichtet. Das III./Gebirgsjäger-Regiment 206 griff jetzt energisch an, befreite die Protzenstellung und gewann das verlorengegangene Geschütz zurück. Dann sprengte sie den Ring um die Batterie und warf den Gegner bei einbrechender Dunkelheit teilweise im Nahkampf aus den Stellungen.

In Nachtmärschen von 30, 40 und oft mehr Kilometern gewannen die Einheiten der 7. Gebirgs-Division, allen voran das Gebirgsjäger-Regiment 218 unter seinem bewährten Kommandeur Oberst Schuler, am 26. September 1944 die 60 km südlich der lappländischen Hauptstadt gelegene Rovaniemi-Schutzstellung bei Ylimaa. Diese Stellung war von den Deutschen, als sich das Ausscheiden Finnlands ankündigte, vorsorglicherweise erkundet und festgelegt worden. Beiderseits der Straße Ranua — Rovaniemi waren in Anlehnung an ein Seengebiet in vorderer Linie Stellungen für zwei Bataillone vorbereitet. Zwei Drittel der Kräfte standen in der HKL und ein Bataillon in Reserve. Das entsprach durchaus dem mitteleuropäischen Kampfschema. Doch hier, im hohen Norden, wo in der Kriegskunst andere Gesetze galten, hätte das Verhältnis, wollte man der Kampfführung der Finnen Rechnung tragen, genau umgekehrt lauten müssen.

Dietls Forderung: „Nur kein Schema!" hätte voll beherzigt werden müssen.

Die vorbereiteten Geländearbeiten bestanden, die Gebirgssoldaten bemerkten es sogleich mit Bitterkeit, lediglich aus flachen Löchern für MG-Stellungen und Schützennester, die zudem noch versumpft und völlig unbrauchbar waren. Dazu fehlten in dem waldreichen Gelände jegliche Verbindungswege, die das Heranführen der Truppe in die Stellung erleichtert hätten und die später als Versorgungswege hätten dienen können. Gerade dieser Mangel brachte große Verzögerungen, viel Mühe und Arbeit für die dort eingesetzten Stellungstruppen mit sich. Dieses Provisorium von Stellung mußte nun so lange gehalten werden, bis in Rovaniemi die notwendigen Räumungen durchgeführt waren. Dazu veranschlagte man etwa zehn Tage.

Wiederholt wies die Truppenführung auf die wahrscheinliche Entwicklung des Abwehrkampfes hin und drang deshalb auf eine Änderung der befohlenen Kräftegliederung. Jedoch ohne Erfolg — und das, obwohl bereits seit Tagen bei der eigenen Nachhut Kämpfe mit den Angehörigen der finnischen 1. Jäger-Brigade, die die „Motti"-Taktik in geradezu kriegsschulmäßiger Perfektion demonstrierte, im Gange waren. Nirgends hatte der Finne die Nachhuten frontal angegriffen. Vielmehr hatte er ihre Flanken, weit ausholend, umgangen und dabei alle Strapazen, die eine Bewegung im Wald und Sumpf mit sich brachten, in bewußter Waldläufermanier auf sich genommen.

Trotz all dieser Erfahrungen mußte die Ylimaastellung wie vorgesehen durch das Gebirgs-Jäger-Regiment 218, verstärkt durch die 2./Panzerjäger-Abteilung 99, am 27. September besetzt werden: I./218 rechts, III./218 links in vorderer Linie und II./218 in Reserve. Die III./Geb.-Art.-Rgt. 82 sollte das Gebirgs-Jäger-Regiment 218 in der Schutzstellung unterstützen. Die Masse der 7. Gebirgs-Division — jedoch ohne II./206 — lag hinter dem Gebirgs-Jäger-Regiment 218. Ein Stützpunkt sicherte in Kompaniestärke bei Varapaalo die Westflanke; eine Feldwache bei Katamora am Ylijoki sollte die Verbindung halten. Die Stellungen wurden durch das Hochziehen von Holzbauten, da der sumpfige und morastige Boden das Eingraben nicht zuließ, verbessert. Mit besonderer Sorgfalt richteten sich die Bedienungen in den rückwärtigen Feuerstellungen und Troßlagern zur Nahverteidigung ein. Versorgungswege wurden angelegt und verbessert und zu guter Letzt wurde ein Lappenpfad, der westlich der großen Straße auf den Flankenstützpunkt zuführte, durch rege Aufklärung überwacht.

Alles schien sich zum Guten zu wenden — doch da fiel der so oft zitierte Wermutstropfen in den Freudenbecher der Gebirgsjäger.

Man hatte von der Stellung und ihrer Kräftegliederung mit deutscher Gründlichkeit eine Skizze angefertigt und an die Division übersandt. Von dort wurde sie durch einen Kradmelder der III./Gebirgs-Artillerie-Regiment 82, die bei der Nachhut eingesetzt und zur Unterstützung in der Schutzstellung vorgesehen war, weitergeleitet. Da geschah das Unglück: Der Kradmelder fiel in die Hände des Gegners und mit ihm die Skizze von der Schutzstellung bei Ylimaa.

Um dem Gegner diesen Vorteil wieder aus der Hand zu nehmen, stellte man, allerdings erfolglos, wie sich rasch herausstellen sollte, den Antrag, umzugliedern. So sah die Truppe mit recht gemischten Gefühlen den kommenden Ereignissen entgegen. Sehr bald, in der Nacht vom 6. auf den 7. Oktober, waren die Nachhuten des Gebirgs-Jäger-Regiment 206 mit ihren letzten Teilen durch die Stellungen der Gefechtsvorposten der 16./218 des Leutnants Ostmann südlich von Ylimaa durchgeschleust. Noch lag eine trügerische Ruhe über dem Niemandsland. Doch bald

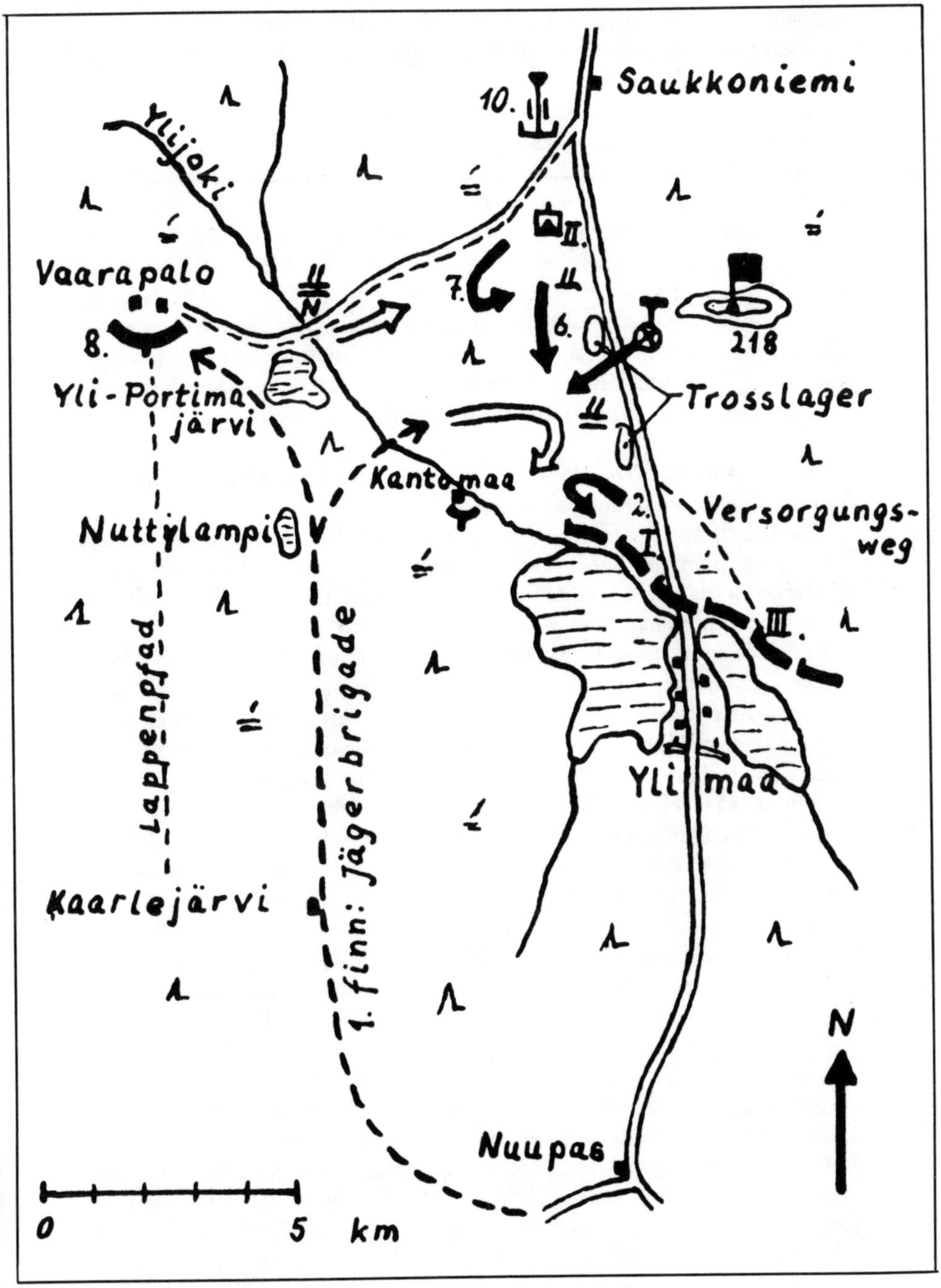

Die Lage am 7. Oktober 1944 bei Ylimaa

stießen eigene Spähtrupps auf dem Lappenpfad auf überlegen vorgehende finnische Kämpfer, die aller Wahrscheinlichkeit nach, wie anzunehmen war, auf den Flankenstützpunkt, der den Finnen aus der erbeuteten Skizze ja genau bekannt sein mußte, angesetzt waren. Aber auch im Rücken der Bataillone, die in der HKL eingesetzt waren, zeigten sich bei einbrechender Dämmerung bereits finnische Soldaten. Sie bewegten sich äußerst geschickt und waren nur schwer zu erkennen. Aus den einlaufenden Meldungen ergab sich bald ein klares Bild über die Bewegungen des Gegners. Die Finnen kannten die Lücken in der Stellung der Gebirgsjäger sehr genau und sickerten nun dort ein. Vom Flankenstützpunkt aus trafen immer beunruhigendere Nachrichten ein, die keinen Zweifel mehr daran ließen, daß dort die Einschließung in vollem Gange war. Der Obergefreite K. H. Schmitt schildert uns darüber, nachdem die Brücke über den Ylijoki gesprengt worden war, folgendes:

„Unser Zug der 16./218 unter Führung von Ltn. Ostmann hat bei Ylimaa Vorpostenstellung bezogen.

Wir haben nur den einen Wunsch, zu ruhen. Seit Tagen schon fanden wir keinen richtigen Schlaf mehr. Eine Gruppe Pioniere passiert gegen Mitternacht als letzte unsere Linien. Vor uns ist kein Deutscher mehr. In wenigen Stunden kann der Feind schon nachstoßen.

Erster Schnee stöbert draußen, naßkalter Wind bis auf die Knochen. Hinter Steinhaufen liegend, in Erdlöchern dürftig gegen Wind, Regen und Schnee gedeckt, erwarten wir den Gegner. Unser Leutnant und seine Melder sind im Unterstand dicht zusammengerückt, schützende Decken fehlen ihnen. Nur gut, daß wenigstens noch eine Flasche Schnaps ab und zu von Hand zu Hand geht und Zigaretten die Zeit verkürzen. Gegen halb vier Uhr morgens erscheint ein Melder des Oberfeldwebels und berichtet, daß etwa 100 m vor der Gruppe F. auf der Straße Schritte und Geräusche gehört wurden. Im Augenblick peitschen auch schon Schüsse auf. Der Feind sitzt also unmittelbar vor unserer Nase. Im Osten beginnt der Tag zu grauen, in dessen Dämmerung sich aber nichts Genaues erkennen läßt. Wieder kommt ein Melder: Im Halbdunkel seien kurz vor der MG-Stellung einige Gestalten über den Sumpf geschlichen. Die Posten haben daraufhin das Feuer eröffnet.

Langsam wird es heller. 30 m vor uns liegt ein Fahrrad, dahinter noch mehrere. Mit den Ferngläsern lasse sich mindestens bis 50 Räder feststellen. Noch ist es unbestimmt, ob ihre Besitzer nicht in nächster Nähe links und rechts der Straße in Deckung liegen. Der Regiments-Gefechtsstand ist verständigt, und nach kurzer Zeit erscheint der Kommandeur persönlich. Etwas verstimmt meint er: ‚Hätten die Kerle nicht weiterfahren können? Zweifellos hättet ihr sie gefangengenommen. Wenigstens einen Gefangenen solltet ihr haben!‘ Er sieht die Fahrräder und erkennt mit dem Glas eine Meldetasche. Schon will er den Befehl zur Sicherstellung geben, doch es ist nicht nötig. Zwei Jäger, die am nächsten der Straße lagen, haben die Tasche ebenfalls entdeckt, schleichen den Graben entlang, robben blitzschnell über die Straße und bringen außer der Kartentasche noch zwei Fahrräder samt Gepäck mit.

Wenige Stunden später verläßt ein Spähtrupp die Stellung und kann bis nahe an den Waldrand vordringen. Auf dem Rückweg greift jeder Mann sich zwei Räder und der Stoßtrupp meldet, daß mehrere Tote und viele Blutspuren im Vorgelände zu sehen gewesen seien. Unsere Artillerie hat demnach gute Arbeit geleistet.

Wieder folgt ein neuer Tag. Da nirgends ein Schuß fällt, vermuten die Finnen wohl, wir hätten uns zurückgezogen. Es ist Sonntag, ein wenig Sonne erwärmt die Glieder. ‚Herr Leutnant!' ruft der Posten erregt, ‚da vorne kommen drei Finnen angeradelt. Soll ich schießen?' ‚Mensch sind Sie wahnsinnig!' Dabei entreißt er ihm die MP. ‚So unvorsichtig nähern sich nur Überläufer! Aber gut, daß hier so tadellos aufgepaßt wird.' Da, etwa 20 m vor uns, springt der erste vom Rad, will schleunigst Deckung in Granattrichtern von gestern nehmen. Die anderen beiden folgen seinem Beispiel. In Sekundenschnelle erfaßt der Leutnant die Situation: das sind keine Überläufer! Und schon schießt er mit der MP einen kurzen Feuerstoß. Ein Finne läuft direkt auf ihn zu und gibt sich gefangen, der zweite schleppt sich verwundet zurück. Er bricht bald zusammen und wird wenig später von uns geborgen. Nur dem dritten gelingt es, zu entweichen. Stolz auf seinen Gefangenen, einen Pionier-Fähnrich, läßt der Leutnant ihn dem Oberst übergeben und melden, daß dies der gestern verlangte Gefangene sei. Eine Stunde später Motorengeräusch am Waldrand! Links, dicht vor uns, erfolgt ein Einschlag. Granate auf Granate krepiert am Steinwall. Der Unterstand droht einzufallen. Panzer? Artillerie kann dies nicht sein, die Schüsse liegen zu genau vor unserer Steinburg. Doch jetzt böllert auch feindliche Artillerie. Die eigene antwortet sofort. Der helle Abschuß unserer Pak ist ebenfalls zu vernehmen. Um uns wird es plötzlich ruhiger. Wenige Minuten später kommt ein Melder der Panzerjäger gelaufen und ruft freudig: ‚Das Geschütz H. hat soeben einen T 34 vernichtet, Herr Leutnant!' ‚Prima habt ihr das gemacht, fast hätte der Panzer uns hier alle zusammengeschossen!' Da der feindliche Beschuß weiterhin anhält und stärkere Infanteriekräfte erkannt werden, erhält der Leutnant, um unnötige Verluste zu vermeiden, vom Regiment den Befehl, sich vom Gegner zu lösen. Melder eilen zu den Zügen, und auf ein Leuchtzeichen setzen wir uns ab."

Doch der Kampf sollte nun erst recht mit voller Härte in den sumpfigen Wäldern südlich von Rovaniemi entbrennen. Der Flankenstützpunkt war bereits eingeschlossen worden. Die Feldwache bei Katamora, Troßlager,

Feuerstellungen und Stäbe wurden angegriffen. Hinter der HKL entspannen sich Kämpfe, die von beiden Seiten mit größter Bitterkeit im Nahkampf geführt wurden. In der Abenddämmerung dieses ersten Kampftages bei Ylimaa tauchte — geradezu gespensterhaft — da und dort eine Kampfgruppe in Kompaniestärke bei den Troßlagern und den Batteriestellungen auf und überfiel diese mit ihrer ganzen Wucht und Feuerkraft.

Abend für Abend wiederholten sich nun diese zermürbenden Angriffe. Es war schwierig, teilweise gar unmöglich, in diesem Waldgelände die Übersicht über diese Einzelgefechte zu behalten. Es versteht sich von selbst, daß diese Art der Kampfführung sowohl für die Führung als auch für die Truppe eine ungeheure Belastung war. Die Reserven, die eingesetzt werden konnten, waren zu gering, um erfolgreiche Gegenmaßnahmen einleiten zu können. Nur knapp zwei Kompanien standen den Gebirgssoldaten zur Verfügung, um sich des Gegners, der in die Tiefe der HKL eingedrungen war, zu erwehren. Nun rächte sich der falsche Ansatz der Kräfte bitter.

Leutnant Hacker skizziert uns mit seinem Bericht die Landschaft und die darin ausgetragenen Kampfhandlungen:

„Schon wieder stecken die Räder unserer Infanteriekarren tief im Morast des schmalen Feldweges. Die Jäger fluchen wie die Teufel, während sie aber hilfreich zupacken und schieben, damit es die Pferde leichter haben. Dichter Nebel steigt aus den Sümpfen; es regnet leise und hartnäckig. Eine knappe Stunde ist vergangen, seit wir die Straße Ranua — Rovaniemi verlassen haben, wo an einer Stelle die verwitterte Tafel mit der Aufschrift ‚Vaarapalo — 5 km‘ als Wegweiser stand. Auf der Karte ist dieses ‚Dorf am Berg‘ ein kleiner, unscheinbarer Punkt, bei dem ein kleiner See, ein schmaler Fluß und etwas Weidefläche sein sollen.

Der Weg wird steiniger und besser. Bald taucht ein einsames Gehöft auf. Das ist Vaarapalo. Dieser Hof soll in ein paar Tagen zum Stützpunkt ausgebaut sein, der die Flanke des Regiments weit draußen in der finnischen Wildmark schützen wird. Einige Tage emsiger Schanzarbeit kostet das, dann ist ‚Bollwerk‘ entstanden, ein Stützpunkt mit Rundumverteidigung. Hier erfahren wir von der Eröffnung der Feindseligkeiten der Finnen gegen uns. Mögen sie nur kommen, dann wird sich das Wort unseres Regimentskommandeurs bewahrheiten: ‚Bollwerk wird gehalten!‘

In den Morgenstunden des 7. Oktober“, heißt es dann weiter, „meldet ein nach Süden angesetzter Spähtrupp die erste Feindberührung. Seit diesem Zeitpunkt ist der Stützpunkt ‚Bollwerk‘ mit all seinen Waffen in höchster Abwehrbereitschaft. Im Schutze der Dunkelheit verlassen am 7. Oktober zwei Spähtrupps, nach Osten entlang des Weges und nach Süden

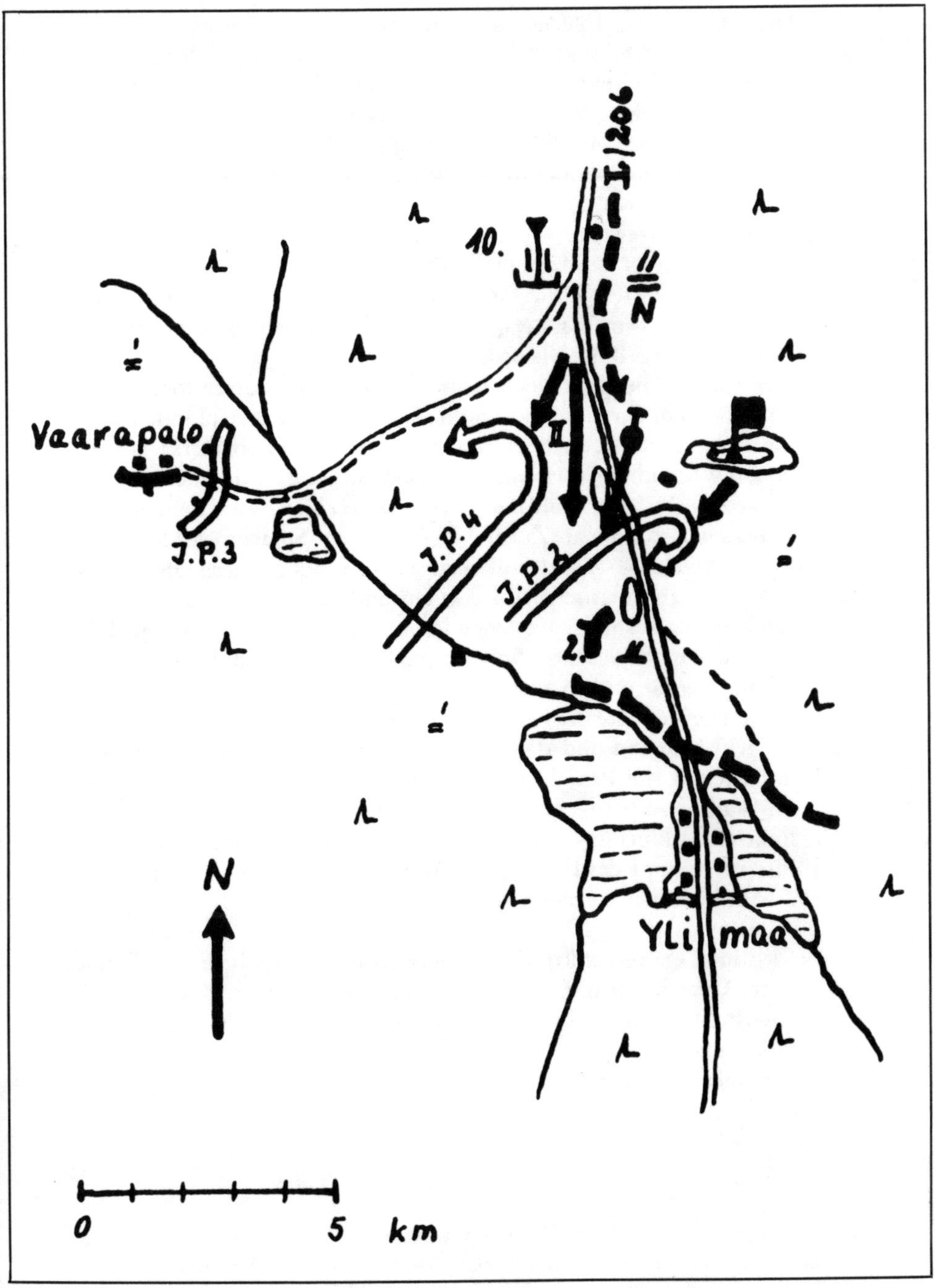

Die Lage am 8. Oktober 1944 bei Ylimaa

dem Lauf des Flusses folgend, den Stützpunkt. Schon nach 8.00 Uhr kommt der nach Osten angesetzte Spähtrupp zurück und meldet, daß der Feind Varapalo vom Süden her umgangen und ostwärts den Zugangsweg in Kompaniestärke besetzt hat. Nun wird es bald hart auf hart gehen.

Ein MG-Feuerstoß zerreißt die Stille und gibt den Auftakt zum Kampf. Querschläger pfeifen über die Köpfe hinweg. Der nach Süden angesetzte Spähtrupp kämpft sich zurück. Langsam nähert sich der Gefechtslärm. Unsere Maschinengewehre setzen ein und unterstützen unsere Kameraden, bis auch der letzte Mann in der Rundumverteidigung geborgen ist. Den in aufgelockerter Form angreifenden Finnen schlägt aus dem Stützpunkt, wie aus einem feuerspeienden Igel, ein rasendes Abwehrfeuer entgegen, das hohen Blutzoll fordert.

Rechts von uns herrscht noch Ruhe. Angestrengt starren die Augen hinaus nach jedem Strauch und Baum. Da wird auch hier plötzlich der Wald lebendig. Auf 100 m Entfernung ist der Feind unbemerkt herangekommen. Wütend schlägt ihm unser Feuer entgegen. Trotz der starken Verluste arbeitet sich der Feind noch weiter heran. Man hört Kommandos, Handgranaten detonieren. Zurufe in deutscher Sprache ‚Maschinengewehre — schießen — nicht!' sollen täuschen. Wir klammern uns fest an unsere Waffen, automatisch wird geladen und geschossen, nur ein Gedanke lebt in uns: aushalten um jeden Preis. Auch unsere Verluste häufen sich. Wir müssen einige Meter Boden aufgeben. Eine Gruppe kommt zur Verstärkung heran, und in kurzer Zeit stehen wir wieder in den alten Stellungen. Die Verluste des Feindes sind groß. Trotzdem rennt der Finne dauernd gegen uns an und drängt unsere gelichteten Reihen abermals zurück. Da feuert eine Pak, die uns immer wieder Luft schaffte, hinter uns aus dem Wald, und der Gegner bleibt liegen.

Im linken Abschnitt ist der Kampf ebenfalls zum Stillstand gekommen. Zeitweise verstummt das Feuer ganz. Allmählich bricht die Dämmerung herein. Man hört den Gegner schanzen ..."

Am dritten Tage verstärkte sich wiederum kurz vor Einbruch der Dunkelheit der Gefechtslärm. Die angreifenden Finnen näherten sich rasch dem Gefechtsstand des Regiments. Schon stürzt ein Melder aufgeregt in den Bunker und schreit:

„Die Finnen greifen an!"

Oben: Generalleutnant Krakau mit den Offizieren seines Stabes.

Unten: Generalleutnant Pajari, der Kommandeur der finnischen 3. Division, verabschiedet sich von Generalleutnant Krakau. In der Bildmitte Oberst Emil Schuler, der letzte Kommandeur des Gebirgs-Jäger-Regiments 218

Jetzt galt es rasch zu handeln. Was gerade erreichbar war — Offiziere, Unteroffiziere und Mannschaften; Melder, Kraftwagenfahrer, Funker und Fernsprecher —, wurde schnellstens zusammengefaßt und zur Nahverteidigung eingesetzt. Zwei Pak, die am Regimentsgefechtsstand standen, erhielten den Befehl:

„Mit Sprenggranaten laden! — Feuer frei!"

Schuß auf Schuß verließ die Rohre. Hellauf leuchtete der Wald. Abschuß und Einschlag schallten darin in mehrmaligem Echo wider.

Die Überraschung war den Deutschen gelungen. Die Finnen waren auf einen so heißen Feuerzauber nicht vorbereitet. So kam ihr Angriff ins Stocken. Die Verwirrung beim Gegner ausnutzend, brachen die wenigen Jäger unter der Führung des Regimentskommandeurs zum Gegenstoß auf und warfen den Feind.

An der Front, vor allem vor dem linken Abschnitt, war es nach diesen Gefechten ruhig. Das führte zu dem Entschluß, das linke eingesetzte Bataillon aus der HKL herauszuziehen und dort nur schwache Sicherungen zu belassen.

Was geschah nun mit dem herausgelösten Bataillon?

Es erhielt den Befehl, am nächsten Morgen den Einschließungsring um den Flankenstützpunkt zu sprengen und die eingeschlossenen Kräfte zu entsetzen. Ein Auftrag, der rasch ausgeführt werden mußte und dem nur ein Erfolg beschieden sein konnte, wenn die Durchführung gelang, noch bevor der Gegner neue Kräfte herangeführt hatte. Das Kräfteverhältnis war ziemlich ausgeglichen. Ein feindliches Bataillon hielt den Stützpunkt umklammert. Ein bis zwei finnische Bataillone standen im Hauptkampffeld, um von hier aus zu weiteren Schlägen gegen die Deutschen auszuholen.

Bei dieser Ausgangslage schienen die Gegner plötzlich einen wichtigen Verbündeten bekommen zu haben: das Wetter. Überraschend hatte am Abend der gefürchtete Polarwinter eingesetzt. Nasser, dicker und schwerer Schnee bedeckte in kurzer Zeit Wege und Pfade. Darauf war die Truppe nicht vorbereitet. Die Winterausrüstung war zum Teil bereits abgeschoben worden und stand daher nicht zur Verfügung. Die Gefechtskarren blieben im Schnee stecken. Die Mulis kamen vom Wege ab und sanken im Sumpf ein. Auch mancher Landser verfehlte in der Dunkelheit der Nacht den Weg und ward nie mehr wieder gesehen. Zu allem Unglück lagen zwei Volltreffer der finnischen Artillerie auf dem Versorgungsweg.

Oben: Oberst Schuler vernimmt auf seinem Regiments-Gefechtsstand einen gefangenen Russen

Unten: Nach dem Abfall Finnlands marschieren gefangengenommene Finnen in die Gefangenschaft

Gebirgspioniere mußten zur Behebung des Schadens eingesetzt werden. Das Herauslösen des linken Bataillons nahm ungewöhnlich lange Zeit in Anspruch. Nur dem unermüdlichen Einsatz des Bataillonskommandeurs des III./Gebirgs-Jäger-Regiment 218, Major Schüßler, war es zu verdanken, daß dann in den späten Morgenstunden doch noch zum Angriff gegen den Einschließungsring angetreten werden konnte. Aber der unvorhergesehene Zeitverlust hatte dem Gegner zweifellos die Gelegenheit gegeben, neue Kräfte nachzuschieben.

Obwohl das Angriffsbataillon durch eine 4. Kompanie verstärkt worden war, wurde es dennoch eingeschlossen und lag zunächst fest. Die letzten Reserven, die zur Verfügung standen, waren zu schwach, um diesen Ring zu sprengen. Die Krise spitzte sich zu, ja sie hatte ihren Höhepunkt erreicht. Die Deutschen wußten, was auf dem Spiel stand. Es ging im wahrsten Sinne des Wortes um Sein oder Nicht-Sein. Vor diese alles andere als hoffnungsfrohe Alternative gestellt, kämpfte sich das Bataillon trotz Übermüdung infolge der nächtlichen Strapazen und mit völlig durchnäßter Bekleidung langsam, aber stetig vorwärts.

Wie leicht schreibt die Feder des Chronisten das alles nieder. Doch welch unvorstellbare Leistungen der Truppe stehen dahinter: Tapferkeit und Pflichterfüllung bis an den Rand der physischen und psychischen Leistungsfähigkeit, ja Erschöpfung in einem sumpfigen, verschneiten und vollkommen unübersichtlichen Waldgelände. Jeder einzelne Gebirgsjäger und Gebirgsartillerist, Gebirgspionier und Tragtierführer war mit sich selbst beschäftigt, um nicht im Sumpf steckenzubleiben. Waffen und Munition verdoppelten das Gewicht des einzelnen und ließen ihn bis zu den Knien in den morastigen Waldboden einsinken. Doch damit nicht genug: Gegen die peitschenden MG-Garben der Gegner mußte darüber hinaus immer wieder Deckung genommen, MG's in Stellung gebracht, die feindlichen Ziele bekämpft, Anschluß gehalten und die Angriffsziele im Auge behalten werden. Längst war die Verbindung zurück abgeschnitten.

Die Verwundeten mußten an Ort und Stelle versorgt und im „Motti" mitgenommen werden. Nur eine Truppe von höchstem Kampfwert und einer nach wie vor ungebrochenen Moral konnte in diesen kritischen Lagen bestehen.

Endlich, spät aber dennoch nicht zu spät, wenn man sich nur rasch entscheiden konnte, die bisherigen falschen Entscheidungen zu korrigieren, besann sich die obere Führung eines Besseren. Sie hatte nun die Überzeugung gewonnen, daß die bisherige Abwehrtaktik nicht zum Erfolg führen konnte; daß sie vielmehr die Gefahr in sich barg, daß der Kampf in der Ylimaastellung — würde er wie bisher fortgesetzt werden — sich zu Ungunsten der Deutschen entscheiden werde. Diese Überlegungen zugrunde legend, wurde der Truppe nun freie Hand hinsichtlich ihrer Umgliederungsvorstellungen gelassen. Die Stellung wurde geräumt und nach hinten verlegt. Das Ziel stand allen klar vor Augen: Zunächst Sprengung des finnischen „Motti" und dann Befreiung der Kameraden in Vaarapalo. Der Gefreite Lapusch berichtet darüber:

„Ein wunderbarer Tag. Wir mußten in die Ausgangsstellung vorrücken. Die schweren Werfer und die Art. schossen sich ein. Unser erstes Angriffziel war eine kleine Höhe. Einzeln, bis zu den Knien im Sumpf, überquerten wir ein großes Moor. Nichts rührte sich. War denn der Finne schon abgehauen oder wollte er uns überraschen?

Als wir alle schon drüben waren, ging der Zauber los. Eine Kompanie, die unseren Stoß sicherte, wurde angeschossen. Blitzartig arbeiteten wir uns durch eine Minengasse weiter. Unbemerkt überquerten wir noch einen tiefen Bach. Nun fing auch an der linken Flanke eine wilde Knallerei an. ‚Zwölfte Kompanie einigeln!' befahl der Bataillonsführer. Von allen Seiten flogen die Geschosse über die Köpfe hinweg. ‚Zwölfte Kompanie greift weiter an!' schrie er wieder. Meter um Meter sprangen wir weiter. Nun waren auch wir vom Feinde gesehen. Der Finne legte einen richtigen Feuerzauber zwischen uns herein. ‚Mittlere Granatwerfer in Stellung!' rief unser Chef. In kürzester Zeit war der Werfer feuerbereit. ‚Ich — du, ich — du' wechselten die beiden Ladeschützen das Kommando. Granate um Granate flog aus dem Rohr. Sie haben den Feind zum Schweigen gebracht. ‚Auf, marsch, marsch!' schrie der Chef. Mit ‚Hurra' sprangen wir aus den Dekkungen. Die Mg.-Schützen haben richtig hingehalten. In den Straßengräben lagen die ersten toten und verwundeten Finnen. Über 100 Fahrräder lagen zertrümmert im Gelände.

Als ich in den Straßengraben sprang, sah ich überrascht meinen Freund mit einer Schlinge um den Arm. ‚Walter', rief ich, ‚hat es dich erwischt?' ‚Ja', meinte er und hob sein bleiches Gesicht, ‚ein Knochendurchschuß!' Ich mußte aber weiter. Immer wieder sah ich tote Finnen im Gelände.

Wir bereiteten uns nochmals zum Angriff vor. Plötzlich schoß jemand in kurzer Entfernung eine Leuchtkugel. ‚Das sind die Eingeschlossenen', meinte der Chef, und dann wich der Feind vor uns zurück. Die Kameraden waren gerettet. Es war wieder finster geworden. Die Holzhäuser gingen in Flammen auf. Nun verließen die Herausgehauenen ihren Stützpunkt. Zuerst trugen sie die Toten an die Straße und legten sie auf eine Zugmaschine. Nun gingen auch die übrigen Kamerden in langen Reihen an uns vorbei. Ihre Gesichter waren noch verbissener. Zuletzt folgten wir.

Das war der Sturm auf Vaarapalo."

Während sich die Verbände zum Absetzen gliederten, suchten die Sanitäter das Gefechtsfeld ab und bargen die Toten und Verwundeten. Der Regimentskommandeur wollte gerade den Befehl zum Absetzen an die Nachhut ausgeben, als der Regimentsarzt bestürzt meldete:

„Vierzig Verwundete liegen noch vorne und müssen abtransportiert werden!“

Rasch wurde ein neuer Befehl ausgegeben:

„Nachhut hält, bis der letzte Verwundete geborgen ist!“

Die Division schickte alle verfügbaren Sankas auf das Kampffeld. Aber trotzdem dauerte es nicht weniger als fünf Stunden, bis der Rückzug eingeleitet werden konnte. Unter den schwierigsten Verhältnissen hielt sich die Nachhut — um ein finnisches „Motti“ zu vermeiden — den heftig nachdrängenden Gegner in erbitterten Kämpfen vom Leibe.

Am nächsten Tag ließ der Feinddruck überraschenderweise spürbar nach. Warum und weshalb? fragten sich viele.

Der finnische Rundfunk, der nach wie vor von den Deutschen empfangen und gehört wurde, gab die Antwort: Der Heeresbericht der Finnen meldete nämlich, daß die finnischen Truppen bei Ylimaa so starke Verluste erlitten haben, daß sie aus dem Kampf gezogen und durch frische Truppen abgelöst werden mußten. Erleichtert über diesen Erfolg und die Befreiung der eingeschlossenen Kameraden zog die Masse der 7. Gebirgs-Division nach dem Abschluß der Kämpfe bei Ylimaa befehlsgemäß nach Norden. Das Gebirgs-Jäger-Regiment 218 hatte die Nachhut zu übernehmen, das II./218 und das III./218 wurden sofort in Marsch gesetzt, während das I./218 des Hauptmanns Freiherr von Kellersperg die Absetzbewegungen zu decken hatte.

Am Morgen wurden die Zelte, da es keine Quartiere, in denen man hätte unterziehen können, gab, aufgeschlagen. Weit und breit war kein Dorf, keine Siedlung, nur ab und zu eine Hütte oder ein Blockhaus zu sehen.

Es ist an dieser Stelle sicherlich interessant, einmal zu erfahren, wie sich die Kämpfe bei Ylimaa aus der Sicht der Finnen entwickelt haben. Der allgemeine Auftrag der finnischen Armee lautete nach dem Umschwung im Herbst 1944 bekanntlich: Internierung der 20. Gebirgs-Armee in Nordfinnland. Im Zuge dieses Auftrages folgte nun die Jäger-Brigade „Lagus“ der 7. Gebirgs-Division entlang der Straße nach Rovaniemi, um den Raum um die lappländische Hauptstadt zu gewinnen und die „Bergschuh“-Division am weiteren Rückzug zu hindern. Die 6. finnische Infanterie-Division ging währenddessen auf Posio vor.

„Der finnische Operationsplan wurde geändert, als aus der erbeuteten Skizze die Absicht der 7. Geb.-Div., bei Ylimaa zu verteidigen, erkannt wurde“, erfahren wir von Schuler, der die finnische Darstellung über diese Kampfhandlungen zusammengetragen hat. „Die 1. finnische Jäger-Brigade erhielt nun den Auftrag, die Ylimaastellung anzugreifen und die dort eingesetzten deutschen Kräfte zurückzuwerfen. Die Brigade bestand aus 4 Jägerbataillonen, die bei den Kämpfen in Südkarelien im Frühsommer 1944 starke Verluste erlitten hatten und mit jungem Ersatz, jedoch nicht in voller Stärke, aufgefüllt waren. Dieser Umstand wird von finnischer Seite besonders herausgestellt und betont, daß diesen Bataillonen kampferprobte Geb.-Jäger gegenüberstanden, die als Elitetruppen betrachtet wurden.

Am 4. Oktober gab General Lagus der Jägerbrigade den Befehl, mit 3 Bataillonen, über Kaarlejärvi, Yli-Portimojärvi ausholend, der 7. Geb.-Div. bei Ylimaa in Flanke und Rücken zu stoßen und die Straßengabel bei Saukkojärvi (Saukkoniemi) zu gewinnen. Ein Bataillon hatte die Deutschen bei Ylimaa in der Front zu binden.

Der Befehl", schrieb Schuler später, „wurde erst am 6. Oktober wirksam, nachdem die Jägerbrigade noch in Kämpfe mit deutschen Nachhuten bei Nuupas verwickelt war. Sie trat am 7. Oktober kurz nach Mitternacht mit zwei Bataillonen in Richtung Kaarlejärvi an.

Das dritte Bataillon folgte gegen Mittag. Das vorderste Bataillon (I.P. 2) erreichte um 13 Uhr zwischen Palavaaro (Vaarapalo) und Kantomaa den Ylijoki. Das nächste Bataillon (I. P. 3) folgte dicht auf, blieb aber zunächst am Ylijoki stehen. I. P. 2 stieß westlich Kantomaa gegen die Hauptstraße vor, traf jedoch auf deutsche Abwehr, die weiteres Vordringen verhinderte. Das Gefecht mußte schließlich wegen der einbrechenden Dunkelheit aufgegeben werden. I. P. 3 hatte inzwischen gegen den deutschen Stützpunkt bei Palavaaro vorgefühlt, von dort aber heftiges Abwehrfeuer erhalten. Auch hier zwang die Nacht zum Abbrechen der Angriffsbewegungen. Das dritte Bataillon (I. P. 4) traf am Abend in Nüttylampi ein und rastete hier."[148])

Bereits am 8. Oktober 1944 setzte das I. P. 3 seine Angriffe auf den Flankenstützpunkt fort und konnte ihn sogar einschließen. Ebenso trat I. P. 2 erneut zum Angriff an, um zur Hauptstraße, die in der Tat gegen 16 Uhr erreicht werden konnte, durchzustoßen. I. P. 2 mußte sich jedoch auf Grund der deutschen Gegenangriffe rasch wieder zurückziehen und wurde dann wegen seiner großen Verluste an Menschen und Material an den Ylijoki zurückgenommen.

Das I. P. 4 setzte am 9. Oktober „entlang des Weges Palavaaro, Saukkojärvi (Vaarapalo, Saukkoniemi) zum Angriff an und erkannte bald darauf Bewegungen deutscher Kräfte in westlicher Richtung. Es riegelte beiderseits des Weges ab und setzte mit anderen Einheiten zur Umfassung an. Eine weitere Kompanie gelangte in den Rücken der Deutschen und stieß zur Straßengabel durch. Hier wurde sie von überlegenen deutschen Kräften angegriffen. Die finnische Truppenführung bezeichnet die Lage zu diesem Zeitpunkt (um die Mittagszeit) als verworren und unübersichtlich. Die Kompanie an der Straßengabel wurde schwer bedrängt und mußte nach Westen ausweichen. Auch die Einheiten, die in der Flanke der Deutschen (II./218) standen, wurden zersprengt. Die Verteidigungsstel-

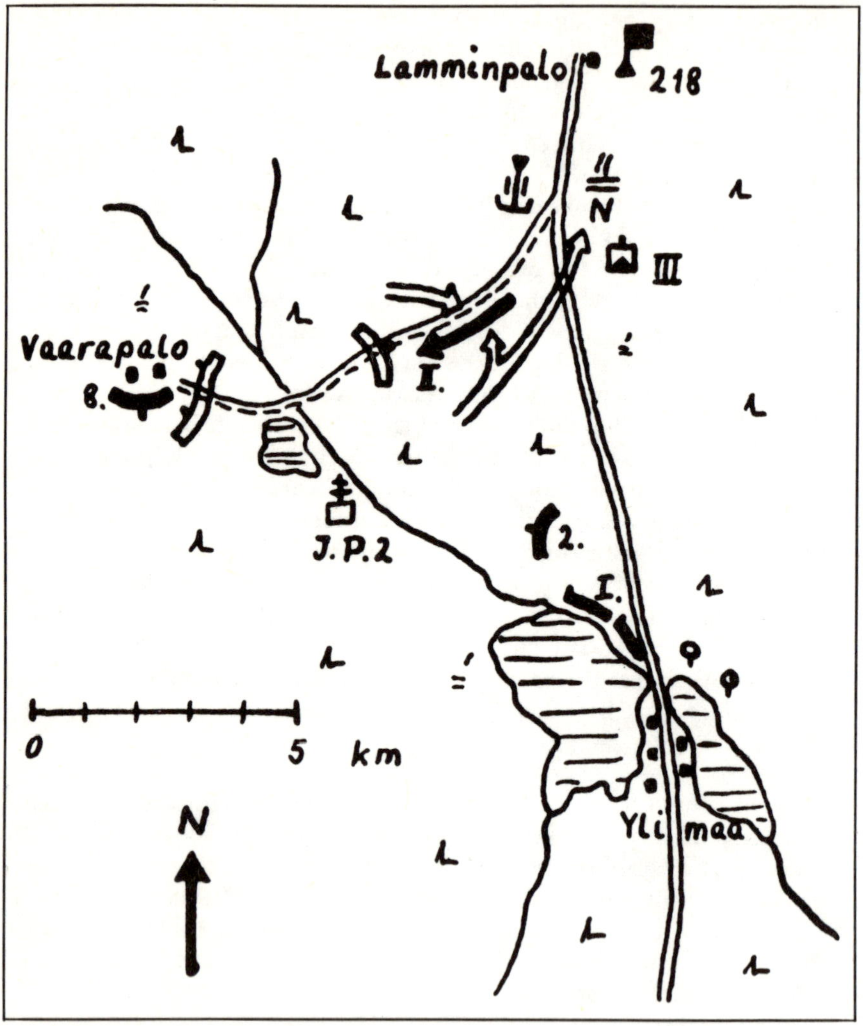

Die Lage am Mittag des 9. Oktober 1944 bei Ylimaa

lung westlich Palavaaro (Vaarapalo) lag unter starkem deutschen Artilleriefeuer und mußte, als der deutsche Angriff wirksam wurde, aufgegeben werden. Eigene (finnische) Gegenangriffe, an denen sich auch Teile von I. P. 3 beteiligten, drangen nicht durch. Neue deutsche Einheiten griffen von Süden her bereits in den Kampf ein. Besonders herausgehoben wird von der finnischen Darstellung die ungemein schnelle Umgliederung des Geb.-Jg.-Rgt. 218, mit der die Finnen nicht gerechnet hatten."

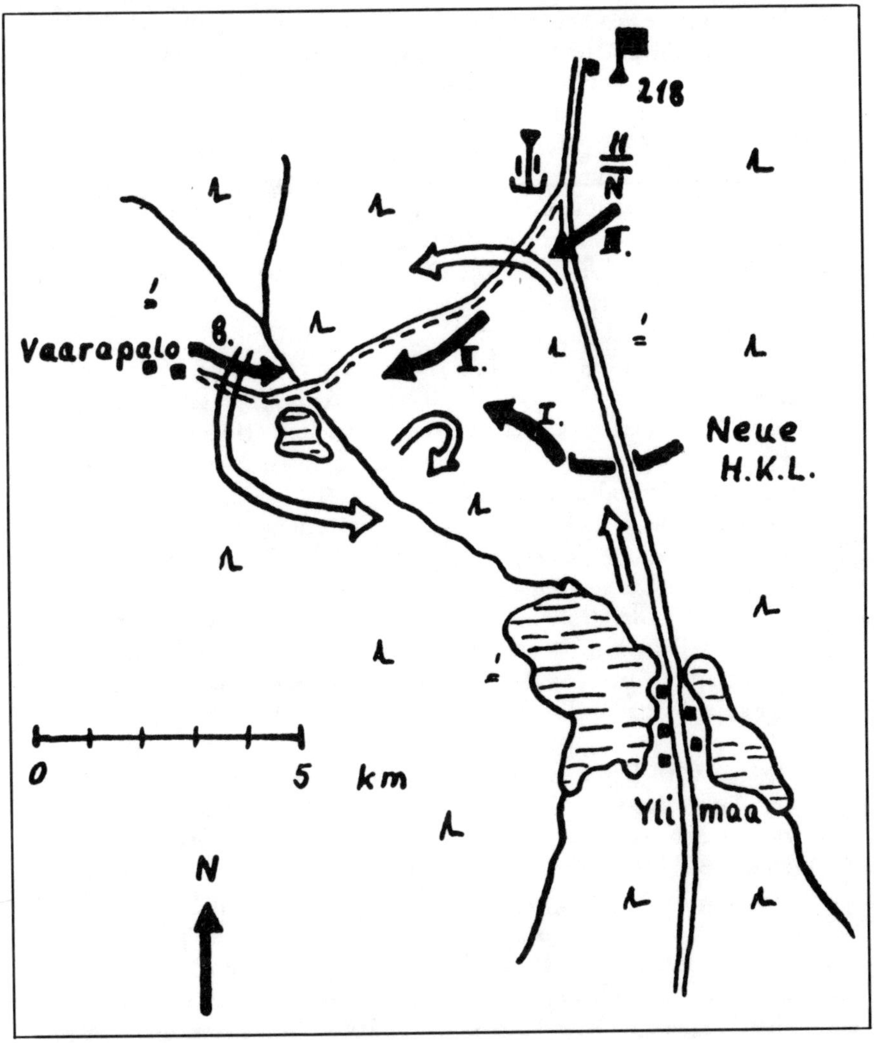

Die Lage am Nachmittag des 9. Oktober 1944 bei Ylimaa

Aber nicht nur das hatte den Finnen schwer zu schaffen gemacht. Ihre Kampfführung gegen die Gebirgsjäger wurde neben den hohen Verlusten ebenso durch den Mangel an Munition beeinträchtigt. Abschließend heißt es in dem finnischen Bericht über die Kämpfe bei Ylimaa:

„Schwer fielen die Schritte, als man am nächsten Tage die Ernte des

Todes am Kreuzweg bei Saukkoniemi betrachtete, dort wo die 2./I. P. 4 abgeschnitten wurde und zwischen zwei Feuer geraten war.

Wer will, kann jetzt, wo die Absicht und Handlungsweise der Deutschen bekannt ist, viele Phasen dieser Operation finden, die man anders und besser hätte durchführen können. Die Verhältnisse waren äußerst schwierig, die Verbindungen lang und unzureichend. An Nachschub war nur vorhanden, was im Rucksack mitgeführt werden konnte.

Die Kämpfe bei Ylimaa sind die wechselvollsten und interessantesten Kriegsereignisse in Lappland. Die Operation Ylimaa-Saukkoniemi ist in die finnische Geschichte eingegangen."

Der 10. Oktober 1944 schien ein ruhiger Tag zu werden, da der Gegner vorerst nicht weiter nachdrängte. So erreichte die „Bergschuh"-Division mit den Nachhuten des Gebirgs-Jäger-Regiment 218 die südlich von Narkaus vorgesehene Zwischenstellung, aus der heraus man die Vorbereitungen einer Verteidigungsstellung, die bei Taipale lag, zu sichern gedachte. Aber schon rückte der Finne am Spätnachmittag an den jenseits der Zwischenstellung sich erstreckenden Waldrändern vor. Bereits in den Vormittagsstunden setzten die Finnen zu einem größeren Umfassungsmanöver an. Um der drohenden Umklammerung zu entgehen, setzte sich das Gebirgs-Jäger-Regiment 218 vorzeitig ab. Besonders schwer vom Feind bedrängt wurde das III./218, das als Nachhutbataillon solange den Gegner aufzuhalten und zu binden hatte, bis die Marschbewegungen eingeleitet waren.

Zwischenzeitlich hatte die Gebirgs-Aufklärungs-Abteilung 99, die dem Gebirgs-Jäger-Regiment 218 vorübergehend unterstellt wurde, mit zwei schwachen Schwadronen eine Auffangstellung beiderseits der Straße, nördlich von Taipale, bezogen. Hier wurde wieder für kurze Zeit gehalten, um einerseits das Vordringen der Finnen gegen Rovaniemi, den Dreh- und Angelpunkt der 20. Gebirgs-Armee, für kurze Zeit zu verhindern, und um andererseits die Marschbewegungen der von Salla kommenden Verbände abzuschirmen. Auf Grund der Erfahrungen, die man bei Ylimaa gesammelt hatte, sahen die Angehörigen der „Siebten" mit wesentlich größerer Zuversicht den kommenden Ereignissen entgegen. Das spürte man bereits an der Stimmung der Truppe, ein unbestechlicher Seismograph im Felde, die zunehmend besser wurde. Die Strapazen der letzten Tage gerieten schneller in Vergessenheit als allgemein gedacht. Vom Finnen war vorübergehend in dieser scheinbaren Idylle nichts zu sehen und zu hören.

Doch siehe da: Bereits am zweiten Tage — dem 13. Oktober 1944 — dieses Landsknechtlebens, so mußte man es nach dem Stimmungsbild wohl nennen, wurden in den Wäldern westlich der Straße von den Gebirgsjägern starke Rauchschwaden wahrgenommen. Diese mußten, so vermuteten einige, von einem ziemlich großen Lagerfeuer der Finnen stammen, die anscheinend sorglos lagerten. Aber weit gefehlt. Vor langer Zeit, so erinnerten sich einige Offiziere, hatte ein finnischer Offizier in einem Vortrag darauf hingewiesen, daß die Finnen gerne zur Täuschung des Gegners Feuer entzünden. Auch dieses sollte zweifellos eine Täuschung der Deutschen bewirken. Eine Aufklärung konnte man sich daher schenken. Folgerichtig wurde die Aufmerksamkeit der Gebirgssoldaten in die entgegengesetzte Richtung, also nach Osten, gelenkt. Spähtrupps, die in die ausgedehnten Sumpfwälder entsandt wurden, meldeten zunächst keine Feindberührung. Doch dann fiel ihnen ein finnischer Offizier, selbst Führer eines Spähtrupps, in die Hände. Das Ergebnis der Vernehmung war mehr als aufschlußreich. Nach den Aussagen des gefangenen Offiziers hatte das finnische Infanterie-Regiment 33 mit drei Bataillonen weit nach Osten ausgeholt und die Gebirgsjäger bereits umgangen, um dann in die Flanke der Taipale-Stellung zu stoßen.

„Es war ein Geländemarsch", schreibt der finnische Berichterstatter über die Leistungen des finnischen Infanterie-Regiments 33, das den Umgehungsmarsch durch schwieriges Gelände durchführte, „dessen Mühsamkeit unmöglich zu schildern ist. Sümpfe, Kleinseen, Bäche waren zu überwinden; ohne Wege, Pfade und Stege ging es durch Wälder und dichtes Gestrüpp! Dazu stockdunkle Nacht! Mancher dachte, daß der Feind, wenn er diesen Geisterzug gesehen hätte, die Flucht ergriffen hätte. Nur weil die Masse der Soldaten aus Lappland stammte und einige in der Umgebung zu Hause und damit ortskundig waren, konnte der Weg durch das Gelände gefunden werden."

Die alten „Motti"-Kämpfer waren den Deutschen also wieder auf den Fersen, neue Kräfte, die die alten bei Ylimaa abgelöst hatten und nun aus der entgegengesetzten Richtung des Lagerfeuers kamen.

Aber wie gesagt: Die Deutschen hatten aus den bitteren Erfahrungen die Lehren gezogen, die sie in den zurückliegenden Kämpfen gemacht hatten, und so waren sie zur Abwehr dieser Bedrohung entsprechend vorbereitet. Die beiden Schwadronen der Gebirgs-Aufklärungs-Abteilung 99 wurden in ihren bisherigen Stellungen belassen und sollten die Hauptkampflinie bilden. Das gesamte Gebirgs-Jäger-Regiment 218 wurde dahinter als Reserve zurückgehalten. Die drei Bataillone des Gebirgs-Jäger-Regiments 218 waren aufgeklappt wie eine Falle, in die der Feind hineintappen sollte. Die Gebirgsartillerie hatte Weisung erhalten, ihr Feuer auf diesen Raum zu konzentrieren. Nun konnten die Finnen kommen. Stattdessen kam wieder einmal alles anders: Es erging der Befehl, die Abwehrmaßnahmen abzubrechen, noch am Abend, gegen 17.00 Uhr, bei Einbruch der Dunkelheit bis Rovaniemi zurückzugehen und die Sicherung der Brücken über den Kemijoki zu übernehmen. Das Gebirgs-Jäger-Regiment 218 hatte sich

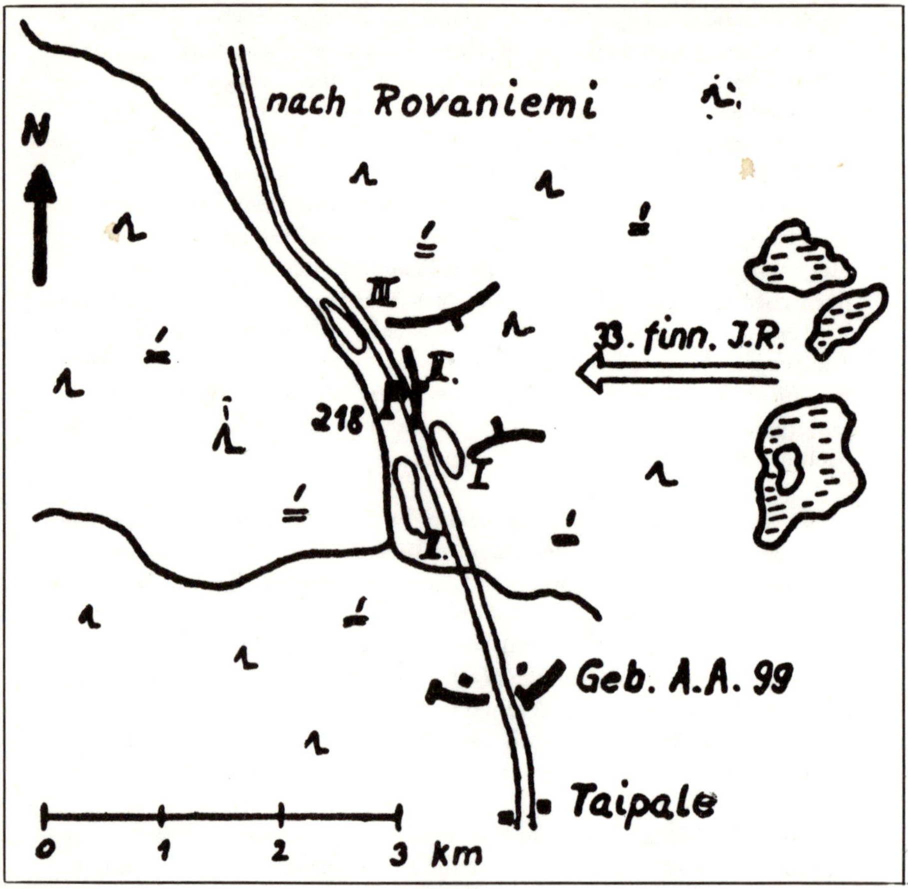

Die beabsichtigte Abwehrgliederung der 7. Gebirgs-Division am 13. Oktober 1944 in der Taipale-Stellung

dann am Nachmittag des nächsten Tages in eine rückwärtige Marschgruppe einzugliedern. Mehr noch: Mit seinen letzten Teilen mußte es bereits um 15.00 Uhr den Kemijoki überschritten haben.

Die Truppe gab nur ungern ihre Abwehrbereitschaft auf. Zweifel machten sich breit, ob der Abmarsch angesichts der fortgeschrittenen Feindbewegungen in der Flanke kampflos vonstatten gehen würde. Viel lieber hätten die Gebirgsjäger zuerst den Gegner bezwungen, um dann ungestört in Richtung Norden abziehen zu können. Doch was half alles Wunschdenken. Mit dem Einbruch der Dämmerung hatte die Absetzbewegung unwiderruflich zu beginnen. Nur die Gebirgs-Aufklärungs-Abteilung 99 verblieb als Nachhut bis 24.00 Uhr in ihren Stellungen, um den Rückzug des Gebirgs-Jäger-Regiment 218 zu decken. Da sich die Lage vor allem in der Flanke bedrohlich zuspitzte, wurden für den Rückmarsch besondere seitliche Sicherungsmaßnahmen getroffen. Die Nacht, in der das alles geschah, war dunkel, die Witterung unfreundlich, die Rückzugsstraße matschig und naß, die Stimmung gedrückt.

Da, plötzlich, wie aus heiterem Himmel, zerrissen Feuerstöße die Stille und Dunkelheit der Nacht. Die vordersten, vom Gegner abgekehrten Teile der Marschkolonne erhielten Feuer aus dem Wald, der sich beiderseits der Straße ausdehnte. Ein Gebirgsjäger hat uns dieses Gefecht überliefert:

„Die Überraschung war uns ziemlich in die Knochen gefahren. Als wir aber im Dunkel der Nacht die altbekannte Stimme unseres Regimentskommandeurs hörten: ‚Mit den paar Hanswursten werden wir auch noch fertig werden!' Wir gewannen unser Selbstvertrauen wieder und stießen in den Wald rechts und links der Straße vor. Nach kurzen Feuergefechten zog sich der Finne in das Dunkel der Wälder und der Nacht zurück. Vermutlich war es ein Fernspähtrupp, der vielleicht schon am Kemijoki gewesen war. Teile des gemeldeten Feindregiments konnten es nicht sein. Diese hätten sicherlich den Kampf länger geführt. Aber die Beurteilung der Lage war doch etwas unklar. Irgendwelche Gegenmaßnahmen konnten nicht getroffen werden. Nur noch mehr aufzupassen und zu sichern, wurde den Männern eingeschärft.

Die Aufklärungs-Abteilung 99, mit der Fernsprechverbindung bestand, meldete auf Anfrage, daß sie in ihrem Rücken vereinzelt Finnen festgestellt habe. Nachdem die Abteilung dem Regiment nicht mehr unterstand, konnte nur der Rat gegeben werden, sich um einige Kilometer abzusetzen. Denn es war klar, daß das finnische Regiment mit seinen vordersten Teilen bereits die Straße erreicht haben mußte. Das eigene Regiment erreichte ohne weiteren Zeitverlust gegen 24 Uhr seinen Rastraum bei Rovaniemi. Es waren nur 20 Kilometer gewesen. Aber sie wogen 50 Kilometer unter normalen Verhältnissen auf.

Die Aufklärungs-Abteilung 99 hatte inzwischen nichts mehr gemeldet. Sie hatte sich wohl rechtzeitig abgesetzt. So richteten wir uns beruhigt für die Nacht ein und gingen zur Ruhe.

Aber kaum gedacht, stürzte schon ein Funker herein: ‚Mitgehörter Funkspruch der Aufklärungs-Abteilung an die Division: ‚Bin eingeschlossen! Motti!'

Trotz seiner Kürze besagte er alles. Das finnische Regiment war also doch rascher gewesen, war zur Straße durchgebrochen und hatte die Aufklärungs-Abteilung abgeschnitten. Aus eigener Kraft konnte sich diese nicht befreien. Zwei schwache Schwadronen gegen ein Regiment war ein zu ungleiches Verhältnis. Und wenn sie sich durchschlugen, gingen zumindest alle Kraftfahrzeuge verloren.

Die Aufklärungs-Abteilung hatte dies erkannt. Helfen konnte nur das Regiment. Es war am nächsten am Feind. Das bedeutete aber, nochmals die 20 Kilometer zurückmarschieren, die man gerade hinter sich gebracht hatte. Übermüdet, durchnäßt, mit wundgelaufenen Füßen hatte jeder gewaltige Anstrengungen hinter sich. War das nicht ein Verlangen, das über die Kräfte der Männer ging? Bereits die dritte Nacht ohne Schlaf? Und doch mußte rasch gehandelt werden. Die Beurteilung der Lage war sehr einfach. Gegen das finnische Regiment konnten nur zumindest gleichstarke Kräfte Erfolg haben. Siegen konnte dabei nur derjenige, der schneller war. Den Finnen durfte keine Zeit gelassen werden, eine Abwehrstellung aufzubauen. Der Entlastungsangriff mußte überraschend und so bald wie möglich geführt werden...

Gewann der Gegner die Brücken (gemeint waren diejenigen über den Kemijoki, Anm. d. Verf.), saß man fest. Der Vorschlag, mit dem Regiment kehrtzumachen und die Aufklärungs-Abteilung herauszuhauen, wurde deshalb abgelehnt. Andere Maßnahmen wurden aber nicht eingeleitet. Das Schicksal der Aufklärungs-Abteilung schien damit besiegelt: Finnische Gefangenschaft und Auslieferung an die Russen.

Es widersprach jedem Kameradschaftsgefühl, diese Tragödie, die sich zwangsläufig abspielen mußte, untätig abzuwarten. Das Schicksal unserer Kameraden war schon ein Risiko wert. Dazu kam ein psychologisches Moment. Dem Gegner, den man schon beinahe selbst in der Tasche gehabt hatte, wollte man nicht andererseits diesen Erfolg gönnen. Der Entschluß stand also fest:

‚Das Regiment macht kehrt, greift an und befreit die Aufklärungs-Abteilung.'

Eile tut not!"

Und so geschah es dann auch. Alle möglichen Kraftfahrzeuge wurden freigemacht, damit die „Befreier" nach vorne gefahren werden konnten. Gruppe um Gruppe, Zug um Zug und Kompanie um Kompanie wurden im Pendelverkehr nach vorne geworfen. Nicht selten hingen drei und vier Mann auf den Krädern; auf den Kühlern und Kotflügeln der überfüllten Lkw und Pkw klebten förmlich die MG-Schützen. Und immer wieder rollten die Fahrzeuge zurück, um neue Männer in den Einsatzraum zu transportieren. Noch strebten die letzten Teile des Gebirgs-Jäger-Regiment 218 nach vorne, da meldete bereits das vorderste Bataillon:

„Bereitstellung zum Angriff beendet."

Bis etwa 6.50 Uhr war die Masse des II./Gebirgs-Jäger-Regiment 218 einsatzbereit. Die IV./Gebirgs-Artillerie-Regiment 82 unter Major Bouhorn und der schwere Nebelwerferzug des Regiments waren feuerbe-

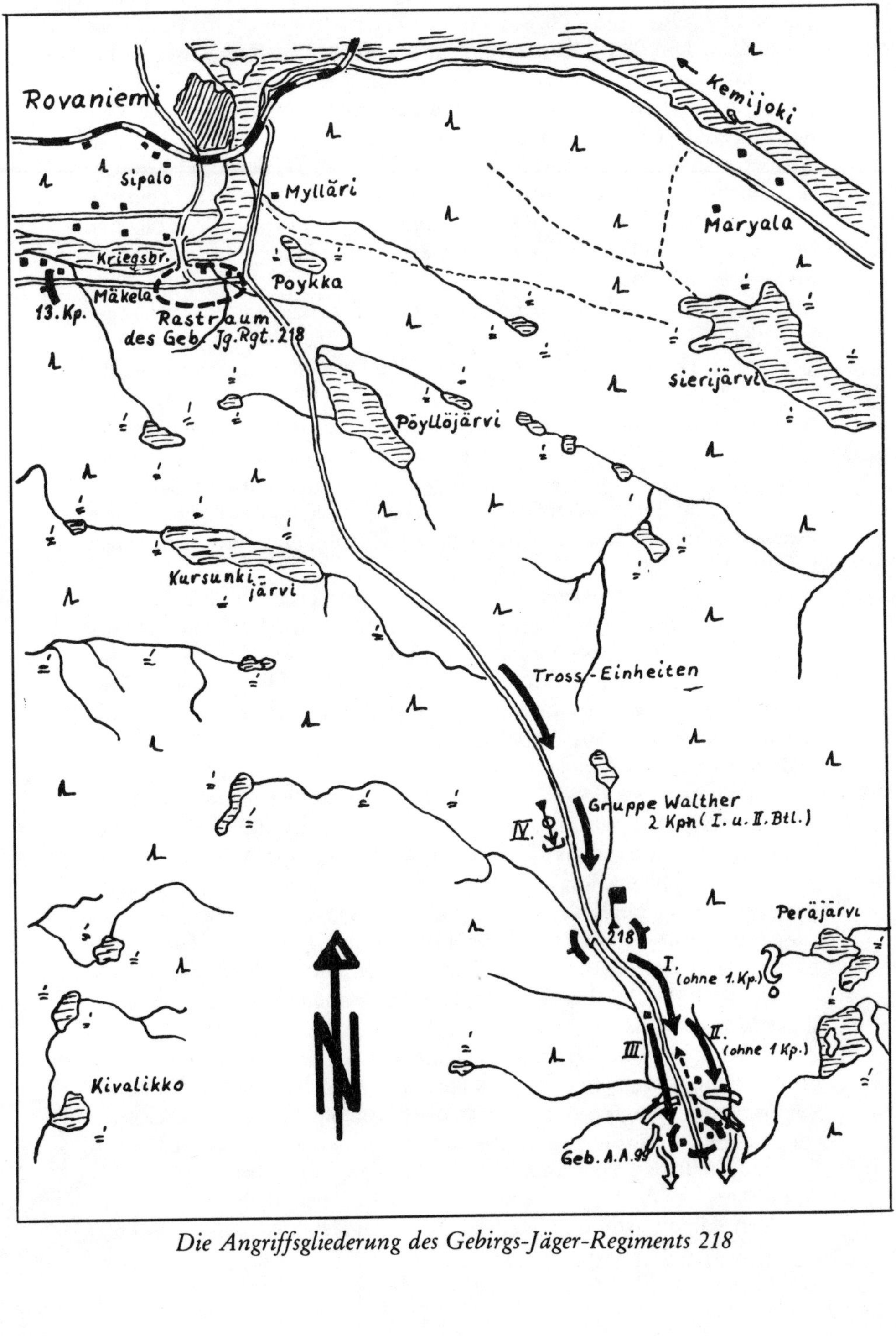

Die Angriffsgliederung des Gebirgs-Jäger-Regiments 218

reit und begannen um 7.00 Uhr mit den Feuerschlägen auf die finnischen Stellungen. Um 7.10 Uhr trat das III./Gebirgs-Jäger-Regiment 218 befehlsgemäß zum Angriff an; das II./Gebirgs-Jäger-Regiment 218 folgte zunächst gestaffelt dahinter. Alle anderen Teile hatten so aufzuschließen, wie sie gerade auf dem Gefechtsfeld eintrafen.

Aber auch die Finnen hatten die Dunkelheit der Nacht für sich genutzt. Allenthalben stieß die deutsche Aufklärung auf gegnerische Feldstellungen und MG-Nester. Die ersten Schüsse der Gebirgsartillerie tasteten bereits das Gelände ab; Granatwerfer waren in Stellung gebracht worden und schossen sich ein.

Den wuchtigen Feuerschlägen und dem ungestümen Vorwärtsdrängen des III./Gebirgs-Jäger-Regiment 218 waren die Finnen nicht gewachsen. Die Stellungen wurden von den Deutschen durchstoßen, die Aufklärer der Gebirgs-Aufklärungs-Abteilung 99 um 9.00 Uhr befreit. Der Regimentskommandeur setzte die beiden Schwadronen unverzüglich in Marsch und rückte seinerseits mit seinem Regiment ohne Aufenthalt in Richtung Rovaniemi ab. Zum dritten Male innerhalb von 24 Stunden marschierten die 218er nun auf der gleichen Straße — müde und zerschunden, aber stolz über die errungenen Erfolge.[149])

Das Gebirgs-Jäger-Regiment 218 hatte rechtzeitig den Kemijoki erreicht und begann befehlsgemäß um 15.00 Uhr mit dem Überschreiten des Flusses. Die Brücke, über die man den Uferwechsel vornahm, war anschließend zu sprengen, um die nun wieder verstärkt nachdrängenden Finnen aufzuhalten. Das war jedoch leichter gesagt als getan, denn am Vormittag war auf dem Bahnhof ein vollbeladener Munitionszug in die Luft geflogen und setzte nun unter anderem einen Teil von Rovaniemi in Brand. Mehr noch: Durch die Explosion waren auch die an der Brücke angebrachten Sprengladungen in den Fluß gefallen. Das Anbringen der neuen Sprengkörper nahm jedoch längere Zeit in Anspruch, als ursprünglich dafür vorgesehen war. So kam, was kommen mußte: Die Masse des Gebirgs-Jäger-Regiments hatte den Kemijoki bereits überschritten, als der für die Sprengung der Brücke verantwortliche Offizier der Pioniere, Hauptmann Exner, dem Regimentskommandeur melden mußte, daß die Vorbereitungen für die Brückensprengung zeitlich verschoben und noch nicht abgeschlossen seien.

Als dieser nun die Nachricht erhalten hatte, daß die Sprengung der Brücke nicht zeitgerecht erfolgen könne, näherte sich bereits die Nachhutkompanie der besagten Brücke über den Kemijoki-Fluß. Augenblicklich wurde diese Kompanie angehalten und ihr der Befehl gegeben, daß sie an Ort und Stelle das Vordringen des Gegners gegen die Brücke zu verhindern habe. Eile tat not, denn kaum hatte die Kompanie kehrtgemacht und eine Verteidigungsstellung bezogen, als schon der erste massiv vorgetragene Angriff der Finnen, die die Schwachstelle des deutschen Rückzugs am Kemijoki rasch erkannt hatten, erfolgte.

So kam es vorübergehend zu einer Krise und man mußte die Nachhut wegen des finnischen Drucks zurücknehmen. Wie herbeigesehnt, erschienen in dieser kritischen Lage zwei Kompanien der 6. SS-Gebirgs-Division „Nord“, die, von Tornio kommend, Rovaniemi erreicht hatten und nun, der 7. Gebirgs-Division unterstellt, eingesetzt wurden. Bald stellte sich der Erfolg ein. Nach kurzem Gefecht wich der Gegner zurück.

Indessen arbeiteten die Gebirgspioniere fieberhaft an der Brücke über den Kemijoki, die unter gar keinen Umständen in die Hand des Feindes fallen durfte. Endlich war es geschafft! Kurz vor Einbruch der Dunkelheit waren die Sprengladungen angebracht. Nun konnten die Nachhuten zurückgenommen und die vorübergehend unterstellten Kompanien der 6. SS-Gebirgs-Division „Nord“ wieder entlassen werden. Eilends überschritten die letzten Einheiten den breiten und reißenden Kemijoki, bevor die Brücke mit dumpfem Schlag in die Luft flog. Damit hatten die Gebirgssoldaten ihre Handlungsfreiheit wiedererlangt, denn die Finnen konnten den Fluß mit seinen zahlreichen Baumstämmen, die in ihm trieben, nicht so rasch auf Kähnen oder Flößen überqueren.

Aber nicht nur die 7. Gebirgs-Division profitierte von dieser Aktion ihrer Gebirgspioniere. Auch die Absetzbewegungen der Divisionsgruppe „Kräutler“, die sich im Kemijokital bis nach Rovaniemi zurückgekämpft hatte, waren damit gesichert worden. Oberst Schuler, der Kommandeur des Gebirgs-Jäger-Regiment 218, wurde auf der Rückmarschstraße, nördlich von Rovaniemi, mit dem Ritterkreuz zum Eisernen Kreuz ausgezeichnet. Das Deutsche Kreuz in Gold erhielten Oberst Esch, Major Schüßler, Major Zimmermann sowie die Feldwebel Brückner und Metzger.

Die Rückzugskämpfe gegen die einstigen Waffenbrüder hatten auch ihre Opfer gefordert. 53 Gefallene hatte allein das Gebirgs-Jäger-Regiment 218 zu beklagen. 17 Soldaten blieben vermißt; 147 Verwundete konnten gottlob noch geborgen werden.

Die Kämpfe am Bottnischen Meerbusen im Oktober 1944

Hier soll die Chronik der 7. Gebirgs-Division kurz unterbrochen werden, denn nahezu gleichzeitig mit den Kampfhandlungen der „Bergschuh“-Division bei Ranua und Ylimaa, in der Zwischenstellung bei Narkaus und in der Taipale-Stellung sowie beim Nachhutgefecht um die lappländische Hauptstadt Rovaniemi war es auch zu schweren Kämpfen mit den Finnen am Bottnischen Meerbusen, entlang der schwedischen Grenze, gekommen, und zwar besonders im Raum von Tornio, wo das finnische III. Korps seinen von Süden her geführten Angriff durch ein Landungsunternehmen in der deutschen Flanke zu unterstützen versuchte. Wenn diese Gefechte auch vorwiegend von der Divisionsgruppe „Kräutler“ ausgetragen wurden, so sollen sie in diesem Gedenkbuch dennoch erwähnt werden, da die II./Gebirgs-Artillerie-Regiment 82 einst zur „Siebten“ gehörte und verschiedene Einheiten, wie z. B. das Ski-Bataillon 82, das II./Gebirgs-Jäger-Regiment 206 oder das 8./Gebirgs-Jäger-Regiment 206 direkt an diesen Gefechten beteiligt waren.

Verfolgen wir daher den Rückzug der Deutschen von Tornio und Kemi, der am 7. Oktober 1944 begann.

Die Divisionsgruppe „Kräutler“, die sich vorwiegend aus dem Gebirgs-Jäger-Regiment 139 (Dietls „Narvik-Regiment“), aus den Jäger-Bataillonen 3 und 6 sowie aus der Gebirgs-Artillerie-Abteilung 124 (ehem. I./Geb.-Art.-Rgt. 112) und der II./Gebirgs-Artillerie-Regiment 82 zusammensetzte, hatte seinerzeit als erster Truppenteil die karelische Front verlassen, um die Abschirmung der Westflanke der 20. Gebirgs-Armee am Bottnischen Meerbusen zu übernehmen. Nach langen und beschwerlichen Märschen hatte sie am 7. Oktober den Raum von Kemi erreicht. Von hier aus wurden zwei Bataillone des Gebirgs-Jäger-Regiment 139 umgehend in Marsch gesetzt, um eine Sicherungsfront bei Kautokeine, das in Nordnorwegen liegt, zu übernehmen. Frühzeitig war der Polarwinter mit starken Schneefällen hereingebrochen. Da die Gefahr bestand, daß die Jäger-Bataillone 3 und 6 auf den nur spärlich vorhandenen Lappenpfaden ihren späteren Einsatzraum nicht mehr rechtzeitig erreichen würden, wurde der Divisionsgruppe „K“, wie sie auch genannt wurde, als Ersatz das Ski-Bataillon 82 der 7. Gebirgs-Division und das SS-Schützen-Bataillon (mot.) 6 der 6. SS-Gebirgs-Division „Nord“ zugeführt. Kräutlers Divisionsgruppe gliederte sich nun bei Kemi zur Abwehr — und zwar gegen einen aus Süden zu erwartenden Gegner, da man wußte, daß die finnische Jäger-Brigade „Lagus“ von Pudasjärvi nach Oulu mit der Absicht, von hier aus weiter nach Norden vorzustoßen, im Anmarsch war.

„In ihren Reihen führte sie die modernsten deutschen Sturmgeschütze mit, die einige Monate vorher den Finnen zur Abwehr der russischen Großoffensive in Südkarelien geliefert worden waren. Noch vertraute man auf die alte finnische Freundschaft und glaubte nicht recht an kriegerische

Oben: Rovaniemi, die Hauptstadt Lapplands, der Sitz des Gebirgs-Armee-Oberkommandos 20, vor der Zerstörung

Unten: In einer tiefverschneiten Stellung

Verwicklungen mit dem ehemaligen Waffenbruder. Arglos wurde deshalb den Finnen von der Armee zugestanden, die Abteilung ‚Pennanen' als Schutz der an die Russen verpfändeten Zellulosefabriken auf einer vorgelagerten Insel zu belassen. Wie Mannerheim in seinen Erinnerungen schreibt, hatte aber diese Abteilung den Auftrag, bei einer Landung finnischer Truppen um Kemi einen Brückenkopf im Rücken der Deutschen zu bilden. Das ‚Trojanische Pferd' der Finnen blieb, von niemandem beachtet, auf seiner Insel und konnte in aller Ruhe den günstigsten Zeitpunkt zum Losschlagen abwarten. Der war gekommen, als sich die Brigade ‚Lagus' der Stadt Kemi näherte. Am 8. Oktober um 11.00 Uhr trat die Abteilung ‚Pennanen' nach einem starken Feuerüberfall völlig überraschend zum Angriff an. Empfindliche Verluste entstanden dabei in der Feuerstellung der 4. Batterie. Nur wenige Kanoniere konnten an den Geschützen bleiben; die Masse mußte zur infanteristischen Abwehr eingesetzt werden. Durch das Feuer eines abseits eingesetzten Geschützes konnte der Angriff zum Stehen gebracht werden. Die unmittelbare Gefahr durch die Abtlg. ‚Pennanen' war damit wohl beseitigt, umso bedrohlicher entwickelte sich die Lage bei und nördlich Kemi. Die Brigade ‚Lagus' war eingetroffen, besetzte die Stadt und riegelte nördlich und ostwärts davon ab. In harten Kämpfen schlugen sich die einzelnen abgeschnittenen Truppenteile der Div.-Gruppe Kräutler durch und erreichten das Nordufer des Kemijoki."[150])

Doch kaum waren diese Gefechte bei Kemi abgeklungen, da warteten die Finnen zum Erstaunen der Gebirgsjäger mit einer neuen Überraschung auf. Sie landeten nämlich zwei Infanteriedivisionen bei Tornio — eine Landung, die die Finnen ursprünglich bei Kemi geplant hatten und die dann auf Grund eines aufkommenden Sturms verlegt wurde. Die Schlechtwetterlage wirkte sich jedoch geradezu verheerend für die Deutschen aus, da diese mit ihrer Luftwaffe nicht in das Kampfgeschehen eingreifen und damit die Landung der Finnen unterbinden konnten. So fielen die Versorgungslager der 20. Gebirgs-Armee, die sich in Tornio befanden, kampflos in die Hände der Angehörigen des finnischen Schutzkorps, die sich in der Stadt ungehindert bewegen konnten. Die finnische 11. Infanterie-Division ging gegen Rovaniemi, die 3. finnische Infanterie-Division entlang der schwedischen Grenze gegen Munio vor; beide Verbände in der Zielsetzung, dem XVIII. Gebirgs-Armeekorps den Rückzug zu vereiteln. Um die

Links: Oberst Emil Schuler

Rechts: Der 1. Generalstabsoffizier (Ia), Oberstleutnant i. G. Zdenko von Paumgartten

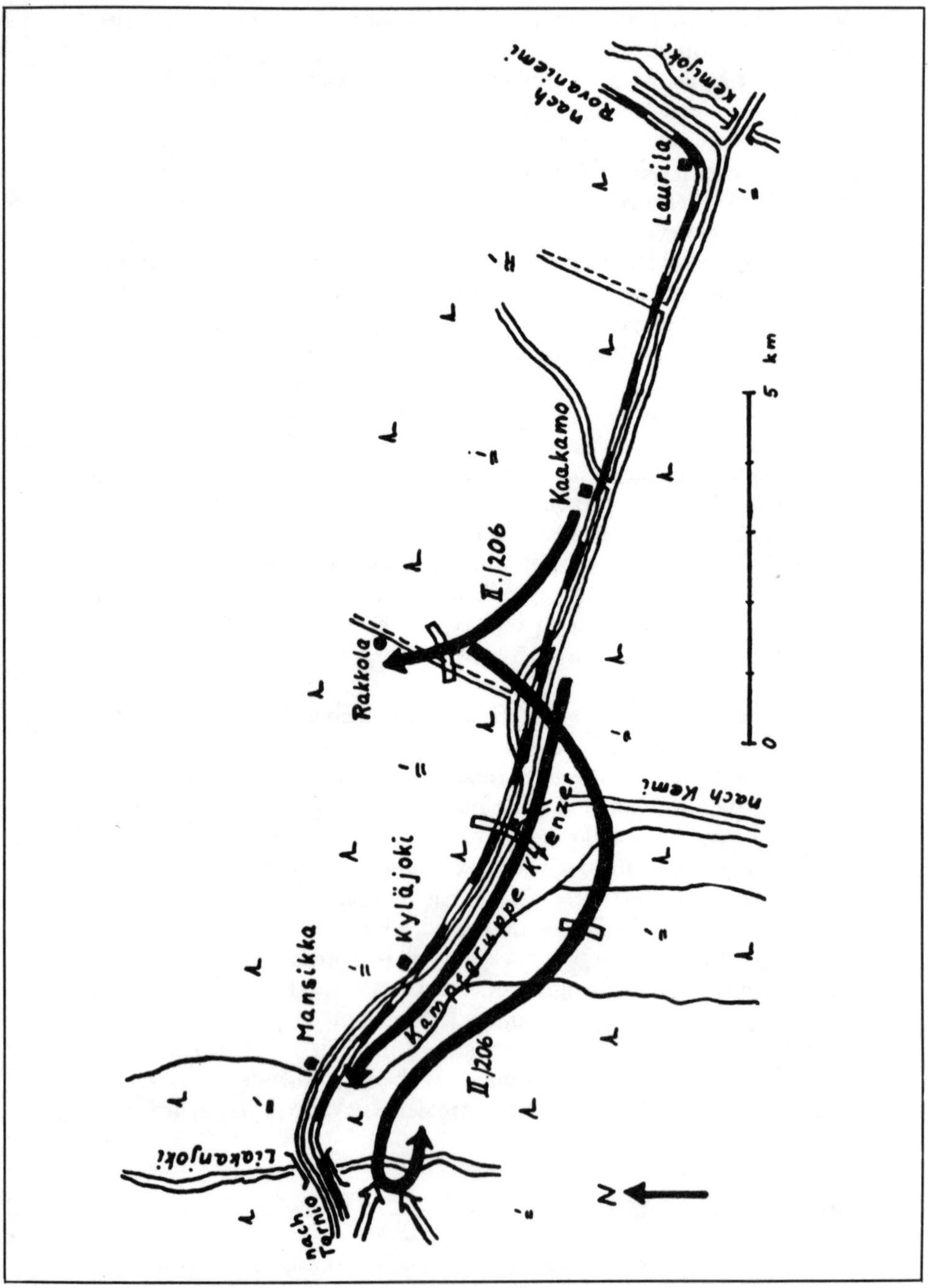

Der Angriff der II./Gebirgs-Jäger-Regiment 206 vom 3. bis 7. Oktober 1944 auf Tornio

bedrohliche Lage, die in der Westflanke entstanden war, zu bereinigen, entschloß sich die 20. Gebirgs-Armee, einen Gegenangriff durchzuführen. Hierzu wurde die rasch aus dem Raum von Ivalo herangeholte MG/Ski-Brigade (mot.) von Norden her auf Tornio angesetzt. Entlang der Straße Rovaniemi — Tornio hatte währenddessen die Abteilung „Krenzer" und das II./Gebirgs-Jäger-Regiment 206 anzugreifen. Besonders für die Gebirgsjäger der 7. Gebirgs-Division verliefen die harten Kämpfe in dem sehr schwierigen Gelände bei den ungünstigen Witterungsverhältnissen verlustreich. Zwar gelang es den Deutschen, die finnischen Sicherungen zurückzudrängen, aber vor den Toren der Stadt versteifte sich der feindliche Widerstand so sehr, daß er den deutschen Angriff zum Erliegen brachte. Nicht viel anders erging es der Ski-Brigade. Nach Anfangserfolgen gerieten die Angriffsspitzen in ein „Motti". Die Masse konnte diesem finnischen Kessel zwar unter Ausnützung der Uferböschung des Grenzflusses entkommen — aber um welchen Preis: Fast alle Waffen und Ausrüstungsgegenstände gingen bei diesen Aktionen verloren!

Die Kampfbedingungen am Bottnischen Meerbusen gestalteten sich äußerst schwierig. Die Truppe wurde in Einzelgefechte verwickelt, die Führung besaß wegen der ständig wechselnden Lage keinen entsprechenden Überblick. Der Einsatz des 8./Gebirgs-Jäger-Regiment 206 ist da sehr aufschlußreich. „Diese Kompanie, verstärkt durch schwere Pakgeschütze, hatte, nach Norden ausholend, den rechten Flankenschutz der Abteilung Krenzer zu übernehmen. Sie stieß beim Vorgehen auf eine vom Feind besetzte Höhe, die nach kurzem Kampf genommen wurde. Bald danach erhielt die Kompanie erneut Feuer von einer Höhe. Auch hier kam es zum Feuerkampf, in dessen Verlauf man auf der Gegenseite deutsche Uniformen und Stahlhelme zu erkennen glaubte. Der Kompanie-Chef ließ das Feuer einstellen und befahl, die mitgeführte Flagge aufzustellen. Sie fand aber auf der Gegenseite nicht die gewünschte Beachtung. Im Gegenteil! Der Versuch der angestrebten Verständigung kostete einige Verwundete, da die Flagge unter besonders starkes Feuer genommen wurde. Man glaubte nun an eine Kriegslist der Finnen und zögerte nicht mehr, die schweren Pakgeschütze einzusetzen. Es entstand ein Feuerduell, das bald zugunsten der 8. Kompanie entschieden wurde. Da begannen sie drüben zu winken — es waren Deutsche!

Es handelte sich um eine Untergruppe der MG/Ski-Brigade, die ihrerseits den Auftrag hatte, die Flanke der Brigade zu sichern. Der Auftrag der beiden Untergruppen war wohl erfüllt — das Gelände feindfrei. Aber die Erkenntnis eines falschen Ansatzes der Truppen hatte für beide Teile einen recht bitteren Beigeschmack, wohl auch für die obere Kampfführung. Hatte sie doch auf beiden Seiten versäumt, die Führer der abgezweigten Verbände über die große Lage zu orientieren. So wußte

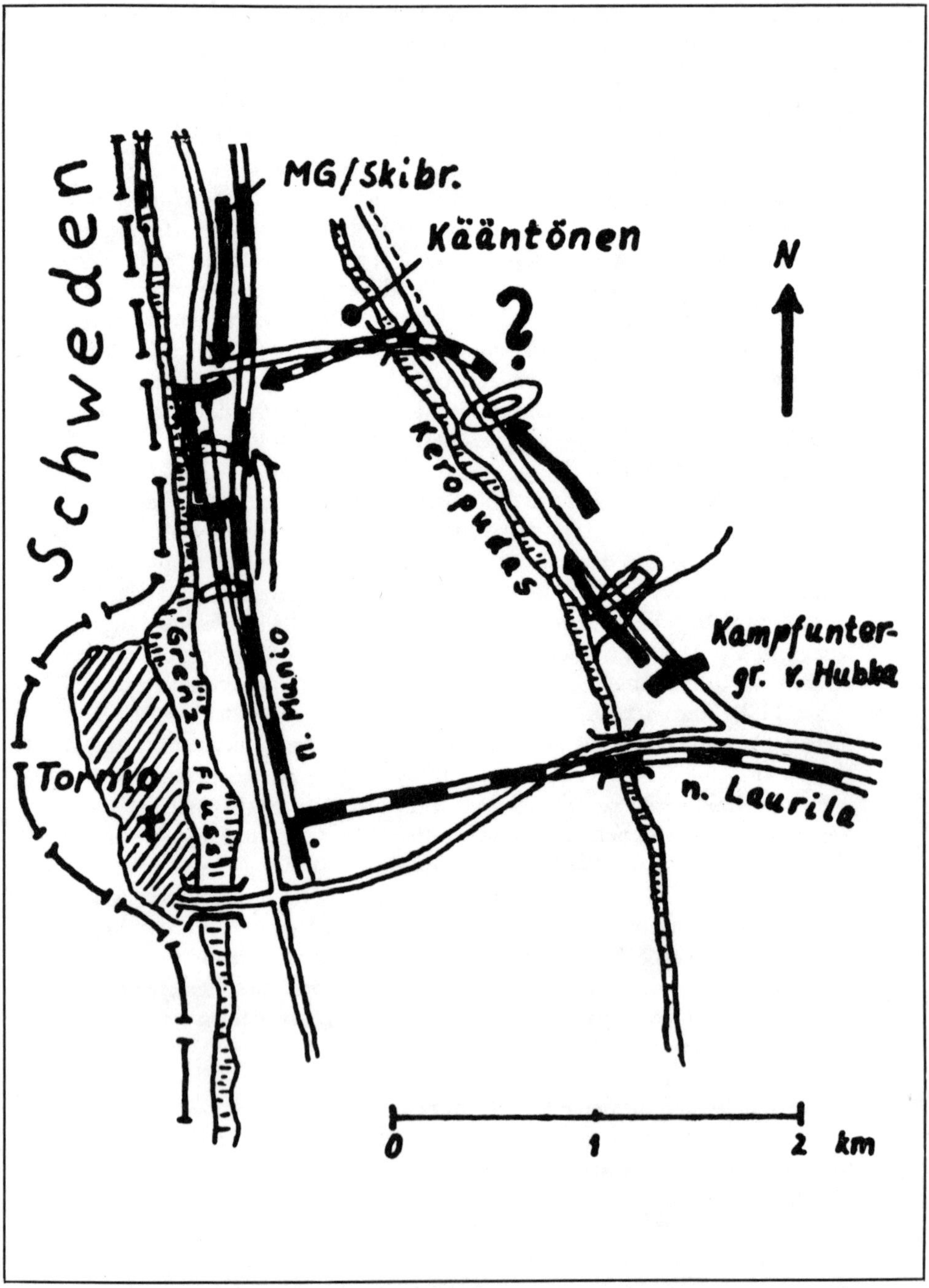

Der Kampf der verstärkten 8./Gebirgs-Jäger-Regiment 206 bei Tornio

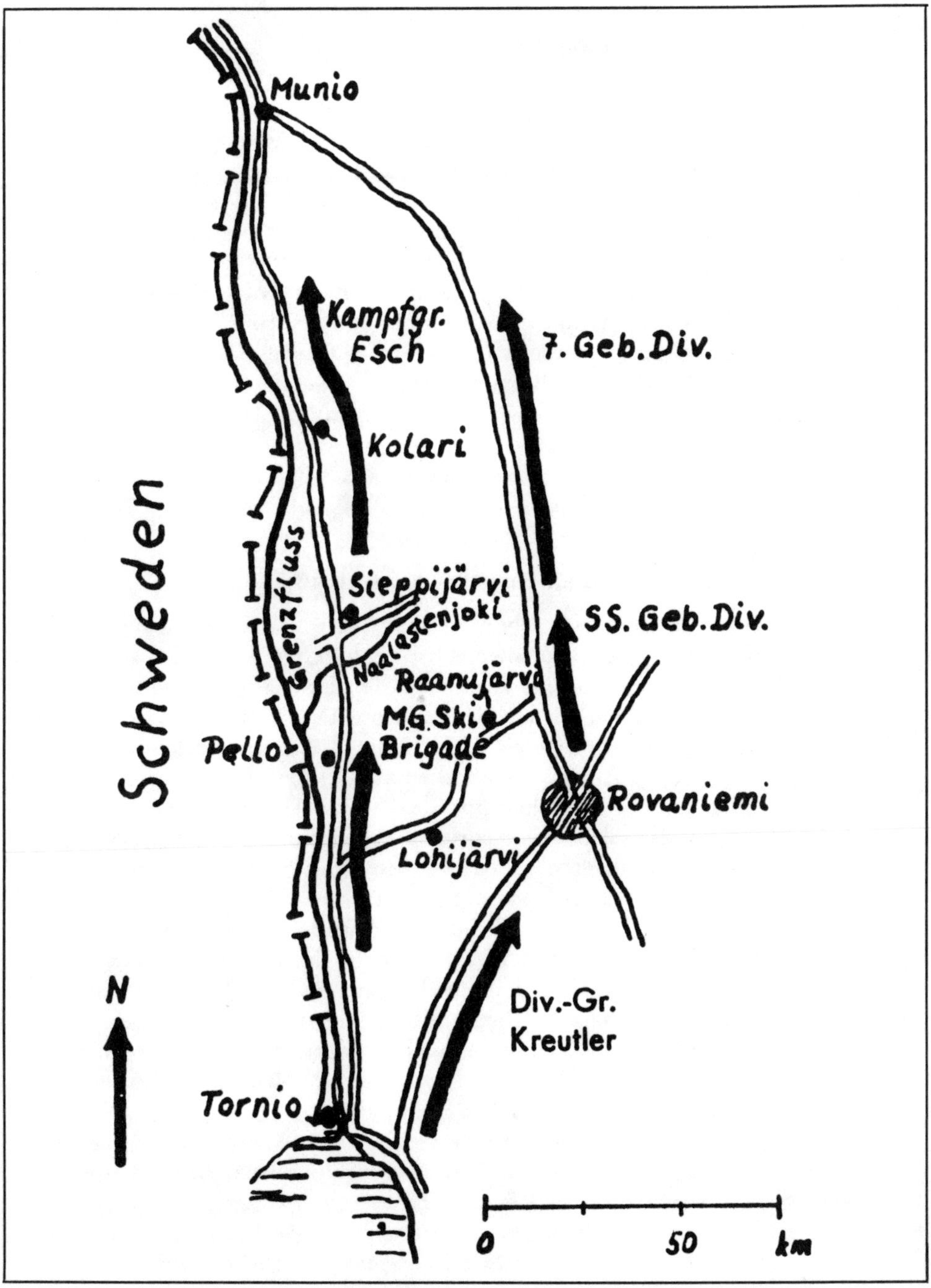

Der Rückzug der „Kampfgruppe Esch"

keiner der beiden Führer, daß zwei Stoßkeile auf Tornio — im Osten und Norden — angesetzt waren.“[151])

Es verhärtete sich die Vermutung, daß der Russe an der Eismeerfront im Bereich des XIX. Gebirgs-Armeekorps zu einer Offensive antreten wird. Der zunehmende Druck des Gegners und die nicht mehr zu ersetzenden Verluste zwangen schließlich die 20. Gebirgs-Armee, den Angriff auf Tornio abzubrechen. Die Divisonsgruppe „Kräutler“ setzte sich auf Rovaniemi ab. Die MG/Ski-Brigade wurde durch die „Kampfgruppe Esch“, die sich aus dem III./Gebirgs-Jäger-Regiment 206, dem Ski-Bataillon 82, der 2./Gebirgs-Artillerie-Regiment 82 und aus dem 2./Gebirgs-Pionier-Bataillon 99 zusammensetzte, abgelöst. Während diese, hinhaltend kämpfend, auf Munio auswich, marschierte die 7. Gebirgs-Division auf der Straße, die von Rovaniemi nach Munio führt, zurück. Als Nachhut folgte die 6. SS-Gebirgs-Division „Nord“. In dieser Gruppierung verlief, ohne wesentliche Kampfhandlungen, die Endphase des Rückzuges planmäßig bis zur „Sturmbock-Stellung“.

In der „Sturmbock-Stellung“

Ab Rovaniemi hatte, wie schon erwähnt, die 6. SS-Gebirgs-Division „Nord“ die Nachhut übernommen. Entlang der Grenze nach Schweden sicherte das III./Gebirgs-Jäger-Regiment 206 des Majors Angerer mit Teilen des Ski-Bataillon 82 den Rückmarsch. Die 7. Gebirgs-Division wurde nun — gewissermaßen als Dank dafür, daß sie bisher den Rückzug der 20. Gebirgs-Armee aus Karelien in Richtung Eismeer gedeckt hatte in eine hintere Marschgruppe des XVIII. Gebirgs-Armeekorps eingeschoben. Als solche überschritt sie den nördlichen Polarkreis bei Rovaniemi, das damals, „auch von deutscher Seite auf das tiefste beklagt“[152]), durch einen Brand vernichtet wurde. Die Finnen schoben die Schuld den deutschen Truppen zu, nachdem zuvor ein deutscher Munitionszug in Brand geraten und in die Luft geflogen war. Auf deutscher Seite schloß man, nicht ganz unbegründet, auf eine Brandstiftung durch finnische Kommunisten, schließlich stießen während der letzten Kampfhandlungen immer mehr sowjetische Kommissare, die auf eine härtere Auseinandersetzung zwischen den ehemaligen Waffenbrüdern drängten, zu den finnischen Truppen.

In langen Marschkolonnen zogen die Gebirgssoldaten in der Nacht über die schlecht ausgebaute Straße, die der Belastung durch ein ganzes Korps keineswegs gewachsen war, in Richtung Norden, von woher das Polarlicht gespenstisch leuchtete. Bei jedem Schritt schlugen die Feldspaten gegen die Oberschenkel der Jäger, die Maschinengewehre drückten schwer auf den Schultern der MG-Schützen und die Riemen der Karabiner schnürten die Halspartien der Geschundenen immer enger ein. Nacht für Nacht wurde marschiert, um die rettende „Sturmbock-Stellung“, die, tiefverschneit, die Herzen der ausgelaugten Landser doch etwas höher schlagen ließ, zu erreichen.

Diese beschwerlichen Märsche während der zermürbenden Nachtstunden hatten ihren guten Grund: Die Bewegungen der gesamten 20. Gebirgs-Armee sollten dem Feind weitgehend verborgen bleiben und die Kolonnen sollten keine unnötigen Ausfälle durch die feindlichen Tiefflieger, die Ende 1944 den gesamten Luftraum im hohen Norden Europas beherrschten, hinnehmen müssen. Doch trotz aller Vorsichtsmaßnahmen blieben Verluste an Menschen, Pferden, Tragtieren und Material nicht aus.

Immer mehr Sorge bereitete der Führung wie auch den Mannschaften die Bekleidungsfrage. Die regennasse Witterung, das naßkalte Klima, die starken Schneefälle und die langen Märsche mit den zahlreichen Gefechten hatten in einem besorgniserregendem Maße an der Substanz der Bekleidung und Ausrüstung der Truppe gezehrt. Ersatz gab es nicht mehr: weder an Uniformen noch an Schuhen, weder an Hosen noch an Socken. Ein anderes, nicht zu unterschätzendes Problem stellte für die Truppe das Mitführen des Gepäcks der gefallenen oder verwundeten Kameraden dar. Allein beim Gebirgs-Jäger-Regiment 218 mußten nicht weniger als 230 derartige Gepäcksstücke vom überlasteten Gefechtstroß mitgeführt werden. Welch ein Glück, daß wenigstens an der Verpflegung nicht gespart werden mußte. Die gab es, da der Oberquartiermeitser für eine Bevorratung von sage und schreibe neun Monate vorgesorgt hatte, geradezu im Überfluß. Ende Oktober 1944 erreichte das XVIII. Gebirgs-Armeekorps mit seinen 2 Divisionen und der Divisionsgruppe „Kräutler“ die „Sturmbock-Stellung“ bei Saarenpää, im Dreiländereck Schweden — Finnland — Norwegen. Anfang November stieß dann auch die „Kampfgruppe Esch“, die noch mehrere Rückzugsgefechte entlang der schwedischen Grenze zu bestreiten gehabt hatte, in die Stellung, die sich von der schwedischen Grenze nordwestlich von Karesuasando über eine Hügelkette westlich des Lätoseno-Flusses, mit einer Flankensicherung bei Kautokeino, entlangzog.

Diese Stellung war in kluger Voraussicht bereits im Sommer 1944 unter Führung von Oberst Schuler erkundet worden. Das Ergebnis war jedoch alles andere als ermutigend. Man fand ein absolut menschenfeindliches unbewohntes Gebiet in der Tundra, in dem man nur ab und zu Rentiere antraf. Zum allgemeinen Verdruß waren die Karten, die man zur Verfügung hatte, unvollständig. Auf ihnen waren lediglich die wichtigsten Erhebungen eingezeichnet. Die Wegeverhältnisse waren katastrophal: Nur ein einziger Lappenpfad zog sich von Saarenpää nach Kautokeino. Glücklicherweise war seinerzeit durch finnische Baukommandos

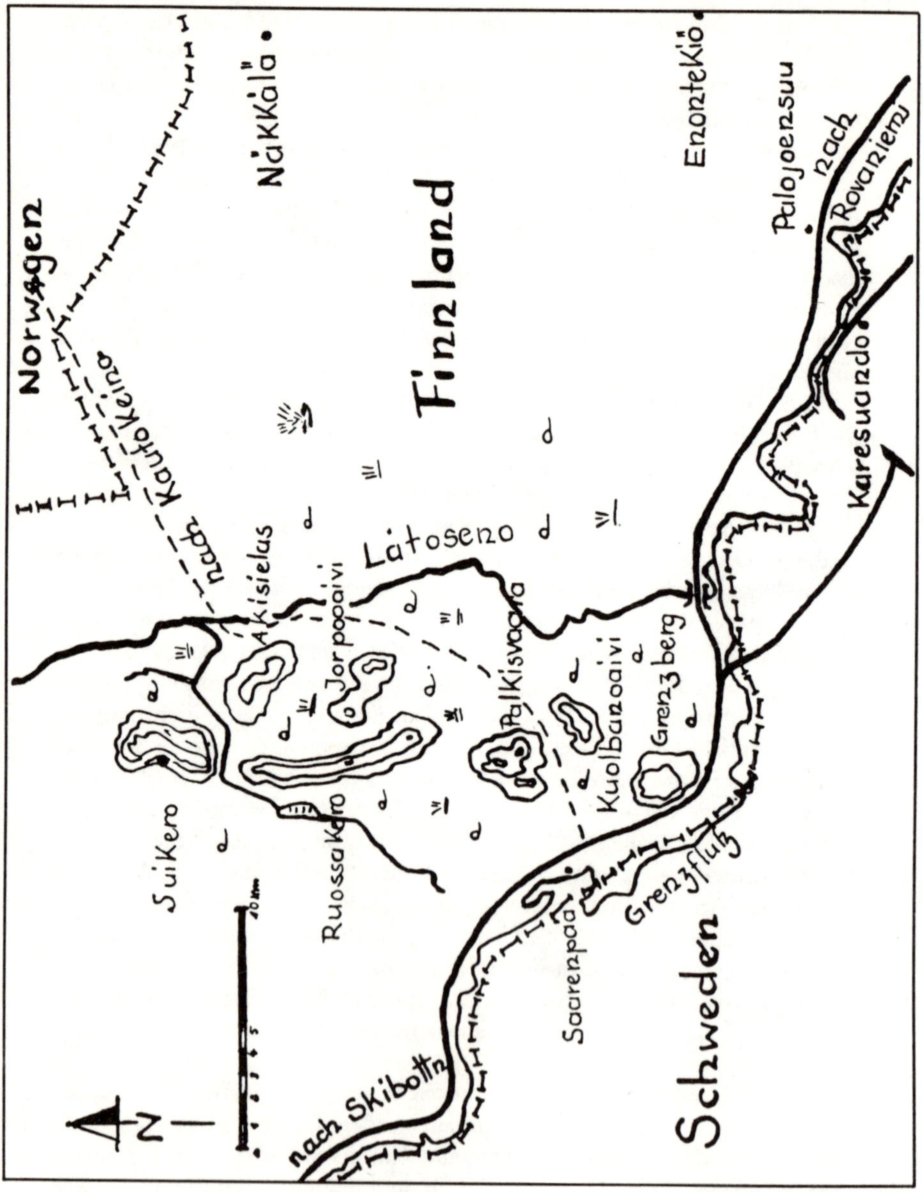

Die „Sturmbock-Stellung" im Dreiländereck Schweden – Finnland – Norwegen

wenigstens die Straße bis zum Lyngenfjord ausgebaut worden. Die Flußläufe waren nur mit Fähren zu passieren. Die so dringend benötigten Behelfsbrücken wurden erst in den darauffolgenden Monaten gebaut. Und da rührte sich dann in der Tat etwas: Die „Organisation Todt" und Baupioniere betrieben den Stellungs- und Wegebau nach den Unterlagen des Erkundungskommandos. Seit 1. August 1944 waren 1800 Mann unter der Leitung von Oberbauleiter Volk eingesetzt. Von der Straße Rovaniemi — Skibottn wurde ein ausreichendes Wegenetz nach vorne zu den Stellungen am Palkisvaara, Ruossakero und Suikero angelegt. Allenthalben waren Wohnbunker und Gefechtsstände entstanden, so daß die Truppe sowohl feindlichen Angriffen als auch den eisigen Stürmen des Polarwindes mit Zuversicht entgegensehen konnte.

Der gesamte Nachschub für das Erkundungskommando der „Sturmbock-Stellung" erfolgte, von Oberstleutnant i. G. Übelhack vom 20. Gebirgs-AOK unmittelbar geleitet, von der lappländischen Hauptstadt Rovaniemi aus. In Saarenpää wurde das Hauptlager für die Versorgung errichtet. Von hier aus stellten die unermüdlich im Einsatz befindlichen Tragtierstaffeln die Versorgung sicher. „Nach der Arbeitsweise von Expeditionen wurde immer weiter in das unwirtliche Gebiet eingedrungen und dabei die erkundeten Stellungen festgelegt, verpflockt und auf Meßtischblättern eingetragen. Nach 15 bis 20 km wurde jeweils ein Lager errichtet. So entstand am Palkisvaara das Lager I, am Ruossakero Lager II und III und am Suikero Lager IV. Mulistaffeln pendelten zwischen den einzelnen Lagern und brachten Verpflegung und Post... Besonders schwierig gestaltete sich die Erkundung der Flankenstellung an der finnisch-norwegischen Grenze südlich Kautokeino. Nur mit Marschkompaß konnte das weg- und steglose Gelände durchquert werden. Große Sumpfflächen", so Schuler, der Führer der Erkundungstruppe, „zwangen zu mehrstündigen Umgehungen."[153])

Wieder einmal mehr war man nach diesen kräftezehrenden Erkundungen froh gewesen, daß wenigstens die Verpflegung reichlich zur Verfügung stand — und zwar vorwiegend aus dem Lande selbst: Wildgänse, Schnee- oder Birkhühner sowie Fische, die sich tausendfach in jedem See tummelten, bereicherten den Speisezettel. Das, was das Essen so richtig schmackhaft machte, brachten die nimmermüden Mulis dann von der finnischen Seite über Enontekiö — Näkkälä, die nördlichste finnische Siedlung der Lappen, die nur aus wenigen Katen bestand, heran.

Ende 1944 war es endlich soweit, daß die meterhoch verschneite „Sturmbock-Stellung" von der 7. Gebirgs-Division bezogen und eingerichtet wurde. Die Sicherungsaufgaben nahm die Divisionsgruppe „Kräutler" bis Mitte November in der Linie Palojoensuu — Enontekiö wahr. Die Stellung war so lange zu halten, bis die auf der „Reichsstraße 50" von Kirkenes in Richtung Narvik zurückgehenden Verbände der 20. Gebirgs-Armee den Lyngenfjord hinter sich gelassen hatten. Sie, die „Sturmbock-Stellung“, diente zugleich als Schutz für den Ausbau der „Kilpisjärvi-Stellung“ — eine Zwischenstellung, die im wesentlichen auf finnischem Staatsgebiet lag. Als endgültige Abwehrfront war im hohen Norden die sogenannte „Kitda-Stellung“, deren Ausbau allerdings nicht mehr vollendet werden konnte, vorgesehen.

Die 7. Gebirgs-Division wurde nun der Armee-Abteilung „Narvik“[154]) des Generals der Gebirgstruppen, Ferdinand Jodl, unterstellt. Die Stellungen des Gebirgs-Jäger-Regiments 206 erstreckten sich von der schwedischen Grenze bis zum Pakalkisvaara, wo sich das Gebirgs-Jäger-Regiment 218 mit seinen Einheiten anschloß. Die linke Grenze der „Bergschuh“-Division war am Suikero, auf dem das III./Gebirgs-Jäger-Regiment 218 als Flankenschutz eingesetzt war. Die Nordflanke in Richtung Kautokeino sicherte die Gebirgs-Jäger-Brigade „Generaloberst Dietl“[155]). Die Gebirgs-Artillerie-Regiment 82, die bekanntlich die II. Abteilung an die Divisionsgruppe „Kräutler“[156]) abgegeben hatte, lag weit auseinandergezogen in Stellung und wirkte mit Teilen bis vor den Suikero. Die Divisionsreserven bildeten die Gebirgs-Aufklärungs-Abteilung 99 und das Ski-Bataillon 82. Die Stellungen, meist unter meterhohem Schnee regelrecht begraben, verliefen auf den Kämmen des „Grenzberges“, der „Kahlhöhe“, der „Mathildenhöhe“ und des „Kuolbanoaivi“; ferner auf

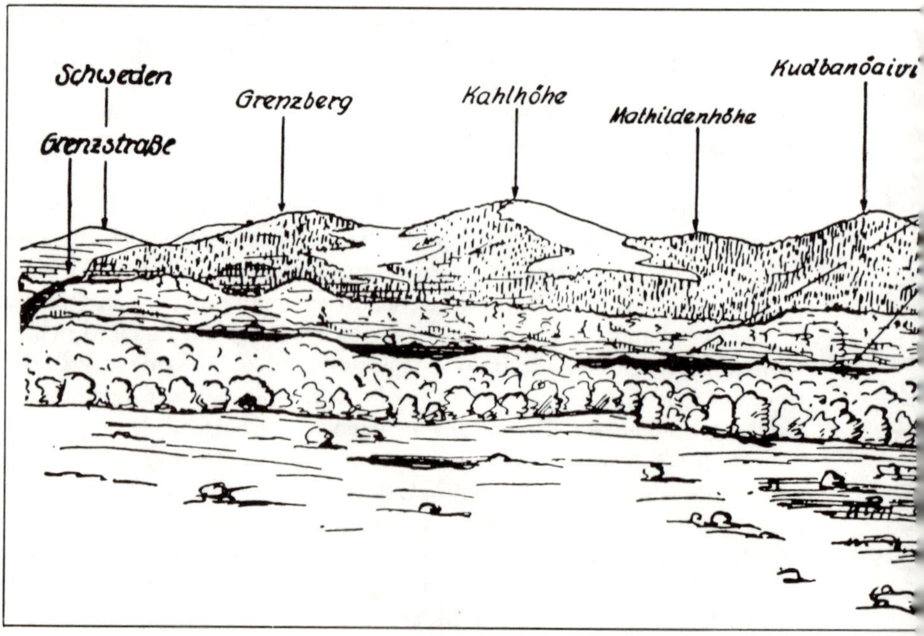

denen der „Jägerkamp“, der „218er Höhe“, des „Jorponavi“ und „Akisielas“. Im Zwischengelände stieß man auf Kuppen, die Namen wie „Schwabenhöhe“, „Bayernkuppe“, „Günterkuppe“, „Weiherkuppe“, „Argonnerwald“ und „Flandernhöhe“ trugen. Gefechtsvorposten sicherten auf Erhebungen, die man „Nockerberg“, „Lichtenstein“ und „Christlgrat“ nannte.

Von all diesen Höhen, Bergen und Kuppen hatte man einen hervorragenden Blick über das Gelände in das neutrale Schweden, von dem die Gebirgssoldaten lediglich durch den zugefrorenen Grenzfluß getrennt waren. Es spricht für die Moral der Truppe, daß sich nirgends der gewiß lockende Gedanke festgesetzt hat, sich durch einen kühnen Sprung dem weiteren Kriegsgeschehen zu entziehen. „Nur die Pioniere, die als Art Grenzsicherung eingesetzt waren, lockte der Reichtum des Nachbarlandes. Für ihre Pferde holten sie von drüben Heu, das am Polarkreis Mangelware war. Schon nach einigen Tagen“, weiß Schuler zu berichten, „lag eine dicke Beschwerde der schwedischen Regierung, über das Genfer Rote Kreuz zugeleitet, vor dem Div.-Kdr.“[157])

Es waren nicht so sehr die Aktivitäten des Gegners, die den Gebirgsjägern in der „Sturmbock-Stellung“ zu schaffen machten, als vielmehr die Unbilden der Naturgewalten, die alle Kräfte in Anspruch nahmen. So behinderten starke Schneefälle den Verkehr in geradezu zermürbender

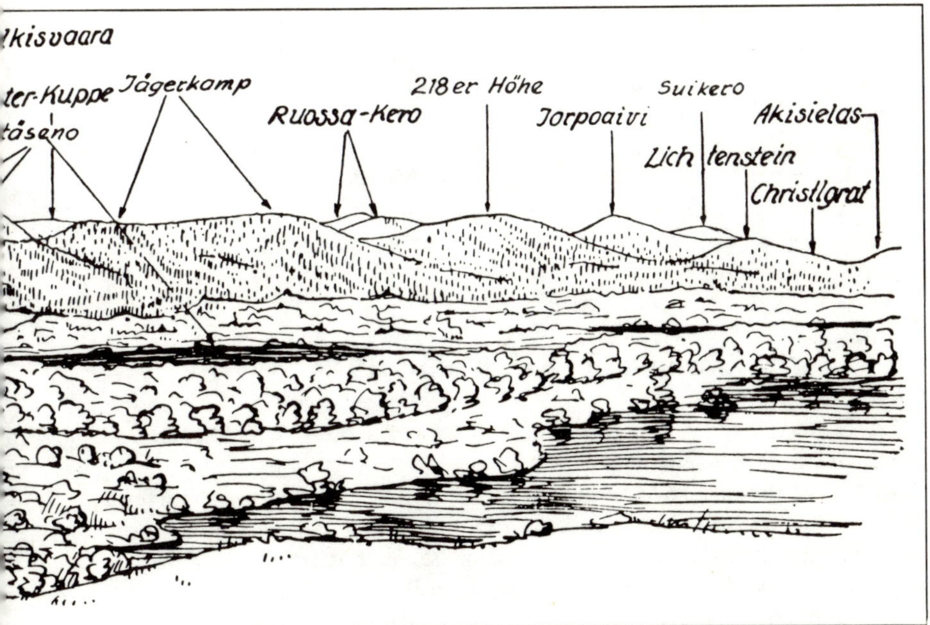

Weise. Das III./Gebirgs-Jäger-Regiment 218 war z. B. am Suikero tagelang eingeschneit. Die Räumkommandos waren dann Tag und Nacht im Einsatz, um das Schlimmste in dieser meterhoch verschneiten Winterlandschaft zu verhüten.

Zwischenzeitlich waren die Finnen den Gebirgssoldaten bis zum Lätoseno nachgefolgt, nein nachgeschlichen, denn sie verhielten sich weiterhin passiv. Und das hatte seinen guten Grund, wie die Eingeweihten wußten: Gemäß den Waffenstillstandsbedingungen zwischen den Finnen und den Russen mußte am 1. November 1944 die Demobilisierung der finnischen Wehrmacht beginnen. Nur die jungen Jahrgänge, die allerdings keine nennenswerte Kampferfahrung besaßen, blieben unter den Waffen. Von ihnen ging jedoch keine Gefahr aus, die den Deutschen, die sich weiterhin planmäßig zurückzogen, bedrohlich werden konnte. Weitaus gefährlicher wurden den Gebirgsjägern in diesen letzten Tagen des Kriegsjahres 1944 da schon die feindlichen Fliegerangriffe. Der Gegner nutzte die wenigen Dämmerstunden der kurzen nordischen Wintertage dazu aus, um seine Bomben auf die Troßlager, die entlang der Straße entstanden waren, abzuwerfen. Obwohl die Tundra nur mit kümmerlichen Zwergbirken bewachsen ist und daher so gut wie keine Deckungsmöglichkeiten bietet, hielten sich die Verluste durch die Bombardierungen der Alliierten in Grenzen, denn unter den Abwürfen waren auffallend viele Blindgänger. Allein im Troßlager des I./Gebirgs-Jäger-Regiment 218 wurden nach einem feindlichen Bombenangriff nicht weniger als dreizehn Blindgänger gezählt. Empfindlicher wirkten sich da schon die Verluste aus, die durch Erfrierungen in der arktischen Kälte entstanden. So geriet zum Beispiel ein Spähtrupp der Gebirgs-Jäger-Brigade 139 bei Kautokeino in einen derart heftigen Schneesturm, daß empfindliche Verluste durch schwerste Erfrierungen eintraten.

Unter diesen trostlosen Zuständen und im Hinblick auf eine Zukunft, die alles andere als Optimismus aufkommen ließ, begingen die Gebirgssoldaten in der „Sturmbock-Stellung" — fernab von der Heimat — die letzte Kriegsweihnacht.

Chronik des Kriegsjahres 1945

12. Januar: Beginn der großen Offensive der Roten Armee. Durchbruch an der Weichselfront

4.—11. Februar: Konferenz von Jalta, auf der Premierminister Winston Churchill, US-Präsident Franklin D. Roosevelt und der Generalissimus Josef Stalin u. a. Beschlüsse über die weitere Kriegsführung und die Aufteilung Deutschlands in Besatzungszonen fassen

7. März: Die Alliierten überqueren den Rhein bei Remagen

12. April: Plötzlicher Tod Roosevelts; Nachfolger Harry S. Truman
13. April: Wien in der Hand der Roten Armee
15. April: Alliierte Frühjahrsoffensive in Italien
16. April: Die sowjetischen Truppen erreichen die Oder
21. April: Zusammenbruch der deutschen Front in Italien.
25. April: Erstes Zusammentreffen von sowjetrussischen und alliierten Truppen bei Torgau an der Elbe
28. April: Erschießung Mussolinis durch italienische Partisanen
29. April: Kapitulation der deutschen Truppen in Italien
30. April: Adolf Hitler begeht in der Berliner Reichskanzlei Selbstmord. Nachfolger Hitlers wird Großadmiral Dönitz
2. Mai: Kapitulation der deutschen Reichshauptstadt Berlin. Übergabe an die Rote Armee
5. Mai: Aufstand in Prag; Zusammenbruch des deutschen Widerstandes in Böhmen und Mähren und Beginn der Vertreibung von über drei Millionen Sudetendeutschen
7. Mai: Unterzeichnung der Kapitulation der gesamten Deutschen Wehrmacht durch Generaloberst Alfred Jodl in Eisenhowers Hauptquartier in Reims
8. Mai: Unterzeichnung der Kapitulation der gesamten Deutschen Wehrmacht durch Generalfeldmarschall Keitel im sowjetrussischen Hauptquartier in Karlshorst bei Berlin
9. Mai: 00.01 Uhr: Inkrafttreten der Gesamtkapitulation. Der Zweite Weltkrieg ist damit in Europa beendet
23. Mai: Gefangennahme der Mitglieder der deutschen Reichsregierung in Flensburgs-Mürwik; Ende einer eigenen deutschen Regierungsgewalt

Die Operation „Nordlicht“

Das Ende des Schicksalsweges der 7. Gebirgs-Division ist rasch erzählt: Ohne weitere nennenswerte Kampfhandlungen hatte die „Siebte“ die „Sturmbock-Stellung“ im Dreiländereck Finnland — Schweden — Norwegen bis Mitte Januar 1945 gehalten. Dann begann — „verbrannte Erde“ hinterlassend, die den Sowjets ein Nachsetzen und den Briten eine Landung im hohen Norden unmöglich machen sollte — auch für die Soldaten der „Bergschuh“-Division, vom Gegner unbehelligt, der Rückzug in Richtung Norwegen. Am 11. Januar wurde die Stellung vor der finnisch-norwegischen Grenze geräumt. Als letzter Truppenteil der 20. Gebirgs-Armee verließ die 7. Gebirgs-Division Finnland. Der Kampf mit dem ehemaligen Waffenbruder war endgültig zu Ende. Über die Räumung Suomis durch die Deutsche Wehrmacht gab das Oberkommando folgende Verlautbarung heraus:

„Das deutsche Oberkommando hat alles getan, um die finnische Bevölkerung vor den Schrecken des Krieges zu bewahren, sowohl durch den kämpferischen Einsatz seiner Truppen wie auch jetzt durch die tätige Mithilfe bei der Evakuierung der betroffenen Gebiete. Wo es nur anging, wurden deutsche Lastwagenkolonnen zur Verfügung gestellt, um Hab und Gut der betroffenen Bevölkerung zu evakuieren. Bei dieser Sachlage ist es bedauerlich, daß Nachrichten verbreitet werden, die von einem Niederbrennen ganzer finnischer Dörfer sprechen, in denen die deutschen Absetzbewegungen durchgeführt werden. Die Richtigstellung des deutschen Oberkommandos, die den finnischen amtlichen Stellen zur Kenntnis gebracht wurde, ist klar und eindeutig. Es ist vollkommen absurd, anzunehmen, daß deutsche Soldaten, die drei Jahre hindurch die finnische Heimaterde und das finnische Eigentum mit ihren Leibern deckten und einen hohen Blutzoll dafür entrichteten, aus reiner Willkür das zerstören, wofür sie bisher kämpften. Finnland ist uns in den Jahren unseres Einsatzes hier oben an der äußersten Peripherie Europas lieb und teuer geworden. Es haben sich in dieser Zeit zwischen Finnen und Deutschen zahlreiche Bande der Kameradschaft und des gegenseitigen Vertrauens angebahnt, die allen Belastungen standgehalten haben. Selbst nach dem unglückseligen 2. September 1944 hat die loyale, herzliche Zusammenarbeit zwischen finnischer und deutscher Wehrmacht in Lappland nie aufgehört. Wo der deutsche Soldat heute noch auf finnischem Boden steht, da bleibt das finnische Leben und das finnische Eigentum geschützt und gesichert. Wie aber wird es sein, wenn erst die bolschewistische Sturmflut über das Land hereingebrochen sein wird? Finnische Bauern haben in diesen Tagen in ihrer Verzweiflung ihre Anwesen niedergebrannt, damit sie nicht in die Hände der Bolschewisten fallen sollen. Dort, wo der Todfeind Europas gegen die Bastionen westlicher Kultur und Gesittung anrennt, wo die Sowjets nun den Krieg auf finnische Erde tragen, herrscht das Gesetz des Krieges. Was dem Feind in seinem Kampf gegen die deutsche Gebirgs-Armee nützen kann, muß der Zerstörung anheimfallen. Das war in allen Kriegen so und wird auch in einem Kampf auf finnischer Erde unvermeidlich sein. Wo Zerstörungen vorgenommen werden", heißt es dann abschließend wie rechtfertigend, „richten sie sich nicht gegen das finnische Volk, sondern den Todfeind des finnischen Volkes, den Bolschewismus."

So schwierig der Rückzug der deutschen Verbände aus dem mittelfinnischen Raum auch gewesen war, erst im hohen Norden, in der verschneiten Tundra, begann der entbehrungsreichste Teil der Absetzbewegung, nämlich die Rückführung von rund 200.000 Mann mitten im Winter, bei Glatteis und kurzem Tageslicht, auf der schmalen, vielfach gewundenen und häufig durch tiefe Fjorde unterbrochenen Küstenstraße.

Über den Verlauf der Operation „Nordlicht", wie der Rückzug der 20. Gebirgs-Armee mit ihren Korps und Divisionen und den ihr unterstellten Verbänden der anderen Waffengattungen genannt wurde, schreibt General Hölter:

„Wahrlich, diese ‚winterliche Riesen-Expedition' schlug uns vom Eintreffen des Stichwortes ‚Nordlicht' am 4. Oktober ... in ihren Bann. Der Feind, den es bei ihr zu bezwingen galt, hieß arktischer Winter, hieß Schnee, Kälte und Wind in der baumlosen, schutzlosen Tundra ohne menschliche Siedlungen.

Als das XIX. (Geb.) A. K. die finnisch-norwegische Grenze hinter sich gelassen hatte, schien es für den Augenblick so, als ob die Russen nicht auf norwegisches Gebiet vorstoßen würden. Doch sie holten nur Luft. Diese Atempause kam aber auch dem XIX. (Geb.) A. K. zugute, um den hinhaltenden Kampf um Kirkenes zu oganisieren und diejenigen Verbände abzuschieben, die zum weiteren Kampf nicht mehr benötigt wurden. In der Kirkenes-Stellung, die sich vom Langfjord bis Tarent erstreckte, sollte Kirkenes noch so lange verteidigt werden, wie die Räumungsmaßnahmen es bedingten... Kirkenes wurde zerstört, die Verbände flossen in die Reichsstraße 50.

In dieser einzigen ‚Röhre' lief nun der ganze Strom von Mann und Roß und Wagen bis zum Lyngenfjord, unaufhörlich Tag und Nacht und Nacht und Tag.

Die Russen stießen über Kirkenes hinaus nur noch bis zum Tanafjord nach. Das nächste Marschziel der Verbände des XIX. (Geb.) A. K. war der Porsangerfjord."[158])

Der weitere Marsch der deutschen Verbände stellte die Führung vor besondere organisatorische Probleme, die zu bewältigen waren, um den Abmarsch der Truppen ohne Reibungen durchzuführen. Zu diesen Überlegungen, die dann in die Tat umgesetzt werden mußten, gehörten unter anderem:

„Die Organisation der Marschgruppen hinsichtlich Zusammensetzung, Bewaffnung und Ausrüstung, die ja für alle möglichen Fälle das Erforderliche bei sich haben mußten, das Tempo und die Marschabstände, mit denen die Verbände in die Reichsstraße 50, in diese enge Röhre ‚hineingepumpt' werden konnten, der Rhythmus des Verkehrs in beiden Richtungen, denn ein gewisser gegenläufiger Verkehr war für die Versorgung wie für Räumungsvorhaben unumgänglich, die Regelung der Marschzeiten von zu Fuß marschierenden Verbänden und motorisierten Truppenteilen, weil die enge Straße weder ein Überholen noch gleichzeitige gegenläufige Bewegung zuließ, die Organisation der

Schneeräumung und Straßeninstandsetzung einschließlich des Streudienstes, das Abschirmen der Marschbewegung in Richtung See — diese Aufgabe wurde den bodenständigen Truppen und eigens hierzu eingesetzten schnellen Verbänden ... übertragen, die Organisation der Versorgung auf dem Marsch, der Aufbau von lagerähnlichen Stützpunkten mit Hilfe von heizbaren Stoff- und Sperrholzzelten und einfachsten Windschirmen für die Pferde, um Mensch und Tier bei ihren Rasten wenigstens einen primitiven Schutz gegen die Unbilden der Witterung zu bieten, der Seetransport von nur bedingt marschfähigen Truppenteilen bodenständigen Charakters und von Kriegsgefangenenformationen, die Einrichtung eines Fährbetriebes über den Kwänangenfjord und den Lyngenfjord in Zusammenarbeit zwischen Pionieren und Transporteinheiten der Kriegsmarine und vieles andere mehr."[159])

Zu diesem „vieles andere mehr" zählten aber auch die Menschen von Finnmarken und Nordnorwegen, deren Wohnungen von den Deutschen zerstört wurden, um den Russen das Nachdrängen zu erschweren. Rund 50.000 Menschen wurden evakuiert, um sie vor einem unbestimmten Schicksal in der öden, kalten Tundra zu bewahren. Das sowie die „lange Liste der wichtigsten Maßnahmen zur Vorbereitung des Marsches läßt erkennen", resümiert General Hölter, „daß dieser Heerzug einmaliger Art war und mehr die Wesenszüge einer Expedition als einer Operation trug. All diese Fragen mußten im Interesse der Truppe vorbedacht und zeitgerecht geregelt sein. Versäumnisse wären nur schwer zu korrigieren gewesen."[160])

Je länger nun der Marsch der 20. Gebirgs-Armee — und somit auch der der 7. Gebirgs-Division — im Rahmen der Operation „Nordlicht" dauerte, desto mechanischer rollte er ab; zumal der Russe die deutschen Verbände nicht weiter in das norwegische Gebiet hinein verfolgte. Die Lappland-Armee war gerettet. Das „Stalingrad des Nordens" hatte nicht stattgefunden.

Weshalb die Rote Armee im hohen Norden 1945 nicht weitermarschierte, darüber sind nach dem Zweiten Weltkrieg viele Vermutungen und Spekulationen angestellt worden. Sicherlich spielte unter anderem die Meinung des englischen Premiers eine entscheidende Rolle, der die Sowjets nicht an der englischen Gegenküste dulden wollte, von wo aus sie die Nordsee und damit den Schiffsverkehr zu den USA kontrollieren

Oben: Ritterkreuzverleihung an Oberst Schuler im Dezember 1944 auf dem Rückmarsch nördlich von Rovaniemi

Unten: Wachposten in der „Sturmbock-Stellung"

hätten können. Die zurückziehenden deutschen Truppen, die ohnehin nicht mehr — wenn überhaupt — entscheidend an der Westfront eingreifen konnten, waren Winston Churchill in Skandinavien lieber als die Russen. Die militärpolitische Lage auf dem Balkan, die immer mehr durch den russischen Einfluß bestimmt wurde, bereitete Englands Premierminister manch schlaflose Nacht. So war sein ganzes Sinnen und Trachten darauf ausgerichtet, daß wenigstens Norwegen im Einflußbereich des Westens verblieb.

„So lief denn die Rückführung der an der Eismeerfront kämpfenden Verbände über die Reichsstraße 50 ... ungestört und planmäßig ab", schrieben Kräutler/Springenschmid in ihrem Gedenkbuch „Es war ein Edelweiß". Und weiter heißt es dort: „Die Tagesstunden wurden zusehends kürzer und kürzer ... Die sonnenlose Zeit ist wenig geeignet, um zu marschieren. Der kalte Mond war der einzige Begleiter. Zeitlos zog die Truppe die endlose Straße durch die winterliche Arktis dahin."[161])

1945 kam auch das Ende für die 7. Gebirgs-Division in Norwegen. Im Februar/März hatte die „Bergschuh"-Division sich im Raum Narvik versammelt, von wo aus sie ihre beschwerlichen Märsche durch die gigantische Fjordlandschaft — ein Landschaftspanorama voller Naturwunder mit kristallklaren Seen, steilen Felswänden und Gletschern, die bis ins Meer, das vom Golfstrom aufgeheizt wird, reichen — nach dem Süden Norwegens fortsetzte. Das „Kriegstagebuch des Oberkommandos der Wehrmacht" enthält hierüber folgende Eintragungen:

4. März 1945:
„Die 7. Geb.-Div. hat den Marsch nach Süden angetreten. Die 199. Inf.-Div. wird durch Schneeverwehungen stark behindert. Auch der Eisenbahnverkehr ist gehemmt..."[162])

8. März 1945:
„Die 7. Geb.-Div. hat jetzt die Armeegruppe Narvik erreicht, sie soll im Fußmarsch nach Süden und dann nach Dänemark geführt werden."[163])

18. März 1945:
„Die 7. Geb.-Div. jetzt 20 km vor Mo. Die Bekämpfung der Saboteure erzielte weitere Erfolge. — 40 Flugzeuge gegen den Hafen Aalesund, wo zwei Dampfer mit 8000 BRT verlorengingen und zwei weitere beschädigt wurden."[164])

20. März 1945:
„Die 7. Geb.-Div. beginnt mit dem Verladen. In Oslo ist ein Stopp durch die Verminung eingetreten. Da in den letzten Tagen drei Schiffe untergegangen sind, stehen jetzt zum Abtransport nur noch vier Schiffe zur Verfügung."[165])

Am 8. Mai 1945 hatte die 7. Gebirgs-Division nach einer abermaligen Überquerung des nördlichen Polarkreises (jetzt zwischen Storjord und Krokstand) über Mo, Mosjoen, Steinkjer und Trondheim Lillehammer erreicht. Dort erhielt sie die Nachricht von der bedingungslosen Kapitulation Deutschlands. Schlagen wir daher ein letztes Mal das „Kriegstagebuch des Oberkommandos der Wehrmacht" auf. Dort finden wir am 13. Mai 1945 unter anderem folgende Eintragung:

„Die Marschbewegungen in Norwegen verlaufen planmäßig. Deutsche Truppen sind in Reservaten (120 kleine Ortschaften) untergebracht worden. Für 13. Mai ist das Einlaufen eines alliierten Verbandes in Oslo angekündigt worden. Bisher sind in Norwegen alliierte Truppen in Stärke einer Division eingetroffen."[166])

Geradezu prophetisch schloß das Gebirgs-Armee-Oberkommando 20 seine letzte Meldung an das OKW in Flensburg-Mürwik:
„Wehe den Besiegten!"
Der Krieg war zu Ende. Die Gebirgsjäger gingen in britische Gefangenschaft. Das Warten auf die Entlassung begann. Und dieses Warten vertrieben sich die Angehörigen der vor dem Feind unbesiegten Lappland-Armee damit, daß sie den für die Truppenteile der 20. Gebirgs-Armee gestifteten „Lapplandschild",[167]) der allerdings nicht mehr zur Verleihung kam, nach einer Vorlage, die die Armee noch an alle ihr unterstellten Einheiten in Rundschreiben zugeleitet hatte, aus Messing-, Kupfer- oder Eisenblech kunstvoll herstellten.
Dann endlich, nach Wochen der Ungewißheit, begann, von allen ungeduldig herbeigesehnt, der Transport nach Deutschland, wo jeder auf seine rasche Entlassung hoffte. Aber auch diese Hoffnung erwies sich für allzuviele als verfrüht, denn nicht in die Heimat, sondern vielfach in eine jahrelange Gefangenschaft führte der allerletzte Weg der Gebirgssoldaten der „Bergschuh"-Division — begleitet von der Illusion, daß man in naher Zukunft gemeinsam mit den Armeen der westlichen Alliierten, allen voran mit den Briten, gegen die rote Flut der Sowjetrussen, die bereits am Nordkap lauerten, um ganz Skandinavien zu „finnlandisieren", marschieren werde. Doch auch diese Illusion verflüchtigte sich schließlich wie eine Fata morgana. Zurück blieb, nachdem bereits alles — auch für das britische Empire! — verloren war, Churchills sarkastischer Ausspruch,

Der „Lapplandschild“

daß man, womit das besiegte Deutsche Reich als letztes Bollwerk gegen den Kommunismus gemeint war, das „falsche Schwein geschlachtet habe“. In seinem Geschichtswerk „Der Zweite Weltkrieg“[168]) konstatierte der englische Premier voller Bitterkeit:

„Die Vernichtung der deutschen Militärmacht hatte die Beziehungen zwischen dem kommunistischen Rußland und den Demokratien des Westens grundlegend verändert. Der gemeinsame Feind, der das einzige einende Band gebildet hatte, war ausgelöscht. Von nun an kannten und sahen der russische Imperialismus und die kommunistische Ideologie keine Grenzen für ihre Expansionslust und für ihr Streben nach Weltherrschaft. Mehr als zwei Jahre sollten vergehen, ehe sie sich einer ebenbürtigen Willenskraft gegenübergestellt sahen...“[169])

Was aber ist, um abschließend nochmals auf die 7. Gebirgs-Division zurückzukommen, von alledem bis heute geblieben?

Der Kriegseinsatz und Kampf der „Bergschuh“-Division sind Vergangenheit. Geblieben oder auch eingeebnet sind die zahllosen Gräber ihrer Gefallenen im weiten Osten Rußlands oder im hohen Norden Europas. Sie sind heute noch stumme Zeugen tapferer Pflichterfüllung.

Wer erinnert sich da nicht der Totenrede des Perikles aus dem Jahre 429 vor unserer Zeitrechnung?

„Denn nur weil sie ihr Blut der Allgemeinheit preisgegeben, haben sie für sich Ruhm geerntet, der nimmer altert, und das herrlichste Grabmal, nicht das Grab, in dem ihr Irdisches ruht, sondern das, in dem ihr Name in ewigem Gedächtnis bleibt, wenn zu Wort oder Tat die Stunde gekommen. Denn edler Männer Grab ist die ganze Erde. Ihren Ruhm kündet nicht nur die Aufschrift auf dem Grabstein in ihrer Muttererde, auch in fremdem Land bleibt ungeschrieben in jedem Menschenherz das Gedächtnis, wenn nicht ihrer Leistung, doch ihrer Gesinnung leben. Die nehmet euch jetzt zum Vorbild! Seid überzeugt, daß das Glück die Freiheit, die Freiheit aber der Mannesmut ist!“

Anmerkungen

Erster Teil: Die 99. leichte Infanterie-Division

1) Vgl. Churchill: Der Zweite Weltkrieg, S. 392.
2) Keilig: Das deutsche Heer, Bd. 2, S. 101/II/10 ff.
3) Ebenda, S. 101/II/11.
4) Tessin: Verbände und Truppen der deutschen Wehrmacht und Waffen-SS im Zweiten Weltkrieg 1939—1945. Bd. 6, S. 99.
5) Das deutsche Heer 1939. Gliederung, Standorte, Stellenbesetzung und Verzeichnis sämtlicher Offiziere am 3. Januar 1939. S. 173 ff.
6) Schuler: Mit dem Bergschuh in Rußland und Finnland, S. 189.
7) Keilig: Das deutsche Heer, Bd. 2, S. 101/II/12.
8) Umbewaffnung der I. und II. Abteilung auf Gebirgsgeschütze war vorgesehen. Die Artillerie-Regimenter wurden noch 1941 zu Gebirgsartillerieregimentern.
9) Vgl. Halder: Hitler als Feldherr, S. 36.
10) Picker: Hitlers Tischgespräche im Führerhauptquartier, S. 473.
11) Kriegstagebuch des Oberkommandos der Wehrmacht, Bd. I, S. 87 E.
12) Sethe: Das machte Geschichte. Panoramen aus einem Jahrhundert, S. 254.
13) Kleist: Aufbruch und Sturz des Dritten Reiches, S. 268.
14) Kriegstagebuch des Oberkommandos der Wehrmacht, Bd. I, S 87 E.
15) Schuler: Mit dem Bergschuh in Rußland und Finnland, S. 13 f.
16) Ebenda, S. 14.
17) Rendulic: Soldat in stürzenden Reichen, S. 247.
18) Schuler: Mit dem Bergschuh in Rußland und Finnland, S. 17 f.
19) Hitlers Weisungen für die Kriegsführung 1939—1945, S. 140.
20) Schuler: Mit dem Bergschuh in Rußland und Finnland, S. 21.
21) Neben den Tiroler Kaiserjägern waren die Hoch- und Deutschmeister die bekannteste und volkstümlichste Truppe in der k.u.k. Armee. Ihr schneidiger Regimentsmarsch „Mir san vom k.u.k. Infanterie-Regiment Hoch- und Deutschmeister Numero vier!" ist weltbekannt geworden.
22) Schuler: Mit dem Bergschuh in Rußland und Finnland, S. 21.
23) Rendulic: Soldat in stürzenden Reichen, S. 254.
24) Mayerhofer: Der VB. In: Die Gebirgstruppe, 1955, Nr. 5, S. 37 f.
25) Schuler: Mit dem Bergschuh in Rußland und Finnland, S. 27.
26) Brockhaus Enzyklopädie, Bd. 10, S. 151 f.
27) Schuler: Mit dem Bergschuh in Rußland und Finnland, S. 31.
28) Ebenda, S. 33.
29) Ebenda, S. 35.
30) Ebenda, S. 35 f.
31) Kriegstagebuch des Oberkommandos der Wehrmacht, Bd. I, S. 644.
32) Hart: Geschichte des Zweiten Weltkrieges, S. 215.
33) Schuler: Mit dem Bergschuh in Rußland und Finnland, S. 36 f.
34) Kriegstagebuch des Oberkommandos der Wehrmacht, Bd. I, S. 646.
35) Ebenda, S. 648.

36) Kriegstagebuch des Oberkommandos der Wehrmacht, Bd. I, S. 658 f.
37) Ebenda, S. 661.
38) Ebenda, S. 661.
39) Kriegstagebuch des Oberkommandos der Wehrmacht, Bd. I, S 667.
40) Ebenda, S. 669.
41) Ebenda, S. 669.
42) Ebenda, S. 684.

Zweiter Teil: Die 7. Gebirgs-Division

43) Keilig: Das deutsche Heer, Bd. 2, S. 104/II/4 ff.
44) Ruef: Gebirgsjäger zwischen Kreta und Murmansk, S. 14.
45) Keilig: Das deutsche Heer, Bd. 3, S. 211/360.
46) Rendulic: Soldat in stürzenden Reichen, S. 231.
47) Bauer: Der Gebirgssoldat. In: Die Gebirgstruppe, 1957, Nr. 2—4, S. 49 ff.
48) Schuler: Mit dem Bergschuh in Rußland und Finnland, S. 40 f.
49) Bauer: Eisige Überfahrt nach Finnland (i. Ms.).
50) Schuler: Mit dem Bergschuh in Rußland und Finnland, S. 42 f.
51) Steinbach: Briefe und Aufzeichnungen. In: Die Gebirgstruppe, 1957, Nr. 2—4, S. 290.
52) Ebenda, S. 290.
53) Hitlers Weisungen für die Kriegsführung 1939—1945, S. 86.
54) Kriegstagebuch des Oberkommandos der Wehrmacht, Bd. II/1, S. 298.
55) Schuler: Winterkämpfe der 7. Gebirgs-Division am Ilmensee März 1942. In: Die Gebirgstruppe, 1959, Nr. 1—2, S. 53 ff.
56) Hitlers Weisungen für die Kriegsführung 1939—1945, S. 183 ff.
57) Schuler: Mit dem Bergschuh in Rußland und Finnland, S. 53 f.
58) Ebenda, S. 54.
59) Ebenda, S. 57.
60) Ebenda, S. 61.
61) Kriegstagebuch des Oberkommandos der Wehrmacht, Bd. II/1, S. 332 f.
62) Schuler: Mit dem Bergschuh in Rußland und Finnland, S. 62.
63) Kriegstagebuch der Heeresgruppe Nord, 3. Dezember, 11.50 Uhr.
64) Leeb: Tagebuchaufzeichnungen und Lagebeurteilungen aus zwei Weltkriegen, S. 411.
65) Ebenda, S. 421.
66) Ebenda, S. 439.
67) Haas: Kirischi, erlebte Kameradschaft. In: Die Gebirgstruppe, 1973, Nr. 2, S. 24 ff.
68) Klatt: Die 3. Gebirgs-Division 1939—1945, S. 102.
69) Carell: Unternehmen Barbarossa. Der Marsch nach Rußland, S. 363.
70) Vertrags-Ploetz. Konferenzen und Verträge. T. II/Bd. 4 A: Neueste Zeit, 1914—1959, S. 186.
71) Das AOK Lappland, am 14. 1. 1942 aus der seit dem 4. 6. 1941 bestehenden Befehlsstelle Finnland des AOK Norwegen hervorgegangen, wurde am

22. 6. 1942 in Oberkommando der 20. Gebirgs-Armee umbenannt. (Vgl. KTB. d. OKW., Bd., II/1, S. 447.)
72) Vgl. Fußnote 73.
73) Der See heißt russisch Pjäosero oder finnisch Pjäjärvi.
74) Hölter: Armee in der Arktis, S. 11 f.
75) Hitlers Weisungen für die Kriegsführung 1939—1945, S. 164 ff.
76) Kriegstagebuch des Oberkommandos der Wehrmacht, Bd. II/1, S. 36 f.
77) Der Zweite Weltkrieg. Bilder, Daten, Dokumente, S. 374.
78) Hölter: Armee in der Arktis, S. 18.
79) Picker: Hitlers Tischgespräche im Führerhauptquartier, S. 337 f.
80) Benannt nach Ahlemann, Hauptsturmführer einer Kampfgruppe der 6. SS-Gebirgs-Division „Nord".
81) Pölzl: Störungssucher in Nordkarelien. In: Die Gebirgstruppe, 1968, Nr. 1, S. 28.
82) Ebenda, S. 29 ff.
83) Die Louchi-Front ist als identisch mit der Kiestinki-Front anzusehen. In den Wehrmachtsberichten taucht bezüglich der Kiestinki-Front ebenfalls die Bezeichnung Nordkarelien auf.
84) Kriegstagebuch des Oberkommandos der Wehrmacht, Bd. II/1, S. 548.
85) Großbritannien hatte Finnland bereits am 5./6. 12. 1941 den Krieg erklärt. Die USA hatten davon jedoch bisher aus alter Sympathie mit den Finnen Abstand genommen.
86) Bauer: Fernspähtrupp in Karelien (i. Ms).
87) Ebenda, a. a. O.
88) Lottas = weibliche Hilfkräfte der Finnen, die, nach der Heldin eines Epos des finnischen Dichters Runeberg benannt, im Heimatkriegsgebiet eingesetzt wurden. (Hilfsorganisation „Lotta Svärd".) Ähnlich organisiert waren die schwedischen Lotta-Korps („Riksförbandet Sveriges Lotakarer").
89) Schuler: Mit dem Bergschuh in Rußland und Finnland, S. 82 f.
90) Bamm: Die unsichtbare Flagge, S. 107 f.
91) Kriegstagebuch der 6. Gebirgs-Division.
92) Ringel: Hurra, die Gams, S. 219.
93) Hart: Deutsche Generale des Zweiten Weltkrieges, S. 190 f.
94) Hart in einem offenen Brief an den „Manchester Guardian" vom 10. 3. 1952.
95) Kriegstagebuch des Oberkommandos der Wehrmacht, Bd. II/2, S. 883.
96) Ebenda, S. 886.
97) Ebenda, S. 900.
98) Ebenda, S. 1315 f.
99) Schuler: Mit dem Bergschuh in Rußland und Finnland, S. 87.
100) Buchbender/Schuh: „Die Waffe, die auf die Seele zielt". A. a. O. Nach Angaben der Verfasser hatte die deutsche Propagandatruppe etwa 15.000 Angehörige — unter ihnen zeitweise Männer wie C. W. Ceram (= d. i. Kurt W. Marek), Werner Höfer, Henri Nannen, Ernst Rowohlt und Peter von Zahn.
101) Ruef: Gebirgsjäger zwischen Kreta und Murmansk, S. 373.
102) Kriegstagebuch des Oberkommandos der Wehrmacht, Bd. II/2, S. 1183.
103) Ruef: Gebirgsjäger zwischen Kreta und Murmansk, S. 257.

104) Kriegstagebuch des Oberkommandos der Wehrmacht, Bd. II/2, S. 1213.
105) Schuler: Mit dem Bergschuh in Rußland und Finnland, S. 91.
106) Kriegstagebuch des Oberkommandos der Wehrmacht, Bd. III/1, S. 140.
107) Roosevelt: Amerika und Deutschland. 1936—1945, S. 88 f.
108) Schuler: Mit dem Bergschuh in Rußland und Finnland, S. 96 f.
109) Kriegstagebuch des Oberkommandos der Wehrmacht, Bd. III/1, S. 289.
110) Schuler: Mit dem Bergschuh in Rußland und Finnland, S. 90.
111) Pölzl: Kareliensommer. In: Die Gebirgstruppe, 1962, Nr. 1—2, S. 42 ff.
112) Ebenda, S. 45 ff.
113) Schuler: Mit dem Bergschuh in Rußland und Finnland, S. 103 f.
114) Pölzl: Kareliensommer. In: Die Gebirgstruppe, 1962, Nr. 1—2, S. 53 ff.
115) Schuler: Mit dem Bergschuh in Rußland und Finnland, S. 113.
116) Ebenda, S. 116.
117) Pölzl: Kareliensommer. In: Die Gebirgstruppe, 1962, Nr. 1—2, S. 57.
118) Bauer: Verwundeten-Transport an der Lappland-Front (i. Ms.).
119) Der Zweite Weltkrieg. Bilder, Daten, Dokumente, S. 379.
120) Bamm: Die unsichtbare Flagge, S. 296 f.
121) Pölzl: Vorweihnacht in Karelien. In: Die Gebirgstruppe, 1964, Nr. 1, S. 30 ff.
122) Weltkrieg 1939—1945. Ehrenbuch der Deutschen Wehrmacht, S. 117.
123) U. a. in Jacobsen: Der zweite Weltkrieg, a. a. O.; Hermann: Deutsche Militärgeschichte, a. a. O.
124) Hitlers Weisungen für die Kriegsführung 1939—1945, S. 231 f.
125) Erfurth: Der finnische Krieg. 1941—1944, S. 153.
126) Der Krieg in Finnland, Norwegen und Dänemark, S. 14.
127) Ebenda, S. 14 f.
128) Kriegstagebuch des Oberkommandos der Wehrmacht, Bd. IV/1, S. 102.
129) Ebenda, Bd. III/2, S. 1207.
130) Ebenda, S. 1291 f.
131) Ebenda, S. 1352.
132) Ebenda, S. 1362.
133) Der Krieg in Finnland, Norwegen und Dänemark, S. 57 f.
134) Ebenda, S. 42 ff.
135) Ebenda, S. 58 ff.
136) Ebenda, S. 53 f.
137) Ebenda, S. 72.
138) Aufstellung im März 1944 in Lappland als „Divisionsgruppe Kräutler". Im März 1945 auf Grund eines Fernschreibens des OKH an das Gebirgs-Armee-Oberkommando 20 in 9. Gebirgs-Division und am 5. Mai 1945 vermutlich in 10. Gebirgs-Division umbenannt.
139) Schuler: Mit dem Bergschuh in Rußland und Finnland, S. 118.
140) Ebenda, S. 119.
141) Ebenda, S. 121.
142) Kräutler/Springenschmid: Es war ein Edelweiß, S. 376.
143) Vertrags-Ploetz: Konferenzen und Verträge, T. II/ Bd. 4 A: Neueste Zeit, 1914—1959, S. 235.
144) Vgl. Fußnote 138.
145) Hölter: Armee in der Arktis, S. 22 ff.

146) Kriegstagebuch des Oberkommandos der Wehrmacht, Bd. IV/1, S. 891.
147) Schuler: Mit dem Bergschuh in Rußland und Finnland, S. 132.
148) Ebenda, S. 151 f.
149) Im finnischen Generalstabswerk über den „Krieg in Lappland“ wird darauf hingewiesen, daß der so gut vorbereitete „Motti-(= Umzingelungs-)Kampf“, der so erfolgversprechend begonnen hatte, letzten Endes doch mißglückt sei. Und zwar deshalb, so Schuler, „weil die Deutschen völlig überraschend auftauchten und kraftvoll angriffen. Die Behauptung der Finnen, die Deutschen hätten ihre Toten mit vier Lastkraftwagen abgefahren, entspricht nicht den Tatsachen. Das Rgt. 218 hatte bei Taipale zwei Gefallene.“
150) Schuler: Kämpfe am Bottnischen Meerbusen im Oktober 1944. In: Die Gebirgstruppe, 1970, Nr. 6, S. 14 f.
151) Ebenda, S. 15 f.
152) Erfurth: Der finnische Krieg, 1941—1944, S. 310.
153) Schuler: Mit dem Bergschuh in Rußland und Finnland, S. 127.
154) Aufstellung am 15. 6. 1940 als Gebirgskorps Norwegen (Generaloberst von Falkenhorst). Anfang 1942 umbenannt in XIX. Gebirgs-Armeekorps; seit Dezember 1945, als dem Generalkommando auch das LXXI. Armee-Korps unterstellt wurde, führte es die Bezeichnung Armee-Abteilung „Narvik“.
155) Das Gebirgsjäger-Regiment 139, mit dem General Dietl seinerzeit den Kampf um Narvik geführt hatte, war am 5. 6. 1944 in Gebirgsjäger-Brigade 139 und seit 1945 in Gebirgsjäger-Brigade „Generaloberst Dietl“ umbenannt worden.
156) Vgl. Anmerkung 138.
157) Schuler: Mit dem Bergschuh in Rußland und Finnland, S. 183 f.
158) Hölter: Armee in der Arktis, S. 43 f.
159) Ebenda, S. 55 f.
160) Ebenda, S. 56.
161) Kräutler/Springenschmid: Es war ein Edelweiß, S. 434.
162) Kriegstagebuch des Oberkommandos der Wehrmacht, Bd. IV/2, S. 1142.
163) Ebenda, S. 1157.
164) Ebenda, S. 1181.
165) Ebenda, S. 1185.
166) Ebenda, S. 1492.
167) Der „Lapplandschild“, dessen Stiftungsdatum und die dazugehörigen Durchführungsbestimmungen bisher noch nicht gefunden wurden, gilt als die letzte deutsche Kriegsauszeichnung des Zweiten Weltkrieges.
168) Eine gekürzte Ausgabe der Memoiren von Winston S. Churchill, die 1954 im Scherz-Verlag, Bern und Stuttgart, erschienen ist.
169) Churchill: Der Zweite Weltkrieg, S. 1045.

ANHÄNGE

Anhang 1

Unterstellungsverhältnisse der 99. leichten Infanteriedivision*

1940	Dez.	in Aufst. L	2. Armee	„C“	—	Heimat
1941	Jan./Febr.	in Aufst. L	2. Armee	„C“	—	Heimat
	März	in Aufst. LV	2. Armee	„C“	—	Heimat
	April	in Aufst. LV	11. Armee	„C“	—	Heimat
	Mai	WK XIII	11. Armee	—	—	Heimat
	Juni	z. Vfg.	6. Armee	Süd	Osten	Polen
	Juli	XVII	6. Armee	Süd	Osten	Shitomir
	Aug./Okt.	XXIX	6. Armee	Süd	Osten	Kiew
	Nov.	Abtransp. zum BdE, WK XIII				Heimat
	Dez.	siehe 7. Geb. Div.				

Unterstellungsverhältnisse der 7. Gebirgs-Division**

1941	Dez.	BdE im WK XIII		Heimat	—
1942	Jan.	BdE im WK XIII		Heimat	—
	Febr./April	z. Vfg.	Lappland	—Norden	Lappland
	Mai/Juni	III. fi.	Lappland	—Norden	Lappland
	Juli	III. fi.	20. Geb.Armee	—Norden	Lappland
	Aug./Dez.	XVIII	20. Geb.Armee	—Norden	Lappland
1943	Jan./Dez.	XVIII	20. Geb.Armee	—Norden	Lappland
1944	Jan./Dez.	XVIII	20. Geb.Armee	—Norden	Lappland
1945	Jan.	Narvik	20. Geb.Armee	—Norden	Norwegen
	Febr./März	IXXXI	20. Geb.Armee	—Norden	Norwegen
	April	z. Vfg.	20. Geb.Armee	—Norden	Norwegen

Gebirgs-Jäger-Regiment 206***

99. leichte Inf.Div.: Südrußland (Kiew)
7. Gebirgs-Div. (15. 11. 1941): Mittelfinnland, 1944/45 Nordnorwegen.

Gebirgs-Jäger-Regiment 218****

99. leichte Inf.Div.: Südrußland (Kiew)
7. Geb.Div.(15. 11. 1941): Mittelfinnland, 1944/45 Nordnorwegen.

Gebirgs-Artillerie-Regiment 82*****

99. leichte Inf.Div.: Südrußland (Kiew)
7. Geb.Div. (15. 11. 1941): Mittelfinnland, 1944/45 Nordnorwegen.

Gebirgs-Panzerjäger-Abteilung 99******

99. leichte Inf.Div.: Südrußland (Kiew)
7. Geb.Div. (15. 11. 1941): Mittelfinnland, 1944/45 Norwegen.

Gebirgs-Aufklärungs-Abteilung 99*******

99. leichte Inf.-Div.; 7. Geb.-Div.; Einsatz siehe Geb.-Pz.-Jäg.-Abt. 99.

Gebirgs-Pionier-Bataillon 99********

99. leichte Inf.-Div.; 7. Geb.-Div.; Einsatz siehe Geb.-Pz.-Jäg.-Abt. 99.

Gebirgs-Nachrichten-Abteilung 99*********

99. leichte Inf.-Div.; 7. Geb.-Div.; Einsatz siehe Geb.-Pz.-Jäg.-Abt. 99.

Gebirgs-Divisions-Nachschubführer 99**********

99. leichte Inf.-Div.; 7. Geb.-Div.; Einsatz siehe Geb.-Pz-.Jäg.-Abt. 99.

---

* Tessin: Verbände und Truppen der deutschen Wehrmacht und Waffen-SS im Zweiten Weltkrieg 1939—1945, Bd. 6, S. 157.
** Ebenda, Bd. 3, S. 59.
*** Ebenda, Bd. 8, S. 25.
**** Ebenda, Bd. 8, S. 90.
***** Ebenda, Bd. 6, S. 65.
****** Ebenda, Bd. 6, S. 158.
******* Ebenda, Bd. 6, S. 158.
******** Ebenda, Bd. 6, S. 159.
********* Ebenda, Bd. 6, S. 159.
********** Ebenda, Bd. 6, S. 159.

Anhang 2

Stellenbesetzung der 7. Gebirgs-Division*

Divisionskommandeure	
Generalleutnant Konrad	1. 12. 1941 — 19. 12. 1941
Generalmajor Weiß (Führer)	19. 12. 1941 — 31. 12. 1941
Generalleutnant Martinek	1. 1. 1942 — 30. 4. 1942
Generalleutnant Krakau	1. 5. 1942 — Kriegsende
1. Generalstabsoffizier (Ia)	
Oberstleutnant i. G. Schmidt	Aufstellung — September 43
Oberstleutnant i. G. von Paumgartten	September 43 — 3. 2. 1945
Oberstleutnant i. G. Artmann	4. 2. 1945 — Kriegsende
2. Generalstabsoffizier (Ib)	
Major i. G. Seitz	
Major i. G. Köpper	
Major i. G. Hurnaus	
3. Generalstabsoffizier (Ic)	
Major d. R. Dr. Stauder	
Hauptmann Hölter	
Oberleutnant Reumann	
Adjutant (IIa)	
Major Niematz	Aufstellung — Sommer 1943
Major Schöpf	Sommer 1943 — Kriegsende
Gebirgs-Jäger-Regiment 206	
Oberst Hoffmeister	Aufstellung — April 1942
Oberst Esch	April 1942 — Januar 1945
Major Mayrhofer	Januar 1945 — Kriegsende
Gebirgs-Jäger-Regiment 218	
Oberst Berger	Aufstellung — Juni 1943
Oberst Schuler	Juni 1943 — Kriegsende
Gebirgs-Artillerie-Regiment 82	
Oberst Frhr. v. d. Hoop	Aufstellung — November 1943
Oberst Ostermann	November 1943 — November 1944
Oberst von Sternbach	November 1944 — Kriegsende

Gebirgs-Panzerjäger-Abteilung 99

Major d. R. Götz
Hauptmann Schmitt

Gebirgs-Aufklärungs-Abteilung 99

Major Pilgrim
Rittmeister Weitlaner
Major Dörr

Gebirgs-Pionier-Bataillon 99

Oberstleutnant Baierlein	Aufstellung — Januar 1944
Hauptmann Exner	Januar 1944 — Kriegsende

Gebirgs-Nachrichten-Abteilung 99

Major Logsch	Aufstellung — April 1944
Major Schöfer	April 1944 — Kriegsende

Ski-Bataillon 82

Hauptmann Fischer
Hauptmann Zintl
Major Lapp
Hauptmann Roser

*) Zusammengestellt nach Schuler: Mit dem Bergschuh in Rußland und Finnland; sowie nach eigenen Recherchen und Befragungen von ehemaligen Angehörigen der 7. Gebirgs-Division. Um die noch immer vorhandenen Lücken in der Stellenbesetzung zu schließen, bittet der Verfasser um entsprechende Hinweise.

Auszeichnungen*

Es wurden auch die Namen derjenigen Ritterkreuzträger aufgenommen, denen diese Auszeichnung während ihrer Zugehörigkeit zur 99. leichten Infanterie-Division oder kurz zuvor verliehen wurde.

I. Ritterkreuz des Eisernen Kreuzes

1.	Major Albin Esch	Kdr.III./G.J.R. 85	13. 6. 41
2.	Oberst August Krakau	Kdr.G.J.R. 85	21. 6. 41
3.	Gen.-Lt. Kurt von der Chevallerie	Kdr.99.le.Inf.Div.	23. 10. 41[1]
4.	Gen.-Major Robert Martinek	Kdr.267.Inf.Div.	26. 12. 41[2]
5.	Lt. d. R. Alfred Schneider	Fhr.9./G.J.R. 206	7. 6. 42
6.	Oblt. Franz Zintl	Fhr.I./G.J.R. 206	6. 7. 42
7.	Ofw. Gustav Krutemeier	Zugf.1./Geb.Pi.Btl. 99	3. 10. 42
8.	Objäg. Karl Oberkircher	6./G.J.R. 218	12. 10. 43
9.	Major Karl Lapp	Kdr.Ski-Btl. 82	14. 8. 44
10.	Oberst Emil Schuler	Kdr.G.J.R. 218	9. 12. 44

II. Deutsches Kreuz in Gold

1.	Major Emil Schuler	I.R. 218	2. 11. 41
2.	Hptm. Walter Hartmann	II./G.J.R. 206	11. 12. 41
3.	Oberst Edmund Hoffmeister	G.J.R. 206	11. 12. 41
4.	Obstlt. Udo v. Oppen	A.R. 82	11. 12. 41
5.	Lt. Adolf Bach	11./G.J.R. 206	19. 5. 42
6.	Oblt. Franz Zintl	I./G.J.R. 206	19. 5. 42
7.	Hptm. August Knobloch	III./G.J.R. 218	9. 7. 42
8.	Hptm. Karl Schorr	II./G.J.R. 206	9. 7. 42
9.	Hptm. d. R. Karl Roser	2./G.J.R. 218	6. 5. 43
10.	Major Albert Beierlein	Geb.Pi.Btl. 99	18. 6. 43
11.	Major Hugo Pilgrim	Geb.A.A. 99	18. 6. 43
12.	Oblt. d. R. Siegfried Weitlaner	Geb.A.A. 99	3. 8. 43
13.	Obgfr. Josef Schirra	6./G.J.R. 218	8. 10. 43
14.	Hptm. Franz Herlein	II./G.J.R. 218	3. 1. 44
15.	Oblt. Alfred Hißner	4./Ski-Btl. 82	12. 8. 44

16.	Ofw. Adam Schuberth	2./Ski-Btl. 82	12. 8. 44
17.	Oblt. Walter Graupe	1./Ski-Btl. 82	30. 9. 44
18.	Oberst Adrian Frhr. van der Hoop	Div.Grup.v.d.Hoop	15. 12. 44
19.	Major Maximilian Angerer	III./G.J.R. 206	30. 12. 44
20.	Ofw. Hermann Brückner	11./G.J.R. 218	30. 12. 44
21.	Ofw. Karl Metzger	12./G.J.R. 218	30. 12. 44
22.	Major Albert Schüßler	III./G.J.R. 218	30. 12. 44
23.	Hptm. Werner Zimmermann	I./G.J.R. 206	6. 1. 45
24.	Oberst Albin Esch	G.J.R. 206	13. 1. 45

*) Schuler: Mit dem Bergschuh in Rußland und Finnland.
Scheibert: Die Träger des Deutschen Kreuzes in Gold. Das Heer.
Seemen: Die Ritterkreuzträger, 1939—1945.

1) Als 357. Angehöriger der Deutschen Wehrmacht wurde General der Infanterie Kurt von der Chevallerie als Kommandierender General des LIX. Armeekorps am 19. Dezember 1943 mit dem Eichenlaub zum Ritterkreuz des Eisernen Kreuzes ausgezeichnet.

2) Als 388. Angehöriger der Deutschen Wehrmacht wurde General der Artillerie Robert Martinek als Kommandierender General des XXXIX. Panzerkorps am 10. Februar 1944 mit dem Eichenlaub zum Ritterkreuz des Eisernen Kreuzes ausgezeichnet.

Oben: Die deutsche Ehrenstätte Rovaniemi-Norvajärvi in Finnland

Unten: Die Ehrenhalle

Gefechtskalender der 7. Gebirgs-Division*

1940/41	Aufstellung im Winter 1940/41 in Bayern als 99. leichte Infanterie- Division (bis Oktober 1941)
1941	
	Ost
Juni—September	Vormarsch durch Wolhynien Kämpfe um den Styr bei Luzk und Rozyszcze Vorstoß über Zwiahel, Sokolow nördlich Shitomir zum Dnjepr südlich Kiew Kampf um Kiew bis zur Einnahme
Oktober	Verlegung ins Reichsgebiet
	West
November—Dezember	Umgliederung und Neuaufstellung als 7. Gebirgs-Division auf dem Tr.Üb.Pl. Grafenwöhr
1942	
	Nord
Januar	Verlegung nach Finnland (Geb.Jäg.Rgt. 206 und III./Geb.Jäg.Rgt. 218 erreichen wegen Vereisung der Ostsee Finnland nicht und werden von Januar bis Sommer 1942 vor Leningrad eingesetzt Räume: Narwa, südlich Ladoga-See, am Wolchow und südlich Ilmen-See)
Januar—September	Einsatz der restlichen Division im Uchta-Abschnitt Finnland (Geb.Jäg.Rgt. 206 und III./Geb.Jäg.Rgt. 218 stoßen im September wieder zur Division)
September 42 bis 1944	
September	Einsatz der gesamten Division im Kiestinki- und Uchta-Abschnitt (Russisch-Karelien)
September—Oktober	Nach Kapitulation der Finnischen Armee Rückmarsch über Kuusamo in den Raum südlich Rovaniemi

*) Deutsches Rotes Kreuz: Suchdienst, Divisionsschicksale, Band I, München 1958—1960, S. 55.

Hochkreuz am Seeufer der Ehrenstätte Rovaniemi-Norvajärvi. Hier ruhen 2.492 deutsche Gefallene des Zweiten Weltkrieges – unter ihnen zahlreiche Soldaten der 7. Gebirgs-Division

Oktober bis 1945 Januar	Rückmarsch entlang der schwedischen Grenze über Palojoensuu nach Nordnorwegen.
Januar—Mai	Sicherung in Norwegen Rückmarsch nach Drontheim E-Transport in den Raum Oslo Kapitulation Englische Gefangenschaft

Quellen- und Literaturverzeichnis

Neben zahlreichen unveröffentlichten Manuskripten und der Auswertung schriftlicher und mündlicher Auskünfte, die die 7. Gebirgs-Division und ihre Regimenter, Bataillone und Abteilungen betrafen, wurden unter anderen noch folgende Kriegstagebücher, Monographien, Sammelwerke, Jahrbücher, Zeitschriften und Zeitungen ausgewertet und verarbeitet:

Kriegstagebücher

Die Kriegstagebücher der 7. Gebirgs-Division, vormals 99. leichte Infanterie-Division, befinden sich im Bundesarchiv/Militärarchiv in Freiburg im Breisgau. Der Bestand der 99. leichten Infanterie-Division (RH 26—99) umfaßt die Bände 1 bis 26. Das Kriegstagebuch der Führungsabteilung (Abt. Ia) reicht vom 10. Dezember 1940 bis 30. Oktober 1941. Es enthält Ausbildungsunterlagen, Divisionsbefehle, Gefechtsberichte, Skizzen, Meldungen, Erfahrungsberichte und eingegangene Funk- und Fernsprüche. Das Kriegstagebuch der Abteilung Ic beinhaltet die Tätigkeitsberichte vom 10. Dezember 1940 bis 1. Oktober 1941 und das Kriegstagebuch der Abteilung IIa die Tätigkeitsberichte vom 10. Dezember 1940 bis 16. November 1941. Das Kriegstagebuch der Quartiermeisterabteilung (Abt. Ib) reicht vom 10. Dezember 1940 bis 1. November 1941. Es enthält unter anderem auch die Tätigkeitsberichte der Unterabteilungen III, IVa, IVb, IVd (ev. und kath.) und V. Hinweise auf Akten und Kriegstagebücher der 99. leichten Infanterie-Division befinden sich ferner bei den Sammelbeständen RH 37 ff.

Der Bestand der 7. Gebirgs-Division (RH 28—7) umfaßt die Bände 1 bis 67. Das Kriegstagebuch der Führungsabteilung (Abt. Ia) reicht vom 26. Oktober 1941 bis 31. Dezember 1943. Es enthält unter anderem Tätigkeitsberichte, Korps- und Armeebefehle, Meldungen, Planpausen, Karten, Gefechts- und Erfahrungsberichte. Das Kriegstagebuch der Abteilung Ic reicht vom 15. November 1941 bis zum 31. Dezember 1943, des Nationalsozialistischen Führungsoffiziers (NSFO) vom 1. Juli bis 31. Dezember 1943, das der Abteilung IIa vom 15. November 1941 bis 31. Dezember 1943, der Quartiermeisterabteilung (Ib) vom 4. Januar 1942 bis 31. Dezember 1943. Hinweise auf Akten und Kriegstagebücher von Einheiten der 7. Gebirgs-Division befinden sich bei den Sammelbeständen RH 37.

Aus späterer Zeit können noch die Kriegstagebücher der vorgesetzten Kommandobehörden (z. B. Armeekorps oder der 20. Gebirgs-Armee) herangezogen werden. Hinweise bieten auch die Kriegstagebücher der Heeresgruppen Nord und Süd, aber auch diejenigen benachbarter Divisionen, wie der 6. SS-Gebirgs-Division „Nord".

Monographien und Sammelwerke

Alman, Karl: Mit Eichenlaub und Schwertern. Der Lebensweg von 19 Soldaten, die mit den Schwertern zum Ritterkreuz ausgezeichnet wurden. 2. Aufl. Rastatt: Pabel 1975.

Alvensleben, Udo von: Lauter Abschiede. Tagebuch im Kriege. Hrsg. von Koenigswald. Frankfurt/M., Berlin: Ullstein Propyläen 1971.

Aspelmeier, Dieter: Deutschland und Finnland während der beiden Weltkriege. Hamburg-Volksdorf: Van der Ropp 1967.

Bamm, Peter: Die unsichtbare Flagge. Ein Bericht. 41.—50. Tsd. München: Kösel 1952.

Berdach, Rudolf/Erich Dethleffsen: General der Artillerie Robert Martinek. Lebensbild eines Soldaten. 2. Aufl. Neckargemünd 1975.

Buchbender, Ortwin: Das tönende Erz. Deutsche Propaganda gegen die Rote Armee im Zweiten Weltkrieg. Stuttgart: Seewald 1978.

Buchbender, Ortwin/Horst Schuh: Die Waffe, die auf die Seele zielt. Psychologische Kriegführung 1939—1945. Stuttgart: Motorbuch Verl. 1983.

Buchner, Alex: Gebirgsjäger an allen Fronten. Berichte von den Kämpfen der deutschen und österreichischen Gebirgsdivisionen. Hannover: Sponholtz 1954.

Carell, Paul: Unternehmen Barbarossa. Der Marsch nach Rußland. Frankfurt/M., Berlin: Ullstein 1975.

Churchill, Winston S.: Der Zweite Weltkrieg. Mit einem Epilog über die Nachkriegsjahre. Bern, Stuttgart: Scherz 1954.

Dahms, Hellmuth Günther: Die Geschichte des Zweiten Weltkriegs. München, Berlin: Herbig 1983.

Dahms, Hellmuth Günther: Der Zweite Weltkrieg. Hrsg. vom Bundesminister der Verteidigung. Bonn 1966. (= Reihe: Beiträge zur Zeitgeschichte und Geschichte. H. 2.)

Das deutsche Heer 1939. Gliederung, Standort, Stellenbesetzung und Verzeichnis sämtlicher Offiziere mit Rangdienstalter. Stand 3. Januar 1939. Hrsg. Hans-Henning Podzun. Bad Nauheim: Podzun 1953.

Deutsches Rotes Kreuz. Suchdienst. Divisionsschicksale. Bd. 1—2. München: DRK-Suchdienst 1958—1960.

Dietl, Gerda-Luise/Kurt Herrmann: General Dietl. München: Münchner Buchverlag 1951.

Das Dritte Reich. Seine Geschichte in Texten, Bildern und Dokumenten. Hrsg. von Heinz Huber und Artur Müller. Bd. 1—6. München, Wien, Basel: Desch 1969.

Erfurth, Waldemar: Der Finnische Krieg. 1941—1944. 2. Aufl. Wiesbaden, München: Limes 1977.

Feurstein, Valentin: Irrwege der Pflicht. 1938—1945. München, Wels: Welsermühl 1963.

Die finnischen Lottas. Zusammengestellt unter Benutzung des Werkes „Lotta Svärd 1939—40" von Luukkonen — Kiwitie — Mäkinen durch das SS Hauptamt. Berlin: Nibelungen-Verl. 1943.

Fretter-Pico, Maximilian: Mißbrauchte Infanterie. Frankfurt/M.: Bernard & Graefe.

Front am Polarkreis. Das Buch eines Lappland-Korps. Deutsche Soldaten im finnischen Urwald. Berlin: Limpert 1943.

Gosztony, Peter: Deutschlands Waffengefährten an der Ostfront 1941 bis 1945. Stuttgart: Motorbuch Verl. 1981.

Grönhagen, Yrjö von: Karelien. Finnlands Bollwerk gegen den Osten. Dresden: F. Müller 1942.

Halder, Franz: Kriegstagebuch. Tägliche Aufzeichnungen des Chefs des Generalstabes des Heeres. 1939 bis 1942. Hrsg. in drei Bänden vom Arbeitskreis für Wehrforschung, bearb. von Hans-Adolf Jacobsen in Verbindung mit Alfred Philippi. Stuttgart 1962—1963.

Hart, Liddell: Deutsche Generale des Zweiten Weltkrieges. Aussagen, Aufzeichnungen und Gespräche. München: Heyne 1965.

Hart, Liddell: Geschichte des Zweiten Weltkrieges. Wiesbaden: Fourier Verl. o. J.

Haupt, Werner: Demjansk. Ein Bollwerk im Osten. Friedberg: Podzun.

Haupt, Werner: Heeresgruppe Mitte. 1941—1945. Dornheim: Podzun 1968.

Haupt, Werner: Heeresgruppe Nord. 1941—1945. Bad Nauheim: Podzun 1966.

Haupt, Werner: Kiew. Die größte Kesselschlacht der Geschichte. Bad Nauheim: Podzun.

Haupt, Werner: Leningrad. Die 900-Tage-Schlacht 1941—1944. Friedberg: Podzun-Pallas 1980.

Haupt, Werner: Leningrad, Wolchow, Kurland. 1941—45. Friedberg (Dornheim).

Heil Beil! Flugblattpropaganda im Zweiten Weltkrieg. Dokumentation und Analyse. Hrsg. von Ortwin Buchbender und Horst Schuh. Stuttgart: Seewald 1974.

Heß, Wilhelm: Eismeerfront 1941. Aufmarsch und Kämpfe des Gebirgskorps Norwegen in den Tundren vor Murmansk. Heidelberg: Vowinckel 1956.

Hillgruber, Andreas: Hitlers Strategie, Politik und Kriegführung 1940—1941. 2., erw. Aufl. Frankfurt/M.: Bernard & Graefe 1982.

Hillgruber, Andreas: Der 2. Weltkrieg. Kriegsziele und Strategien der großen Mächte. Stuttgart: Kohlhammer 1982.

Hillgruber, Andreas und Gerhard Hümmelchen: Chronik des Zweiten Weltkrieges. Hrsg. vom Arbeitskreis für Wehrforschung. Frankfurt a. M.: Bernard & Graefe 1966.

Hitlers Weisungen für die Kriegsführung 1939—1945. Dokumente des Oberkommandos der Wehrmacht. Hrsg. von Walther Hubatsch. Frankfurt a. M.: Bernard & Graefe 1962.

Hölter, Hermann: Armee in der Arktis. Die Operationen der deutschen Lappland-Armee. Bad Nauheim: Podzun 1953.

Irving, David: Hitler und seine Feldherren. Frankfurt/M., Berlin: Ullstein 1975.

Jacobsen, Hans-Adolf: Der Zweite Weltkrieg. Grundzüge der Politik und Strategie in Dokumenten. Frankfurt/M.: Fischer 1965.

Jacobsen, Hans-Adolf: Der Zweite Weltkrieg in Chroniken und Dokumenten 1939/45. Darmstadt: Wehr und Wissen 1959.

Kain, wo ist dein Bruder? Was der Mensch im Zweiten Weltkrieg erleiden mußte — dokumentiert in Tagebüchern und Briefen. Hrsg. von Hans Dollinger. München: List 1983.

Kaltenegger, Roland: Das Buch der Gebirgsjäger. Die 1. Gebirgsdivision der Bundeswehr. Stuttgart: Motorbuch Verl. 1980.

Kaltenegger, Roland: Deutsche Gebirgsjäger im Zweiten Weltkrieg. Stuttgart: Motorbuch Verl. 1977.

Kaltenegger, Roland: Gebirgssoldaten unter dem Zeichen des „Enzian". Schicksalsweg und Kampf der 4. Gebirgs-Division 1940—1945. Graz, Stuttgart: Stocker 1983.

Kaltenegger, Roland: Die Geschichte der deutschen Gebirgstruppe 1915 bis heute. Vom Deutschen Alpenkorps des Ersten Weltkrieges zur 1. Gebirgs-Division der Bundeswehr. Stuttgart: Motorbuch Verl. 1980.

Kaltenegger, Roland: Die Stammdivision der deutschen Gebirgstruppe. Weg und Kampf der 1. Gebirgs-Division 1939—1945. Graz, Stuttgart: Stocker 1981.

Keilig, Wolf: Das deutsche Heer 1939—1945. Gliederung, Einsatz, Stellenbesetzung. Bd. 1—3. Bad Nauheim: Podzun 1956.

Klatt, Paul: Die 3. Gebirgs-Division 1939—1945. Bad Nauheim: Podzun 1958.

Kleist, Peter: Aufbruch und Sturz des 3. Reiches. Auch Du warst dabei. Göttingen: Schütz 1968.

Knabe, Konrad: Das Auge Dietls. Fernaufklärung am Polarkreis. Leoni: Druffel 1978.

Knabe, Konrad: Die schweigende Front. Dietls Kampf im hohen Norden 1940 bis 1944. Zeitgeschichte im Bild. Leoni: Druffel 1979.

Knyphausen, Anton Graf: Finnlands Freiheitskampf. Die Verteidigung Europas in den finnischen Wäldern. Hamburg: Broschek 1942.

Kräutler, Mathias und Karl Springenschmid: Es war ein Edelweiß. Schicksal und Weg der zweiten Gebirgs-Division. Ein Gedenkbuch. 4. Aufl. Graz: Stocker 1962.

Kranz, Kurt: Winteralltag im Urwald Lapplands. Eine Bildreihe von der finnischen Urwaldfront. Berlin: Limpert 1944.

Krause, Gerhard: Die Schuld am deutschen Schicksal. Wahrheit als Waffe gegen Lüge und Verleumdung, Preußisch Oldendorf: Schütz 1973.

Der Krieg in Finnland, Norwegen und Dänemark vom 1. Januar bis 31. März 1944. Zusammengestellt und erläutert von Andreas Hillgruber. Nachtrag zum Kriegstagebuch des Oberkommandos der Wehrmacht (Wehrmachtführungsstab). Frankfurt a. Main: Bernard & Graefe 1969.

Kriegstagebuch des Oberkommandos der Wehrmacht (Wehrmachtführungsstab) 1940—1945. Geführt von Helmuth Greiner und Percy Ernst Schramm. Im Auftrage des Arbeitskreises für Wehrforschung hrsg. von Percy Ernst Schramm. Bd. 1—4. Frankfurt a. M.: Bernard & Graefe 1963—1969.

Lanz, Hubert: Wie es zum Rußlandfeldzug kam — und warum wir ihn verloren haben. München: Selbstverl. Kameradenkreis der ehem. Gebirgstruppe. o. J.

Leeb, Wilhelm Ritter von: Tagebuchaufzeichnungen und Lagebeurteilungen aus zwei Weltkriegen. Hrsg. von Georg Meyer. Stuttgart: Deutsche Verlags-Anstalt 1976.

Lundin, C. Leonard: Finland in the Second World War. Blooming: Indiana University Press 1957.

Mannerheim, Carl Gustav Freiherr von: Erinnerungen. Zürich 1952.

Manstein, Erich von: Verlorene Siege. Bonn: Athenäum 1955.

Müller-Hillebrand, Burkhardt: Das Heer 1933—1945. Bd. 1. Frankfurt/M.: Mittler 1954.

Murawski, Erich: Der deutsche Wehrmachtsbericht 1939—1945. Boppard/Rhein: Boldt-Verl. o. J.

Neidhardt, Hanns: Mit Tanne und Eichenlaub. Kriegschronik der 100. Jäger-Division vormals 100. leichte Infanterie-Division. Graz, Stuttgart: Stocker 1981.

Das Oberkommando der Wehrmacht gibt bekannt... Der deutsche Wehrmachtbericht. Vollständige Ausgabe der 1939—1945 durch Presse und Rundfunk veröffentlichten Texte... Bd. 1—3. Osnabrück: Biblio Verl. 1982.

Oesch, Karl Lennart: Finnlands Entscheidungskampf 1944 und seine politischen, wirtschaftlichen und militärischen Folgen. Frauenfeld: Huber 1964.

Palolampi, Erkki: Der Winterfeldzug. Krieg in Finnlands Wäldern. 1939/40. Berlin: Metzner 1942.

Philippi, Alfred und Ferdinand Heim: Der Feldzug gegen Sowjetrußland. 1941 bis 1943. Ein operativer Überblick. Hrsg. vom Arbeitskreis für Wehrforschung. Stuttgart: Kohlhammer 1962.

Pichlsberger, Franz: Deutsche Gebirgsjäger an der Eismeerfront. Berlin, Leipzig: Schneider 1943.

Picker, Henry: Hitlers Tischgespräche im Führerhauptquartier. Vollständig überarb. und erweiterte Neuausgabe... 3. Aufl. Stuttgart: Seewald 1976.

Piekalkiewicz, Janusz: Der Zweite Weltkrieg. Düsseldorf: Econ 1985.

Pohlmann, Hartwig: Wolchow. 900 Tage Kampf um Leningrad 1941—1944. Friedberg: Podzun-Pallas-Verl. 1983.

Rendulic, Lothar: Soldat in stürzenden Reichen. München: Damm Verl. 1965.

Ringel, Julius: Hurra, die Gams! Ein Gedenkbuch für die Soldaten der 5. Gebirgs-Division. Bearb. von Fritz Weber. 8. Aufl. Graz, Stuttgart: Stocker. o. J.

Ruef, Karl: Gebirgsjäger zwischen Kreta und Murmansk. Die Schicksale der 6. Gebirgs-Division. 3. Aufl. Graz und Stuttgart: Stocker o. J.

Ruef, Karl: Odyssee einer Gebirgs-Division. Die 3. Gebirgs-Division im Einsatz. Graz: Stocker 1976.

Scheibert, Horst: Die Träger des Deutschen Kreuzes in Gold. Das Heer. Friedberg: Pozdun-Pallas-Verl. 1983.

Schreiber, Franz: Kampf unter dem Nordlicht. Deutsch-finnische Waffenbruderschaft am Polarkreis. Die Geschichte der 6. SS-Gebirgs-Division Nord. Osnabrück: Munin 1969.

Schuler, Emil: Mit dem Bergschuh in Rußland und Finnland. Erinnerungsbuch der 7. Gebirgs-Division. Aschau/Obb.: Eigenverl. Schuler 1962.

Seaton, Albert: Der russisch-deutsche Krieg 1941—1945. Hrsg. von Andreas Hillgruber. Frankfurt/M.: Bernard & Graefe 1973.

Seemen, Gerhard von: Die Ritterkreuzträger 1939—1945. Die Ritterkreuzträger sämtlicher Wehrmachtsteile. Friedberg: Podzun Pallas 1976.

Snyder, Louis L.: So sahen sie den Krieg. Augenzeugen aus sieben Nationen berichten über den Zweiten Weltkrieg. München: Heyne 1969.

Speer, Albert: Erinnerungen. 6. Aufl. Frankfurt/M., Berlin: Ullstein Propyläen 1970.

Strohmeyer, Curt: Mein finnisches Tagebuch. Unter Suomis Bauern, Jägern und Soldaten. Berlin: Deutscher Verl. 1942.

Tessin, Georg: Verbände und Truppen der deutschen Wehrmacht und Waffen-SS im Zweiten Weltkrieg 1939—1945. Bd. 1—13. Frankfurt a. M.: Mittler, bzw. Osnabrück: Biblio Verl. 1966—1977.

Tippelskirch, Kurt von: Geschichte des Zweiten Weltkrieges. Bonn: Athenäum 1951.

Vertrags-Ploetz: Konferenzen und Verträge. Ein Handbuch geschichtlich bedeutsamer Zusammenkünfte und Vereinbarungen. Bearb. von Helmuth K. G. Rönnefarth und Heinrich Euler. T. II, Bd. 4A: Neueste Zeit 1914—1959. 2., erw. und veränderte Aufl. Würzburg: Ploetz 1959.

Warlimont, Walter: Im Hauptquartier der deutschen Wehrmacht 1939—1945. Grundlagen — Formen — Gestalten. 3. Aufl. Frankfurt/M.: Bernard & Graefe 1978.

Warner, Oliver: Marshal Mannerheim and the Finns. London: Weidenfeld and Nicolson 1967.

Weltkrieg 1939—1945. Ehrenbuch der Deutschen Wehrmacht. Stuttgart: Buch- und Zeitschriften-Verl. Riegler 1954.

Wiesbauer, Toni: Zwischen Eis und Tundra. Heidelberg: Vowinckel, o. J.

Der Zweite Weltkrieg. Bilder, Daten, Dokumente. Gütersloh: Bertelsmann 1968.

Der Zweite Weltkrieg in Bildern und Dokumenten. Hrsg. von Hans-Adolf Jacobsen und Hans Dollinger. Bd. 1—3. Wiesbaden: Löwit 1963.

Zeitschriften, Zeitungen und Jahrbücher

Die Deutsche Wehrmacht. Hrsg. vom Oberkommando der Wehrmacht. Bd. 1 ff, 1939 ff.

Deutscher Soldatenkalender. Hrsg. Helmut Damerau. Jg. 1—10. München-Lochhausen: Schild-Verl. 1953—1962.

Deutsches Soldatenjahrbuch. Hrsg. Helmut Damerau. Jg. 11 ff. München-Lochhausen: Schild-Verl. 1963 ff.

Deutschland im Kampf. Hrsg. vom Oberkommando der Wehrmacht. Berlin 1939—1944.

Die Gebirgstruppe. Mitteilungsblatt des Kameradenkreises der Gebirgstruppe. Jg. 1 ff. München 1952 ff.

Heeres-Verordnungsblatt. Hrsg. vom Oberkommando des Heeres. Jg. 1 ff. Berlin 1933—1945.

Kampf der Bergschuh-Division von Uhtua in die Dreiländerecke. (= Sonderdruck des Polarkuriers).

Lappland-Kurier. Zeitung für die deutschen Soldaten in Nordfinnland. Hrsg.: Dienststelle Feldpost-Nr. 41491 1943 ff.

Die Wehrmacht. Hrsg. vom Oberkommando der Wehrmacht. Berlin 1939—1944.

Einsatz in Finnland
Steinkier
Schw
Lillehammer
N
Bottnischer Meerbusen.
Hyrinsalmi
Kajaani
U.d.S.S.R.
Finnland
Tampere
Turku
Helsinki
Hangö
Vipuri
Ladoga-See
Leningrad
Finnischer Meerbusen.
0
100
200 km